METAVERSE

메타버스 세상

조성갑·김계철 공저
최경주 감수

 21세기사

머리말

　스마트폰으로 모든 것이 빨라진 요즘 잊고 지냈던 플랫폼이 있었다. 디지털화 된 2000년대 학창 시절을 보낸 사람들은 누구나 하나씩 가지고 있던 개인 블로그, 싸이월드를 통해 오랫동안 연락이 안되던 동창들도 다시 만나게 되고 플랫폼 안에서 각자 표현하였던. 그리고 내가 좋아하는 노래를 BGM(Back Ground Music : 배경음악의 약자)로 설정해서 모두가 함께 공유하였던 것들이 2020년대 4차 산업혁명에 들어서면서부터 메타버스(Metaverse)라는 공간으로 확장되었다.

　메타버스는 전 세계적으로 주목받고 있는 최근의 메가트랜드 중의 하나이다. 본서에서는 메타버스란 무엇이며, 그 현황과 등장 배경 그리고 국내외 동향 및 생태계에 대해 알아보고자 하며, 아울러 메타버스의 부작용과 향후 전망 그리고 이에 따른 미래전략에 대하여 전문적 식견을 가질 수 있도록 구성하였다.

　메타버스(Metaverse)라는 개념이 처음 등장한 것은 1992년 미국 소설가 닐 스티븐슨의 '스노우 크래쉬(Snow Crash)'라는 SF 소설이었다. 스노우 크래쉬 속 등장인물들은 아바타가 되어 3차원 가상세계에서 활동하게 되는데 이 3차원 가상세계를 메타버스라고 지칭하였다.

　메타버스란 현실을 넘어 구현된 가상의 세계를 의미하며 초월·가상을 의미하는 메타(Meta)와 세계·우주를 뜻하는 유니버스 (Universe)의 합성어이다. 이는 스마트폰, 인터넷 등 다양한 디지털 미디어를 통해 표현되는 새로운 세상으로 디지털화된 지구를 말한다.
이러한 메타버스라는 개념이 등장한 후 메타버스를 현실화하기 위한 많은 노력과 연구가 진행되었는데, 대표적인 메타버스 연구단체인 미래학협회 ASF(Acceleration Studies Foundation)는 2006년 메타버스 로드맵을 발표하며 메타버스의 개념과 4가지 유형을 제시하였다.

　ASF의 '메타버스 로드맵'에서는 메타버스를 복잡한 개념이라고 설명하면서, 가상공간이 아니라 물리적 세계와 가상세계의 연결점 또는 결합으로 생각할 것을 제안하였다. ASF의 메타버스 로드맵 발표 이후, 메타버스에 대한 많은 논의가 있었으나, 최근 로블록스(Roblox)나 제페토(ZEPETO) 등이 선풍적인 인기를 끌면서 메타버스가 재조명되고 있다.

특히, 코로나19로 인하여 비대면 활동에 관한 관심이 증가하면서 가상세계에 관한 관심은 폭발적으로 증가하였으며 메타버스에 대한 이론적·산업적·경제적 측면에서의 활용이 코로나19 이후 양자컴퓨터 6G 통신과 더불어 다가올 5차 산업혁명의 핵심기술로 떠오를 전망이다.

또한 전 세계적으로 메타버스에 관한 관심이 급증하고 있고, 많은 빅테크 기업들이 메타버스 시장에 뛰어들고 있다. 페이스북은 자사의 메타버스 플랫폼 서비스인 호라이즌(Horizon) 출시를 준비하고 있으며, 대한민국의 싸이월드 (Cyworld)도 메타버스를 준비하고 있다.

성공적인 메타버스 플랫폼을 기획하고 제작하기 위해서는 현재의 기술과 인프라를 이용하여 메타버스로의 전환이 필요하겠지만 그 외에 비즈니스 모델을 강화하고 로블록스와 같은 선순환 구조가 되도록 해야 한다.
그러기 위해서는 로블록스 스튜디오 플랫폼과 같이 개발자들에게 매우 유연한 플랫폼을 제공해야 하며, 현실에서 제작할 수 있는 모든 것을 제작할 수 있도록 하여 사용자들의 창작 욕구를 충족시킬 수 있어야 한다. 또한, 개발자에게 필요한 마케팅, 클라이언트 엔진, 서버 엔진 등에 대한 지원이 뒷받침 되어야 한다.

이런 환경은 개발자들이 계속 콘텐츠를 생산하고 소비할 수 있는 구조를 만들고, 이는 개인이나 기업의 수익으로 이어지고, 이는 다시 개발자와 제작자들에게 콘텐츠 개발 도구와 솔루션으로 이를 수익화하는 도구를 제공함으로써 선순환 구조를 만들어 나갈 수 있을 것으로 여겨진다.
지속적으로 엄청난 속도로 발달하는 메타버스가 향후 비대면 업무가 본격적으로 자리를 잡을지도 모른다는 생각이 드는 것은 저자만의 생각이 아닐지도 모른다고 생각해 본다.

그간 기업이나 공공기관에서 4차 산업혁명의 주체와 객체 연구 분야 등 수많은 논의를 해 온 가장 큰 이유는 무엇일까? 그것은 차세대 먹거리와 국가발전 동력이 녹아있기 때문이며 여기에서 새로운 국민적 희망을 찾아서 국민적 에너지로 발산하고자 하는 것이다.
IOT(Interne Of Things), 빅데이터(Big Data), 로봇(Robot), 3D 프린팅, 스마트 팜(Smart Farm), 스마트 시티(Smart City), 스마트 캠퍼스(Smart Campus), 스마트 플랜트(Smart Plant), 원격진료, 원격강의, 가상현실(Virtual Reality), 증강현실(Augmented Reality), 확장 현실(eXtended Reality) 홀로그램, 초 실감형 현상 등을 지원하는 모든 기술과 적용은 소프트웨어 기술과 인공지능을 기반으로 하고 있음을 우리는 잘 알고 있다.

목표 달성을 위하여 국내외의 환경변화에 효과적인 대응이 아쉬웠던 부분은 앞으로 메타버스가 그 대안으로 등장하여 정해진 목표를 달성하기 위해 메타버스를 활용한 시뮬레이션을 하고, 가성비와 가심비를 높일 수 있다면, 인간의 생활이 한없이 편리해지고 업무효율도 크게 향상될 것이다. 하지만 메타버스의 역기능도 우리가 답을 찾아내야 하고, 여기에 보완해야 할 부분은 보완하고 감내해야 할 부분은 감내해야 한다.

본서는 미래에 대한 인공지능 기술과 접목된 메타버스가 4차 산업을 주도해 나갈 것임을 중점적으로 설명하였으며 대학에서는 교재로 산업계에서는 기술의 활용 등 산업과 기술 진보에도 큰 역할을 할 것임을 설명하였다.

끝으로 본서를 출판할 수 있도록 도와주신 도서출판 21세기사 사장님과 출판국의 후의에 감사드리고, 아내 이수자 님의 노고와 남편 뒷바라지에 진심으로 사의를 표하는 바이다.

양평 한정산 휴양소에서
저자 조성갑, 김계철

목 차

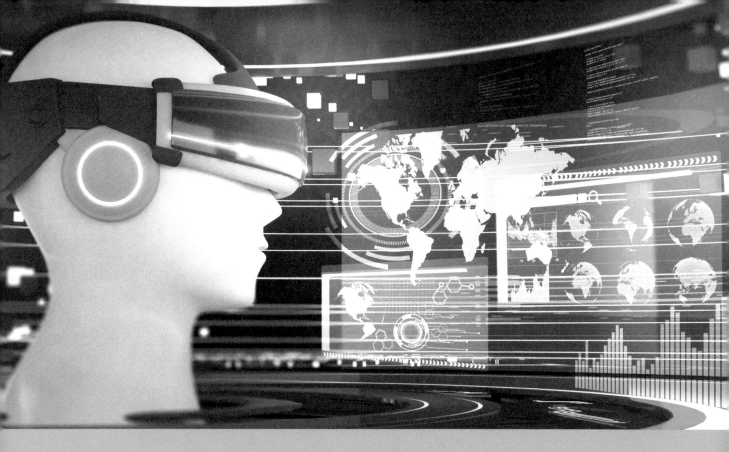

1
메타버스 기술

메타버스의 정의

메타버스(Metaverse)의 개념은 1992년 미국 소설가 닐스티븐슨의 '스노우크래쉬(Snow Crash)'라는 SF 소설에서 처음 나타났다.

스노우크래쉬 속에 나타나는 인물들은 3차원 가상세계에서 아바타가 되어 활동하게 되는데, 이 3차원 가상세계를 메타버스라고 지칭하고, 현실을 넘어 구현된 가상의 세계를 의미하고 있다.

이는 장자가 꿈에 나비가 되어 즐겁게 놀았는데, 잠에서 깬 뒤 자신이 꿈에 나비가 되었던 기억이 너무도 생생해 '나'와 '현실'에 대한 개념이 모호해진다는 경험을 말하는 호접지몽(胡蝶之夢)에 비유될 수도 있다 하겠다.

[그림 1-1] 장자의 호접지몽(胡蝶之夢)

가. 메타버스를 현실화하기 위한 많은 노력과 연구

메타버스라는 개념이 등장한 후 메타버스를 현실화하기 위한 많은 노력과 연구가 진행되었다. 대표적인 메타버스 연구단체 Acceleration Studies Foundation(ASF : 미국 미래학협회)은 2006년 메타버스 로드맵을 발표하며 메타버스의 개념과 4가지 유형을 제시하였다.

ASF의 '메타버스 로드맵'에서는 메타버스를 복잡한 개념이라고 설명하면서, 가상공간이 아니라 물리적 세계와 가상세계의 연결점 또는 결합으로 생각할 것을 제안하였으며, ASF의 메타버스 로드맵 발표 이후 메타버스에 대한 논의가 많았으나 최근 로블록스(Roblox)나 제페토(ZEPETO) 등이 선풍적인 인기를 끌면서 메타버스가 재조명되고 있다.

특히 코로나19로 인하여 비대면 활동에 관한 관심이 증가하면서 가상세계에 관한 관심은 폭발적으로 증가하였으며 메타버스에 대한 관심도 증가하였다.

〈표 1-1〉 학자들의 정의

학자명	발표년도	정의
고선영 외	2021	• "현실의 나를 대리하는 아바타를 통해 일상 활동과 경제생활을 영위하는 3D 기반의 가상세계"라고 정의 • 여기에서 일상 활동과 경제생활은 현실의 연장선상이며, 현실 세계가 가상공간과 결합하여 현실이 가상공간으로 확장된 것을 의미 • 메타버스 속의 아바타는 현실의 나와 동일시되고, 나를 표현하는 아바타가 메타버스 속에서 사회·경제·문화적 활동을 함
이승환	2021	• "이상과 현실이 상호작용하며 공진화하고 그 속에서 사회·경제·문화 활동이 이루어지면서 가치를 창출하는 세상"을 의미 • 포스트 인터넷 시대를 주도하는 새로운 패러다임으로써 메타버스가 논의되고 있음 • 이처럼 메타버스는 물리적 세계와 가상세계의 단순 결합이 아니라, 결합을 통한 상호작용이고, 나아가 결합 속에서 일상생활과 경제활동이 영위되는 세계를 의미
김상균	2020	• 현실을 넘어 구현된 세계를 의미 • 스마트폰, 인터넷 등 다양한 디지털 미디어를 통해 표현되는 새로운 세상으로 디지털화된 지구를 의미
미국 미래학 협회 (ASF : Acceleration Studies Foundation)	2007	• 메타버스를 복잡한 개념이라고 설명하면서, 가상공간이 아니라 물리적 세계와 가상세계의 연결점 또는 융합/결합으로 제안 • 메타버스의 유형을 기술과 응용에 초점을 맞춘 증강(augmentation)/시뮬레이션(simulation) 축과 사용자 이용행태에 초점을 맞춘 외적인(external)/내적인(intimate) 요소 축에 따라 증강현실(augmentation), 라이프로깅(lifelogging), 거울 세계 (mirror worlds), 가상세계 (virtual worlds) 등 4가지 범주로 분류

나. 메타버스의 등장배경

메타버스는 2003년 가상현실 서비스인 '세컨드라이프 (second life)'가 등장하면서 새롭게 주목받기 시작하였다. 세컨드라이프는 가상세계에서 아바타를 통해 전 세계 사람들과 교류하고, 경제활동까지 가능하여 주목을 받았다.

당시 많은 글로벌 기업들이 세컨드라이프의 가상공간에 진출하면서 메타버스의 가능성을 확인 할 수 있었다. 하지만 2010년대부터 모바일이 보급되면서 세컨드라이프에 대한 관심도가 점차 낮아졌으며, 이는 사람들의 디바이스 활용 형태가 PC에서 모바일로 이동하면서 트위터, 페이스북, 인스타그램 등 SNS를 통해 온라인상에서 짧은 글, 사진, 동영상 등을 공유하여 소통하였다.

다. 메타버스의 유형

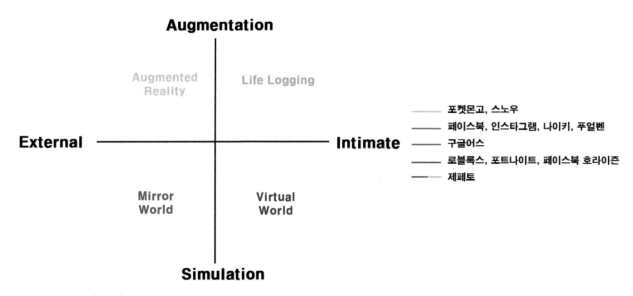

* 자료 : ASF(2007), 'Metaverse Roadmap Overview' P5 재구성

[그림 1-2] 메타버스의 4가지 유형

ASF의 메타버스 로드맵에서는 메타버스의 유형을 설명하기 위하여 두 가지 축을 제시하였다. 하나는 '증강(Augmentation)과 시뮬레이션(Simulation)'이고, 다른 하나는 '내부(Intimate)[1]와 외부(External)'로 구분되고 있다.

---

1) ASF가 제시한 로드맵의 가로축인 intimate와 external에서 intimate는 원래 친밀한, 친숙한, 사적인, 내심에 해당하는 형용사로, 여기서는 external과 대구를 이루어 '내부 해당하는'으로 번역, 줄여서 intimate와 external을 각각 내부와 외부로 표현하였음.

<표 1-2> 메타버스의 4가지 유형

구 분	증강현실 (Augmented Reality)	라이프로깅 (Life Logging)	거울세계 (Mirror World)	가상세계 (Virtual World)
정의	현실공간에 가상의 2D 또는 3D물체를 겹쳐 보이게 하여 상호 작용하는 환경	사물과 사람에 대한 일상적인 경험과 정보를 캡처, 저장, 공유하는 기술	실제 세계를 그대로 반영하되, 외부환경 정보를 통합하여 제공	디지털 데이터로 구축한 가상세계
특징	위치기반 기술과 네트워크를 활용해 스마트환경 구축	증강기술을 활용해 사물과 사람의 정보를 기록	가상지도, 모델링 GPS 기술 활용	이용자의 자아가 투영된 아바타간의 상호작용 활동에 기반
활용 분야	스마트폰, 차량용 HUD	웨어러블 디바이스, 블랙박스	지도기반 서비스	온라인 멀티플레이어 게임
기술 내용 및 사례	• 현실세계에 가상의 물체를 덧씌워서 대상을 입체적이고 실재감나게 함(예: 종이 생일카드가 증강되어 입체영상카드로 보임) • 현실에 판타지를 더함 (예:길거리에서 만나는 포켓몬고, 얼굴을 인식하여 3D 아바타를 만들어주는 제페토) • 정보를 효과적으로 강조하여 제시, 편의성을 도모함 (예: 자동차 유리에서 제시되는 HDU)	• 소셜미디어와 SNS를 통해 자신의 일상과 생각이 생산적으로 콘텐츠화 되고 공유됨(예: 블로그, 유튜브, 위키 등) • 네트워크 기술로 온라인상에서 타인과 관계를 형성 하고, 빠르게 소통하며, 각종 소셜 활동이 기록됨 (페이스북, 밴드, 트위터 등) • 사물인터넷과 웨어러블기기의 각종 센서들을 통해 개인의 활동 정보가 누적되고 분석되어 부가가치를 만듬(예: 나이키 플러스를 비롯한 헬스 트래킹)	• GPS와 네트워킹 기술 등의 결합으로 현실 세계를 확장시킴 (예: 구글어스, 각종 지도 어플리케이션 등) • 특정 목적을 위해 현실세계의 모습을 거울에 비춘 듯 가상의 세계에 구현(예: 에어비엔비, 미네르바 스쿨, 음식 주문 앱 택시 호출, 버스노선 안내, 주차장 찾기 앱 등) • 그러나, 현실의 모든 것을 담지 않음. 즉, 현실세계를 효율적으로 확장하여 재미와 놀이, 관리와 운영 융통성, 집단지성 증대시킴(예: 마인크래프트, 업랜드, 디지털 실험실 등)	• 정교한 컴퓨터 그래픽 작업, 특히 3D 기술로 구현된 가상환경에서 사용자가 이질감 없이 연결된 인터페이스를 통해 다양한 게임을 즐김(예: 로블록스를 비롯 각종 3D 게임) • 현실과는 다르게 디자인된 공간, 시대, 문화, 인물들 속에서 자신의 원래 모습이 아닌 아바타로 활동, 멀티 페르소나를 지님 • VR에 포함된 채팅 및 커뮤니케이션 도구로 인공지능 캐릭터 및 다른 사람과 소통하고 협력하게 함 (예: Multiplayer online game)

* 출처 : AccelerationStudies Foudation(2007), "Metaverse Roadmap : Pathway to the 3D Web"과 이승환(2021)에서 재구성

여기서 증강(Augmentation) 기술이란 실제하는 현실의 시스템에 새로운 기능을 추가하는 기술을 가리킨다. 메타버스 상에서 증강기술은 우리가 인식하는 물리적 환경에 새로운 정보를 겹쳐 보여주는 기술을 의미한다.

1) 증강현실(Augmented Reality)

증강현실은 외부(external) 세계를 증강(augmentation)시키는 유형으로, 우리가 일상적으로 접하는 공간 위에 네트워크 된 정보를 더하고 계층화시키는 위치 인식시스템과 인터페이스를 사용함으로써 개인의 외부에 있는 물리적 현실세계를 확장시키는 기술을 의미한다.
가상현실은 현실세계에 가상의 무언가를 덧씌워서 대상을 입체적이고 실감나게 하는 기술이며, 대표적인 예로 몇 년 전 크게 이슈가 되었던 모바일 애플리케이션 '포켓몬고'가 있다.

포켓몬고는 '포켓몬고'라는 앱(App)을 다운받아 현실 세계의 위치정보(GPS)와 연동하고 스마트폰이나 PC를 통해 현실의 세계에 있는 가상의 '포켓몬'을 잡을 수 있게하는 게임을 말한다.
사용자의 외부(external) 세계를 기기에 연결시키고 포켓몬이라는 새로운 앱(App)을 덧씌워 현실세계를 증강(augmented) 시킨 사례이다.

증강현실의 기술은 현실의 세계를 증강시키는 기술에 따라 GPS기반, 모바일기반, 마커(MARKER) 기반, 투시형기반으로 표현된다.
증강현실은 기기에 내장된 GPS와 와이파이 및 유무선 통신장비를 활용하여 사용자의 위치정보에 맞는 연계 정보를 제공하거나, QR코드 형태의 마커를 인식하여 이미 설정된 정보를 증강시키는 기술을 말한다.

* 출처 https://www.curiscope.com/

[그림 1-3] Virtuali-Tee : 증강현실 Tee : 증강현실 T-Shirt (Curiscope)

그 외 안경이나 렌즈 등을 통해 실제 현실 세계와 가상의 그래픽을 실시간으로 혼합하여 볼 수도 있으며, 이러한 증강현실 기술은 게임에 적용되어 대중화 되었지만, 시작은 직업훈련 분야에서 작업의 효율성을 도모하면서 발전하였다.

예를 들면, 항공기 조립 작업자가 복잡한 배선도를 보며 조립작업을 할 때 소요되는 시간과 고충을 고려하여 투시화면이 제공되었고, 문제해결에 필요한 정보를 제공하여 작업자의 시야를 확대시켜 준 사례를 들 수 있다(Thomas and David, 1992; 정은진, 김남희, 2021 재인용) 증강현실은 이렇게 직접 관찰이 어렵거나 텍스트로 설명하기 어려운 학습 내용, 지속적인 실습과 체험이 필요한 분야, 고비용과 고위험이 따르는 분야에 효과적인 것으로 평가된다(한송이, 임철일, 2021).

예를 들면, Cruscope의 Virtual-Tee는 인체의 내부를 해부하듯 살펴볼 수 있도록 해주는 증강현실 티셔츠인데, 직접 관찰하고 이해하기 어려운 개념을 입체적으로 살펴보며 학습할 수 있도록 해주며, 여기서는 증강현실과 관련된 대표적인 사례로 ① AR BOOK, ② AR 활용 시뮬레이션, ③ 위치기반 AR교육 콘텐츠가 있다.

(가) AR BOOK

디지털 교과서는 기존 종이형 교과서에 멀티미디어 자료. 실감형 콘텐츠, 평가문항, 용어사전 등 다양한 학습자료와 학습지원 및 관리 기능이 추가된 교과서를 의미한다.

특히, 디지털 교과서는 초·중학교 사회/과학 과목에 AR을 사용한 실감형 콘텐츠를 통해 학생들의 흥미와 적극적인 참여를 유도하고 있다.

* 출처 : 에듀넷 티-클리어 홈페이지(www.edunet.net)

[그림 1-4] 디지털 교과서 AR 콘텐츠 활용 방법

디지털 교과서의 AR 기능을 사용하기 위해서는 디지털 교과서 곳곳에 표기되어 있는 AR마커를 다운받고. 초·중학교 실감형 콘텐츠 앱을 다운받아 활성화시킨 다음, 다운받은 AR 마커를 비추면 3D로 구현된 다양한 수업자료를 증강현실 기술로 확인할 수 있다.

또한, 최근 기업에서 VR, AR기반 'XR BOOK'이 개발되어 일부 중학교 자유학기제에 도입되어 사용될 예정이다.[2]

XR BOOK은 '어린 왕자 나를 만나다'라는 서비스로, 가상세계(VR)에서 학생들은 직접 어린 왕자 소설을 체험하고 이를 바탕으로 다양한 AR 기반 활동을 구성하여 학생의 흥미와 몰입감을 유발할 수 있다.

이처럼 XR BOOK은 학생들의 참여도를 높이고 다양한 경험을 제공할 것으로 보인다.

(나) AR 활용 시뮬레이션

시뮬레이션은 현실세계의 맥락과 가상 객체와의 연결을 통해 추상적 사진을 구체물과 연결해주는 역할을 한다. Landscapar는 평면상에 그려진 등고선을 3차원 입체 영상으로 보여주는 앱으로 평면에 등고선을 이용한 지도를 작성하고. 스마트폰에 해당 앱을 다운받아 스캔하면 해당 스케치를 변환하여 등고선에 따른 3D입체 영상으로 변환할 수 있다.

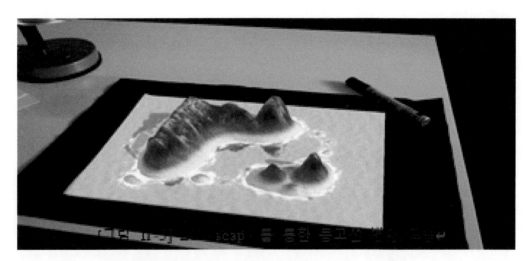

* 출처 : www.facebook.com/landscapar

[그림 1-5] Landscapar를 통한 등고선 변환 모습

---

2) 더퍼블릭, "2학기 자유학기제에 XR(VR, AR) 과목으로 도입되는 '어린왕자나 나를 만나다'2021.3.26

이는 사회과 수업에서 해당 앱을 사용하여 등고선에 대한 개념을 이해시킬 수 있고, 학생들의 능동적인 참여를 통해 흥미를 이끌어낼 수 있어 수업의 보조적인 도구로서 증강현실이 사용되는 예시라 할 수 있다. 의료분야에서도 AR기술이 접목된 다양한 사례들이 등장하고 있는데, 최근 서울의 한 병원 척추 분야 연구팀은 대학 연구실 등과 협력하여 증강현실 기술을 적용한 척추 수술 플랫폼을 개발하기도 하였다.

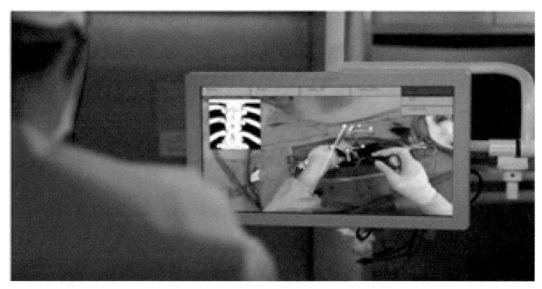

*출처: https://www.etoclay.co.kr/news/view/1%2781

[그림 1-6] AR기반 척추수술플랫폼 사용 모습

[그림 1-6]은 척추고정에 사용하는 척추경 나사를 인체 구조물 위에 겹쳐 증강현실 기반 오버레이 그래픽으로 실시간 투영시키는 모습으로, 이 기술을 통해 집도의는 수술 부위를 정확하게 파악할 수 있어 안전하고 정확한 수술을 할 수 있으며 이 기술을 토대로 척추 수술 교육프로그램을 개발하여 실제 수술에 적용될 수 있는 효과적인 교육시스템을 구현할 수 있다.

(다) 위치기반 AR 교육 콘텐츠

영국의 런던박물관은 2010년 '스트리트 뮤지엄(Street Museum)' 애플리케이션을 출시하였는데, 이 앱은 AR 기술을 이용해 스마트폰을 통해 런던 시내 주요 유적지의 옛 모습을 보여 주고 있다.[3] 사람들이 스트리트 뮤지엄

---

3) 아시아경제, [新문화관광] ICT강군 맞나… 쉴·놀거리 없는 스마토관광, 2018.3.16

앱을 사용하여 런던 시내의 특정 장소를 스마트폰으로 비추고 3D뷰 기능을 실행하면 현재의 모습 위에 런던의 과거 영상이나 사진이 나타나게 된다. 또한 특정 장소에서는 역사적 정보들도 함께 제공함으로써 사람들로 하여금 생생한 역사체험을 할 수 있게 할 수 있다.

프랑스도 런던박물관의 '스트리트 뮤지엄' 앱과 비슷한 루브르_DNP 박물관 랩(Louvre-DNP Museum Lab)을 개발하였으며, 이 앱은 증강현실 기술을 활용하여 전시물을 자세하게 보여주며, 그 밖에 증강현실 기반 큐레이터가 전시를 안내하는 서비스를 제공한다.

* 출처: https://www.dailyniail.eo.uk/sciencetEjh/article-2.'xifh9/Streetmuseum-app-creates-hybrid-images-London. html

[그림 1-7] 런던 박물관의 스트리트뮤지엄 앱 활용 모습

이 외에도 증강현실을 적용한 교육 어플리케이션과 콘텐츠들이 지속적으로 등장하고 있다. 일례로 증강현실을 교육환경에 적용하여 성과를 발표한 사례 연구들도 꾸준히 증가해왔고, 증강현실을 활용한 수업을 통해 학생들의 학업성취도와 학습내용에 대한 이해, 학습 동기 유발 효과가 보고되어 왔다.[4]

학교 급별로는 초등학교에서, 주로 과학과 언어 분야에 활발히 적용되어 왔다고 한다.[5]
언어 분야의 경우 학습자가 말하고, 행동하는 기회를 촉진하고, 지속적인 연습과 반복 학습이 가능하다는 점이 장점으로 논의되고 있다.[6]

---

4) Bacca, Baldiris, Fabregat, Graf, Kinshuk, 2014
5) 2019.02, 한송이, 임철일, "증강현실(AR) 기반 수업 설계원리 개발 연구" 서울대학교대학원 박사 논문
6) Karacan, Akoglu, 2021

향후 증강현실은 뒤에 이어질 라이프로깅이나 가상세계와 혼합 발전할 것으로 기대되고 있다. 예를 들면 최근 어른부터 아이까지 인기를 끌고 있는 제페토 (ZEPETO)[7]는 얼굴인식과 3D기술. 증강현실을 접목하여 사용자가 카메라로 찍은 자신의 모습을 본떠 3D 아바타를 만들고. 다른 사용자들과 어울려 소통을 하고 게임을 즐기며 직접 자신만의 공간을 제작할 수도 있는 플랫폼이다.

이러한 증강현실 기술이 접목된 메타버스가 가지고 있는 판타지와 편의성, 그리고 몰입성과 실재감 이면에 존재하는 단점도 교육적 측면에서 고려될 필요가 있다. 즉, 사용자가 정보와 콘텐츠를 접할 때 자신의 인지와 판단보다 콘텐츠나 플랫폼 제공자의 의도를 무비판적으로 수용하게 되고, 서비스 제공자의 의도대로 공간을 이해하는 상황은 인간 고유의 능력인 상상력을 퇴화시킬 수 있다는 점도 기억해야 할 것이다.

2) 라이프로깅 (Life logging)

라이프로깅은 내부(intimate)세계를 증강(augmentation)시키는 유형이다. 라이프로깅의 세계에서는 PC, 스마트기기 등을 활용해 자신의 일상을 인터넷이나 스마트폰 등에 남긴다. 취미·건강·여가 등 개인의 일상적인 활동들에서 생성되는 생활 전반을 기록·정리·보관·공유하는 활동이 빈번해졌고. 이른바 '일상의 디지털화'가 되고 있다.
SNS를 포함한 소셜미디어는 생산성과. 융통성. 관계 지향성과 맞춤성의 특징을 가지고 있기 때문이다. 소셜 미디어를 통해 개인은 자신의 생각과 경험, 일상생활 등을 생산하고. 융통적으로 타인과 공유하며. 플랫폼 상에서 형성된 관계와 인공지능 알고리즘으로 나의 관심사에 해당하는 타인의 경험과 생각을 손쉽게 접한다.

라이프로깅의 대표적인 예로는 트위터. 페이스북, 인스타그램 등이 있고. 최근 웨어러블 기기를 통해 저장된 생체정보를 의료분야에 활용하거나 나이키 플러스와 같이 센서를 연동하여 운동량이나 위치 등을 기록하여 활용하는 서비스도 라이프로깅의 한 종류이다.
라이프로깅을 가능하게 하는 인터페이스는 크게 스마트폰 및 PC와 같은 정보통신 기구들. 나아가 웨어러블기기와 사물 인터넷 등이다. 즉, 개인에 의해 자발적으로 형성되는 자료도 있지만 라이프로거 당사자의 의도와 무관하게 자동적으로(ambiently) 데이터가 수집되고 분석되며 그에 따라 개인의 행동 변화가 유도(넛징)[8]하기도 한다. 라이프 로깅은 현실을 보완한다는 차원에서 증강현실과 유사하고, 개별 사용자들의 참여와 행동 그리고 그에 따른 정보들의 체계라는 점에서 가상현실과 유사하지만, "현실의 삶을 보다 두텁게(thick)하고. 풍성(rich)하게

---

7) https://www.naverz-corp.com/
8) 넛지의 사전적 의미는 '팔꿈치로 슬쩍 찌르다'이지만 Thaler and Sunstein(2008)은 개인의 자유로운 선택을 금지하거나 인센티브를 주는 것 보다 '부드러운 개입으로 타인의 선택을 유도하는' 의미를 말함

하여 삶을 실제적으로 보강"한다는 측면에서, 현실에 실재감을 더하는 증강현실이나 현실의 모사물에 해당하는 가상현실과 구분된다.

사실 SNS의 교육적 활용은 초기 연구들에 따르면, 학습자의 경험과 지식을 표상하고, 성찰하는 도구로 평가되어. 그 교육적 성과가 논의되어 왔다.[9]

예를 들면 블로그가 기존의 토론 게시판과 비교하여 학생들의 쓰기 기술을 향상시키고, 학업에 대한 소유권을 가지게 하며, 공개된 다이어리나 일기, 학습 성찰이 지인이나 온라인 독자들과 소통하기 위한 사회적 활동으로 이어진다는 것이다(Nardi, Schiano, & Gumbrecht, 2004 : Chamitski & Havey, 2007 : Wang & Hsus, 2008).

소셜 네트워크 상에서 자신의 생각과 경험을 기록하는 것은 이에 따라 오는 타인의 반응(예: 좋아요, 댓글, 이모티콘 등)에 의하여 강화되고 보상으로 연결된다.

라이프 로깅은 자신의 일상을 동영상으로 찍어 공유하는 것을 말하는데. 유튜브에서는 자신의 학습과정을 동영상에 담아 공유하는 사례를 어렵지 않게 찾아볼 수 있다.

3) 거울세계(Mirror world)

거울세계란 외부(external) 세계를 시뮬레이션(simulation)한 유형으로,'정보적으로 강화된 가상 모델 또는 실제 세계의 "반사(reflection)"를 의미'한다.

거울세계는 실세계의 모습과 정보, 구조 등을 거울에 비춘 듯 가상세계에 옮겨놓은 메타버스다. 그러나 현실 세계의 복제라기보다 "효율적 확장"이라는 표현이 좀 더 적절하다(김상균, 2020) 거울세계를 가능하게 하는 것은 현실과 가상의 공간을 연결하는 정교한 맵핑, 모델링도구, 지리 공간, 기타 센서, 위치인식 및 다른 라이프로깅 기술들이다.

GPS[10]에 기반한 지도 정보와 현실 세계에 존재하는 각종 데이터들, 그리고 이들을 연결하는 맵핑 기술이 거울세계를 가능하게 한다. 거울 세계에 해당하는 대부분의 서비스들이 구글지도나 네이버 맵 등의 지도와 연동되는데, 여행을 계획하거나 여행 중에 적절한 숙소를 검색하고 지도상에서 위치를 확인하여 예약을 하는 서비스가 있다. 또한 맛집을 찾거나 집 근처 식당이나 배달전문 식당을 검색하고 음식을 주문하는 서비스, 택시를 호출하는 어플리케이션, 택배가 어디쯤 오고 있는지 확인하는 서비스 등 이루 열거할 수 없을 정도로 많다. 요컨대. 현실 세계에서 이루어지는 모든 활동들을 인터넷이나 모바일 어플리케이션을 통해 할 수 있게 되었는데. 이렇게 현실 세계

---

9) 정지연. 김문조, 2016
10) Global Positioning System(GPS) : 지구 위치측정 체계

의 삶을 편리하고 효율적으로 할 수 있게 해놓은 곳이 거울세계 메타버스라고 할 수 있다.

대표적인 거울세계의 예시로 '구글어스'와 대학의 가상의 공간에서 만들어진 '디지털 실험실', '가상의 교육 공간'과 정육면체 블록과 도구를 이용하여 사용자가 자신만의 3차원 세계를 만드는 게임인 '마인크래프트' 등이 있다.

4) 가상세계 (Virtual World)

가상세계란 내부(intimate) 세계를 시뮬레이션(simulation)하는 유형으로 정교해진 3D 그래픽과 아바타, 즉 각적인 커뮤니케이션 도구를 포함하는 가상현실 (Virtual Reality: 이하 VR) 기술을 적용하여 사용자가 온전히 가상의 세계에 존재한다는 느낌이 들게 하는 세계를 말한다. 종종 가상현실은 증강현실과 함께 혼합현실(Mixed Reality)의 다른 한쪽 끝으로 설명되곤 하는데(Milgram and Kishino, 1994), VR은 우리 눈의 작동원리를 토대로 평면의 이미지를 입체로 보게 만든다.

다수의 이용자가 동시다발적으로 접속할 수 있고. 이용자의 자아를 표현하는 아바타를 생성하여 참여하는 인터넷 기반의 3D 공간이라는 특징도 있다.

VR 체험은 기술적 구현에 따라 세 가지로 구분되며, HMD(Head Mounted Display)기기를 활용하여 사용자의 시점을 추적해서 시선 방향에 맞게 컴퓨터그래픽을 조작하여 입체감을 느끼는 방식과 프로젝터를 통해 사용자가 위치한 공간의 모든 면을 영상으로 비춰 몰입감을 느끼는 Cave 방식. 사용자가 영상을 360도로 회전하여 다양한 방향과 각도로 가상공간을 살펴볼 수 있도록 하는 방식이다(정은진. 김남희. 2020).

가상세계 메타버스는 이러한 VR기술이 비디오 게임에 적용된 경우와 그렇지 않은 경우로도 나눌 수 있다.

즉, 〈월드 오브워크래프트〉나 〈리니지〉같은 온라인 롤플레잉 게임에서부터 〈세컨드라이프〉와 같은 생활형 가상세계로 나뉘어지며 3차원 컴퓨터그래픽 환경에서 구현되는 커뮤니티라는 점이 공통적이다(서성은, 2008)

이러한 가상세계 메타버스에는 현실과는 이질적인 공간과 시대 문화적 배경. 등장인물 제도들이 설계되고. 그 속에서 사용자를 대신하는 아바타가 인공지능 캐릭터 및 다른 플레이어들과 가상의 공간을 '탐험'하고. '소통'하며. '성취'한다는 특징이 있다.

가상의 공간에서 실제 몸을 움직이기도 하고. 무엇을 만지기도 하며. 그 안에서 일상적이고 경제적 활동이 이루어진다는 점에서 가상세계는 좁은 의미의 메타버스로도 불린다.

라. 메타버스 특징

메타버스가 갖는 특징을 일목요연하게 정리하는 것은 결코 쉽지 않다.

실제 세계를 비춘 또 하나의 세계가 갖는 특징은 당연하게도 매우 다양하기 때문인데, 이는 현실의 문제에 더하여 가상세계에서만 발생할 수 있는 여러 특징이 복합적으로 나타나게 되기 때문이다. 그러나, ①종합적 가상 공유 공간(collective virtual shared space)의 존재 ②현실 세계와의 융합(convergence with physical reality) ③영속성(persistence) 등의 공통적 특징을 발견할 수 있다는 것에는 의견이 일치한다.

참고로, 여기에서 말하는 영속성이란, 물리 세계에서의 대상 영속성(object permanence)과 마찬가지로 '이용자 개인이 메타버스에 진입하여 존재하지 않더라도, 메타버스 그 자체는 영속적으로 존재한다는 의미이다.[11] '특정한 메타버스 플랫폼에 한정되지 않은' 메타버스의 일반적 핵심 특성(core attributes)을 잘 정리한 견해로는 다음과 같은 것이 있다.[12]

- 영속적이다(Be persistent): 리셋(reset) 하거나, 중단되거나, 종결되지 않는다. 무한하게 계속된다.
- 동시적이며, 실시간이다(Be synchronous and live): 사전에 예정된 제한적 행사가 발생할 수 있으나 메타버스는 실제로 진행되고 있는 경험이며 이는 모두에게 일관된 방식으로 실시간으로 존재한다.
- 동시적 참여에 제한이 없다(Have no real cap to concurrent participations with an individual sense of "presence"): 누구라도 메타버스의 일부를 구성할 수 있고, 특정한 행사, 장소, 활동에 함께 '동시에, 그리고 개별적으로' 참여할 수 있다.
- 완전하게 기능하는 경제다(Be a fully functioning economy): 개인들과 사업체는 창작하고, 소유하고, 투자하고, 판매하는 것에 더하여 다른 사람들에 의해 인정되는 가치를 생성하는 매우 다양한 범주의 작업(work)에 대해 보상을 받을 수 있다.
- 현실과 가상세계를 확장하는 경험이다(Be an experience that spans): 디지털 세계와 현실 세계, 사적이고 공적인 네트워크와 경험, 개방 및 폐쇄 플랫폼에 걸친 경험이다.
- 기존에 존재하지 않았던 상호운용성을 제공한다(Offer unprecedented interoper- ability): 데이터, 디지털 아이템/자산, 콘텐츠 등은 다양한 '경험'을 통해 상호 운용성을 확보한다.
- 예를 들어, "카운터 스트라이크(Counter Strike)" 게임의 총 스킨은 Fortnite의 총을 꾸미기 위해 이용되거나, Facebook을 통해 친구에게 선물로 제공될 수 있다.
- 매우 다양한 범주의 기여자들에 의해 콘텐츠와 경험이 생성 및 운영된다(Be populated by content and experiences created and operated by an incredibly wide range of contributors): 이들 중 일부는 독립적인 개인이며, 다른 사람들은 비공식적으로 조직화된 단체이거나 상업적 기업일 수 있다.

---

11) Chad Richman, "What is the Metaverse, and why does it need a social layer?", Aug. 5, 2020, URL: https://clink.social/what-is-the-metaverse/
12) Matthew Ball, "The Metaverse: What It Is, Where to Find it, Who Will Build It, and Fortnite", Jan.13, 2021, URL: https://www.matthewball.vc/all/themetaverse

한편 세계적으로 주목받는 메타버스의 생태계 형성자 가운데 하나인 Roblox의 CEO인 Dave Baszucki는 Roblox 메타버스의 특징을 다음 8가지로 설명하였다.

상기 "메타버스의 일반적 핵심 특성(core attributes)"과 비교해서 살펴보면, 크게 다르지 않지만 Roblox의 특성을 보다 잘 나타내고 있는 내용이라는 것을 확인할 수 있다.[13]

① Identity(신원): 모든 이용자는 '아바타(avatar)'의 형태로 고유한 신원을 갖게 된다. 이를 통해, 자신이 원하는 방식으로 스스로를 표현할 수 있으며, 이 아바타는 여러 경험에 걸쳐 이동 가능한 특징이 있다 (portable).
② Friends(친구): 이용자들은 친구들과 상호작용하는데, 일부는 실제 현실 세계에서 기존에 알던 사람들이며, 그 외는 Roblox에서 처음 만나는 사람들이었다.

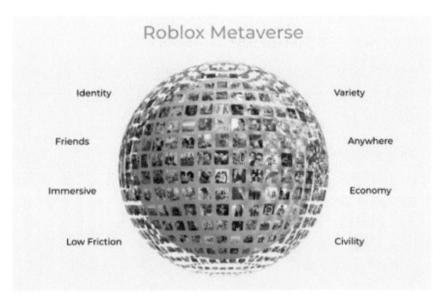

* 출처: Roblox

[그림 1-8] 메타버스를 만들 때, 고려해야 할 특성

---

13) 이 내용은 Roblox Corporation이 미국 증권거래위원회(United States Securities and Exchange Commission)에 제출한 'SEC Form S-1'에 기재된 내용임. SEC Form s-1은 공개 기업이 주식을 상장하기 위해 작성 및 제출하는 초기 문서임. Roblox Corporation의 SEC Form S-1은 다음 링크에서 확인할 수 있음.
URL: https://www.sec.gov/Archives/edgar/data/1315098/000119312520298230/d87104ds1.htm

③ Immersive(몰입): Roblox에서의 경험은 3차원(3D)이며, 몰입적임. Roblox Platform을 지속적으로 개선함에 따라 이러한 경험은 보다 이용자를 참여하도록 하며, 실제 생활과 메타버스를 구분하기 어려워진다.

④ Anywhere(어디에서나): Roblox의 이용자, 개발자, 창작자는 전 세계에 걸쳐 존재하고 여기에 더하여, Roblox Client는 iOS, Android, PC, Mac, Xbox에서 구동되며, Oculus Rift, HTCVive, Valve Index 헤드셋을 이용하여 PC에서 VR 경험을 지원하였다.

⑤ Low Friction(낮은 마찰): Roblox 계정을 생성하는 것은 손쉽고, 플랫폼에서 경험을 즐기는 것은 무료임. 이용자는 스스로 또는 친구와 경험들을 신속하게 헤쳐 나갈 수 있음. 개발자들은 경험을 생성하고 이를 Roblox Cloud에 공개(퍼블리싱)하여 이용자들이 모든 플랫폼에서 Roblox Client를 사용하여 접근하도록 할 수 있다.

⑥ Variety of Content(다양한 콘텐츠): Roblox는 개발자 및 크리에이터가 생성한 콘텐츠의 광활하고 확장적인 세계이다. '20년 9월 말 기준으로 Roblox에는 1,800만명 이상의 경험자가 있고, 과거 1년간 이 가운데 1,200만 명의 커뮤니티가 경험하였다. 또한, 이용자들이 자신의 아바타를 개인화 할 수 있도록 크리에이터가 생성한 가상 아이템은 수 백만 개가 존재한다.

⑦ Economy(경제): Roblox는 Robux라는 통화에 기반한 경제를 가지고 있음. Robux를 구매하는 이용자는 이를 경험이나 아바타용 아이템 구매에 사용할 수 있으며, 개발자와 창작자는 몰입감 있는 경험과 매력적인 아이템을 생성하는 방식으로 Robux를 획득할 수 있다.

⑧ Safety(안전): 사람들 사이의 예의(civility)를 장려하고 이용자의 안전을 확보하기 위한 다층적 시스템이 Roblox Platform에 통합되어 있는데 이 시스템은 실제 '현실의 법'을 집행할 수 있도록 설계되어 있고, 최소한의 규제 요구사항을 확장할 수 있는 방식으로 설계되어 있다.

마. 메타버스로의 이동

메타버스는 디지털 문화에 익숙한 MZ세대(밀레니엄과 Z세대)를 중심으로 기존의 온라인상에서 경험할 수 없었던 가상공간에서의 소통과 새로운 경험을 할 수 있는 메타버스가 확산되고 있다.

구 분	인터넷	SNS	메타버스
주요 기능	• 커뮤니티 활동 • 정보 제공 및 소비 • 포털사이트를 활용한 정보 검색	• 소셜 활동 • 실시간 콘텐츠 생성 및 소비	• 현실과 가상의 연결 • 경험 확장 • 사회, 문화적 활동 가능 • 생산, 소유, 투자, 보상 • 현실 세계와 연관하여 경제적 가치 창출 가능
활용 기기	PC	모바일, 태블릿 PC	모바일, AR·VR 기기
주요 플랫폼	구글, 네이버, 다음 등	트위터, 페이스북, 틱톡, 인스타그램 등	로블록스, 제페토, 어스 2 등

이들은 어린 시절부터 인터넷, 스마트기기에 익숙하고, 특히 Z세대는 상황에 따라 다양한 정체성을 드러내는 '멀티 페르소나'의 특성을 보인다. 자신을 '본 캐릭터'와 '부 캐릭터'로 나누어 자유롭게 넘나들며 놀이처럼 즐기는 것이 하나의 문화로 자리를 잡았다.

이러한 이용자 특성은 자신을 아바타로 구현하여 가상의 공간에서 다양하게 즐길 수 있는 메타버스의 생태계를 더욱 확장시키고 있다.

메타버스에 관한 관심이 급증하면서 콘서트, 입학식, 신입사원 연수, 대통령 선거운동, 가상부동산 등 사회 및 경제 분야에서 다양하게 활용되고 있으며, 조 바이든 미국 대통령도 지난 2020년 대선 당시 닌텐도 게임인 '모여봐요 동물의 숲'에서 아바타를 통해 선거유세를 펼쳤다. 또한 한화이글스는 메타버스를 활용해 출정식을 개최하였다.

가상부동산 거래 사이트인 'EARTH2'는 지구를 그대로 복제하여 가상세계에서 지구의 부동산을 판매하는데, 최근 비트코인 가격의 상승과 함께 가상세계의 부동산 가격도 상승할 것이란 기대감에 많은 사람들이 참여하고 있다.

실제로 구글 트렌드 검색을 통해 살펴본 전 세계에서의 메타버스 검색량도 늘어나는 추세며, 우리나라에서도 비슷한 추이를 보이고 있다. 관련 주제로 로블록스, 유니티 게임엔진, 증강현실, 가상현실 등이 등장하였다.

급증하는 관심과 함께 게임, 공연, 소셜 기능을 지닌 메타버스 플랫폼의 이용자들이 꾸준히 증가하고 있다. 2021년 1월 기준 로블록스의 월간 이용자 수가 1억 9,000만 명을 넘어섰고, 그중에서 67%는 16세 이하인 것으로 나타났다.[14]

---

14) https://backlinko.com/roblox-users#average-daily-usage-on-roblox.

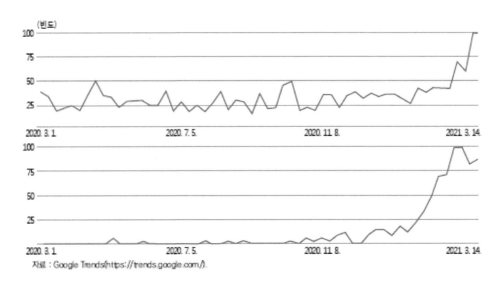

[그림 1-9] 구글 트렌드로 본 전 세계(상)와 한국(하)에서의 검색량 추이
(2020.3~2021.3)

포트나이트는 전 세계 이용자 수가 3억 5,000만 명이며, 제페토의 글로벌 이용자 수는 2억 명을 넘어섰고, 이 중 약 80%가 10대이다.[15]

바. 메타버스 관련 기술 및 기기 시장 확대

메타버스의 성장은 관련 기술발전과 5G 서비스 도입으로 인한 콘텐츠 전송 속도 향상에서 기인한다. 5G 서비스는 4G에 비해 20배 빠른 속도와 10배 이상 빠른 반응, 10배 더 많은 사람과 기기의 접속이 가능하다. 따라서 다수의 사람들이 메타버스 플랫폼에 접속하여 함께 가상현실 콘텐츠를 즐길 수 있는 환경이 구축되었으며, 메타버스 체험을 지원하는 AR과 VR의 기기 발전도 메타버스 성장을 가속화하고 있다.

앞서 언급한 바와 같이 메타버스는 다양한 기술이 융복합되어 있는데, 이는 AR·VR·MR을 아우르는 XR (eXtended Reality)에 기술적 근간을 두고 있다고 할 수 있다. PWC(2019)에 따르면 전 세계 XR 시장 규모는 2030년 1조 5,000억 달러로 예상되며, 그중에서도 AR 시장의 규모가 크게 확대될 것으로 전망된다. 또한, 메타버스를 지원하는 AR·VR 기기도 기술 혁신 등에 힘입어 발전하고 있는데, 그동안 VR 기기 대중화의 걸림돌이 된 멀미, 무게감, 디바이스 가격, PC와 콘솔 기반 사용 등의 문제가 해결되면서 일반 소비자들도 접근할 수 있게 되었다.

---

15) 매일경제(2021.4.7), '네이버 제페토 이용자만 2억 명. 메타버스 무섭네'

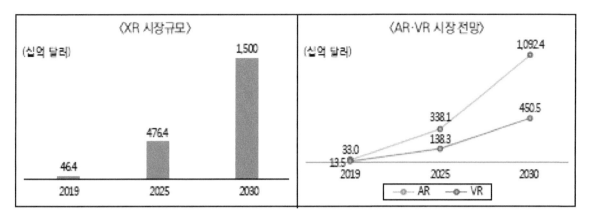

* 자료 : PWC(2019), 'Seeing is believing'

[그림 1-10] 메타버스 관련 기술시장 규모

VR 기기 착용 시 발생하는 멀미 문제를 해결하기 위해서는 높은 주사율과 해상도 등이 필요한데, 대부분 PC 기반인 고가의 VR 기기에서만 가능하였다.
그러나 2020년 페이스북의 오큘러스가 해상도와 주사율을 높이고, 기기 무게를 좀 더 가볍게 한 Oculus Quest 2를 출시하였다.

또한 독립형 VR로 PC 또는 콘솔 없이 헤드셋만으로 VR 환경을 만들 수 있는 장점은 대중화를 촉진시켰다. Oculus Quest2 는 이전의 제품보다 성능이 향상되었음에도 이전 기기들보다 저렴한 가격으로 출시되었다.
현재 글로벌 누적 판매량은 100만 대를 넘어선 것으로 추정되며, 국내에서도 SK텔레콤이 판매를 시작한 후 5일 동안 약 1만여 대가 팔렸으며, 유통 플랫폼인 11번가에서는 판매 첫 개시 1시간 만에 700대가 판매되는 등 폭발적인 인기를 보였다.[16]

페이스북, 애플, MS와 같은 글로벌 기업들은 메타버스에 대한 지속적인 투자를 하고 있는데, 페이스북은 Oculus Quest2를 착용하고 이용할 수 있는 가상 사무실 플랫폼인 Infinite Office, 가상 소셜 VR 플랫폼인 Horizon, AR 필터 제작 플랫폼 Spark AR 등 플랫폼 개발에 투자하고 있다.

---

16) 한국경제(2021.2.7), 'VR 시장 별들까...오큘러스 퀘스트2 국내서 3일만 에 1만 대 팔려'.

기업명	Oculus				HTC	VALVE	SONY
기기명	퀘스트2	퀘스트1	리프트S	리프트	VIVE PRO	INDEX VR	PS VR
출시연도	2020	2019	2019	2016	2018	2019	2016
가격(달러)	299	399	399	599	799	999	399
해상도	1832*1920	1440*1600	2560*1440	1080*1200	1440*1600	1440*1600	960*1080
주사율(Hz)	90	72	80	90	90	144	120
무게(gram)	503	571	610	470	555	645	610
기반	독립형	독립형	PC/콘솔	PC/콘솔	PC/콘솔	PC/콘솔	PC/콘솔

* 자료 : 각사 홈페이지

애플은 VR 스트리밍 업체인 'NEXT VR'을 인수, AR Glass 출시를 준비하고 있으며, MS는 가상현실 소셜미디어인 'Altspace VR' 인수와 홀로렌즈 기기를 출시하며 생태계를 확장하고 있으며, 향후 AR·VR 기기는 글로벌 기업의 투자로 기능 및 성능은 향상되고, 기업 간의 경쟁으로 가격은 하락할 것으로 보인다.

이외에도 손목밴드(페이스북), 스마트링 및 VR 장갑(애플), 햅틱슈트(테슬라슈트, 비햅틱스) 등 다변화되는 메타버스 기기들이 지속적으로 개발, 출시되면서 메타버스의 혁신적인 경험을 제공할 것으로 전망된다.

사. 국내외 메타버스 플랫폼 현황과 비즈니스 모델

1) 국내외 주요 메타버스 플랫폼

메타버스를 대표하는 플랫폼으로 미국의 로블록스와 포트나이트, 마인크래프트, 한국의 제페토를 꼽을 수 있다. 이들은 게임, 공연 등의 엔터테인먼트, 가상생활과 소통의 공간 등으로 이루어져 있다.
과거에는 공급자가 제공하는 아이템만을 구매하는 등 서비스 제공자 중심이었다면 현재는 이용자가 콘텐츠 및 아이템을 개발, 제작하여 판매가 가능한 이용자 중심의 형태로 변화하였다.

〈표 1-5〉 **주요 메타버스 플랫폼**

구 분	내 용
로블록스 (미국)	• 이용자가 직접 게임을 개발, 공유하고 다른 이용자와 플레이하는 메타버스 플랫폼으로서 2006년에 출시. 2021년 3월 뉴욕증시에 상장 • 월간 방문자 수 1억 9,000만 명 상회, 게임 개발자 수는 약 800만 명, 게임 수는 약 5,000만 개
포트 나이트 (미국)	• 에픽 게임즈가 제공하는 슈팅 게임으로서 2017년 출시 • 파티로 알 모드에서 콘서트, 영화 상영 등이 가능 • 트래비스 스콧, 영화 테넷의 트레일러, BTS의 Dynamite 뮤직비디오 안무 버전을 최초 공개 • 포트나이트 이용자 수는 3억 5,000만 명 상회
마인 크래프트 (미국)	• 2011년에 게임이 출시되었으며, 2014년 마이크로소프트에서 인수 • 이용자가 아바타를 활용해 블록으로 구조물, 기능 등 콘텐츠를 제작할 수 있는 샌드박스 게임 • 가상캠퍼스를 만들어 수업, 가상졸업식 등을 진행 • IP를 확장하여 장난감, 소설, 영화, 교육용 도구 등을 출시
제페토 (한국)	• 2018년 네이버 제트에서 출시한 AR버츄얼 플랫폼 • AI·AR·3D 기술을 통해 이용자 맞춤형 3D 아바타를 생성 • 아이돌 그룹의 콘서트, 팬 미팅 공간으로 활용 • 현재 글로벌 가입자 수는 2억 명, 이용자의 80%는 10대

즉, 개발자와 이용자 간의 경계가 모호해지고, 플랫폼 내에서 창출한 수익이 현실경제에서도 활용이 가능한 환경이 구축되었다.

2) 비즈니스 모델 사례

(가) 게임, 공연 등 엔터테인먼트와 제품 마케팅 플랫폼

메타버스가 빠른 속도로 대중화될 수 있었던 것은 게임의 역할이 크다. 게임 제작 기술이 크게 발전하면서 로블록스, 마인크래프트와 같이 플랫폼 내 가상공간을 제공하고, 이용자들에게 자유도를 부여하여 다양한 활동을 할 수 있도록 하였다.

또한 소셜과 경제활동이 가능한 환경을 제공하면서 이용자들이 급증하였으며, 온라인 게임이 메타버스 영역으로 확장하기도 하는데, 대표적인 예로 포트나이트를 들 수 있다.

에픽 게임즈가 제공하는 포트나이트는 배틀로얄 장르의 게임이지만 다른 이용자들과 함께 콘서트나 영화를 관람할 수 있는 파티로열 모드를 제공한다.

2020년 4월 미국의 유명 래퍼 트래비스 스콧은 파티로 열 모드에서 온라인 콘서트를 개최하였는데, 공연 당시 1,230만 명이 동시 접속하였으며, 공연 관련 수익은 2,000만 달러로 집계되었다.[17]

콘서트 이후 트래비스 스콧의 음원 이용률이 25% 상승하였으며, 트래비스 스콧의 아바타가 착용하고 있던 나이키 신발도 인기를 끌었으며, 뿐만 아니라 같은 해 9월 BTS도 신곡 '다이너마이트(Dynamite)'의 안무 버전 뮤직비디오를 파티로 알모드에서 전 세계 최초로 공개하였다.

제페토에서는 가상 공연, 팬 사인회 등의 공간으로 활용되고 있고, 2020년 9월 제페토에서 열린 블랙핑크의 가상 팬 사인회에는 전 세계 팬 4,600만 명이 모였으며, 블랙핑크와 셀레나 고메즈가 함께한 'Ice Cream'의 아바타 퍼포먼스 영상은 1억 뷰를 넘었다.

최근에는 빅히트, SM엔터테인먼트, JYP 엔터테인먼트 등 국내 대표 엔터테인먼트사로부터 170억 원의 투자를 유치하였다.

(나) 플랫폼의 수익 창출: 구독과 인앱 결제 시스템

메타버스 플랫폼은 구독모델과 콘텐츠 및 아이템 판매, 광고와 인앱(in-app) 결제 시스템 등으로 수익을 창출하며, 자체 재화를 사용하여 결제 및 보상을 하고 있다.

로블록스는 'Robux', 포트나이트는 'V-bucks', 제페토는 'Coin'과 'ZEM'이라는 자체 재화를 사용하고 있는데 무료 가입이 가능하나 게임을 만들거나 아이템을 구매하려면 Robux를 구매해야 한다.

이용자는 4.99달러(400Robux)부터 99.99달러(1만 Robux)까지 Robux를 구매할 수 있다. 또한 프리미엄 회원들에게는 월 4.99달러 (450Robux), 9.99달러(1만 Robux), 19.99달러(2,200Robux) 등 세 가지의 구독요금제를 제공하며, 일회성 구매자들보다 좀 더 많은 Robux를 지급하고 있다.

포트나이트는 매월 1만 1,880원을 지불한 월 구독자인 크루 회원에게 매월 1,000V-bucks와 배틀패스, 크루 팩(한정판 아이템)을 제공하고 있으며, 아티스트의 공연 이후 다양한 콘텐츠를 판매하는데 결제시 V-bucks을 사용한다.

제페토는 아이템 판매료, 브랜드와의 제휴 마케팅 등으로 수익을 창출하고 있으며, 이용자가 광고를 시청할 경우 일정 재화를 얻을 수 있다.

제페토는 광고 수익을 창출할 수 있으며, 또한 콘텐츠 개발시 구찌, 나이키 등과의 협업을 통해 B2B 수익도 창출하고 있다. 제페토에 따르면 크리에이터가 만든 아이템이 판매될 때마다 결제 수수료(30%)를 받는 구조로 더

---

17) 한국일보(2021.2.28), '10대들이 유튜브·넷플릭스보다 더 빠진 메타버스가 뭐길래'.

욱 강화될 것이다.[18]

(다) 이용자의 수익창출: 콘텐츠 제작 및 판매

현재 메타버스 플랫폼은 이용자들이 직접 콘텐츠를 제작, 소비할 수 있는 환경을 제공하고 있다. 먼저 로블록스는 이용자인 Player와 아바타 아이템을 개발하는 Creator, 게임을 제작하는 Developer로 구성된다. 이용자들은 로블록스가 제공하는 스튜디오에서 Creator와 Developer가 되어 직접 아이템과 게임을 만들어 제공하고 있으며, 약 800만 명의 개발자와 5,000만 개가 넘는 게임이 플랫폼 내에 존재한다.[19]

스튜디오에서 제작된 게임은 클라우드를 통해 모바일, PC, 콘솔 등 다양한 플랫폼에서 이용이 가능하다. 로블록스는 게임 개발자에게는 70%, 아바타와 아이템 개발자에게는 수익의 30%를 Robux로 지급하고 있으며, 이는 개발자 환전(DevEX) 프로그램을 통해 실제 달러로 환금이 가능한데 환금은 10만 Robux(1Robux당 0.0035달러)부터 가능하다.
제페토도 이용자와 크리에이터로 구성되고, 이용자는 제페토의 콘텐츠 및 서비스를 소비하기도 하고, 크리에이터가 되기도 하며, 이용자가 제페토 스튜디오에서 아바타의 패션 아이템을 디자인하여 등록하면 심사를 거쳐 판매가 가능하다.
판매 수익은 자체 재화인 ZEM을 통해 이루어지고, 추후 환금이 가능하며, 또한 내가 꾸민 아바타를 주인공으로 활용하여 드라마로 만들어 공유하기도 한다.
현재 제페토에서 판매되는 아이템의 80% 이상이 이용자가 직접 만든 것이며, 누적 창작자 수는 약 6만 명이다.[20]

---

18) 중앙일보(2021.4.3), '아바타끼리 연애하고 회사도 만든다. 메타버스 플랫폼 제페토의 미래'.
19) 조선일보(2021.4.2), '총싸움 게임 포트나이트 안에서 보트레이싱...한국 선 제페토 급부상'.
20) 중앙일보(2021.4.3), '아바타끼리 연애하고 회사도 만든다. 메타버스 플랫폼 제페토의 미래'.

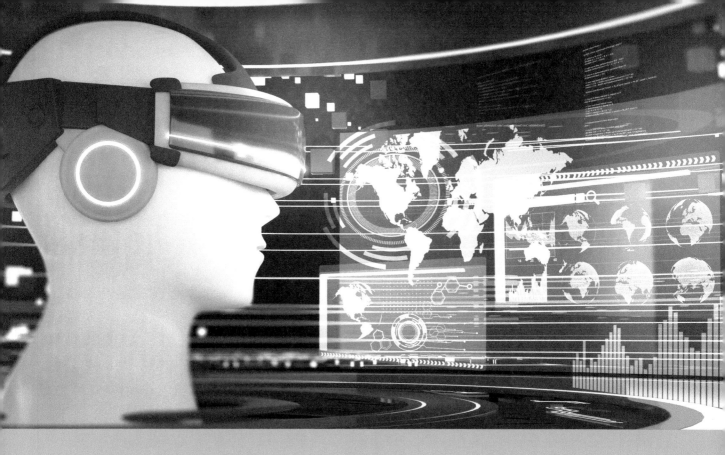

CHAPTER

2

메타버스의 확장과 미래

1

플랫폼 성장의 필요조건

가. 젊은 사용자층

　모든 플랫폼은 초기부터 전 연령층이 즐기기 쉽지 않기 때문에 메타버스가 차세대 플랫폼으로 성장하기 위한 가장 중요한 조건은 젊은 사용자 층이며, 젊은 사용자 층이 즐기고 활용도가 높아지게 된다면 이러한 흐름이 다른 연령대로 확산되는 움직임을 보이게 된다.

메신저, SNS, 유튜브 등 다양한 플랫폼들이 이와 같은 흐름을 보여 왔으며, 실제 최근에 가장 높은 가치를 받고 있는 동영상 플랫폼들은 2010년대 중반까지만 하더라도 SNS나 메신저에 비해 낮은 연령대를 중심으로 구성되어 있었지만 5년이 지난 2022년 현재는 다양한 연령층에서 활용되고 있으며 콘텐츠의 생산, 소비가 크게 확대되고 있다. 젊은 사용자 층이 중요한 이유는 빠른 사용자 지표상승이 가능하기 때문이고, 다만 플랫폼 초창기에는 빠르게 늘어난 만큼 빠르게 감소할 수 있는 가능성도 존재고 있으며, 많은 초기 플랫폼들이 젊은 사용자 층의 트랜드 변화에 민감하게 반응하는 이유이다.

더불어 젊은 사용자 층의 낙인 효과는 10년 이후의 수익성 확대를 기대하게 할 수 있으며, 20대에 주력으로 사용했던 플랫폼은 향후 시간이 지나도 일정수준 이상으로 활용되기 때문에 구매력을 갖춘 시점에 진입하게 되면 수익화 모델이 크게 활용될 수 있다.

　이에 따라 각 플랫폼들은 미래 수익원이 될 수 있는 젊은 사용자 비중을 일정수준 이상 유지하기 위해 투자와 콘텐츠 추가 등을 진행하고 있다.

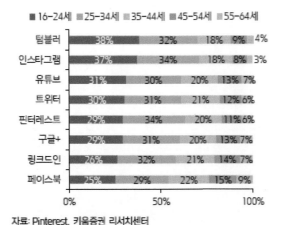

초기 젊은 층이 중심이었던 비디오 플랫폼(2014년 기준)

자료: Pinterest, 키움증권 리서치센터

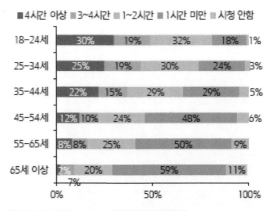

유튜브 연령별 이용시간(2016년 기준)

자료: HubSpot Consumer, 키움증권 리서치센터

메타버스의 대표라고 할 수 있는 로블록스(Roblox)나 국내의 제페토(ZEPETO)는 이러한 흐름을 잘 따라가고 있으며, 로블록스는 2020년 기준 13세 미만이 175만 명을 기록하고 있으며 전체 DAU의 53.7%를 차지하고 있다. DAU가 매년 폭발적으로 늘어나는데도 불구하고 이러한 어린 사용자 비중이 잘 유지된다는 것은 추가 성장에 대한 기대감을 갖게 한다. 제페토 역시 누적 가입자 기준 80%가 10대 이용자로 구성되어 있다.

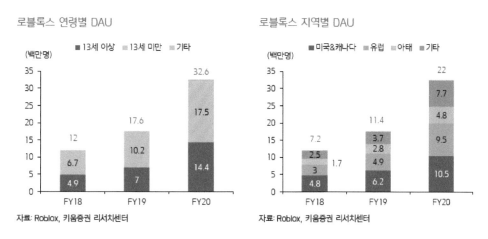

자료: Roblox, 키움증권 리서치센터   자료: Roblox, 키움증권 리서치센터

이러한 젊은 연령층이 주력 층인데도 불구하고 로블록스는 2020년 매출 1조원을 달성하였다. 향후 연령층이 확산되고 수익화 모델이 확대된다면 추가적인 실적개선은 크게 확대될 것이다. 메타버스의 플랫폼 형성에서 현재는 초기 단계로 볼 수 있으며, 사용자 층이 지역별 비중에서 편중되어 있다는 것은 그만큼 사용자 지표에서 성장 여력이 높다는 것을 반증한다. 넷플릭스가 성장했던 시기 사용자 추이를 살펴보면 북미/유럽 중심에서 아시아 지역으로 빠르게 확산되었다.

주요 플랫폼 비교

플랫폼명	넷플릭스	Facebook	로블록스
시가총액(조원)	244	978	45
21년 예상매출액(조원)	33.7	130	2.9
DAU or 가입자(백만명)	280	1,840	42
가입자(DAU)당 가치(천원)	871	531	1,068
주력 콘텐츠	영화, 드라마 등 영상	SNS	게임
구독모델	구독가입	그룹 프리미엄	프리미엄
광고	일부(진행 멈춤, PPL)	주력	제한적
커뮤니티	X	O	O
유저 콘텐츠 생산	X	O	O
참여자 수익배분	X	동영상광고	게임아이템, 방문횟수
비율(기업:제작자)	X	45:55	30:70(프리미엄)
커머스	X	O	X

자료: Bloomberg, 각사, 키움증권 리서치센터

나. 사용자들의 자발적인 콘텐츠 소비, 생산

커뮤니케이션 플랫폼에서 가장 중요한 것은 콘텐츠가 일 방향으로 공급되면 안 되고, 콘텐츠의 생산과 소비가 자유롭게 이루어지며, 플랫폼은 그것을 위한 스페이스를 제공하는 것이 가장 큰 틀이다.

일 방향으로 콘텐츠를 공급하는 플랫폼의 단점은 수많은 사용자를 만족시키기 위한 콘텐츠의 공급이 다양하게 이루어져야 하는데, 이에 따른 콘텐츠 공급 비용이 크게 늘어난다는 것이다. 가장 대표적인 일 방향 플랫폼은 OTT[1]라고 할 수 있으며, OTT의 성장에는 그만큼의 콘텐츠 제작비용이 투입되고 있다.

아직까지는 OTT의 사용자 지표가 성장하고 있기 때문에 큰 문제가 되고 있지 않지만 사용자층의 성장이 정체되고 콘텐츠 공급단가가 계속 높아지는 시점에서는 불안 요인이 발생할 수 있다.

결국 건전한 플랫폼 생태계가 구축되기 위해서는 사용자들의 콘텐츠 생산과 소비가 자유롭게 이루어져야 하며 그 상황에서 플랫폼이 해야 하는 일은 개인 성향에 따른 맞춤형 콘텐츠를 잘 찾게 만들어 주는 것이다.

즉, 사용자가 만족할 만한 콘텐츠를 잘 매칭 시켜 준다는 의미로 이로서 콘텐츠 카테고리의 확대를 통해 다양한 사용자들의 취향을 만족시켜 주어야 사용자 리텐션이 높게 유지된다.

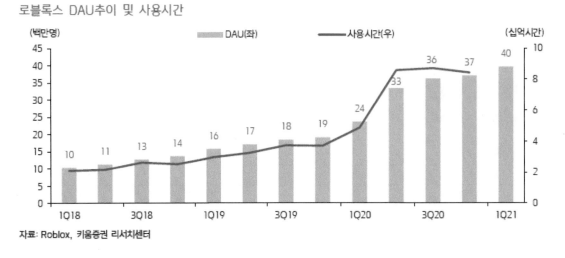

로블록스 DAU추이 및 사용시간

자료: Roblox, 키움증권 리서치센터

메타버스의 가상세계는 이러한 공간을 제공하기에 가장 최적화되어 있다고 볼 수 있는데, 사용자들이 자기만의 가상세계를 구현, 소유할 수 있으며 여기에 자기만의 콘텐츠를 선보일 수 있다. 즉, 아직까지는 게임, 음악, 공연, 애니메이션 등이 중심이 되지만 예술, 스포츠, 교육 등 실생활 콘텐츠까지 생성이 가능한 모델이 된다면 사용자의 사용 시간은 지금보다 더 늘어날 것이다.

---

1) https://ko.wikipedia.org/wiki/OTT

이외 커뮤니티 기능이 활성화되어 있어 친구들과의 게임과 활동, 채팅 창에서의 대화가 이루어지기 때문에 메신저 기능과 SNS 기능을 대체할 여지가 있다. 카카오톡이나 페이스북 등이 중요한 커뮤니케이션 툴로 활용되었다면 메타버스의 사용자 확대가 이루어짐에 따라 메신저 기능과 SNS 기능이 젊은 사용자 층을 중심으로 주 사용 어플리케이션으로 변화할 수 있다.

관건은 사용시간으로, 메타버스에서의 사용시간이 확대된다면 위에서 언급한 콘텐츠, 메신저, SNS 기능이 주요 어플리케이션들을 앞서나갈 수 있다. 아직까지는 평균 DAU[2] 당 사용시간이 200시간 초중반 수준을 기록하고 있는데, 이는 하루로 환산했을 때 3시간 미만을 활용하고 있다는 의미이다. 2018년 180시간 수준에서 지속적으로 늘어나고 있지만 본격적인 메타버스 생태계 확장을 위해서는 개인당 시간 사용 확대가 필수적이다.

로블록스 콘텐츠, 애니메이션

자료: Roblox, 키움증권 리서치센터

로블록스 인기게임 플레이 횟수

자료: Roblox, 키움증권 리서치센터

---

2) DAU(Daily Activity Use)는 일별 활동 이용자에 대한 수치이며, 하루에 몇 명이나 이 서비스를 사용하는 가를 말함

일반적인 게임과는 다른 메타버스

가. 스팀, 배틀넷과 같은 게임 플랫폼과는 다른 메타버스

로블록스나 제페토는 일반적인 게임 플랫폼과 비슷한 기능을 하기 때문에 동일선 상에서 보고 있는 경우가 있다. 게임 플랫폼의 대표라고 할 수 있는 스팀과 배틀넷은 사용자가 자사 혹은 외부 게임까지 포괄하여 게임을 자유롭게 다운받고 사용할 수 있게 만든다.

PC게임의 대표 플랫폼 스팀

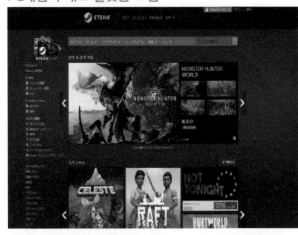

자료: Steam, 키움증권 리서치센터

제페토 스튜디오

자료: 제페토, 키움증권 리서치센터

즉, 모바일 App Store나 Google Store와 같은 역할을 하는 것이라고 보면 되며, 더불어서 플랫폼 내 인기콘텐츠 순위, 게임 내 접속자 수 등 스팀플랫폼과 비슷한 기능을 제공하고 있다. 하지만 메타버스를 일반 게임과 다르게 여기는 것은 게임의 시스템을 이용하고 있지만 콘텐츠 공급이 자유롭다는 것이다.

개발사에서 제공하는 것과는 다르게 사용자들이 직접 제작할 수 있어 다양한 방향성을 보유한 게임을 만나볼 수 있다.

실제로 블록스에 등록된 게임의 숫자는 4,000만 여개를 상회하고 있으며, 그만큼 선택의 자유도가 높으며 방향성도 다양하기 때문에 개별 사용자들의 취향을 만족시킬 수 있다.

스튜디오에서의 제작형태는 유니티와 언리얼과 같은 게임 엔진방식을 차용하고 있으나 실제 제작하는 방식은 다른 엔진들 보다는 좀 더 직관적으로 쉽게 구현이 되어 있다.

즉, 사용자들도 손쉽게 간단한 게임을 제작할 수 있는 엔진을 제공하고 있지만 고차원적인 게임제작도 가능하다는 점에서 개방형 플랫폼으로 볼 수 있으며, 이렇게 제작된 스튜디오를 다른 사용자들에게 판매할 수 있다는 것도 차이점이다.

게임을 제작하여 사용자에게 판매하는 행위는 로벅스를 통해서 이용이 가능하며 이를 통해 제작능력이 떨어지는 사용자들도 자기만의 월드를 구매할 수 있게 만들어 놨다.

로블록스 스튜디오에서 자기만의 세상을 구현

자료: Roblox, 키움증권 리서치센터

향후에는 업체에서 제공하는 기본적인 툴들이 더욱 다양해지고 간편한 방향으로 바뀔 가능성이 높다. 동영상 업로드 방식이 개인들도 하기 쉽게 변모된 것과 같이 일반 사용자들을 위한 제작 툴도 개선될 것으로 전망되고 있다.

나. 아직은 불가능한 개인의 외부 광고 첨부하고, 정책변화가 이루어질 경우

로블록스나 제페토 등은 아직까지 외부광고 첨부가 불가능한데, 게임내 광고는 자기들 형식의 툴에 맞는 광고를 요구한다. 즉, 내부 아바타 출연, 테마 활용 등이 수반되어야 하며, 더불어 이러한 광고를 통한 수익활동을 제한하기도 한다.

이에 기업체들은 직접적인 광고보다는 자사 홍보관을 만드는 방식으로 메타버스 사용자들을 유인(ex. 제페토의 쿠키런 킹덤월드)한다. 이렇게 보수적인 광고 정책을 고집하는 이유는 아직까지 플랫폼 내 생태계를 유지하는 것에 중요한 목적을 두고 있기 때문이다.

사용자들의 확인이 중요한 시점에서 광고의 등장은 몰입감을 방해하는 요소이기에 최소한의 광고만을 진행하고 있다.

실제 광고도 게임내 광고보다는 플랫폼내 배너광고 형태로 진행되는 경우가 다수이며, 로블록스의 경우 입찰형 광고개제에 필요한 재화를 로벅스로 활용하는 등 광고에 대한 부분을 소극적으로 운영하고 있다.

유튜브 광고 방식

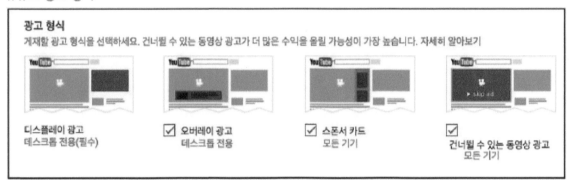

자료: Youtube, 키움증권 리서치센터

하지만 장기적으로 메타버스 역시 광고부문 정책이 유연하게 변할 가능성이 높은데, 단편적인 예로 지금은 익숙한 15초 중간 광고를 들 수 있다.

동영상에서도 중간 광고는 몰입감을 저해하는 중요한 요소로, 초기에는 동영상 처음과 끝에만 진행되던 광고가 중간 광고 도입을 진행하였고 True View 정책을 통해 더 활발하게 진행되었다.

로블록스의 광고형태

자료: Roblox, 키움증권 리서치센터

플랫폼의 최종 종착점 커머스

자료: NAVER, 카카오, 키움증권 리서치센터

이러한 광고의 확장은 사용자가 급격하게 늘어나는 시점보다는 DAU(DailyActive User)가 안정화되는 시점에 진행되는 경우에 진행된다. 사용자 이탈에 대한 우려가 낮아지는 시점에 광고가 진행될 것이며, 실제 1Q로 블록스컨 퍼런스 콜에서도 광고에 대한 부분에서 높은 관심을 기울이고 있지만 사용자 경험을 해치지 않는 방법을 모색하고 있다고 언급하였다.

이러한 움직임은 생태계 구축 → 콘텐츠 고도화 → 수익화 모델 강화 → 플랫폼 카테고리 확장이라는 플랫폼의 정석적인 성장 패턴에서 크게 벗어나지 않는 것이다.

현재와 같은 생태계 구축에서 콘텐츠 고도화로 넘어가는 시점에서는 가입자 혹은 활동 사용자당 가치가 높아지는 시기이다. 이후 콘텐츠 고도화와 맞물려 수익모델이 강화되는 시점부터 폭발적인 매출확대가 가능할 것이다.

이미 경제 생태계가 구축되고 선순환 구조가 이루어진 시점에서 향후 콘텐츠 고도화는 저변 확대와 실생활과의 연계를 더욱 강화할 것이며 우리가 기대하고 있는 진정한 메타버스의 세계가 구현될 수 있을 것이다.

아직 광고수익배분을 진행하지 않는 로블록스

What Are the Rules for Videos?

Videos added must adhere to the following rules:

1. No commercial videos
2. Follow a Roblox theme—i.e. contain Roblox avatars and activities
3. Must conform to Roblox image policies for the video and any images within videos
4. Sound must conform to Roblox policies for language on the site
5. Written language visible within the video must conform to Roblox policies for language on the site
6. Cannot exceed the time limit for videos
7. Video advertisement must be paid for in Robux
8. Can be an advertisement for a player's game(s)
9. Cannot be about off-site subjects
10. Cannot include personal identifiable information or images
11. Has to be a video linked from YouTube.com
12. Cannot contain video or images of real people
13. Cannot contain text or images that infringe on any intellectual property rights, including but not limited to, copyrights, trademarks and rights of privacy and publicity
14. Cannot monetize the video—i.e. cannot have advertisement from outside vendors attached to the YouTube video

자료: Roblox, 키움증권 리서치센터

제페토의 광고사례

자료: 제페토, 키움증권 리서치센터

콘텐츠 역시 게임, 커뮤니티, 공연 중심의 현재에서 동영상 콘텐츠 확대, 교육, 예술, 스포츠 등 다양한 콘텐츠가 추가될 수 있다.

콘텐츠 고도화 시점부터는 수익화 모델이 확장될 것으로 기대되며, 콘텐츠의 확대는 인벤토리의 증가를 의미하며 더불어 관련 산업군의 관심이 높아지기 때문에 인벤토리 활용이 증가하면서 수익모델 단가 상승을 불러일으키기 때문이다.

이 시점을 넘어 플랫폼 카테고리 확장까지 이루어지면 커머스, 예약 등 실생활 플랫폼까지 연계될 수 있다.

AR/VR/MR/XR 기술의 국내외 사업화 동향

가. 메타버스시대의 도래

세계적인 그래픽카드와 GPU(Graphic Processor Unit) 전문기업 NVIDIA의 CEO Jensen Huang은 2020년 10월 개발자 행사인 "GTC 기조연설"에서 "미래 20년은 공상과학과 다르게 없다. 메타버스의 시대가 오고 있다."라고 하였다. 그가 말했던 이 두 개의 문장은 가상세계와 현실 세계의 연결이 2041년쯤 스마트 미디어를 통해서 사용자의 두뇌, 감각기관, 신경망, 인격(언행의 통제)에 어떤 역기능(혼란, 혼돈, 치매, 망각, 실어증, 결정장애, 주의력 결핍 및 과잉 행동 장애, 간질, 정신착란, 강박증, 사이코패스, 소시오패스, 신경마비, 근육마비, 중풍, 신경질병, 감각기관 손상, 뇌출혈, 뇌손상, 트라우마, 악몽 등) 또는 어떤 순기능(교육, 훈련, 연습, 역량강화, 기량개선, 인격개조, 개과천선, 스트레스 풀기, 오락/게임/운동/놀이/댄싱/체조 등)을 줄 수 있을 만큼 기술들의 개발과 진화가 계속된다는 뜻으로 해석된다. 최근 메타버스는 20~30대로 이루어진 "MZ세대(Millenials 세대+Z세대)"의 소비량이 증가 하면서 더욱 주목받기 시작하였다.

* 자료 : Forbes, 2020

[그림 2-1] **"포트나이트"의 파티로열 예시**

미국에서 메타버스 연구를 하는 미디어 분야 전문가 겸 벤처투자자인 Matthew Ball은 메타버스의 주요 속성들로서 "지속성, 실시간, 개별적인 존재감, 동시 참여, 독자적인 경제체계, 가상과 현실 양쪽 세계에서의 경험 공유, 모든 정보와 자산의 호환, 이용자의 콘텐츠 생산 가능성"을 지목하였다.[3]

---

3) 연합뉴스, "메타버스 열풍…MZ세대가 끌고 게임업계가 주도 한다", 2021. 5. 8.

[그림 2-1] "포트나이트"의 파티로열 예시에서 가상현실과 현실 세계의 연결은 대략 2041년쯤에 스마트 미디어를 활용해서 첫째, 사용자의 두뇌와 신경망 및 감각기관과 인격에 혼란과 혼돈을 주고 망각, 치매, 실어증, 결정장애, 주의력 결핍 및 간질과 과잉 행동, 장애 및 정신착란과 강박증, 사이코패스, 소시오패스 그리고 근육마비, 중풍, 신경마비, 신경질병, 감각기관 손상과 악몽, 뇌출혈, 뇌손상, 트라우마 등등 어떤 역기능이 존재한다.

둘째, 어떤 순기능은 예를 들어 교육 및 훈련 그리고 연습 및 역량강화와 기량개선 및 인격개조, 개과천선, 스트레스 풀기와 오락과 게임 및 운동, 그리고 놀이 와 댄싱 및 체조 등을 즐길 수 있을 정도로 기술들의 개발과 진화가 지속된다는 뜻으로 해석할 수가 있다.

최근 메타버스는 20~30대로 이루어진 "MZ세대(Millenials 세대+Z세대)"의 소비량이 증가하면서 더욱 주목받기 시작하였다. 미국에서 메타버스 연구를 하는 미디어 분야 전문가 겸 벤처투자자인 Matthew Ball은 메타버스의 주요 속성들로서 "지속성, 실시간, 개별적인 존재감, 동시 참여, 독자적인 경제체계, 가상과 현실 양쪽 세계에서의 경험 공유, 모든 정보와 자산의 호환, 이용자의 콘텐츠 생산 가능성"을 지목하였다.[4]

여기에서, [그림 2-1]에서 보듯이 같은 메타버스에 연결된 각종 전자상거래와 전자지불, 암호화폐(또는 가상화폐) 및 콘텐츠 재편집, 재생산과 콘텐츠의 저장 부문에서 유통과 판매하는 방법이 Off-line 매체 수단 중 하나인 USB(Universal Serial Bus) 또는 CD(Compact Disk) 등 메모리 사용자들에 의해서 이루어지고 있다.

또한 On-line 매체 수단 중 하나인 유튜브 또는 페이스북, 인스타그램 및 홈페이지 그리고 블로그, 사이버 카페 및 카카오톡, 라인 등 SNS(Social Networking Service)의 스마트앱이 현재 이용자들에 의해서 이루어지고 있다.

메타버스는 'Universe(현실 세계)'와 'Meta(가공, 추상)'의 합성어로서 3차원 가상세계를 의미하며, 메타버스의 이용자는 메타버스를 손쉽게 일시 정지하거나 종료할 수는 없으며, 또한 실시간으로 메타버스를 이용하면서 얻은 경험을 공유할 수 있고 현실 세계에서처럼 구매와 소비를 처리할 수 있다.

즉, 메타버스 안에서 사용자는 아바타 의상을 구매, 또는 콘서트 비용을 지불하며, 특히 MZ세대는 가상세계와 현실 세계를 구분하지 않으며, 가상세계와 현실 세계 속의 인간관계가 같다고 생각하므로, 컴퓨터 게임이 자유로운 MZ세대가 메타버스를 주도하고 있다.

---

[4] 연합뉴스, "메타버스 열풍…MZ세대가 끌고 게임업계가 주도한다", 2021. 5. 8.

지금도 지속적으로 번지고 있는 COVID-19 팬데믹에 대한 방역 대책으로서 백신 접종하기, 마스크 쓰기, 사회적 거리두기 및 단계별 거리두기에 따른 인원의 일정 수 이상 집합 금지와 손 씻기 등을 지도하면서 비대면 서비스를 위한 인터넷 기반의 On-line 세미나(웨비나 또는 Zoom 회의) 그리고 카카오톡, 카카오스토리, 페이스북 등의 SNS를 통해 의사 소통을 하고 있다.

그리고 온라인 교육, 홈쇼핑, 온라인 쇼핑, 물류, 유통, 택배와 같은 스마트 생활과 지구온난화 해결을 위한 온실가스 감축 및 이산화 탄소 감축 운동과 기후변화에 대응하기 위한 아나바다 운동 및 쓰레기 버리지 않기, 범죄 및 사건, 사고와 문제, 그리고 악성 증후군 퇴치 및 포장지와 허례허식, 낭비 및 과소비의 감축 등 그린 생활이 전 세계적으로 보편화 및 표준화되어 가고 있다.

즉, 약 70억 명의 현존하고 있는 인류 중에서 "유비쿼터스 모바일 컴퓨팅과 인터넷 기반의 정보통신(방송) 콘텐츠와 서비스"를 이용하고 있는 인류는 생산과 소비의 시장 경제, 과학기술 문명, 지구환경 보존 및 정화 측면에서 그린 생활 및 스마트 생활의 개념을 공유하고 있다.

4차 산업혁명은 인공지능을 통한 사물지능과 연결되는 증강현실(AR)과 가상현실(VR) 및 혼합현실(MR) 그리고 확장현실(XR)의 콘텐츠와 서비스를 인체의 두뇌와 뇌리에 구축되는 정보, 지식, 기술, 직무의 수행 능력과 역량, 기량과 함께 인체 5감의 기관들과 신경망에 구축되는 태도, 습관, 버릇, 자세를 제공한다.

또한, 4차 산업혁명은 인격에 구축되는 삼강오륜과 도덕 및 윤리 그리고 결심, 각오, 해탈, 달관, 절제와 친절, 배려, 사단칠정과 순수이성, 실천이성 및 사상, 철학과 같은 교육훈련을 향후 MZ세대가 중장년이 되는 2050년 이후 평균수명 100세가 되는 사람들에게 공급하게 된다.

따라서 2050년 이후에는 가장 부정적인 암흑세계인 '디스토피아(Dystopia)'가 세상에서 대폭적으로 사라지고 '유비토피아(Ubitopia=Ubiquitous Utopia)'가 대폭적으로 확산될 것으로 전망[5]된다.

---

5) 박승창, "소설 유비토피아", 전자신문사 출판, 2004. 6. 25.

나. 국내

1) AR+AI챗봇 부문의 'VREVIEW'

[그림 2-2]와 같이 인덴트코퍼레이션이 운영하는 'VREVIEW'는 회사의 특허기술인 AI 챗봇이 실구매자의 동영상 리뷰를 수집하고 이를 온라인 쇼핑몰에 자동으로 업로드해 주는 원스톱 플랫폼으로서, 출시 2년 만에 2,000여개 쇼핑몰에서 도입하고 있다.

제품이 눈앞에 보이듯, 생생한 동영상을 리뷰함으로써 고객의 구매 의사 결정을 도와줘 온라인으로 선물을 고를 때 효과적이다.

고객이 선물할 액세서리를 구매하고 싶다면, 그에게 'VREVIEW'를 활용하고 있는 액세서리 쇼핑몰 '윙블링'을 AI챗봇이 추천을 해준다. 윙블링에서는 실제 착용한 액세서리 리뷰를 동영상으로 제공해 반짝거림이나 분위기를 직감할 수 있다.

장바구니 전환율 14.7% 증가[*]

동영상 리뷰 플랫폼 1위, 브이리뷰

*브이리뷰 A/B Test 적용 결과

[그림 2-2] Vreview의 홈페이지

만약, 어느 고객이 가정의 달을 맞이하여 아이에게 옷을 사주고 싶다면, 아동복 전문 웹사이트 '오즈키즈'를 이용하여 실착 동영상 리뷰를 다양하게 느껴 본 후에 구매를 결정할 수 있다.

이것은 아이들이 옷을 입을 때에 어떤 느낌일지의 스타일링을 미리 확인할 수 있으므로 고객에게 매우 유용하다.[6]

---

[6] NEWSIS, "동영상 리뷰부터 AR 가상 착용까지…'리얼 쇼핑' 주목", 2021. 5. 8.

2) VR 부문의 'VR NewYork Story'

2021년 5월 7일, 에이트원이 자체개발한 VR 콘텐츠 "VR NewYork Story"가 세계 VR기기 점유율 1위 'Oculus App. Lab.'에 등재되었다.

여기에서, 'App. Lab.'은 플랫폼과 정식계약을 맺지 않은 다양한 콘텐츠들을 모아둔 Oculus의 Side Quest 플랫폼 중의 하나로서 VR HMD(Head Mounted Display) 기기 속의 정식 콘텐츠로 등재되기 전에 시장의 반응을 살펴보고 호환성과 상호 보완점을 시험하는 곳이다.

최근 에이트원은 중국 VR기기 1위 기업 피코 인터렉티브와 VR 및 AR 콘텐츠 유통 업무협약서를 교부하였다. 현재 에이트원이 자체 제작한 "VR NewYork Story" 콘텐츠는 피코 HMD 기기에 등재되어 검색되고 있다.

에이트원은 피코 인터렉티브를 통한 중국 시장과 아시아, 태평양 지역 국가의 시장으로 진출을 본격화하고 있으며, 향후 미국, 유럽의 글로벌 메타버스 시장으로 진출하기 위해 추가적인 XR 주요 기업들과 사업 논의를 통해서 지속적으로 국내외 시장에서 점유율을 확대할 계획이다.[7]

3) MR 부문의 'Weeekly'

2021년 4월 29일, SKT는 차세대 K팝 스타들에 MR 기술을 적용한 "K팝 메타버스 프로젝트"를 추진하였다. 이 프로젝트는 비대면으로 K팝을 즐기는 새로운 방식을 제시하여 K팝 열풍을 이어가고, 5G 통신 시대의 메타버스 같은 혼합현실 경험을 확대하기 위해서 기획되었다. [그림 2-3]과 같이 SKT는 먼저 아이돌그룹 '위클리(Weeekly)'의 디지털 휴먼콘텐츠를 제작해서 "Jump AR 플랫폼"을 통해서 공개하였다.

특히, '위클리'의 대표곡 '애프터스쿨'의 안무를 디지털 휴먼콘텐츠로 제작하여 팬들이 자신만의 메타버스 공간에서 디지털 위클리와 함께 나만의 뮤직비디오를 만드는 경험을 즐길 수 있도록 하였다. SKT는 최근 "Jump AR"이 북미 App. 시장에 공식적으로 출시됨에 따라, 글로벌 K팝 팬들도 MR 기반의 새로운 K팝 콘텐츠를 즐길 수 있을 것으로 기대하고 있다. 디지털 방식으로 구현된 위클리는 위클리 비대면 라이브 팬미팅 현장에 등장하여 팬들과 소통하고 있다.

SKT는 "애프터스쿨 뮤직비디오"를 가상과 현실이 혼합된 메타버스 형식으로 새롭게 제작하여 K팝 대표 미디어인 '원더케이(1theK)'의 공식 유튜브 채널에서 공개하였다.

뮤직비디오에서 위클리 실제 멤버들과 Volumetric 기술로 탄생한 "AR 디지털 위클리" 멤버들이 메타버스로 구현한 학교 운동장 및 교실을 배경으로 노래와 춤을 함께 보여주고 있다.

---

7) NEWSIS, "에이트원, VR 뉴욕스토리 오큘러스 앱랩 등재", 2021. 5. 7.

* 자료 : 연합뉴스, "K팝, 혼합현실로 즐긴다 SKT 'K팝 메타버스 프로젝트' 추진", 2021. 4. 29.

[그림 2-3] '위클리(Weeekly)' 디지털 휴먼 콘텐츠

SKT는 추후 "Jump Virtual Meet up"의 메타버스 공간에서 '위클리' 같은 K팝스타 콘서트 또는 팬미팅을 개최하는 방안도 준비하고 있다. SKT는 본격적인 메타버스 시대가 도래함에 따라, 최근 기존 "MR 서비스 Co(Company)" 조직의 명칭을 "메타버스Co"로 변경하고, 메타버스 중심의 혼합현실 경험 제공에 더욱 노력할 계획이며[8], 이런 SKT의 계획은 MR이 XR로 진화해 가는 방향을 제시하고 있다.

4) XR 부문의 '갤러리 XR'

2021년 5월 8일~21일, '갤러리XR'은 [그림 2-4]와 같이 '류영도' 작가의 개인전을 AR과 XR을 적용하여 On-line과 Off-line에서 동시에 개최했다. 비대면 시대를 맞아 AR 기술로 유명작가 미술작품을 안방에서 감상할 수 있는 시스템이 개발된 것이다.

즉, 미술품에 AR 기술과 XR 기술을 활용하여 미술품 컬렉터나 관람객들이 유명한 화가 또는 작가의 작품들을 언제 어디서나 감상할 수 있게 되었다.

---

8) 연합뉴스, "K팝, 혼합현실로 즐긴다.SKT 'K팝 메타버스 프로젝트' 추진", 2021. 4. 29.

또한, 관객들이 갤러리 또는 외국의 유명 아트페어에 직접 찾아가지 않아도 첨단 AR 기술 서비스를 통해서 어떤 미술작품을 메타버스의 공간에 걸어보고 그 미술작품이 나의 현실 공간에 어울리는지 가늠해볼 수 있다.

[그림 2-4] XR 기술로 전시한 류영도 작가 작품

물론, 전시 기간에, 관객들이 온라인 "갤러리 AR Mall"에서 Off-line 전시장에 직접 오지 않아도 전시된 작품들을 감상할 수 있고, "Off-line 갤러리 XR"에서도 작가의 미술작품에 XR 기술을 가미함으로써 관객이 자신의 모바일 기기에서 실제 그림처럼 디스플레이와 웹 기반의 메타버스 공간에 전시된 미술작품을 감상할 수 있다.

갤러리 XR은 '스타윙스' 기업이 AR 분야에서 AR 쇼핑과 AR 컴퓨터 화면으로 축적했던 기술력에 '팝스라인'의 기술을 가미하여 출시한 웹 기반의 AR 기술 및 사업명칭이다.
스타윙스 기업은 비대면 시대의 미술작가들이 자유롭게 국내외 관람객과 컬렉터들에게 자기 작품을 소개하고 관람객은 비대면으로 미술작품을 감상하면서 구입할 수 있는 플랫폼의 시장수요에 따라 실감 콘텐츠 기반의 '갤러리XR'을 사업화하였다.[9]

---

9) 스포츠서울, "갤러리XR, 증강현실 더해 류영도 작가 전시 오픈", 2021. 5. 5.

5) XR 부문의 'Web XR'

"Web XR"은 웹이 App에 비교해서 갖는 여러 가지 장점들을 그대로 가지고 있다. ① 우선, Web XR은 App. 기반 XR에 비교해서 신속하게 콘텐츠의 생성이 가능하고 콘텐츠 변경이 자유로운 점, ② XR 기기가 새롭게 추가되었을 때에 개발자가 별도 코드를 수정하지 않아도 기기를 추가할 수 있다는 점, ③ 이용자가 별도로 애플리케이션 소프트웨어를 웹에서 내려 받지 않고도 즉시 콘텐츠에 접근 가능한 점 등의 장점들이 있다.

그렇지만, 단점은 '호환성'이다. 네이버 검색의 경우에는 1일 평균 3,000만 명의 사용자들이 각자 사용하고 있는 다양한 종류의 기기, 운영체제, 브라우저에 대응해주고 있다.

하지만, 'Web XR' API(Application Program Interface)는 여타 API에 비해 상대적으로 최신 API로서 그것을 지원하는 브라우저와 운영체제가 많지 않기 때문에, 어떤 개발사 또는 제조 회사이든 개인별 사용 환경의 차이를 해결해 주어야만 일관되게 "Web XR"을 사용자에게 제공할 수 있다.[10] 한편, 웹 검색 환경 전반에서 XR이 활용되는 3D 콘텐츠를 사용할 때에는 막대한 용량처리도 무시할 수 없다

2012년 아마존은 웹 페이지 로딩이 1초 증가할 때마다 16억 달러 손실이 발생했다고 발표하였는데, 그 정도로 3D 콘텐츠는 텍스트 이미지에 비교해서 엄청나게 큰 용량이다.

결국, 3D 콘텐츠의 크기를 효율적으로 줄인 상태로 사용해야만, 화면에 표시되기까지의 소요시간을 단축할 수 있다.

네이버는 이 문제를 해결하기 위해 2가지 기법을 도입했는데, 첫째 기법은 3D 모델에 특화된 'Draco' 압축 방식을 이용하여 3D 모델을 더 낮은 용량으로 만들며, 두 번째 기법은 LOD(Level of Detail)이다.

즉, 품질이 서로 다른 여러 개의 3D 모델을 준비해 놓고, 이를 순차적으로 불러와 낮은 Detail의 3D 모델을 먼저 표시하는 것이다. 초반 화면에서 낮은 Detail의 3D 모델을 먼저 표시해서 사용자가 보는 3D 모델 자체를 신속히 표시할 수 있다.

네이버는 최대한 많은 사용자들을 수용하기 위해, 'Web XR'이 아닌 다른 방법으로도 실감 콘텐츠 기능을 제공하고 있다. 실제로, 대용량 텍스트를 포함한 3D 모델에 LOD 기술을 적용하여 파일 크기를 98%까지 줄일 수 있다. 3D 모델을 로딩하는 시간을 많이 단축함으로써 원본 모델에 약 5초 정도 소모되던 공정이 1/7초 정도의 시간만 소모하면 된다. 이런 "Web XR"의 문제 해결은 VR의 고글(Goggle)과 다르게, 고글이 필요 없는 일반 스마트폰에 이어폰만 연결하여 콘텐츠의 실감 특성을 사용자가 체험하도록 지원하는 서비스로 진화하고 있다.

---

10) 디지털데일리, "웹에서 뛰노는 실감콘텐츠 '웹XR'의 개선점과 한계는?", 2021. 5. 7.

다. 국외

1) 미국의 메타버스 산업

(가) 세계를 데이터화로 해서 이해하고 싶은 미국 Big Tech

기업들이 메타버스 산업을 출현시켜야 할 당위성은 분명하다. 이는 '데이터'의 경제적 가치와 '메타버스'에서 수집 가능한 데이터의 양을 상상해 보면 쉽게 이해된다.

미국의 Big Tech(애플, 아마존, 알파벳, 페이스북)가 거대한 자본과 세계 최고의 인재들을 투입해 만들어 가는 세계는 ① 디지털 기술을 통해 세계 모든 인간과 하드웨어 기기가 '연결'되고, ② 연결된 디지털 세계에서 발생하는 방대한 데이터들을 수집하고, ③ 그 데이터들 간의 관계를 이해해 모델링하여 분석 도구를 만들고, ④ 수집한 방대한 데이터, 발전된 컴퓨팅 기술 등을 활용해 삶에서의 비효율성들이 모두 제거된 세계이다.

* 자료 : (좌) 페이스북, 키움증권, (우) 알파벳, 키움증권

[그림 2-5] 세계를 데이터화로 해서 이해하고 싶은 미국 Big Tech

몇 십년 전만해도 인류는 원하는 빵을 구매하기 위해 집주변 빵집을 돌아다니며 시간을 허비해야 했다. 그리고 그런 행위들은 전혀 기록되지 않았다. 하지만 온라인 마켓을 이용하는 현재는 소비자들의 소비 전 과정이 데이터화 되어 온라인 마켓 사업자들의 데이터베이스에 저장되고 있다.

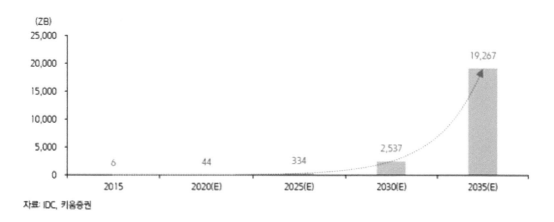

자료: IDC, 키움증권

[그림 2-6] 세계 데이터 볼륨 전망

기업들은 그렇게 모은 빅데이터를 활용해 '소비자 개인 맞춤형 광고'를 제공하고 있으며, 이에 따라 소비자들이 원하는 제품을 구매하는 과정이 매우 효율적으로 발전하였다.

먼 미래에는 물리적 크기가 작아도 클라우드 서버에 연결되어 있어 방대한 컴퓨팅이 가능한 IoT 스마트 스피커가 우리의 음성, 혹은 뇌파를 인식해 원하는 제품을 주문해 주고 무인 자율 주행 드론이 해당 제품을 몇시간 만에 거주지로 물건을 배송해 주는 것이 가능할 것이며, 모든 인간과 기기들이 디지털 기술을 통해 연결되고, 방대한 데이터가 생산되고 있다.

(나) 가장 중요한 자산이 될 '데이터'

'연결성', '디지털화'로 축약될 수 있는 미래세계의 승자는 ① 모든 사람들과 기기를 연결하기 위해 필요한 하드웨어(스마트폰. VR/AR 헤드셋, 스마트 스피커, 로봇 등등)를 생산하는 기업 아니면, ② 사람들을 가상 플랫폼 세계(온라인마켓, 검색엔진, 게임 등등)에 몰아넣고 가상세계에서 벌어지는 모든 현상을 데이터화하여 수집하고 있는 플랫폼 업체일까?

하드웨어 업체들도 높은 실적 성장을 보일 것이지만 현재 시점에서는 상상하지도 못할 정도의 눈부신 성장은 '데이터의 발생 원천'을 가지고 있는 플랫폼 업체들일 것이며, 하드웨어 생산업체는 필연적으로 '대량생산 유혹'에 빠진다.

고정비가 큰 '대형공장'을 필수적으로 가져야 하는 비즈니스 구조이기 때문에 하드웨어 생산업체의 전략은 필연적으로 Y축의 ZB(Zetabyte)를 가파르게 증가시켜 규모의 경제효과를 얻는 것이다.

보통의 상황에서는 경쟁사들도 같은 전략을 취하기 때문에 수요대비 공급증가 속도가 빠르게 되고, 공급만큼의 수요를 창출하기 위해 가격을 인하하게 된다.

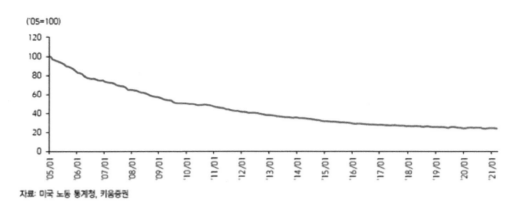

[그림 2-7] 미국 PC 가격 추이

TV 가격은 1998년말 대비 2020년말 −97.4% 하락했고(미국 노동 통계청 CPI 기준), 컴퓨터 및 주변기기 가격은 2005년말 대비 2020년말 −71.0% 하락하였다.

VR/AR 헤드셋, 스마트 스피커, 인공지능 로봇 등 어떤 첨단 IT 기기도 비슷한 현상을 겪을 것이며, 연결된 디지털 사회가 생성하는 부가가치의 대부분은 하드웨어기기 생산업체들의 것이 아닐 가능성이 높다. 클라우드 서버에 연결된 첨단기기들(예를 들어 인공지능 로봇비서)의 가격이 전 인류가 접근 가능할 만큼 낮아지게 되면 그 보완재의 수요가 급등할 것이며, 그 보완재는 '데이터'가 되는 것이다.

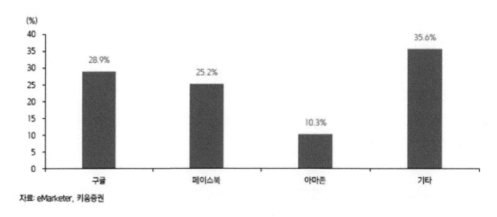

[그림 2-8] 미국 온라인 광고 시장 점유율

모든 첨단 컴퓨팅 기기들은 인간의 임무를 수행하기 위해 '빅데이터'가 필요할 것이며, 로봇의 실제 컴퓨팅 작업은 통신기술로 로봇에 연결된 클라우드 서버에서, 그곳에 저장된 빅데이터를 기반으로 이루어질 것이다.

- '200만원 이하로 내 신체구조에 가장 적합하면서 가장 빨리 집으로 배송될 침대 제품을 찾아줘'라는 명령을 인공지능 로봇비서에게 내리면,
- 인공지능 로봇비서가 나의 음성 정보를 인식해 요구사항을 이해하고,
- 나의 신체구조를 3D Sensing 기술로 인식해,
- 비슷한 신체 체형의 소비자들이 선호했던 제품들, 그 중 가장 집으로 빠르게 배송될 제품을 빅데이터로 분석하여,
- 침대가 위치할 장소에 홀로그램으로 해당 제품을 보여주는 식이다.

이 과정에서 데이터는 필수적으로 필요하고, 양질의 빅데이터를 보유하고 있는 소수의 기업들은 데이터의 값을 올릴 것이다. 즉, 데이터의 원천을 가지고 있는 기업들의 실적 증가속도는 데이터 수요량 증가속도 이상일 가능성이 높다.
이를 이해하고 있는 미국 Big Tech들은 어떻게든 소비자들을 디지털 세계로 몰아넣어 소비자들의 행위를 데이터화하기 위해 모든 노력을 쏟고 있다.

(다) 메타버스, Big Tech들의 '데이터 러시'의 종착점

*자료 : 영화 '레디 플레이어 원', 키움증권

[그림 2-9] 영화 '레디 플레이어 원' 중 가상현실 세계에서 제품을 구매하고
현실 세계에서 제품을 배송 받는 장면

19세기 금광산을 찾아 대거 이주하던 '골드러시'가 있었다면, 현재 미국 Big Tech들은 데이터를 찾아가는 '데이터 러시'를 진행 중이다. 다음 데이터 광산은 메타버스이다. 페이스북이 인수한 VR 헤드셋 생산업체 오큘러스의 직원들은 모두 페이스북 으로부터 '레디플레이어원'이라는 소설책을 선물 받는다.

레디플레이어원은 현실 세계 이상으로 가상세계(오아시스라는 이름의 독점VR 게임 플랫폼)가 인류에게 중요한 영향을 끼치는 2045년에 대한 이야기로 이 소설은 영화로도 제작되었는데, 주인공 웨이드가 오아시스에서 돈을 많이 벌어 쇼핑을 하는 장면이 있다.

웨이드는 오아시스에서의 쇼핑몰에서 현실 세계에서 필요한 '햅틱슈트'를 구매하며, 오아시스에 미리 입력된 웨이드의 정보를 바탕으로 결제와 배송요청이 일순간에 처리되었다.

페이스북이 꿈꾸는 것은 오아시스와 같은 메타버스 플랫폼을 갖는 것이다. 메타버스 플랫폼을 갖게 되면, 가상세계에서의 소비자들의 행동을 모두 데이터화해서 수집할 수 있게 되었다. 아마존이 무인상점인 아마존에서의 소비자 데이터를 수집하기 위해 수백대의 카메라를 설치하는 것과 같은 수고스러움이 필요 없다.

메타버스 플랫폼을 독점하게 되면 전 세계 기업들의 광고 지출은 대부분 해당 메타버스 플랫폼으로 흐르게 될 것이다. 더 많은 방대한 데이터를 수집하고 싶은 Big Tech들이 메타버스 산업을 출현시키려는 동기는 매우 클 수밖에 없다.

(라) 페이스북이 가장 간절함

이미 '데이터생성의 원천'인 플랫폼을 구축해 놓은 업체는 메타버스 산업 참여의지가 '비교적'약하다. 대표적으로 아마존이 그런데, 이미 아마존은 미국 e-Commerce 시장의 약 50%를 점유하며, Amazon.com에서 발생하는 고객들의 클릭스트림(사용자가 웹 브라우저상에서 마우스를 통해 이뤄지는 모든 행동) 데이터를 모두 데이터베이스에 저장하고 분석하고 있다.

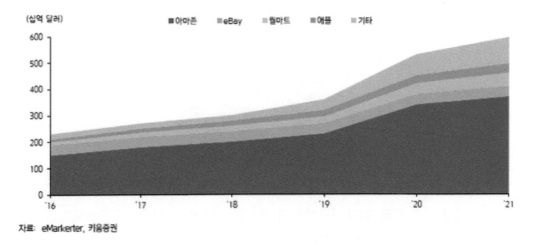

자료: eMarkerter, 키움증권

[그림 2-10] 미국 e-commerce 시장 점유율

또한 미래에도 오프라인 스토어가 공존할 것이라고 생각하는 아마존은 수백대의 카메라를 설치한 오프라인 스토어인 아마존 Go에서 소비자들의 오프라인 구매패턴을 데이터화 하고 있다. 미래에 어떤 메타버스 플랫폼이 등장하더라도 e-Commerce 시장 및 물류 시스템을 장악한 아마존과의 협업 없이 가상마켓을 열기 힘들 것이다.

알파벳 역시 Big Tech 대비 메타버스 산업참여 의지가 약한데, 알파벳 자회사 구글은 세계 모바일 기기 운영 시스템 시장의 약 70%를, 세계 검색엔진 시장의 약 90%를 장악하고 있는 독과점 기업이다.

이미 구글은 전세계 온라인 광고 지출의 약 30%를 매출액으로 가져가고 있는 기업이다.

자료: StatCounter, 키움증권

[그림 2-11] 세계 검색엔진 시장 점유율 : 대부분 국가에서 독점 수준인 구글 점유율

페이스북이 가장 마음이 급하다. 페이스북은 최근 '데이터 광산의 주인인줄 알았지만 사실 일개광부였던' 처지를 깨닫고 있다. 페이스북이 활동할 수 있는 생태계를 만들어준 애플과 구글은 더 이상 페이스북에게 이용자들의 데이터를 마음대로 수집할 권한을 주지 않기로 했다. 애플은 2020년 6월 애플 세계 개발자 회의에서 앱 추적 투명성 원칙(앱 사업자가 사용자의 데이터를 얻기 위해서는 사용자의 동의를 받아야한다는 원칙)을 발표했고, 2021년 4월 iOS 14.5를 업데이트 하면서 앱 추적 투명성 기능을 추가했다.

2020년 5월 7일 시장조사 업체 Flurry Analytics에 따르면 세계 아이폰 사용자 530만명을 대상으로 조사한 결과 앱 이용기록 추적에 동의한 사람은 13%에 불과했다(미국은 5%). 페이스북이 이용자 데이터를 수집하지 못한다면 기업들이 페이스북에 광고비를 지출할 유인이 점차 하락할 것이다.

앱 투명성 강화 주요 일지

2020	6월	애플 세계 개발자 회의서 앱추적 투명성 원칙 발표
	12월	애플 '앱 프라이버시'등 개인정보 보호정책 업데이트
	12월	페이스북, 미 주요 일간지에 애플 비난 광고
2021	3월	구글 크롬 쿠키 추적 중단 발표(2022년 4월 적용)
	4월	애플 iOS 14.5 어베이트, 앱추척투명성(ATT)기능 도입
	5월	구글, 앱마켓에 안전섹션 도입 발표(2022년 2분기 적용)

자료: 각사 공식 발표, 키움증권

구글은 2020년 초부터 서드파티쿠키(크롬을 이용하는 사용자들의 웹 사이트 간 이용데이터를 추적할 수 있는 인프라. 퍼스트 파티쿠키는 특정 웹 사이트 방문자들의 이용 데이터를 추적할 수 있는 인프라)에 대한 지원을 2년 내로 중단하기로 했고, 2022년 1분기 중에 '안전섹션 서비스(앱 개발자가 앱 이용자의 개인정보를 어떻게 활용하고 있는지 공유)를 도입하기로 밝혔다.

앱 이용자가 해당 앱에서 내 데이터가 어떻게 사용될지를 이해하고 앱 이용 여부를 선택하게 한 것이다. 애플 이용자들은 페이스북에게 데이터를 주지 않기로 결정하고 있고, 안드로이드 이용자들은 페이스북이 숨기고 싶어하는 개인 데이터 활용 방법을 낱낱이 알게될 것이다. 반면 온라인 광고 시장에서 페이스북의 최대 경쟁자인 구글은 서드파티쿠키 중단으로 리 타게팅(이용자들이 웹 사이트에서 이동하더라도 맞춤형 광고를 지속하는 서비스)에 주력하는 애드테크 회사들이 경쟁성을 잃어갈 때 더욱 빛을 볼 것이다.
구글은 '데이터 발생의 원천'인 구글 검색과 유튜브에서 퍼스트 파티 쿠키만으로도 맞춤형 광고를 팔 수 있으며, 또한 화만 내고 있는 페이스북과 달리 구글은 "개인정보 보호를 위해 안드로이드 이용자 데이터를 제3자(Third Party), 즉 앱 개발사 등 광고 업체와 더 이상 공유하지 않는 방식을 취하여, 개인정보를 보호하면서도 자신들의 광고수입은 지킬 수 있는 대안을 제시하였다.

서드파티 쿠키를 FLoC(Federated Learning of Cohorts, 동일한 특징을 지닌 그룹을 대상으로 수행하는 연합학습)라는 인공지능시스템으로 대체할 것이라고 밝혔다.
개인을 타겟팅 하지 않고 유사한 집단을 타겟팅하는 기술로 2021부터 테스트를 하고 있으며, 정리하면, 개인정보보호 추세에서 페이스북은 시장 점유율을 잃어가고, 강력한 경쟁자인 구글은 시장 점유율이 확대될 가능성이 높다. '데이터의 원천'을 갖고 싶은 페이스북은 메타버스 플랫폼을 구축하기 위해 가장 노력하고 있다.

2014년 페이스북의 CEO인 마크 저커버그는 2년밖에 되지 않은 신생 VR 헤드셋 업체 오큘러스를 무려 30억 달러에 인수하며 'VR 헤드셋은 차세대 개인 컴퓨팅 기기일 것이다'라고 밝혔다.

AR 기술을 활용한 페이스북 스페이스

자료: Youtube, 키움증권

VR 기술을 활용한 오큘러스 룸

자료: Youtube, 키움증권

'전 세계 모든 사람을 연결 하겠다'는 기업 미션을 가진 페이스북은 '스마트 폰'이라는 강력한 커뮤니케이션 기기 시장을 놓쳤고, 때문에 '스마트 폰 다음 세대의 개인 컴퓨팅기기' 시장에 관심을 기울였다. 그 답이 VR 헤드 셋이었다.

페이스북은 이후 오큘러스의 VR 헤드셋을 통해 이용할 수 있는 '페이스북 스페이스', '오큘러스룸'과 같은 소셜 미디어 서비스들을 2016~2017년 출시해 AR/VR 소셜 미디어에 대한 경험치를 쌓았다. 그리고 2019년 페이스북의 VR 소셜 미디어의 최종 목적지격인 '호라이즌'을 발표한다. 자신이 직접 꾸민 아바타로 가상 세계인 호라이즌에 참여해 전 세계 사용자와 커뮤니케이션할 수 있는 VR 소셜 미디어이다.

'월드빌더' 기능을 통해 가상공간을 사용자들의 아이디어로 직접 꾸밀 수도 있고, 코딩 능력 없이도 원하는 게임을 개발해 다른 사람들을 초대할 수도 있다.

또한 사용자들은 사람들이 흥미롭게 느낄만한 공간이나 게임을 만든 뒤 해당 가상공간에 광고판을 세우거나, 가상의 매장을 만들어 수익을 창출할 수도 있다.

아직은 소규모 사용자들을 상대로 베타 서비스 중이라 계획하고 있는 수익모델이 정확히 알려져 있지 않다.

페이스북 VR 소셜미디어의 최종 목적지격으로 개발된 호라이즌:
유저가 생산자와 소비자로 직접 참여할 수 있는 메타버스 세계

자료: 페이스북, 키움증권

다만, 퀘스트2 헤드 셋부터는 페이스북 계정을 반드시 연동해야 사용할 수 있게 한 점과 가상세계 이용자의 행동 데이터를 수집해서 분석할 수 있는 '오큘러스 무브' 기능을 예고했다는 점을 감안하면 호라이즌의 주요 수익 역시 개인 맞춤형 광고를 통한 광고 수익일 가능성이 높다. 호라이즌만 현실판 '오아시스'로 만든다면 페이스북은 강력한 데이터 원천 플랫폼을 갖게 되는 것이다.

2) 중국 메타버스의 꿈

(가) 중국 메타버스 = 텐센트 성장

현재 메타버스라는 새로운 시류에 중국 역시 게임 산업의 진출이 두드러지고 있는데, 미래에 메타버스는 단순한 게임에서 확장되면서, 현실 생활에 막대한 영향을 미칠 것으로 전망되며, 때문에 중국의 No1 게임회사 텐센트가 중국의 메타버스를 이끌어나갈 것으로 주목받고 있다.

2011년 텐센트는 바이두를 넘어서, 중국에서 가장 가치가 있는 테크기업으로 성장했으며, 당시 진행된 미래 전략 회의에서 "유기적 성장(Organic growth)"에 대한 투자를 확대하기로 결정하였다. 실제 텐센트는 중국 여타 빅테크 기업과 달리 소프트웨어 제품 생산보다 메타버스 투자에 집중하고 있으며, 각종 투자를 통해 거대한 메타버스로 성장하고 있어, 향후 중국에서 메타버스를 가장 완벽하게 구현할 기업으로 평가된다.

텐센트 투자 포트폴리오를 살펴보면, 게임뿐만 아니라 전자상거래, 소셜(SNS 등) 여러 분야에 걸쳐 막대한 영향을 미치고 있으며, 일각에서는 이러한 텐센트의 성장경로에 대한 비판을 제기하고 있다. 그러나 텐센트는 미래 사업전략(유기적 성장)은 꾸준히 진화하는 테크 트렌드에 동사가 유연하게 대응하는데 일조했다. 인터넷 시대에 QQ를, 모바일 시대에서는 위챗을 개발하였으며, 이제는 이전보다 더욱 거대한 경제적 가치를 창출할 것으로 기대되는 다음 시대(메타버스)를 대비하여, 새로운 이익 창출 구조를 구축하고 있다.

그리고 텐센트가 결정한 "유기적 성장"이라는 경영이념은 메타버스 시대에 가장 유리한 기업으로 성장하도록 도움이 되었으며, 향후 메타버스의 시대가 도래 할 것은 분명하지만, 구체적인 성장경로 형태에 대해서는 예단하기 어렵다. 때문에 메타버스를 위한 스타트 업들은 모두 직접 구축하는 것은 텐센트 입장에서 비효율적이고 위험부담이 크기 때문에 자산 배분의 관점에서 텐센트는 밸류 체인 수직 계열화 보다는 투자를 통한, 수평적인 밸류 체인을 구축했다.

또한 메타버스 특징을 고려하면, 100% 소유하는 방식보다는 오히려 투자를 통해 성장하는 방식이 메타버스 시대에는 더욱 적합하며, 메타버스 시대에 탈 중앙화(decentralized)되고, 컨텐츠제작자에게 보다 많은 이익이 발생하게 될 것이다. 그렇다면 과거처럼(QQ, 위챗) 단순히 대형 메타버스 플랫폼을 구축하는 것이 아닌, 플랫폼과(컨텐츠) 제작자에게 동시에 투자하는 것이 보다 현명하다고 할 수 있다.

(나) 중국 메타버스 플랫폼 '쏘울(Soul)' 미국서 IPO 신청

중국 Z세대에게 큰 인기를 끌고 있는 가상 소셜 네트워크 서비스 쏘울(Soul)이 미국증권거래위원회(SEC)에 기업공개(IPO) 신청서를 제출하였다. 이번 상장을 통해 쏘울은 약 2억 달러(약 2,270억원)의 자금을 확보할 계획이며 기업가치는 20억 달러(약 2조 2,700억원)에 달할 것으로 예상된다.

쏘울은 2016년에 설립된 가상 소셜 네트워크 서비스 기업이며, 소셜 메타버스 서비스를 표방하며 현실 세계처럼 경제, 데이터, 디지털 물품, 콘텐츠, IP가 유통되며 플랫폼 내에서 가상화폐 쏘울코인을 사용한다. 쏘울은 낯선 사람과의 소셜 서비스지만 쏘울메이트 찾기를 목표로 시스템 알고리즘을 통해 사용자에게 맞는 친구와 콘텐츠를 추천해준다. 때문에 중국판 틴더로 불리 우기도 한다.
2019년과 2020년 쏘울의 매출은 7,070만 위안(약 124억원)과 4억 9,800만 위안(약 877억원)으로 1년 사이 604.3%나 증가했으며, 2021년 1분기 매출은 전년 동기대비 260% 증가한 2억 3,800만 위안(약 419억원 이다.

쏘울의 주 수익은 2019년 출시한 부가가치서비스(VAS)부터 발생하는데, 사용자는 플랫폼 내 가상화폐 쏘울코인(Soul Coins)을 충전하여 가상 물품과 서비스를 이용한다.
2021년 3월 쏘울 코인을 구매한 사용자의 44.1%가 일주일내 재구매를 했으며 구독 서비스 사용자의 51.6%가 구독을 연장하고 있다. 월간 활성 사용자 중 월 유료사용자 비율은 2019년 2.3%에서 2020년 4.5%로 증가하여 유료사용자 평균 매출 기여 금액이 21.09위안(약 3,715원)에서 43.5위안(약 7,663원)으로 증가하였다. 쏘울은 수익화를 위해 여러 시도를 하고 있으나 여전히 적자 상태이며, 2019년과 2020년에는 3억 위안(약 528억원)과 4억 8,800만 위안(약 859억원)의 순손실이 발생했다.

2021년 1분기에는 전년 동기대비 624.7% 증가한 3억 8,300만 위안(약 674억원)의 순손실이 발생했으며, 적자 발생의 주원인은 높은 광고 마케팅 비용 때문이다. 2020년 쏘울이 지출한 광고비용은 전년 동기 대비 206.2% 증가한 6억 200만 위안(약 1,060억원)이며, 2021년 1분기에는 전년 동기 대비 777.6% 증가한 4억 5천만 위안(약 792억원)이다.

쏘울은 다양한 수익화를 시도 중이지만 아직은 미미한 수준으로, 2020년 3분기부터 상업 광고를 도입해 그해 광고서비스 매출 1,276만 5,900위안(약 22억 원)을 기록했다.
이는 2020년 전체 매출의 2.56% 수준으로 올해는 2021년 1분기 3,230만 위안(약 56억 원)을 올렸으며, 2021년 1분기에는 플랫폼 내 구매와 선물이 가능한 소셜커머스 기능인 기프트 모지(Gifemoji)를 추가하였다.
하지만 서비스 이용자는 Z세대를 중심으로 꾸준히 증가세로, 2021년 1분기 쏘울 애플리케이션 모바일 월간 활성 사용자(MAU)는 3,320만 명, 일간 활성 사용자(DAU)는 910만 명으로 전년 동기 대비 각각 109%와 94.4%

증가했다. 일간 활성 사용자 중 73.9%가 Z세대이다. 2021년 3월에는 월간 15일 이상 활성 사용자의 비율이 56.4%에 달했으며 2020년 12월 월간 15일 이상 활성 사용자 중 78.4%가 3개월 후에도 같은 양상을 보였으며, 쏘울의 일평균 사용횟수는 24.2회로 평균 사용 시간은 40~50분이다.

쏘울은 2021년 5월 현재까지 4차례 투자를 받았으며 텐센트가 최대 주주로 지분 49.9%, 의결권 25.7%를 보유했으며 창업자이자 CEO인 장루(張璐)는 지분의 32% 의결권 65%를 보유하고 있다.

3) 일본의 메타버스 운영 및 활용 현황

(가) 일본 교육 분야 메타버스 운영 및 활용 현황

일본은 GIGA 스쿨 구상을 통해 학생 1명당 1대의 태블릿PC와 인터넷 환경정비에 속도를 내고 있으며, 위드 코로나(With Corona) 시대에 대비한 비대면 교육 방안도 다양하게 탐색해 나갈 것으로 보인다. 2020년 7월 14일에 일본 경제단체연합회의 'Society 5.0 시대에 요구되는 초등중등 교육개혁 제1차 제언(Society 5.0に向けて求められる初等中等教育改革)'에는 위드 코로나 시대에 대비하여 "온라인 학습, AR, VR 등의 디지털 기술을 활용한 체험형·참가형 교육을 실시함에 있어 기업은 고품질의 디지털 교육 콘텐츠를 개발하여 저렴한 가격으로 제공하며, 교육용 단말기도 저렴하게 제공하는 것 등으로 협력할 수 있다."라고 하였다.

하지만 메타버스 플랫폼 운영과 관련하여 해결해야 할 과제들이 산적해 있다.

닛케이 신문(日経新聞 2020.11.15.일자)은 가상공간에 현실을 재현할 때 저작권이나 소유권 등 관련법 정비가 미비하다고 지적하였으며, 경제산업성(経済産業省)이 2020년 12월에 실시한 '가상공간의 향후 가능성과 문제에 관한 조사분석사업(仮想空間の今後の可能性と諸課題に関する調査分析事業)'의 보고서는 법령 정비, VR기기의 보급, 콘텐츠 제작, 기술자 확보 등을 주요 과제로 들고 있다.

이처럼 메타버스 플랫폼 운영과 관련해서 앞으로 정비해야 할 것들이 많지만, 현재 교육, 연수, 실습 등 여러 분야의 교육활동에 증강현실(Augmented Reality, AR), 가상현실(Virtual Reality, VR), 메타버스 등이 활용되고 있다. 예를 들어 미국의 린덴 랩(Linden Lab)이 운영하는 '세컨드 라이프(Second Life)'라는 메타버스 플랫폼은 한때 일본의 대학들도 많이 활용하였다. 예를 들어 리츠메이칸 대학(立命館大学)은 2008년도에 쿄토(京都)의 기업, 행정산업지원기구 등이 연계하여 '쿄토 3Di 랩(Kyoto 3Di Lab)'을 운영하였는데, 해당 랩에서는 가상 세계에서 대학홍보를 위한 창구로 'R하우스'를 제작하고, 영상학부의 건물을 재현하여 영상교육과정에 활용하였으며, 문부과학성(文部科学省)의 '일본문화 디지털 휴머니티즈 거점(日本文化デジタル・ヒューマニティーズ拠点)'에 축적된 일본문화를 가상공간의 박물관으로 재현하였다.

문부과학성은 '2020년도 전수학교 첨단기술 활용 실증연구(令和2年度専修学校における先端技術利活用実証研

究)' 산학 프로젝트에 죠리굿또(ジョリーグッド) 회사의 '응급구조사 VR 교육 프로그램 개발사업(救急救命士向け教育プログラム開発事業)'을 채택하였는데, 시설환경의 격차나 시간 또는 장소의 제약 없이 균일한 임상경험을 학생들에게 제공할 수 있다는 점에서 기대를 모으고 있다. 특별지원 학급의 수업에 활용하고 있는 사례도 있는데, 치바(千葉)현 이치카와(市川)시립 니하마초등학교(新浜小学校)는 죠리굿또 회사가 제공하는 소셜 스킬 트레이닝(social skill training) VR '에모우(emou)'를 활용해서 특별지원학급의 학생들이 사회에서 필요한 의사소통 기술습득을 지원하였다.

* 출처: 阪南大学ホムペジ, https://wwww.hannan-u.ac.jp/gaiyou/news/2021/
n5fenj000003c221.html

[그림 2-12] 한난대학의 '모여봐요 동물의 숲'을 활용한 졸업생 교류장면

가상공간에서 급우들에게 자기소개를 하도록 한 다음 발언 모습이나 시선 이동을 실시간으로 분석하여 학생들에게 조언을 하였는데, VR 체험 이후 '대상을 지속적으로 주시하는 시간'이 늘어나는 등의 성과가 있었다. 한편 코로나19 사태 이후로는 메타버스 플랫폼을 활용하는 학교도 생겨나고 있는데, 졸업식이나 학교 설명회 등을 가상세계에서 개최하고 참가자가 아바타를 통해 실시간으로 교류할 수 있도록 하는 것이다.

예를 들어 오사카(大阪)부의 한난대학(阪南大学)과 한난대학고등학교(阪南大学高校)는 올해 2월에 닌텐도(Nintendo)의 '모여봐요 동물의 숲(あつまれどうぶつの森)'을 활용한 졸업생 교류의 장을 제공하였다. '한난대학도'라는 섬에 학교의 일부를 대학교, 고등학교, 졸업식장 3개의 영역으로 재현하고, 대학교 로고(logo)가 새겨진 티셔츠, 축구부 유니폼, 고등학교 교복 등의 디자인을 제공하였다. 그리고 고등학교 졸업생과 대학교 졸업생에게 각각 섬을 개방하여 졸업생끼리 교류할 수 있도록 하였다.

(나) 일본 홋카이도과학대학의 VR 졸업식

홋카이도과학대학(北海道科学大学)은 VR 졸업식을 기획하였는데, 학생들의 아바타가 학위를 수여받는 영상을 제작할 수 있으며, 교수들과 학생들이 아바타를 활용하여 대학 내에서 3D 사진을 촬영할 수 있도록 하였다.

* 출처: 北海道科学大学ホームページ, https://www1.hus.ac.jp/~grad-vr/

[그림 2-13] 홋카이도과학대학의 VR 졸업식

한편 코로나19 사태로 대면 활동이 제한되고 있는 가운데 많은 대학들이 온라인이나 VR로 오픈 캠퍼스를 개최하고 있다.

한 사례로 메이세이대학(明星大学) 경영학부는 올해 6월에 체험형 VR 오픈 캠퍼스는 실제 캠퍼스 영상을 토대로 360도 둘러 볼 수 있는 가상의 캠퍼스 안에서 안내자와 참가자가 각각의 아바타로 이동하며 둘러볼 수 있도록 하였다.

특히 아바타의 얼굴부분에 참가자의 실시간 화상 화면(수험생은 아바타와 실제 얼굴 중 선택 가능)을 띄우고,

실제 음성이나 이모티콘 등을 사용하여 실시간으로 의사소통을 할 수 있도록 해 현장감을 더하였다. 참가자는 스마트 폰, 태블릿PC, 컴퓨터 등으로 어디서나 접속할 수 있으며, 모의수업과 수험대책상담 등 수험생이 궁금해하는 내용의 콘텐츠도 포함하여 수험생의 학교 선택에 필요한 정보를 충실히 전달하기 위한 학과의 노력을 엿볼 수 있었다.

킨키대학(近畿大学)도 6월에 VR 오픈 캠퍼스를 개최하였는데, 교수가 아바타를 사용하여 연구내용을 설명하고, 참가자도 아바타를 통해 실시간으로 교수와 교류할 수 있게 하였다.

이 외에 모의수업, 진학상담은 물론 Zoom을 통한 연구실 소개, 재학생과의 채팅, 영어 원어민과의 교류 등 다양한 프로그램을 준비하였다. 문부과학성에서 활용하고 있는 대표적인 메타버스 플랫폼으로 '마인크래프트(Minecraft)'를 들 수 있다.

* 출처: 明星大学ホムペジ, https://www.meisei-u.ac.jp/2021/20210618p1.html

[그림 2-14] 메이세이 대학의 VR 오픈 캠퍼스

'마인크래프트'는 플레이어(player)가 3D 전자블록을 활용하여 가상공간에서 자유롭게 건축을 하고, 농사나 낚시 등의 일상생활 체험은 물론 다른 플레이어와 교류하고, 공동작업을 할 수도 있다. 마인크래프트의 교육적 효과를 평가하여 문부과학성은 과제해결형 학습과 프로그래밍 학습을 위해 학교 교육에 도입하기로 하였다. 마이크로소프트 재팬은 문부과학성과 연계하여 2016년부터 '마인크래프트 에듀(Minecraft: Education Edition)'를 학교 등에 제공하고 있다.

쿄토(京都)시의 리츠메이칸 초등학교(立命館小学校)는 6학년 학생을 대상으로 '쿄토시의 관광명소를 안내하자'라는 주제로 과제 해결형 학습을 실시했는데, 조별로 쿄토의 역사 건물을 '마인크래프트'로 제작하고, 건물 내부를 캐릭터가 안내하는 프로그램을 작성했다.

(다) 교육 분야에서 메타버스 플랫폼 활용 사례

'마인크래프트'는 메타버스 플랫폼이지만 상술한 바와 같이 문부과학성은 과제 해결형 학습이나 프로그래밍에 초점을 맞추어 활용하고 있는데, 이것은 실제 교실에서의 수업 중에 '마인크래프트'라는 도구로 프로그래밍을 하는 것을 말한다. 반면 학교 차원에서 메타버스 플랫폼을 적극적으로 활용하여 가상공간에서 아바타를 활용하여 수업을 진행하고 학생 간에 교류를 할 수 있도록 하는 곳이 있는데, 바로 2016년 4월에 개교한 통신제 고등학교인 'N 고등학교'가 있다. 'N고등학교'는 오키나와(沖縄)현에 본교를 두고 있는 사립 통신제 고등학교로 전교생이 약 1만 6천 명으로 일본에서 가장 큰 통신제 고등학교이다.

2017년에는 VR 입학식으로 화제가 되어 우리나라의 언론에 소개된 바 있는데, 실제 등교는 5일 정도이며, 모든 수업은 인터넷 기반의 실시간 강의로 실시하고 있어 전국에서 많은 학생들이 N고등학교에 재학하고 있다. 특히 올해 4월부터 VR 학습과 영상학습으로 진행하는 '보통과 프리미엄(普通科プレミアム)'을 시작했는데, 보통과 프리미엄 과정의 학생(약 4,000명)은 오큘러스 퀘스트2(Oculus Quest 2)라는 헤드셋을 활용하여 가상공간에서 2,341개(전체의 33.5%)의 VR수업을 수강할 수 있다. 예를 들어 수학 시간에는 조정 장치를 사용하여 도형을 꺼내 360도로 회전하면서 입체적으로 인식하며 학습할 수 있다.

* 출처: N高等学校・S高等学校ホムペジ,
   https://nnn.ed.jp/learning/vr/

* 출처: N高等学校・S高等学校ホムペジ,
   https://nnn.ed.jp/learning/vr/

[그림 2-15] N고등학교 보통과 프리미엄 코스의 VR 수업   [그림 2-16] N고등학교 보통과 프리미엄 코스의 VR 수업-1

한편, 세계사나 지리 시간에는 관련 장소나 유물을 둘러볼 수 있으며, 과학 시간에는 실험을 하거나 고대 생물을 360도로 회전하며 관찰할 수 있고, 국어 시간에는 문화나 유적과 관련된 자료도 꺼내서 활용할 수 있다.

* 출처:N高等学校・S高等学校ホムペジ, https://nnn.ed.jp/learning/vr/

[그림 2-17] N고등학교 보통과 프리미엄 코스의 VR 수업-2

말풍선 안의 예문을 선택하여 회화를 진행하는데 이러한 방식은 진학이나 취업 등의 면접연습에도 활용하고 있다. 나아가 AI도 활용하여 개별로 최적화된 문장을 제공하고 발음과 말하는 속도 등을 분석하여 회화능력을 평가해주는 '스마트 튜터'도 도입하고 있다.

* 출처:N高等学校・S高等学校ホムペジ, https://nnn.ed.jp/learning/vr/

[그림 2-18] N고등학교의 VR 학생 교류 활동

아울러 학생들은 아바타를 통해 가상공간에서 이벤트나 교류회를 개최할 수 있는데, 예를 들어 신입생 환영회를 열고, 친구와 볼링이나 탁구를 치며, 노래방에서 노래를 할 수도 있다. 제스처(gesture)를 동반한 실시간 대화뿐만 아니라 함께 건물을 건축할 수도 있으며, 그림을 그려서 전시하거나 사진을 찍어서 게재하는 것, 아이콘으로 음식을 나누어 먹는 것도 가능하다.

4) 영국의 메타버스 운영 및 활용 현황[11]

소프트웨어연구소는 〈메타버스 비긴즈, Go To Global〉을 주제로 제52회 SPRi 포럼을 개최하였다. 이번 포럼에는 한국·영국의 메타버스 협력 현황과 국내 메타버스 기업의 영국 진출 사례를 공유하고, 메타버스의 아젠다를 논의하는 자리로 마련되었다.

차세대 인터넷 혁명으로 불리는 메타버스에 세계의 관심이 쏠리면서, 메타버스 산업 생태계 구축과 글로벌 성장 전략에 대한 필요성이 높아지고 있다.

이에 이번 포럼은 글로벌 가상융합 선도국을 지향하는 영국과 유럽의 가상융합 시장 정보와 한국·영국의 글로벌 협력 방안 등 구체적인 정보와 사례 등을 집중해 다루었다.

(가) 메타버스 시대를 준비해야 할 때

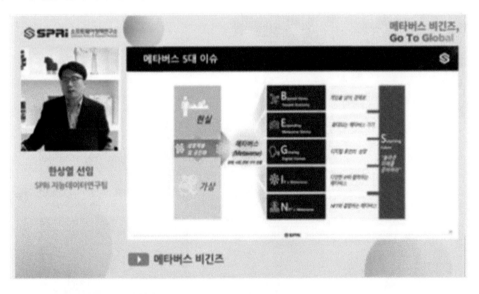

[그림 2-19] SPRi 한상열 선임연구원의 메타버스 시대의 5대 이슈를 설명하는 ©SPRi 실시간 화면 캡처

---

11) https://www.sciencetimes.co.kr/news

최근 메타버스의 기본 기술을 토대로 가상융합경제가 부상하면서 관련 시장을 선점하기 위한 글로벌 기업들의 움직임이 분주하다. 한상열 SPRi 선임연구원은 "메타버스는 복합 범용기술로 차별화된 경험 가치와 시공간을 초월한 새로운 경험 설계가 가능하다"고 말했다. 때문에 기존에 유희, 소비재로 인식되던 메타버스가 이제는 소비와 생산의 선순환이 되기 시작했다.

이러한 상황을 반영하듯 한 선임연구원은 "이제는 개인과 기업, 국가가 메타버스 시대를 준비해야 할 때"라면서 각자의 포지션에서 메타버스 전환 전략이 필요하다고 강조하였다.

(나) 한국의 기술력과 영국의 스토리텔링의 시너지 기대

이번 포럼에는 정형수 맨체스터 메트로폴리탄 대학(Manchester Metropolitan Uni.) 석좌교수가 한국·영국의 메타버스 협력 방안을 주요 주제로 다루었다.

정 교수는 "영국을 비롯한 유럽도 코로나19로 인한 비대면 기술의 수요 급증과 디지털 대전환을 계기로 XR 시장이 성장하고 있다"고 밝혔다.

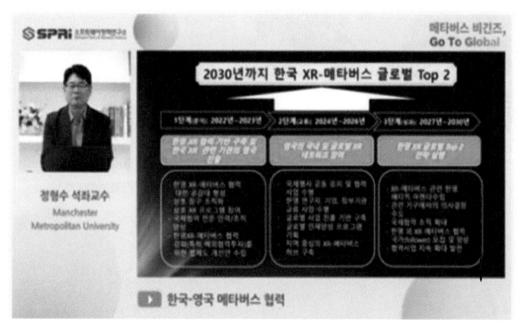

[그림 2-20] '한국·영국간 메타버스 협력 발전을 소개하고 있는 MMU 정형수 교수의 ©SPRi 실시간 화면 캡처

이미 영국은 창조경제에서 체험경제, 가상 융합경제로 태세를 전환하고, 이를 구체화하는 단계이다.

AR·VR·MR 등 확장 현실 기술이 다양한 산업 분야에 잘 안착했기 때문에 여기에 인공지능, 빅데이터, 햅틱 등이 더해져 메타버스가 구체적으로 구현될 수 있는 시장 기반이 마련되어 있다. 최근에는 다른 유럽 국가들과 마찬가지로 주로 교육, 훈련, 디지털 헬스 분야에 정부의 정책과 지원을 받으면서 시장을 확장하고 있다.

특히 영국은 자국의 강점인 스포츠와 문화공연 콘텐츠를 중심으로 총 1,000억 규모의 4대 프로젝트를 추진 중이다. 정 교수는 영국의 시장 현황을 소개하면서 "한국의 기술력과 영국의 스토리텔링이 시너지를 낼 수 있을 것"이라는 기대를 내비쳤다. 그리고 이를 위한 한국·영국 간 메타버스 협력 전략을 소개하였다.

정 교수는 "한·영 XR 협력 기반 구축, 한국의 VR·메타버스 관련 기관의 영국 진출을 시작으로 공동 협력 사업을 추진하고, 글로벌 인재 양성을 진행하는 과정으로 한국과 영국은 XR 글로벌 Top 2의 지위를 획득할 수 있을 것"이라고 말하였다.

(다) 영국, 소프트 파워에 기반한 실감형 경제(Immersive Economy)* 육성 선언[12]

영국은 '영국 실감형 경제(The immersive economy in the UK)'('18.5)[13] 보고서에서 메타버스 및 관련 기술에 대한 경제·산업적 관심을 국가 차원에서 주목하고 있다.

이것은 실감형 경제(immersive economy)는 경제, 사회 및 문화적 가치 창출을 목적으로 실감형 기술의 개발 적용하는 기업, 대학 연구자, 개발자 커뮤니티 등 조직 전반과 활동을 의미한다.

영국 정부는 영국 연구위원회(UK Research Councils), 영국혁신청(Innovate UK), EU Horizon 2020을 통해 총 1.6억 파운드의 기금으로 253개 프로젝트 집행하고, 또한 영국 문화미디어 스포츠부(DCMS)는 '14.7월 문화 콘텐츠 등 소프트 산업 육성의 일환으로 '창조산업전략(Creative Industries Strategy)'을 수립하고 2020년까지의 전략적 제언 제시하고 있다.

---

12) 영국정부가 사용하는 '실감형 기술(immersive technologies)'은 디지털 정보(스크린)와의 상호작용, VR/AR/MR/촉각 통신 등 디지털로 생성, 강화된(enhanced) 현실에 사용자 몰입 증진을 위한 기술 의미
13) Innovate UK, The immersive economy in the UK, 2018.5

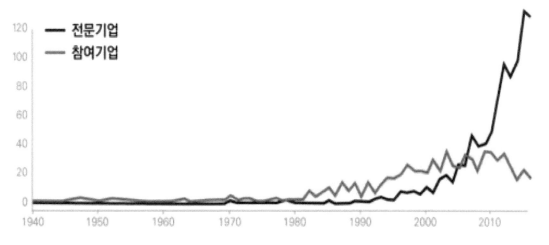

* 자료 : 영국혁신청(Innovate UK), 정보통신기획평가원 재구성

[그림 2-21] 영국 실감형 기술 분야 기업 설립 건수 추이 변화(단위: 건)

실감형 기술에 할당된 지원 자금은 '09-'10 기간 대비 '16-'17년 9배 큰 규모로 증가하였으며, 실감형 제품·서비스가 기업 전체 매출의 50% 이상을 차지하는 '실감형 기술전문기업(Specialist Companies)'이 약 1,000개 社 이상 활동 중이다.

실감형 기술전문 기업은 국방(모의 훈련), 게임(VR/AR 게임), 브랜드 홍보(실감형 콘텐츠 기반), 의료(가상 수술) 등의 분야에서 총 매출 6.6억 파운드 및 고용 4,500명을 창출하였고, 해당 기업들의 절반 이상이 약 10년 이상 운영되고 있다.

대부분 기업이 자사 기술을 교육, 건축, 첨단 제조 및 에너지 등 타 분야에 응용하는 사업화 모델을 운영하고 있으며, 대부분 전년 대비 매출액까지 증가하는 등 영국 실감형 산업은 본격적인 성장 국면에 접어들기 시작하였다.

(라) 디지털 헬스, 한국·영국 간 메타버스 협력 활발

현재 한국과 영국 간 메타버스 협력이 활발하게 이루어지고 있는 분야는 디지털 헬스로, 특히 영국은 과학기술혁신 허브, 글로벌리더로 자리 잡기 위해 지원을 아끼지 않는 분위기다. 실제로 올해 6월에 맨체스터 대학교가 과학기술 성장에 전념하기 위해 15억 파운드(한화 약 2.4조 원)를 투자하여 Bruntwood SciTech를 유치하겠다고 발표한 바 있다. 하지만 우리나라 의료분야의 디지털 전환에서 규제와 법규 등이 큰 아젠다로 지목되고 있다.

이에 전상훈 서울대 의과대 교수는 아시아 심장혈관학회 학술대회에서 실제로 메타버스를 활용한 수술 세미나를 소개하면서, 실제로 의료계에는 버추얼 메디슨 환경 구축이 필수라는 의견을 내었다. 전 교수는 "의료는 다양한 분야가 있지만 기본적으로 환자의 상태를 진단하고, 치료하는 행위는 텔레 메디슨으로는 불가능하다"고 덧붙였다.

또한, 이번 포럼에는 국내 메타버스 기업의 영국 진출 사례가 소개되었는데, 테트라시그넘의 가상현실 심폐소생술과 테크빌리지의 뇌병변 환자의 VR 재활 치료 및 훈련 솔루션이 바로 그것이다.

이들 사례를 통해 메타버스 경험을 지원하는 디바이스가 혁신을 이루고, 그간 큰 이슈였던 VR HMD가 기술적 안정화에 들어서면서 의료분야에 메타버스 시장이 확장하고 있다는 것을 확인할 수 있다. 이번 포럼에 참석한 전문가들은 국내 메타버스 관련 기술의 우수성에 의견을 같이 했지만 국내 기업이 글로벌 리더로 성장하기 위해서는 보다 전략적으로 접근할 필요가 있다고 주장 하였다.

정 MMU 교수는 "우리나라의 강점과 혁신적 기술을 보여줄 수 있는 대표적 성공 사례가 필요하고, 이를 위해서는 글로벌 네트워크를 구축하여 각자의 강점을 융합한 비즈니스 모델을 만드는 것도 하나의 방안이 될 수 있다"고 밝혔다.

(마) 韓·美·日·中·EU, 메타버스 시대 글로벌 규범 형성 논의 촉구[14]

한국과 미국, 중국, 일본, 유럽의 5개국 특허청이 메타버스가 만드는 가상경제 시대에 상표·디자인 제도의 글로벌 규범 형성 논의를 위한 주요국의 협력을 촉구한다.

상표·디자인 분야 세계 5대 특허청의 협의체인 TM5와 ID5는 오는 5일까지 열리는 온라인 연례회의를 통해 코로나 이후 뉴노멀(New-normal) 시대를 대비하는 상표·디자인 제도와 각국의 정책 방향에 대해 논의하고, 이에 대한 협력 비전을 담은 공동선언문을 발표한다.

TM5(Trade Mark 5 Forum)는 전 세계 상표출원의 60% 이상을 차지하는 한국과 미국, 중국, 일본 및 유럽의 5개국 지식재산청 간 상표 분야 협의체이다. ID5(Industrial Design 5 Forum)는 전 세계 디자인 출원의 70% 이상을 차지하는 5개국 지식재산청 간 설립한 디자인 분야 협의체를 말한다. 이번 공동선언문에서 한·미·중·일·유럽 5개청은 팬데믹으로 인해 디지털 전환과 신기술 발전이 가속화됐음을 인지하고, 이를 위한 상표와 디자인의 제도, 정책 협력을 지속하기로 하였다.

---

14) 박진환(2021.11.01.). 韓·美·日·中·EU, 메타버스 시대 글로벌 규범 형성 논의 촉구. 이데일리

지난해 제20차 한중·일 특허청장 온라인 회의가 열리고 있다. 사진=특허청 제공

디지털시대의 새로운 협력 분야를 발굴하고 이행방안을 마련하며, 중소기업 등 사용자들과 신기술 방식을 기반으로 소통을 확대하는 것을 목표로 향후 협력을 강화할 예정이다.

그간 우리 특허청은 TM5 웹사이트와 ID5 웹사이트를 구축·운영해 사용자와 주요 관청과의 소통의 창구로서의 역할을 맡아왔으며, 코로나19 팬데믹으로 대면 회의가 어려워진 상황에서 온라인 논의를 더욱 주도적으로 실시하였다.
특히 이번 회의에서는 메타버스 상에서의 상표 침해제도 비교 분석을 제안하는 등 메타버스가 만드는 가상경제 시대에 상표·디자인 제도의 글로벌 규범 형성 논의를 위한 주요국의 협력을 촉구할 예정이다.

우리나라 수석대표로 이번 회의에 참석하는 특허청 상표디자인 심사국장은 "각국은 팬데믹으로 지식재산 지형이 빠르게 변화하고 있다는 데에 인식을 같이하고 있다"고 하면서, "이번 회의는 가상경제 시대를 대비하는 각국의 상표디자인 정책 방향을 가늠하고, 정보교류 활성화를 위한 국가 간 협력방안을 모색하는 계기가 될 것으로 보인다"고 밝혔다.

5) 유럽

2021년 4월 21일 EU 집행위원회는 "위험한 AI"에 관해 규제안을 공개하면서, 이 규제안의 목적은 개인의 안전이나 인권이 위협받는 것을 방지하기 위한 것이라고 설명하였다.

법안에 따르면, 감시와 실시간 안면인식 같은 위험도가 높은 것으로 판단되는 기술을 금지할 수 있는 것을 검토할 수 있도록 허용하고 있고, 학교 성적 또는 직장 기록, 신용 점수 같은 정보의 분석, 이민과 치안에서의 사용이 엄격하게 관리된다.

EU는 이번 규제안을 통해 글로벌 기준을 먼저 만들어 놓았고, 각 정부들이 AI를 이용하여 주민들의 행동을 평가하는 "사회적 채점"과 어린이들의 착취에 이용될 수 있는 앱은 금지하고 있다. EU가 추진하는 AI 규제안은 기업들이 윤리 위반을 할 경우, 글로벌 매출의 6%나 3,000만 유로(약 403억 원)를 벌금으로 부과하도록 규정하였다.[15]

최근 미국과 유럽에서 시작하여 한국, 일본, 중국으로 확산되어 가고 있는 ESG(Environment, Society, Governance) 경영의 관점에서 NFT(Non Fungible Token)의 우려를 간과하기가 어렵다. 특히, 전문가들은 NFT가 기후변화와 같은 전 지구적인 환경 재난을 초래할 수 있다는 점을 걱정하고 있다.

NFT는 본질적으로 암호화폐의 한 형태로서 대체 불가능한 디지털 자산을 나타내는 용어로, 여기에서 디지털 자산은 우리가 일상생활에서 쓰는 화폐가 아니라 예술작품/티켓/음악/사진/비디오 클립 같은 것들을 지칭한다. 메타버스를 포함하는 디지털 자산은 다른 유형의 물리적 자산처럼 암호화폐로 사고팔 수 있고, 그 가치는 시장의 공급과 수요에 의해 결정된다.

실제로 이더리움이나 비트코인 같은 암호화폐들이 사용자의 재무 정보를 검증하는 합의 알고리즘인 "작업 증명(Proof of Work: PoW)" 방식의 채굴을 요구하고 있으며, 스마트 생활 및 그린 생활 개념에서 암호화폐 채굴과 거래로 인해 NFT는 엄청난 양의 에너지를 발생하고 있기 때문에 지구상의 인류가 미래로 가는 '유비토피아' 세상의 진화에 위배 된다.[16]

---

15) 파이낸셜뉴스, "EU, 인공지능 규제안 공개", 2021. 4. 22.
16) 한경비즈니스, "위태로운 'NFT 신드롬'…메타버스가 새로운 기회 만들까", 2021. 4. 28.

3

메타버스 화폐경제
전략의 핵심

메타버스의 대표주자인 로블록스는 이미 선순환 경제 시스템을 갖추었다.
게임 내 화폐인 로벅스를 통해 유저들이 구매, 소비, 취득, 환전이 가능한 시스템을 구축하였다. 이는 기본적인 게임이 취하고 있는 경제 시스템이지만 차별점이 존재하고 있다.

가. 게임 내 화폐소비를 촉진하기 위한 상품공급이 최소화 된다는 점

일반적인 게임 개발사들은 게임 내 화폐가치를 일정 수준 유지하기 위해 콘텐츠를 자의적으로 조절하고 있다. 하지만, 메타버스는 생태계 화폐조절을 위한 아이템 공급, 이벤트 등에 대한 관여도를 최소화하며, 게임 내 통화량과 관련하여 게임 내 생태계에 일임하고 있다.

나. 로벅스 수익 환전 시스템

로블록스에서 유저가 생산하는 콘텐츠 상품은 로벅스를 통해 소비되며, 유저가 로벅스를 취득할 수 있다. 로블록스는 환전 시스템(DevEX)를 갖추고 있으며 이를 통한 개발자의 실제 수익화가 가능하다.

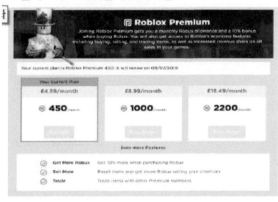

로블록스의 프리미엄 구독시스템

자료: Roblox, 키움증권 리서치센터

로블록스 환전비율(DevEx)

Rates

The rates for cashing out with the Developer Exchange are as follows:

- R$100,000 for **$350 USD**
- R$250,000 for **$875 USD**
- R$500,000 for **$1,750 USD**
- R$1,000,000 for **$3,500 USD**
- R$2,000,000 for **$7,000 USD**
- R$4,000,000 for **$14,500 USD**
- R$10,000,000 for **$35,000 USD**

자료: Roblox, 키움증권 리서치센터

현재 개발자들이 로벅스의 환전 시스템을 통해 벌어들이는 수익은 매년 증가하여 올해는 5억 달러 수준까지 늘어날 것으로 전망된다.

다만, 10만 로벅스 부터 환전할 수 있는 점과 아직까지 구매에 비해 환전 비율이 매우 안좋다는 점 때문에 실제 대형 개발자, 창작자들을 중심으로 시스템이 활용되고 있다.

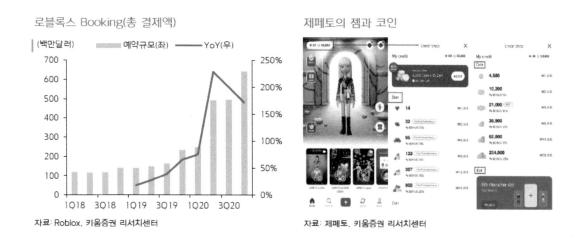

로블록스 Booking(총 결제액)　　　　　제페토의 젬과 코인

자료: Roblox, 키움증권 리서치센터　　　자료: 제페토, 키움증권 리서치센터

다. 구독 서비스 모델 도입

로블록스는 실제 환전 시스템을 이용하기 위해서나 로벅스의 안정적 수급을 지원하는 구독 서비스 모델을 도입하였다. 단순한 콘텐츠 소비가 아니라 경제 생태계를 높은 수준으로 경험하기 위해서는 구독 서비스는 필수적인 시스템이다.

실제로 로블록스에서는 개발자 환전시스템(DevEx)에 대하여 높은 관심을 기울이고 있으며, 이러한 환전 시스템의 성장이 로블록스 생태계가 건강하게 성장하는 중요한 포인트라고 지속적으로 언급하고 있다.

유튜브 사례처럼 창작자, 개발자의 수익성이 지속적인 콘텐츠의 양 확대, 콘텐츠의 경쟁이 이루어질 수 있기 때문이다. 이러한 경제시스템은 향후 광고의 확대, 외부 기업체의 연계가 확대되면 될수록 규모가 기하급수적으로 늘어날 수 있다.

지금과 같은 수익시스템에서는 향후 개발자, 창작자에게도 광고 및 스폰서 수익도 분배될 수 있을 것이다. 환전 시스템과 더불어 광고, 스폰서가 활동하는 플랫폼이 형성된다면 유저의 메타버스 참여도가 늘어날 것이고, 생태계 규모도 크게 확장될 것이다.

메타버스 기술의 무한 확장[1]

가. 메타버스의 마케팅 영역

메타버스의 확산에 발맞춰 수익모델 역시 인게임 아이템 판매에서 마케팅 솔루션 제공, 이커머스, 콘서트 등 현실 세계와의 연계로 진화할 전망이며, 아이템 판매는 메타버스의 가장 기본적인 수익원에 해당한다. 대다수의 메타버스 플랫폼은 모객을 원활하게 하기 위해 F2P + 부분 유료화 모델을 채택하고 있는데, 게임 플레이에 도움되는 아이템뿐만 아니라, 캘릭터 (아바타)의 외형을 꾸밀 수 있는 아이템 역시 인기가 높다.

다만 캐쥬얼하고 소통이 강조된 형태의 메타버스, Z 세대 비중이 높은 메타버스의 경우에는 유저 특성상 결제가 많이 어려운 구조이다. 2020년 연간 로블룩스의 ARPDAU(2020년 Booking /DAU)가 57.4 달러 수준인 점을 감안하면 추가적인 수익 모델이 필요하다.

소통이 강조되어 있는 SNS형 메타버스의 경우에는 게임형 메타버스 대비 수익화가 더욱 어려우며, 대부분의 아이템이 아바타의 성능에 직접적인 영향을 주기보다 외형을 치장하는데 초점이 맞춰져 있는 만큼 아이템 보유 유무가 게임 플레이에 크게 지장을 주지는 않는다.

마케팅 채널의 부상으로 탄탄한 이용자 기반을 확보한 메타버스는 광고와 같은 새로운 수익 모델로 눈을 돌리게 된다. 기존에도 게임 내 배너 광고를 노출시키는 시도는 빈번하게 있어 왔으나, 최근 메타버스에서 단방향 전달 방식이 아닌 입체적인 형태의 프로모션이 다수 생겨나면서 프로모션 채널의 입지가 높아지고 있다.

구찌-제페토의 콜라보 사례와 같이 실제 상품을 인게임 아이템으로 판매하는 데에 그치지 않고, 공유와 2차 콘텐츠 창작까지 연결된다는 측면에서 브랜드 마케팅 채널로서 활용도가 높다. 커머스, 공연등 실물 세계와의 연계는 메타버스가 활성화 될수록 현실 세계와의 연동이 강화될 전망이다. 메타버스에서 아티스트들의 공연이나 영상공개는 활발하게 이뤄지고 있고, 이는 Z 세대의 바이럴 특성과 맞물려 높은 시너지를 창출하고 있다.

나. 엔터테인먼트(Entertainment)와 플랫폼 영역

향후에는 메타버스 내 공연뿐만 아니라, 굿즈 판매, 라이브 커머스, 등 실물판매 사례 역시 증가할 것으로 예

---

[1] https://biz.chosun.com/industry/company

상한다. 유희 욕구가 표출되는 가상공간, 메타버스는 호모 루덴스(Homo Ludens, 유희하는 인간), 물리적 육체가 존재하는 현실 세계를 넘어 가상의 세계 메타버스에서 욕구를 채우려고 하는 이유는 인간의 욕구가 보다 고차원적으로 발달하고 있으며, 놀이 안에서 정신적인 창조 활동을 추구하기 때문이다.

코로나19로 인해 물리적인 제약이 생기면서 메타버스 안에서 여가를 보내는 사람들이 늘어났고, 메타버스는 이들의 니즈를 반영하여 다양한 엔터테인먼트 서비스를 제공하고 있다.

사진 : pixabay

메타버스에서 가장 활발한 엔터테인먼트 활동을 보이는 플랫폼은 포트나이트로, 포트나이트는 에픽게임즈가 운영하는 베틀로얄(하나의 링에 여러 명의 선수가 동시에 올라가 경기를 시작하여 최후에 남는 1인이 승리하는 방법) 구조의 게임 플랫폼을 말한다.

처음에는 슈팅게임 플랫폼으로 시작했으나, 다양한 맵(ex, 파티로얄 등)을 신설하여 접속자들이 게임뿐만 아니라 소셜 활동을 즐길 수 있도록 발전하였다. 기존 포트나이트의 최대 동시 접속자는 830만 명이었으며, 포트나이트는 콘서트 이후에도 기간 한정으로 DJ 마시멜로 관련 게임 아이템(마시멜로 복장 스킴, 이모트, 곡괭이 등)을 판매했고, 앙코르 공연까지 진행하였다.
MWC(Mobile Word Congress)2022는 스페인바로셀로나에서 개최되는 세계적인 IT 플랫폼을 선보이는 행사로 1500여 기업이 참가하고 2만여명이 UAM(Urban Air Mobility)를 이용한 미래 메타버스(메타플래닛) 여행에 나섰다. 여기에는 인간 세상에 필요한 플랫폼을 1500여 기업이 1개이상 출시하였다.

3 메타버스와 가상화폐

가. 메타버스 시대의 화폐[2]

Defi(Decentralijed Finace) 라고 불리는 탈중앙화 암호화폐 거래소 혹은 탈중앙화 금융서비스는 중앙화거래소 보다 다양한 가능성을 보여주고 있는데도 중앙화거래소 보다 DeFi의 약점은 법정화폐를 암호화폐로 교환해 주지 못하는 근본적인 단점이 있다. 물론 법정화폐가 CBDC 등으로 블록체인 기술을 탑재한다면 가능한 일이지만 현실적으로 각종 규제와 맞물려서 결코 쉽게 가진 못할 듯한다.

DeFi의 혜택을 현재도 보는 사람들이 있는데, 비트코인이든 이더리움이든 채굴을 통해서 굳이 법정화폐를 암호화폐로 바꾸지 않아도 되는 사람들은 중앙화 거래소 보다 DeFi가 더 나은 선택일 수 있다. 우리나라 정부도 결정을 아직 유보하고 있다. 사실 법정화폐를 암호화폐로 교환하거나 그 반대의 문제 역시 어느 세상에 더 큰 무게를 두는지의 문제로 귀결된다. 우리의 삶은 현실과 가상세계를 오가는데 아직은 대부분 현실에 더 무게를 두는 인구가 많은 게 분명하다.

앞으로도 지금과 같은 세상일까? 를 조금 고민해 보면 앞으로의 미래를 조금은 예측해 볼 수 있다. 90년대생, 2000년대생, 아니 지금의 초등학생들(2020년 이후 세대)은 분명히 현실과 가상세계의 구분이 그 이전 시대보다 더 불명확하다. 전부는 아니겠지만 상당히 많은 아이는 사이버세상 가상세계에서 자신의 미래 정체성을 위해서 현실 세계에서 열심히 살아가는 이들도 있다(공부를 열심히 하면 게임을 하게 해준다든지 등)

결국, 2000년대 이후의 세대들이 현실 세계보다 가상세계에 좀 더 무게를 둔다면 굳이 가상세계에서 적합한 화폐를 현실 세계로 교환할 필요가 적어진다. 이와같이 습관화 된다면 법적 뒷받침이 있어야 한다.
자산을 분배한다면 현실 세계에서 필요한 법정화폐를 30%, 가상세계에서 필요한 암호화폐를 70% 분배하지 않을까도 예측되어 진다.
물론 이러한 가설이 현실이 되려면 몇 년이 걸릴지 모르지만 최소 10년 이상은 걸릴 것으로 예상이 되며, 위의 예처럼 급진적이진 않더라도 최소 법정화폐 70%, 가상화폐 30%를 보유하는 게 일상이 될 수 있을 거란 예상은 해볼 수도 있다.

시각과 청각은 메타버스가 현실보다 더 풍부하게 제공해 줄 수 있는 장점이 있기 때문에 후각과 촉각 문제만 기술이 좀 더 발전한다면 분명히 생각하지 못했던 많은 일이 일어날 수 있다.

---

2) https://www.hankyung.com

나. 메타버스와 NFT가 가상화폐 몸값 부풀림[3]

　방탄소년단(BTS)의 신곡 다이너마이트 뮤직비디오가 미국 빌보드 차트 1위의 기선을 잡은 것은 포트나이트 덕택이었다. 포트나이트가 운영하는 '메타버스(Metaverse)'에 신곡을 올려 젊은이들의 마음을 사로잡았으며, 이곳에서는 전 세계 3억 5,000여만 명이 각자의 아바타를 만들어 현실과 가상세계를 왔다 갔다 하며 즐긴다. 요즘 젊은이들은 다양한 메타버스에서 자신의 아바타를 만들어 이를 즐기고 있으며, 기업들은 메타버스에 들어가 가상 점포를 열고 옷, 팔찌, 귀고리, 신발 등 다양한 제품을 선보이고 팔기도 한다. 이때 결제 수단으로 포인트나 가상화폐들이 활용되고 있다.

　네이버의 제페토도 2억 명 이상의 젊은이가 아바타를 만들어 참여하고 있는데, 이곳에서 게임도 하고, 소통도 하면서 한국의 대표 메타버스로 급성장하고 있다. 메타버스는 엔터테인먼트, 게임, 전자상거래뿐만 아니라 제품 생산, 부동산, 의료, 교육 등 각 부문으로 확산되고 있다. 글로벌 컨설팅 회사인 프라이스워터쿠퍼스(PWC)는 메타버스 시장이 2019년 50조원에서 2025년엔 540조원, 2030년엔 1700조원까지 성장할 것으로 내다보았는데, 실제로 미국 월가에서는 메타버스 관련 기업들이 최강자로 급성장하고 있다.

　미국 청소년들의 절반 이상이 즐기고 있는 게임 플랫폼 로블록스는 메타버스에서 '로벅스'라는 가상화폐를 만들어 각종 이모티콘, 아이템, 게임을 사기도 하고 결제도 하게 한다.
2021년 3월 상장된 회사의 시가총액은 45조 원을 넘었으며, 중국 게임시장을 평정한 위메이드도 '위믹스 월렛'을 이용해 메타버스를 활성화시키고 있다.

　한국도 메타버스의 거대한 흐름을 적극 수용해야 할 때이지만 안타깝게도 정부 관료들은 아직 이런 메타버스 개념조차 이해하지 못한 것 같다.
블록체인 기술과 함께 메타버스의 한 축인 가상화폐 자체를 인정하지 않는게 대표적 사례인데, 이름도 화폐라는 단어를 쓰지 않고 '가상자산'이라고 부르고 있다.

　가상화폐는 실체가 없고 변동성이 크다는 이유인데, 그러면서도 수익에 대해서는 세금을 매긴다고 하는데, 반면 미국의 가상화폐 거래소인 코인베이스는 시총 70조원의 기업이 되었다. 메타버스에서 통용되는 가상화폐들도 동력을 얻고 있는데, 골드만삭스 등은 포트폴리오에 비트코인 등 정상급 코인을 포함시켜 관리하고 있으며, 일론 머스크 테슬라 최고경영자(CEO)는 테슬라 자동차를 사고팔 때 비트코인을 결제수단으로 인정하고 있다.

---

3)　https://www.mk.co.kr/news/economy/view

가상화폐 문제는 메타버스라는 거대한 신산업의 흐름 속에서 이를 제도화하고 투자자 보호 장치를 마련해야 한다. 특히 20, 30세대를 중심으로 500여만 명이 투자하고 있는 상황에서 사기성 '코인 리딩방' 같은 범죄들을 더 이상 방치해서는 안 된다.

지금 유통되고 있는 500여 가상화폐 중 발행백서가 엉터리이고, 그것마저도 지키지 않는 곳이 많으며, 일방적으로 많은 물량을 쏟아내면서 투자자의 돈을 흡혈귀처럼 빨아가는 가상화폐도 있다.

이들에 대한 옥석 가리기부터 시작해야 하며, 메타버스를 비롯한 플랫폼과 전혀 연결이 안 되는 잡코인들은 아예 시장에 발을 들여놓지 못하도록 해야 한다.

자본력이 부족하고 해킹 방어 능력도 없는 허술한 거래소는 폐쇄해야 하며, 글로벌 해커들이 작정하면 몇 분 안에 이들 거래소는 뚫리고 말기 때문이다.

다. 가상세계 비즈니스의 현실

최근 "가상자산 매매는 투자가 아닌 잘못된 길이며 어른들이 가르쳐 주어야 한다"는 금융당국 수장의 발언이 구설수에 올랐다. 부동산 가격 상승으로 부동산 투자의 길이 막힌 후 가상자산 투자에 소위 '몰빵'한 20, 30대의 분노를 달래야 하는 시점에 오히려 그들을 어린아이 취급하는 발언이 나오면서 그들의 분노에 기름을 붓는 결과가 되어 버렸다.

최근 가상화폐, 그것도 이름 없는 코인들의 이해할 수 없는 급격한 상승 등 지나친 변동성과 다단계 조직을 통한 코인사기 등 너무나 혼탁한 현실을 볼 때 금융당국 수장의 우려도 이해할 만한 부분이 없는 것은 아니다. 시장의 혼란은 안타깝게도 지금 벌어지고 있는 혼탁한 시장의 현실에는 정부의 책임이 없지 않은 것으로 보인다.

왜냐하면, 우리 정부에게는 이미 4년 전에 가상화폐 시장에 대한 올바른 규제를 정립하고 시장의 혼탁을 방지할 수 있는 절호의 기회가 있었기 때문이다.

가상화폐 가격이 천정부지로 치솟으면서 가상화폐 투자 열풍이 불었고 이에 놀란 정부가 이에 대한 올바른 규제를 정립하는 대신 법무부 장관의 거래소 폐쇄 발언을 비롯해 가상화폐를 사실상 인정하지 않는 태도를 취하면서 적절한 규제가 도입될 수 있었던 기회를 놓치게 되었다. 가상화폐 시장에 대한 적절한 규제 없이 그 존재를 사실상 부정하거나 거래소에 대해 은행을 통한 간접통제 방침을 고수하면서 우리나라의 가상화폐 시장은 더욱 음성화되었고, 시장은 혼탁해지고 가상화폐 투자자들은 아무런 보호 없이 방치되는 상황이 계속되었다.

그 와중에 자금 세탁 방지에 관한 국제기구에 해당하는 FATF(Financial Action Task Force)에서 가상자산에 대한 자금세탁 방지 규제 도입을 권고하면서 우리나라도 특정 금융거래정보의 보고 및 이용에 관한 법률(특금법)이 개정되면서 가상화폐 사업자에 대한 신고제가 시행되었다.

이 역시 가상자산 및 사업자에 대한 올바른 규제와 투자자 보호 장치가 도입될 수 있었던 절호의 기회였지만, 정부는 특금법은 FATF의 권고에 따라 가상화폐에 대한 자금세탁 방지 규제를 도입한 것뿐 가상화폐를 제도화하는 취지는 아니라는 입장을 견지하고 있다.

투기의 공포에 사로잡혀 특금법 제정 이외에 우리나라가 한 발자국도 나아가지 못하고 있는 상황에서 세계 여러 국가들은 가상화폐에 대한 기초적인 규제를 넘어 본격적으로 미래를 준비하는 다음 단계의 규제를 도입하고 있다. 바로 증권적 성격을 가지는 가상화폐(증권형 토큰) 및 이를 거래할 수 있는 플랫폼에 대한 본격적인 규제를 도입한 것이다.

이웃 국가인 싱가포르와 홍콩은 증권형 토큰을 취급하는 플랫폼에 대해 증권법을 본격적으로 적용하면서 자격을 갖춘 플랫폼 사업자에 대한 허가를 내주기 시작했고 우리와 비슷한 법제를 가지고 있는 일본마저 금융상품거래법 개정을 통해 증권형 토큰을 유가증권으로 취급할 수 있는 제도적 기반을 마련하였다. 이러한 이웃 나라들이 현재 진행하고 있는 규제를 통해 증권형 토큰이 본격적으로 거래소에서 거래가 되기 시작한다면, 이는 현재 존재하는 부동산, 동산, 증권 등 모든 형태의 자산이 증권형 토큰을 통해 가상자산화 되어 거래될 수 있음을 의미하며, 이는 현존하는 모든 자산의 유동화(Securitization), 토큰화(Tokenization)를 의미한다.

새로운 디지털 자산 시장을 선점한 우리 이웃 국가들과 우리의 차이는 그 후 수십 년간 좁혀지지 않을 가능성이 매우 크다. 19세기에 개항과 변화를 거부하고 쇄국 정책을 택한 우리나라의 미래는 이웃 나라의 침략과 점령을 감내해야 하는 것이었다. 후진국은 과거와 현재의 현실, 그리고 공포에 발목 잡혀 한 발자국도 나아가지 못하는 반면 선진국은 미래를 바라보면서 불확실한 현재를 규율하고 통제하기 위해 먼저 제도를 마련하는 것에 그 차이가 있다.

가. 가상인간의 출현

　마케팅 트렌드를 이끄는 인플루언서 시장에서 가상인간이 급부상하고 있으며, 코로나19 팬데믹(pandemic·감염병 대유행)이 기승을 부리던 2021년에 마스크도 쓰지 않고 전 세계를 여행하며 인증사진을 올리던 한 주근깨 소녀의 소셜미디어(SNS) 계정이 주목을 받았다.

*자료: 세계 각국 가상 인플루언서. 왼쪽 아래는 국내 1호 가상 인플루언서 로지

[그림 3-1] 국내 1호 가상 인플루언서 로지가 프랑스 에펠탑 앞에서 남긴 인증 사진

---

4)　https://biz.chosun.com/industry/company/2021

이 소녀의 정체는 가상인간 '로지'. 그는 2021년 12월 현재 연간 15억원의 수익을 올리는 '광고계 블루칩'이 되었으며, 이것은 국내만의 얘기는 아니다. 미국 인공지능(AI) 스타트업 브러드(Brud)가 2016년 선보인 '릴 미켈라'의 연간 수익(2019년 기준)은 약 1170만 달러(약 140억 원)에 달한다. 가상인간의 두뇌 역할을 하는 인공지능(AI), 실제 사람 외모를 연상케 하는 컴퓨터 그래픽(CG), 이들의 활동 공간인 메타버스(meta-verse·현실과 가상이 혼합된 세계) 등 기술 발전이 뒷받침된 결과이다. 가상인간의 활동 영역도 단순 광고모델을 넘어 뉴스 앵커, 쇼핑 호스트, 은행원 등으로 확대되고 있다.

'이코노미조선'에 따르면 1998년 1월, 사이버 가수 '아담'이 국내 가요계에 등장했는데, 당시 기술의 한계 탓에 가상인간 이라기보다는 3D 애니메이션 느낌이 강했지만, 파격적인 콘셉트 덕분인지 제법 인기도 끌었다.
1집 앨범은 20만장 판매를 기록했고, CF 광고도 찍었으며, 팬클럽도 생겼으나 2집이 실패하며 아담은 '컴퓨터 바이러스로 인한 사망설' '입대설' 등을 남긴 채 조용히 사라졌다.

그로부터 약 20년이 지난 2020년 8월, 코로나19 팬데믹(pandemic·감염병 대유행)으로 전 세계 국가가 빗장을 잠갔던 당시, 한 인스타그램 계정이 이목을 끌었다.

마스크도 쓰지 않은채 세계 곳곳을 여행하는 한 소녀 때문이었는데, 주근깨 있는 볼에 긴 팔다리, 쌍꺼풀 없는 눈매에 힙합패션. 소녀는 아프리카 나미비아 하늘에서 스카이다이빙을, 이집트 바닷속에서 스쿠버다이빙을 즐겼고, 짐바브웨 빅토리아 폭포와 프랑스 에펠탑 등 유명 관광지에서 인증 사진을 남겼다. 사회 이슈에도 적극 동참하여 사람들에게 친환경 운동과 투표 참여를 독려했고, 사람들은 코로나19로 답답한 현실속 소녀의 자유로운 일상에 주목했다. 특히 MZ 세대(밀레니얼+Z 세대·1981~2010년생) 사이에서 유명세를 타며 팔로어가 급격하게 늘었다. 같은 해 12월 이 계정의 팔로어는 1만 명을 돌파했고, 이후 소녀의 정체는 가상인간으로 밝혀졌다. 그가 바로 '국내 1호 가상 인플루언서'가 된 '오로지'다.

그의 나이는 '영원한 22세'. 1년이 지난 2021년 12월, 로지는 광고계를 휩쓰는 스타가 됐다. 그가 2021년 올해에 올린 수익만 15억원이 넘을 전망이다.[5] 그야말로 가상인간 전성시대다. 미국 시장조사 업체 비즈니스 인사이더 인텔리전스에 따르면 기업이 인플루언서 마케팅에 쓰는 비용은 2019년 80억 달러(약 9조 원)에서 2022년 150억 달러(약 17조 원)로 두 배가량 증가할 전망이다. 미국 블룸버그는 이 자료를 인용해 이 중 상당 부분이 가상 인플루언서가 차지할 것이라고 분석하였다.

---

5) http://economychosun.com/client/news/view.php?boardName=C00&t_num=13611900

나. 가상인간의 성공사례

가상 인플루언서는 해외에서 먼저 성공을 거두었으며, 브라질계 미국인 설정의 '릴 미켈라'는 미국 인공지능(AI) 스타트업 브러드(Brud)가 2016년 선보였다. 미켈라는 그간 프라다·디올 등 명품 브랜드 모델로 활동했으며, 싱글 앨범과 뮤직비디오도 발표하였다.

인플루언서 마케팅 분석 업체 '인플루언서 마케팅허브'에 따르면, 미켈라의 인스타그램 팔로어는 무려 311만명, 게시물당 수익은 6033~1만55달러(약 733만~1221만 원) 수준이며, 연간 수익(2019년 기준)은 약 1170만 달러(약 140억 원)로 알려졌다.

이 밖에 브라질 '루두 마갈루', 영국 '슈두', 일본 '이마', 중국 '화즈빙', 태국 '아일린' 등도 세계가 주목하는 가상인간이며, 이들은 수십~수백만 명의 인스타그램 팔로어를 보유, 여느 인기 스타 못지않은 영향력을 미치고 있다.

* 출처 : 롯데홈쇼핑

[그림 3-2] 롯데홈쇼핑이 선보인 가상 인플루언서 루시

국내에서도 가상인간 개발 열기가 뜨거우며, 특히 인공지능(AI) 등 관련 기술 스타트업의 활약이 돋보인다. 마인즈랩이 선보인 'M1', 디오비스튜디오의 '루이' 등이 활동 중이며, 대기업도 이미 시장에 뛰어들었다.

LG전자는 2021년 1월 온라인으로 열린 세계 최대 정보기술·가전 박람회 'CES 2021'에서 가상인간 '김래아'를 공개하였다. 이에 앞서 삼성전자는 2020년 1월 같은 박람회에서 가상인간 '네온'을, 이어 올해 6월에는 브라질 법인에서 영업직원 교육을 위해 만든 가상인간 '샘'을 선보였다. 전문가들은 지금 가상인간이 뜨는 이유는 AI·가상현실(VR)·증강현실(AR) 등 관련 기술의 발전, 팬데믹 기간 비대면의 일상화와 함께 부상한 메타버스(metaverse·현실과 가상이 혼합된 세계)의 성장 등을 이유로 분석했다.

여기에 실제 인간이 범할 수 있는 실수나 과거사 문제 등, 위험성이 없다는 점이 광고계의 구미를 당기며 가상인간의 가치를 끌어올렸다. 기술의 발전과 함께 가상인간의 활동 영역도 무한 확장할 전망이며, 실제로 롯데홈쇼핑은 2021년 2월 선보인 자체 개발 가상인간 '루시'의 쇼핑 호스트 데뷔를 준비 중이다. NH농협은행은 AI 기술을 기반으로 개발한 가상인간을 정식 직원으로 채용, 실제 업무에 투입할 계획이다.

앞서 중국 관영 매체 신화통신은 2019년 AI 아나운서 '신샤오밍'을 공개했으며, 국내 종합편성채널 방송사 MBN도 2020년 유명 아나운서 김주하씨를 본떠 만든 AI 아나운서를 선보였고(https://www.youtube.com/watch?v=IZg4YL2yaM0), 로지의 경우 연기자와 가수 활동도 준비 중이다.

5 '현실이 된 가상세계' … 메타버스 경제, 산업의 판을 바꾼다[6]

가. 가상세계 비즈니스 현실

미국에서는 메타버스를 기반으로 한 게임 플랫폼 '로블록스'가 유튜브를 제치고 10대가 가장 많이 사용하는 애플리케이션(앱)이 되었고 네이버 Z의 AR 아바타 기반 소셜 네트워크 서비스(SNS) '제페토'는 전 세계 2억 명의 사용자를 메타버스 세계로 끌어들였다.

메타버스는 단순히 게임에만 적용되지 않으며, 최근에는 가상현실 속에서 대학 입학식이나 신입사원 연수에도 이용되었다. 글로벌 정보기술(IT) 기업들은 모바일을 이을 차세대 컴퓨팅 플랫폼으로 메타버스를 꼽으며 메타버스의 외연을 넓히고 있으며, 메타버스 시장을 주도하는 기업들은 '지금부터가 시작'이라고 입을 모은다.

* 출처 : 영화 스틸컷

[그림 3-3] 스티븐 스필버그 감독이 연출한 영화 '레디 플레이어 원'은
2045년 가상현실에서 모든 것이 이뤄지는 미래

---

6) https://magazine.hankyung.com

게임을 넘어 취미 활동, 업무, 생계 활동 등 모든 영역이 메타버스 안에서 이뤄질 수 있음을 말한다. 이는 모든 일상이 모바일 안에서 가능해진 것처럼 메타버스의 확장성 역시 무궁무진하다는 뜻으로 해석된다.

나. 글로벌 Z세대 사로잡은 로블록스, 워너브라더스에서 5조 투자유치

메타버스는 인터넷의 다음 버전이며, 사람들은 메타버스로 일하러 가거나 쇼핑하면서 시간을 보내게 될 것이다. 팀 스위니 에픽게임즈 최고경영자(CEO)는 메타버스를 차세대 인터넷으로 꼽았으며, 에픽게임즈는 글로벌 인기게임 '포트나이트'의 제작사이다.

메타버스 시대가 도래 하고 있으며 가상현실(VR)과 증강현실(AR) 기술을 타고 현실 세계를 초월한 가상 세계가 일상으로 들어오고 있다. '포트나이트'는 단순히 싸우거나 미션을 수행하는 게임과는 다른데, 2021년 4월 미국의 힙합 가수 트래비스 스콧은 '포트나이트' 내에서 콘서트를 열었고 전 세계 1230만 명이 동시에 게임 안에서 춤을 추고 날아다니며 공연을 즐겼다.

* 출처 : 유튜브 영상 캡처

[그림 3-4] 미국 힙합 가수 트래비스 스콧은 포트나이트를 통한 콘서트 장면

아이돌 그룹 방탄소년단(BTS)은 2021년 9월 '다이나마이트'의 안무 버전 뮤직비디오를 포트나이트에 최초 공개하며 쇼케이스를 진행했다.

전 세계 3억5000만 명이 이용하는 '포트나이트'가 메타버스 플랫폼으로 진화하자 리드 헤이스팅스 넷플릭스 CEO는 '포트나이트'를 최대 경쟁자로 꼽기도 하였다.

2021년 1월 네이버 신입사원 191명은 자사 AR 플랫폼인 제페토에서 만나 신입사원 연수를 진행하였다. 각자의 아바타로 가상현실에 접속해 3D 맵으로 개설된 '그린팩토리(네이버 사옥)'를 둘러보고 각종 미션을 수행하였다. 대면 만남이 어려워진 상황에서 더 깊게 친해질 수 있도록 아바타를 통해 '스키점프' 팀 대결을 펼치고 사진을 찍는 등 다양한 팀 빌딩 활동을 진행하였다.

메타버스는 현실과 가상의 경계가 사라진 3차원의 가상세계로, 단순 가상현실보다 한 차원 더 진보한 개념이다. 화면을 통해 가상현실을 보는 것이 아니라 아바타 등을 활용해 가상세계에 직접 참여함으로써 현실 세계에서 일어나는 가치 창출과 교류가 가능해졌다.

지난 몇 년간 VR과 AR은 4차 산업혁명의 핵심 기술로 꼽혀 왔지만, 현실에서의 반응은 미적지근하였고, AR과 VR로 큰 사업성을 얻거나 이를 활용한 플랫폼이 큰 인기를 끌지 못하였다.

최근에는 VR과 AR 생태계에도 눈에 띄는 변화가 일어나고 있는데, VR과 AR 기술이 빠른 통신 속도, 그래픽 기술의 고도화, 높은 해상도 등 기술 진화와 만나 기존의 한계를 극복하고 있고, 여기에 최대 약점이었던 관련 콘텐츠까지 다양해지면서 VR과 AR의 지위가 달라지고 있다.

* 출처 : 네이버

[그림 3-5] 네이버의 2021년 신입사원 연수 장면

이용자가 늘고, 생태계가 조성되면서 메타버스 경제 규모도 커질 전망이며, 메타버스 시장 규모는 2025년 315조 원(2800억 달러)에 달할 것으로 추산된다.

VR과 AR을 포괄하는 확장 현실(XR)의 글로벌 경제 파급 효과는 520조 원(4764억 달러) 정도로 전망된다. 메타버스를 파고든 사용자들은 디지털에 익숙한 MZ세대다. 10대들 사이에서는 이미 메타버스를 기반으로 하는 서비스가 폭발적인 인기를 얻고 있다.

미국 10대들이 가장 많은 시간을 보내는 플랫폼은 유튜브가 아니라 모바일 게임 '로블록스'이다. 미국의 16세 미만 어린이와 청소년들 중 약 55%는 로블록스에 가입되어 있고 이들은 유튜브 보다 2.5배 많은 시간을 로블록스에서 보내는 것으로 알려졌으며, 또한 10대 중 52%는 현실 친구보다 로블록스 내 관계에서 더 많은 시간을 보낸다고 응답하였다.

신종 코로나 바이러스 감염증(코로나19)으로 대면 소통이 어려워지자, 메타버스를 찾는 이용자들은 더 많아졌으며, 2020년 로블록스 이용자는 2019년 대비 3배 증가한 것으로 알려졌다. 로블록스는 하나의 게임으로 규정되는 플랫폼이 아니고, 블록으로 구성된 3D 입체 가상세계에서 아바타로 구현된 개인들이 서로 소통할 수 있다. 메타버스 안에서 무엇을 할지는 사용자가 결정하면 되는데, 높은 자유도를 기반으로 하는 오픈월드 게임이다. 사용자들이 직접 만든 게임이나 자동차 등 창작물을 만들어 유로로 판매해 수익을 얻을 수도 있고, 로블록스 안에서 게임을 만드는 개발자는 200만 명 이상인 것으로 알려졌다.

* 출처 : 한국경제신문

[그림 3-6] 미국 10대들 사이에서 로블록스가 유튜브의 인기를 뛰어 넘었다는 기사

로블록스는 최근 메타버스 개념이 주목 받으면서 많은 투자를 유치하였으며, 워너브라더스에서 5조 5000억원을 투자했고 3월 10일 상장을 앞두고 있다. 로블록스의 기업 가치는 290억 달러(약 33조원)에 달한다.

한국에서는 네이버Z의 '제페토'가 2억 명 이상의 사용자를 확보하며 글로벌 메타버스 플랫폼으로 부상하였다. 제페토는 2월 기준 가입자 수가 2억 명을 돌파했고 그 중 80%를 10대가 차지하고 있고, 네이버 대신 유튜브로 넘어갔던 MZ세대를 다시 네이버로 불러들일 수 있는 신성장 동력인 셈이다. 제페토에 가입할 때 본인의 사진을 찍어 올리면 이용자 외모와 똑 닮은 3D 캐릭터가 형성되며, 이를 통해 이용자들은 가상 세계에서 자신을 투영하며 몰입할 수 있다.

'월드' 카테고리로 들어가면 친구들과의 실시간 의사소통뿐만 아니라 게임, 쇼핑, 콘서트 감상, 팬 사인회 등 다양한 활동을 할 수 있고, 인스타그램처럼 제페토 피드로 아바타의 일상을 공유하기도 한다. 이용자가 '제페토 스튜디오'를 통해 직접 맵을 만들거나 옷 등 아이템을 팔아 수익을 올릴 수도 있다.10대 사용자들은 제페토 아바타를 활용해 웹 드라마를 제작하거나 제페토 속 일상을 찍은 '브이로그(Vlog)'를 유튜브에 올리기도 한다.

2억 명에 달하는 글로벌 사용자들을 모으는 데는 K팝의 영향이 컸으며, 제페토 안에서 모인 글로벌 사용자들은 팬덤 문화를 형성하기도 하고 K팝 엔터테인먼트와 제휴한 아이템들을 사기도 한다. 제페토 내에서 K팝 팬덤의 파급력과 결집력은 생각보다 더 크며, YG엔터테인먼트의 아이돌 그룹 블랙핑크는 2020년 제페토에서 가상 팬 사인회를 열어 4600만 명 이상의 이용자를 만났다. 2020년에는 빅히트엔터테인먼트· YG엔터테인먼트· JYP엔터테인먼트 등 K팝 업체들이 170억원을 네이버Z에 투자하였다.

다. 현실 속 욕구, 메타버스에서 채움

네이버의 목표는 완전한 메타버스 생태계 구축이다. 현재 아바타 중심으로 이뤄지는 서비스를 고도화해 더 많은 가치를 창출한다는 목표를 가지고 있다.
네이버 관계자는 "이미 많은 사용자를 확보했지만 서비스는 이제 시작 단계에 있다"며 "점점 더 많은 게임이 도입될 것이고, 제페토 내에서의 영화 관람이나 일상생활이 가능할 수 있도록 다양한 서비스를 얹어 가며 완전한 생태계를 구축해 나갈 것"이라고 말하였다.
네이버뿐만 아니라 게임에서 엔터테인먼트로 영역을 넓히고 있는 엔씨소프트도 '유니버스'를 출시하며 메타버스를 도입하였다.

유니버스에는 아티스트 아바타를 활용한 다양한 콘텐츠들이 있는데 팬들이 좋아하는 아티스트의 아바타를 직접 꾸미고 뮤직비디오를 제작할 수 있다.

이처럼 메타버스는 가상 세계를 통해 사회 활동을 하는 새로운 시장이 되고 있다.

김상균 강원대 산업공학과 교수는 "MZ세대가 중요하게 생각하는 다양성과 포용성을 표출할 수 있는 공간이 현실에는 많지 않다"며 "이들이 자신의 아바타를 통해 다양성을 표출하기 위한 수단으로 메타버스를 활용하고 있다"고 말하였다.

인지과학을 전공한 김 교수는 메타버스가 '자극', '위축', '균형' 등 인간의 세 가지 욕구를 충족시키며 사람들을 불러 모으고 있다고 말하였으며, "작년에 메타버스에 대한 관심과 이용자가 급격하게 증가하였는데, 이는 코로나19 때문에 인간의 심리적 3대 욕구가 위축됐기 때문"이라며 "새로운 사람이나 새로운 공간을 만나고 싶은 욕구(자극), 성취하고자 하는 욕구(지배), 집에만 있으면서 생기는 불안감으로 인해 깨지는 '균형 욕구' 등을 해소하지 못하면서 현실 대신 메타버스를 통해 '살아가는 느낌'을 받으려고 하는 것"이라고 설명하였다.

라. 메타·마이크로소프트 등 '빅 테크' 주가 더 오른다[7]

2021년에도 해외 주식 투자 '붐'은 여전하였는데 이는 연초 이후 박스권에 갇힌 한국 증시와 달리 미국 증시는 연일 상승세를 보인 영향 때문이다.

2022년에도 해외 주식 열풍은 계속될 것으로 전망되는데, 증권사 리서치 센터장들은 2022년 해외 주식투자 성공 키워드로 '선별'과 '기다림'을 제시하였다.

미국 등 주요국의 2022년 경제성장률은 경기 부양 정책에 힘입어 팬데믹(감염병의 세계적 유행) 이전보다 높은 수준을 보일 것"이며 "공격적이고 장기적인 투자자라면 정책 수혜가 집중되는 2차 전지 및 미래차, 플랫폼 및 메타버스, 차세대 에너지 및 친환경 관련 주식 등을 분할 매수하는 전략이 유리해 보인다.

---

[7] https://magazine.hankyung.com/business/article/202112150208b

[그림 3-7] **팀 쿡 애플 최고경영자(CEO)가 9월 14일 아이폰13을 공개**

1) 탄탄한 '캐시카우' 돋보이는 애플

증권사 리서치 센터장들은 2022년 해외 주식 '톱픽'으로 애플을 제시하였다. 13명의 센터장 중 8명이 애플을 추천하였다. 애플은 최신 스마트폰 모델인 아이폰13의 판매 호조와 아이폰 운영 체제인 iOS 사용자 확대 및 콘텐츠 증가에 따른 수수료 확대 등으로 내년에도 좋은 실적을 이어 갈 것으로 보인다. 애플의 서비스 관련 매출은 최근 5개 분기 연속 성장세를 유지하고 있다.

글로벌 5세대 이동통신(5G) 도입의 가속화 속에 급증한 스마트폰 교체 수요를 바탕으로 아이폰13 판매량이 시장의 예상치를 웃돌 것으로 기대된다. 애플은 탄탄한 브랜드 경쟁력을 바탕으로 제품·서비스 부문에서 추가 매출 성장이 기대 된다"며 "장기적 관점에서의 접근이 유효할 전망이다.

미래차 등 애플이 추진 중인 여러 신사업도 투자 매력 포인트로 꼽히며, 애플은 향후 4년 안에 자율주행차를 출시한다는 목표이다. 애플카가 출시되면 아이폰과의 연결 등 iOS 생태계 확장도 가능할 것이며, 애플은 메타버스 영역에서도 증강현실(AR)과 가상현실(VR)을 동시에 구현하는 'XR 헤드셋'을 2022년 출시할 것으로 알려져 주목받고 있다.

〈표 3-1〉 증권사 리서치센터장이 꼽은 2022년 해외 유망주식 종목

종목	추천 증권사	종목	추천 증권사
애플	메리츠증권, 키움증권, 하나금융투자, 하이투자증권, 한국투자증권, 한화투자증권, IBK투자증권, NH투자증권	메타 (옛 페이스북)	메리츠증권, 삼성증권, 하이투자증권, 한국투자증권, 한화투자증원, NH투자증권
마이크로소프트	미래에셋증권, 삼성증권, 하나금융투자, IBK투자증권	엔비디아	미래에셋증권, 메리츠증권, 하이투자증권, IBK투자증권
알파벳	삼성증권, 대신증권	테슬라	신영증권, IBK투자증권
펩시	하이투자증권, 한국투자증권	ASML	메리츠증권, 현대차증권
귀주모태주	대신증권	나이키	현대차증권
넥스트에라에너지	삼성증권	데이터도그	현대차증권
멀티테크놀러지	한화투자증권	로블록스	신영증권
린드	NH투자증권	램리서치	키움증권
세일즈포스	하나금융투자	써모피셔	IBK투자증권
아마존	대신증권	오스테드	신영증권
유나이티드렌탈	하나금융투자	유나이티드 헬스	한국투자증권
에르메스	삼성증권	에스티로더	IBK투자증권
웨이스트매니지먼트	신영증권	웨이얼반도체	대신증권
제너럴모터스	현대차증권	제이피모간	NH투자증권
차지포인트	NH투자증권	창신신소재	대신증권
캐터필러	하나금융투자	파이어니어	키움증권
포드	신영증권	펜내셜게이밍	한국투자증권
DR호턴	키움증권	LVMH	메리츠증권
L3해리스테크놀러지	한화투자증권	Mp머터리얼즈	하이투자증권

2) 메타버스 기업으로 변신하는 엔비디아

리서치센터장들은 또한 메타와 마이크로소프트 등의 '빅 테크'를 해외 유망 종목으로 꼽았으며, 페이스북은 최근 메타버스에 집중하겠다는 의지를 담아 "메타"로 사명을 바꿨다.

보유 중인 소셜 네트워크 서비스(SNS) 이용자가 향후 메타버스 산업을 선점하는 데도 핵심 역할을 할 전망이다.

"메타"는 메타버스 소셜 플랫폼 '호라이즌'과 대체 불가능한 토큰(NFT) 마켓 플레이스, 가상 자산 지갑 '노비' 등의 출시를 통해 메가 트렌드를 선도하고 있다. 페이스북과 인스타그램 등 SNS 디지털 광고 사업을 통해 안정적 현금 흐름을 창출할 수 있는 것이 강점이다.

"메타"는 애플의 프라이버시 정책 변경과 규제 이슈 등으로 매출 둔화 우려가 있었지만 알고리즘 개선을 통해 4분기 실적이 예상보다 높게 나올 가능성도 있다.

디지털 지갑인 노비를 통해 블록체인 시장에 대한 지배력을 높일 수 있을 것으로 기대되는 등 신규 캐시카우도 충분하다고 말했다.

마이크로소프트는 클라우드를 중심으로 전 사업 부문에서 매출 성장세를 유지하고 있다. 매 분기 어닝 서프라이즈와 가이던스 상향을 통해 지속적 성장성을 보여주는 기업으로 평가된다.

신종 코로나바이러스 감염증(코로나19) 사태를 계기로 재택근무 수요가 증가하면서 기업의 클라우드 서비스 도입이 가속화한데 따른 대표 수혜주로 분류된다.

마이크로소프트는 "강력한 인공지능(AI)을 기반으로 기업용 소프트웨어 시장에서 영향력을 확대하고 있다"며 클라우드 시장에서도 꾸준한 성장세를 보이고 있는데다가 게임시장에서의 성장이 기대되는 등 단기 모멘텀 측면에서도 긍정적이다. 마이크로소프트의 B2B(기업 간 거래) 중심의 비즈니스 모델은 경기 둔화와 원자재 가격 상승 등의 악재를 비켜가는 차별적 프리미엄으로 평가받고 있다. 게임용 그래픽 처리장치(GPU) 전문 기업을 넘어 메타버스·AI 솔루션 기업으로 변신을 시도하고 있는 엔비디아도 우량주로 분류되었다.

엔비디아는 데이터센터 등 산업 전반에 걸쳐 고성능 반도체의 수요가 증가하면서 실적 호조를 이어 갈 것으로 전망된다. 고성능 그래픽 수요가 증가하는 가운데 업무용 메타버스 협업 플랫폼인 옴니버스 등 소프트웨어 부분에 대한 가치도 재평가 될 가능성이 높다는 평가이다. 엔비디아는 독보적 시장점유율에 더해 최근 공급망 투자를 바탕으로 부품 부족 우려를 일부 완화하였으며, 향후 AI 워크로드 소프트웨어 부문의 성장을 통해 모멘텀이 부각되면 밸류에이션의 재평가도 기대해 볼 수 있을 것이다.

엔비디아는 자율주행차와 AI 등 신성장 산업 부문에서 가장 앞서 있는 반도체 기업"이라며 "향후 주가가 조정을 겪더라도 점차 저점을 높여 가는 움직임을 보일 것으로 예측된다.

3) 여전히 매력적인 알파벳 · 테슬라 · ASML

리서치 센터장들은 이 밖에 알파벳·테슬라·펩시·ASML 등을 해외 유망주로 제시하였는데, 알파벳은 구글의 지주회사이다. 검색 광고와 유튜브·클라우드 등 전 사업 부문의 고성장에 따른 마진 개선 흐름을 이어 가고 있다. 최근 '픽셀 패스' 등의 하드웨어와 기존 서비스들을 결합한 구독 모델을 발표하며 애플 생태계와의 경쟁을 본격화하고 있다.

글로벌 광고 시장은 2022년 전년 대비 6.4% 성장할 것으로 전망되며 "전통 광고 매체의 축소 추세를 고려하면 알파벳의 주 사업 분야인 디지털 광고 시장의 성장성은 더 높을 것으로 판단된다.

테슬라는 AI를 활용한 자율주행과 빅데이터를 활용한 보험 등 자율주행 소프트웨어를 기반으로 수익성 향상이 기대된다는 점에서 긍정적이라는 평가이다. 2021년 말 또는 2022년 초 미국 텍사스와 독일 베를린 공장 완공 등으로 전기차 생산량을 늘린 것도 장기적 측면에서 주가 상승에 호재로 작용할 것이라는 분석이다.

"신규 공장 초기가동 비용에 따라 일시적으로 수익성이 하락할 수 있지만 생산량 안정화에 따라 수익성이 재차 회복될 것으로 예상된다.

미국과 중국에 이어 유럽 현지공장을 확보함에 따라 세계 3대 시장에서 전기차 수요 확대에 따른 수혜가 지속될 것이다.

펩시는 글로벌 오프라인 활동 재개 추세로 음료 매출의 증가가 기대되는 리오프닝주로 주목받고 있다. 펩시는 넓은 제품 포트폴리오와 함께 경쟁사 대비 낮은 소비자 가격 인상 폭을 바탕으로 시장에서 지배력을 보유하고 있으며 "안정적 배당을 바탕으로 투자자에게 늘 매력적인 종목이다. ASML은 세계 1위 반도체 장비 기업으로, 노광 공정의 핵심 기술을 독점하고 있다는 점에서 매력적인 종목으로 꼽혔다.

ASML은 반도체 극자외선(EUV) 공정 대장주로 2022년 2분기 글로벌 파운드리 업체들의 증설과 공급 병목 현상이 해소되면서 실적 가이던스가 상향 조정될 가능성이 높다.

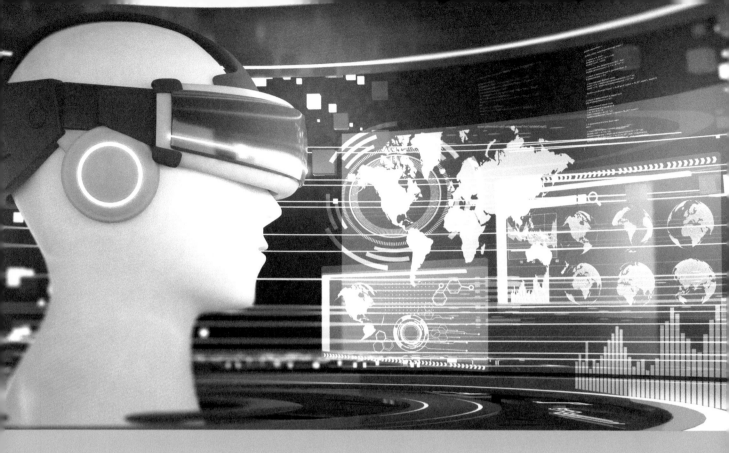

CHAPTER

4

메타버스 BEGINS

게임을 넘어서 경제로(Beyond Game, Toward Economy)

가. 초기 메타버스

초기의 메타버스는 게임, 생활·소통(Life communication) 서비스가 독립적으로 제공되면서 시작되었다. 최초의 디지털 게임 등장 이후, 게임 엔진 제작 플랫폼의 확산으로 게임은 2D에서 3D로 진화하면서 가상세계(Virtual World)의 주류를 형성하였는데, 최초의 전자게임은 1958년 William Higinbotham이 개발한 'Tennies for two'[1] 이며, Unreal(1998년), Unity(2004년) 등 게임 제작 엔진의 보급으로 3D 전환이 가속화되었다.

게임과 함께 PC 기반의 Cyworld, Second Life 등 가상 생활·소통 메타버스가 등장하며 주목받다가, 편리성과 휴대성을 제공하는 모바일 기반의 SNS 서비스(Face book 등)으로 사용자가 이동하였다.1999년 PC, 2D 기반으로 서비스를 시작한 Cyworld는 한때 회원 수가 3,200만 명을 돌파하는 성장을 보였으나, 2020년 사업을 종료 후 최근 Cyworld Z로 부활을 예고[2]하였으며, 이후, 게임, 생활·소통 서비스는 진화와 융합을 통해 소비와 생산이 서로 선순환하는 메타버스 플랫폼으로 발전하며 이용자가 급증하였다.

초기 메타버스와 현재 메타버스는 플랫폼 자유도와 기술 기반, 경제 활동 측면에서 차이가 존재하며, 기존의 게임은 목표 해결, 경쟁 중심으로 대부분 진행되었으나 최근 주목받는 메타버스 게임 플랫폼은 생활·소통 공간을 별도로 제공하거나, 특화하는 방식으로 운영하고 있다. 예를 들어 포트나이트는 게임 경쟁 공간인 Battle Royal과 생활·소통, 문화 공간인 Party Royal을 별도로 운영하고 있으며, 제페토와 '모여 봐요, 동물의 숲' 등은 생활·소통 공간을 특화하는 방식으로 접근하고 있다.

과거 PC·인터넷 기반의 콘텐츠는 평면적이고 정적인 측면이 강하나, 최근의 메타버스는 콘텐츠는 가상공간에서 직접 만든 다양한 객체를 통해 공감각적 체험과 시뮬레이션이 가능하다. 초기 서비스 제공자, 소비 중심의 메타버스가 이용자 중심, 생산과 소비의 연계, 현실경제와의 연관성이 높아지는 방향으로 변화하면서 이용자가 급증(ROB LOX)하였다.

---

1) 중앙일보(2008.9.23.) "세계 최초, 한국 최초의 게임들"
2) 아주경제(2021.02.03.) "이번엔 부활할까? 싸이월드 22년 흥망성쇠"

월간 활성 이용자(M AU)[3]수는 1억 5천만명 수준이고 ROB LOX STUDIO를 통해 7백만 명의 이용자가 만든 게임은 5,000만개가 넘으며, 이들의 수익은 '18년 71.8 million → '20년 328.7 million으로 급증하고 있다.

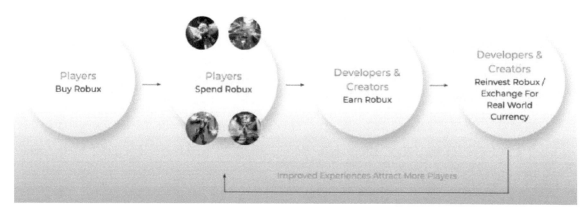

* 출처 : ROB LOX(February 26, 2021) Investor Day 발표 발췌

[그림 4-1] ROBLOX의 생산과 소비 연계 구조

제페토는 '18년 출시 후 가입자 수는 2억 명이 넘고, 이용자는 제페토 STUDIO를 통해 만든 아이템을 판매하며 수익을 창출하고 있었으며 이용자 제작 아이템이 전체 아이템 판매의 80% 이상을 차지하며, 의상은 하루에 7,000~8,000개씩 신제품을 제작[4]하고 있다.

* 출처 : ROB LOX(February 26, 2021) Investor Day 발표, 제페토 홈페이지

[그림 4-2] ROBLOX, 제페토 STUDIO

---

3) Monthly Activity User
4) 중앙일보(2021.04.03.), ""아바타끼리 연애하고 회사도 만든다." 메타버스 플랫폼 '제페토'의 미래

포트나이트는 사용자가 3억 5,000만명 수준이며, 美 가수 트래비스 스콧은 게임 내 Party Royal을 통한 가상 콘서트를 통해 오프라인 대비 10배 매출을 달성하였다.

<표 4-1> 초기 vs 현재의 메타버스 비교

구 분	초기 메타버스	현재 메타버스
경제 활동	• 게임 내 아이템 구매 및 소비 중심 • 공급자가 제공/제약하는 아이템 거래(Service provider centric)	• 이용자가 게임/아이템을 쉽게 개발/제작할 수 있는 생산 플랫폼이 존재(User Created) (ex. ROB LOX STUDIO, 제페토 STUDIO) • 판매도 가능하고 수익은 현실경제에서도 활용 가능
자유도/ 기술 기반	• (게임) Mission 해결, 목표 달성, 경쟁 중심 (ex. RPG, MM O RPG) • (가상 생활·소통) 게임과 융합되지 않는 PC 기반 독립적 생활·소통 공간(ex. Cyworld, Second Life) • XR, Data Tech, Network, AI 독립적 발전	• 게임과 가상 생활·소통 공간(협력, 교류, 여가, 문화) 융합 형태의 등장 → 이용자가 선택적 활용(ex. ROB LOX, Mine craft, 포트나이트) • 3D, 모바일, 콘솔 기반의 가상공간/아바타를 활용한 생활·소통 플랫폼(ex. 제페토, 동물의 숲) • XR+D.N.A(Data Tech, Network, AI) 진화, 융합

* 출처 : SPRi Analysis

메타버스 적용 범위가 게임, 생활·소통 서비스를 넘어 업무(Work) 플랫폼으로 확산 중이다.
이미 다수의 메타버스 업무(Work) 플랫폼이 존재[5]하고 있으며, 비대면 시대에 급성장하고 있어, 오프라인 경험을 최대한 살려 가상에 적용한 업무 플랫폼도 존재하고 있다.

---

5) Virtway, Teooh, Rumii, MeetingRoom, ENGAGE, Dream, Frotell Reality, MeetinVR, VirBELA, The Wild, Sketchbox, VIZIBLE, AltspaceVR, logloo, Meeting Owl, Spatial, Glue 등

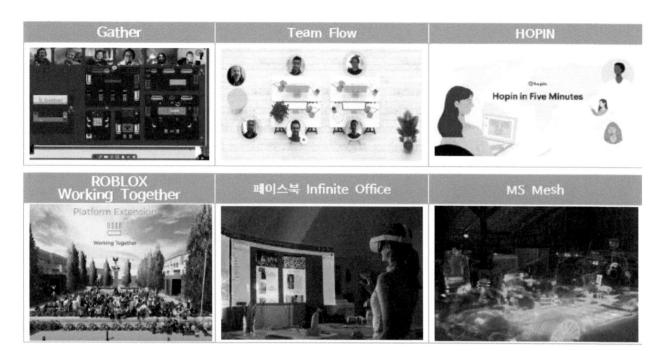

* 출처 : 각사 홈페이지 기반 SPRi Analysis

나. 모발의 발전과 전산업분야로 확산

Gather는 오프라인 사무실을 게임과 화면으로 구현할 수는 있으나, 아바타 주위의 다섯 발자국 안에 있는 사람들과 많은 대화가 가능하며, 거리가 멀어질수록 연결이 끊어져 잘 보이지 않고, 소리도 들리지 않는다. Team Flow는 Gather와 유사한 방식으로 구현되며, 오프라인에서 회의 테이블에 자료를 놓는 것처럼, 가상 회의실에 문서를 배치하여 활용하도록 지원하는 등 오프라인의 근무환경을 가상으로 최대한 구현하고 있다. HOPIN은 가상업무(Work) 플랫폼으로, 1년 만에 2조원 기업으로 성장[6] 하였으며, 최대 10만 명이 동시에 접속 가능하며,'20년 10월 기준, 3만 개가 넘는 기업과 단체가 이 서비스를 이용했고, 이들이 개최한 이벤트만 46,000건에 달하고 있다.

게임, 생활·소통 메타버스가 업무(Work) 플랫폼으로의 변화를 시도하고, 새로운 메타버스 업무(Work) 플랫폼이 지속 등장하고 있다. ROB LOX는 Investor Day에서 업무(Work) 플랫폼으로의 진화 계획을 발표하였고, MS는 메타버스 시대를 이끌어나갈 업무(Work), 협업 플랫폼 Mesh를 2021년 3월에 공개하였다.

---

[6] T Times(2020.10.22.) "1년 만에 유니콘 건너뛰고, 2조 원 회사 된 호핀"

페이스북은 2020 '페이스북 Connect'에서 Oculus Quest만 착용하면 PC가 없어도 가상 사무실에서 일할 수 있는 'Infinite Office'를 발표하였다.

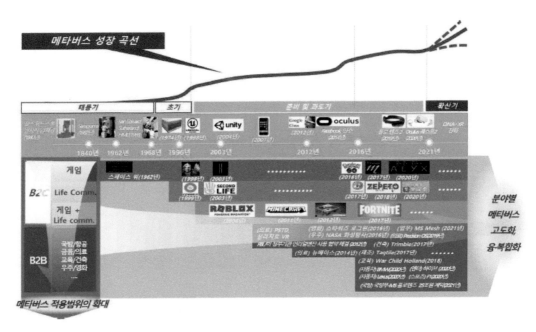

* 출처 : SPRi Analysis

[그림 4-3] 메타버스 성장곡선과 전산업 확산추세

기존 게임과 생활·소통 메타버스 플랫폼 제작에 활용되던 게임엔진이 전 산업과 사회 분야로 확산·적용되며 메타버스 성장이 본격화가 전망되고 있다.

Unreal, Unity 등 게임 엔진의 적용 분야가 게임, 가상 생활·소통 기반의 B2C 분야에서 B2B, B2G 영역으로 확대 적용 중이다. 주요 게임 엔진의 B2B, B2G 적용은 게임과 생활·소통 중심의 B2C 분야보다 조금 늦게 적용되었으나, 적용 범위와 강도가 매우 커지고 있는 상황이다.

2010년부터 성장한 B2C 게임, 생활·소통 메타버스 플랫폼이 2020~2021년에 주목받고 있으며, 2021년 이후부터는 B2B, B2G 영역의 성장이 가세하면서 메타버스 성장은 변곡점을 넘어설 전망이다. 리치 텔로 Unity CEO는 "Unity는 건설, Engineering, 자동차 설계, 자율주행차 등의 영역으로 사업을 확장 추진 중이며 개별 산업 영역들이 가진 시장잠재력이 게임 산업을 넘어설 것이라고 말하였다.

다. 메타버스 기기의 확대(Expanding Metaverse Device)

VR HMD[7]는 메타버스 경험을 지원 및 확대하는 기기에 본격 가세하였으며, 기존의 메타버스 경험은 PC, 모바일, 콘솔을 중심으로 이루어졌으나, 최근 Oculus Quest2의 판매량이 급증하며 VR 대중화 시대를 예고하고 있다. '2020년 10월 출시된 Oculus Qusest2는 당해 약 140만 대[8], '21년 2월까지는 약 500만 대가 판매된 것으로 추정되며[9] 이는 '07년 아이폰 판매량 139만 대와 유사한 수준이다.

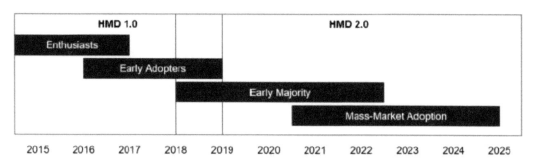

* 출처 : Gartner(July, 2019) "Competitive Landscape: Head-Mounted Displays for Augmented Reality and Virtual Reality"

[그림 4-4] **차세대 HMD 기기의 확산**

1) 국내 메타버스 활용실태

국내에서도 SK텔레콤이 Oculus Qusest2 판매 중이며, 1차 물량은 3일 만에 완판되었고, 2차 물량도 4분 만에 완판[10] 되었으며, 또한, 세계 콘솔게임 최강자인 소니가 '20년 11월 출시한 PS(Play Station)5가 당해 450만 대가 판매되었다는 점과 비교시 놀라운 성과이다. 이는 VR 기기가 초기 혁신수용 단계를 넘어 대중들에게 다가가고 있으며, 메타버스 로그인(Log In)의 중요한 접속점이 되고 있음을 시사하고 있다.

VR 기기가 PC, 콘솔, 모바일 서비스와 결합하여 메타버스 경험을 확대 및 고도화 ROBLOX 플랫폼은 PC, 모바일, 콘솔, VR을 통해 접속이 가능하며, 그간 VR은 높은 가격, 무게 등으로 사용 비중이 저조했으나, VR 기기의 대중화와 함께 활용 비중이 확대될 전망이다.

---

7) Head Mount Display
8) The Gamer(2021.2.2.) "Oculus Quest 2 Sells 1.4 Million Units In Q4 2020
9) www.bloter.net "SKT '오큘러스 퀘스트2' 재입고 4분 만에 완판⋯인기 비결은?"
10) www.bloter.net "SKT '오큘러스 퀘스트 2' 재입고 4분 만에 완판⋯인기 비결은?"

2020년 기준 ROBLOX 사용자 중 모바일 비중은 72%[11]이며, Oculus Qusest2는 전작보다 10% 이상 가볍고 (503g), 가격도 100달러 하락(299달러)하였다.

2) 국외 메타버스 활용실태

소니는 2016년 PS4용 VR(PS VR) 출시 6년 만인 2022년에 PS5 VR을 공개할 계획으로 VR을 활용한 메타버스 접속 기회가 더욱 늘어날 전망[12]이며, 소니는 최근 PS5에 들어가는 차세대 VR 컨트롤러를 공개('20.2월)하였다.

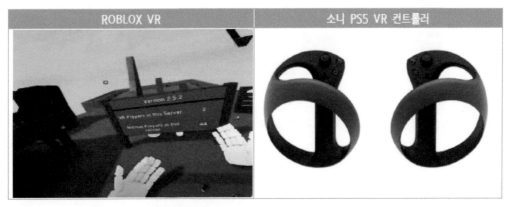

* 출처 : ROB LOX(February 26, 2021) Investor, 소니 홈페이지

[그림 4-5] ROBLOX VR 및 소니 PS5 VR 컨트롤러

'22년 이후부터 VR HMD에 이어, AR Glass도 메타버스 경험을 지원하는 핵심 기기로 부상 전망이며, AR·VR 시장은 연평균 59% 성장하여 '25년 $28 billion 규모에 이르고, AR시장은 '30년 $130 billion 규모로 성장할 전망[13]이다.
메타버스가 게임을 넘어 전 산업 분야로 확산되면서 AR Glass는 생산성 혁신의 핵심 도구 역할을 수행하고 있으며, AR Glass 등 XR(eXtended Reality) 기기들은 전 산업에 평균 21% 활용 전망이다.

11) 조선일보(2022.03.22.) "42조 원 가치, 로블록스...게임만들고 친구와 즐겨"
12) UPLOADVR(2021.04.04.) "Why Sony's VR Ambitions May Outgrow Play Station."
13) Ark Investment Management(2021.1) "Big Ideas Report 2021"

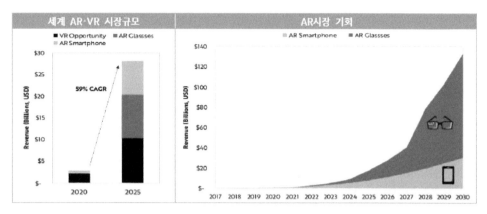

* 출처 : Ark Investment Management(2021.1) "Big Ideas Report 2021"

[그림 4-6] 세계 AR·VR 시장 규모 및 AR 기회

생산운영관리 인터페이스는 과거 종이부터, 컴퓨터 스크린, 스마트폰 등을 지속 발전해 왔으며, 차세대 인터페이스로 AR Glass에 주목하고 있으며, AR Glass는 재고관리, 불량품 확인, 작업훈련 등 생산 운영관리 전반에 적용이 가능하다.

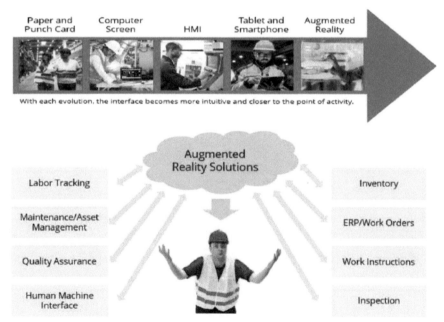

* 출처 : IDC(2019) "The Impact of Augmented Reality on Operations Workers"

[그림 4-7] 증강현실 솔루션

손목밴드, 반지, 장갑 등 다양한 메타버스 경험 기기들이 지속 개발·출시되면서, 다가올 미래의 새로운 혁신을 예고하고 있으며, 또한 새로운 메타버스 경험의 접속점이 될 다양한 기기들이 지속 개발 및 출시[14] 중이다. 페이스북의 Reality Labs는 2021년 3월 개발 중인 AR 손목밴드를 소개하였으며, 또한 AR Glass와 함께 손목밴드는 가상의 물체 및 상황을 제어하는 데 손의 힘과 각도, 1mm의 움직임도 포착할 수 있으며, 이는 '19년 인수한 CTRL 랩슨 기술을 토대로 제작되었으며, CTRL랩스는 생각으로 컴퓨터를 조작하는 기술을 개발하는 기업이다.

* 출처 : Facebook reality lab homepage

[그림 4-8] Facebook의 AR 손목밴드

애플은 가상과 현실을 연계하는 인터페이스로 반지, 장갑 등을 활용하는 방식의 특허를 출원하였다.[15] 센서가 탑재된 반지는 착용자의 동작을 해석하고 주변 물체와의 관계를 파악하며, 센서가 많을수록 3D 환경에서 정확한 움직임을 인지할 수 있고, 반지를 엄지와 검지에 착용해 두 손가락으로 집기, 확대 및 축소, 회전을 식별한다.

* 출처 : 전자신문(2021.01.13.) "반지의 제왕 애플, 스마트 링 특허 등장";
theguru(2021.01.05.), "애플, VR 장갑 특허 획득…'메타버스' 시대 준비"

[그림 4-9] 애플의 반지와 장갑 특허

---

14) 전자신문(2021.01.13.) "반지의 제왕 애플, 스마트 링 특허 등장"; theguru(2021.01.05.), "애플, VR 장갑 특허 획득…'메타버스' 시대 준비"
15) 전자신문(2021.01.13.) "반지의 제왕 애플, 스마트 링 특허 등장"; theguru(2021.01.05.), "애플, VR 장갑 특허 획득…'메타버스' 시대 준비"

이외에도, 거울, 타워, 트레드밀 등 다양한 형태의 메타버스 기기들이 개발 및 출시되어 대중화를 위해 노력 중이다.

〈표 4-2〉 다변화되는 메타버스 기기

구 분		AR 시장 기회
Care OS의 Poseidon (거울)		• 개인위생, 피부관리 및 well being 중점을 둔 가정용 화장실용 스마트 거울 • 사용자의 피부 건강을 분석해 필요한 기능성 화장품을 추천(깨끗한 치아 유지 방법, Hair 추천도 포함)
HaptX Gloves (장갑)		• VR의 촉각 경험을 극대화한 글러브 • 133개의 촉각 Feedback 센서가 부착 가상에서도 실제 물건을 만지는 듯한 경험을 제공
Gate box Grande (Tower)		• 네이버 라인의 자회사 'Gate box'는 기존 탁상용 AI 홀로그램 Assistant 'Gate box'의 크기를 키운 'Gate box Grande)'를 공개 ('21.3월) • 2m 높이의 접객용으로 개발된 대형 캐릭터 소환 기기 • 심도 센서를 통해 사람이 접근시 반응
Virtuix Omni One (트레드밀)		• 가정용 보행 가상현실 기기 • 가상공간에서 사용자가 웅크리기, 쪼그리고 앉기, 뒤로 젖히기, 점프하기 등 자유로운 움직임을 지원 • 시선과 움직임을 일치시켜 '인지 부조화'를 줄일 수 있어 가상현실 기기의 문제점 중 하나인 멀미 문제를 해소

* 출처 : www.care-os.com; www.gatebox.ai/grande ; VRSCOUT(2021.01.26.) "HaptX Launches True-Contact Haptic Gloves For VR And Robotics"; VRFOCUS (2020.10.09.) "The Virtuix Omni One Is A Consumer VR Treadmill For 2021"

향후 다변화되는 메타버스 기기들이 기존의 PC, 모바일, 콘솔, VR HMD, AR Glass, 스마트 시계 등과 연계 되어 혁신적인 메타버스 경험을 제공할 것으로 전망된다.

라. 디지털 휴먼의 성장(Growing Digital Human)

다양한 메타버스 서비스가 확산되면서 디지털 휴먼(Digital Human) 활용이 증가하고 있으며, 디지털 휴먼은 인간의 모습/행동과 유사한 형태를 가진 3D 가상인간을 의미[16]한다.

고수준의 컴퓨터 그래픽스(Computer Graphics, CG) 기술을 활용해 실제 인간 얼굴과 구분이 어려울 정도의 극사실적 형태를 구현하였으며, AI 기술을 접목한 음성인식, 자연어 처리, 음성 합성 등을 활용해 실제 사람처럼 반응하고 대화 가능한 수준으로 개발하는 것을 목표로 하고 있다.

1) 오프라인 공간

비대면 메타버스 공간에서 실제 대면 상황에 가까운 효과적 소통을 위해서는 실제 사람 얼굴, 표정, 행동과 유사한 형태로 가상 캐릭터 고도화 필요하다.

사람들이 의사소통하는데 언어가 차지하는 비중은 7%에 불과하며, 나머지 93%는 목소리(38%), 몸짓, 표정, 자세 등 비언어적 부분(55%)[17]도 얼굴을 통해 웃음, 찡그림 등 정서적 반응을 포함한 비언어적 정보를 전달하여 상대방과의 감정연결 및 공감대를 형성하고 인간 얼굴과 표정을 닮은 디지털 휴먼은 메타버스 공간에서 사람들이 더욱 편하고 친근하게 대할 수 있는 서비스 접점으로 역할 가능하다.

WHO(World Health Organization)는 비대면 금연상담서비스 제공을 위해 디지털 휴먼 플로렌스(Florence)를 활용 중이며, 플로렌스는 실시간 표정 변화 및 감정반응이 가능하다. 디지털 휴먼의 활용 분야는 엔터테인먼트, 유통, 교육, 금융, 방송, 교육 등으로 확대 중이다.

엔터테인먼트 부문으로는 가상 모델·가수·배우·인플루언서(Influencer), 게임 캐릭터 등이 있으며, 유통·금융·방송 부문으로는 브랜드·상품·서비스 홍보, 고객 응대, 아나운서 등이 있으며, 교육·훈련 부문으로는 교사, 교육·훈련 대상(피상담자·환자·고객 등) 등이 있고 헬스케어 부문으로는 건강 상담, 운동 코칭 등이 있다.

---

16) Deloitte, Soul Machines, Unreal Engine, 박민영(2021)의 내용을 종합하여 저자 정의
17) Allan Pease, Barabara Pease, The Definitive Book of Body Language, The Orion Publishing Group Ltd., 2006

* 출처 : 관련 주요 언론 보도 및 홈페이지 자료 기반 SPRi Analysis

[그림 4-10] 주요 언론의 가상 인플루언서

과거에는 디지털 휴먼 제작에 많은 비용·시간, 전문 기술이 필요하였으나, 최근 AI, 클라우드, CG 등 기술 발전으로 디지털 휴먼 제작의 기술적 제약이 완화되었다.

수요기업들이 디지털 휴먼을 직접 빠르게 제작할 수 있는 개발 도구가 출시되면서 디지털 휴먼 제작 전문성의 민주화(Democratization of Expertise[18])가 확대될 전망이다.

2021년 2월 언리얼 엔진은 과거 수개월이 소요되던 디지털 휴먼 제작 기간을 한 시간 미만으로 줄일 수 있는 메타휴먼 크리에이터(Metahuman Creator) 발표하였으며, 유니큐는 2020년 7월 자체 제작한 디지털 휴먼 9명의 캐릭터를 바탕으로 손쉽게 디지털 휴먼 개발이 가능한 유니큐 크리에이터(UneeQ Creator)를 발표하였다.

18) 전문교육 없이도 광범위한 영역에서 저렴한 비용으로 비즈니스 프로세스, 경제 분석 등 전문 분야에 접근 가능(출처: Gartner)

또한 IP소프트는 2020년 10월 대화형 디지털 휴먼 자체 제작이 가능한 디지털 직원 개발 도구 Digital Employee Builder를 발표하였으며, Soul Machines는 2020년 5월 디지털 휴먼을 제작할 수 있는 클라우드 기반 개발 도구 Digital DNA Studio를 발표하였다.

《 가상 인플루언서 》

◆ 디지털 휴먼 기술로 제작된 가상 인플루언서 증가
  • 가상 인플루언서들은 인스타그램 등 SNS 플랫폼을 활용하여 실제 사람처럼 일상 사진을 올리고, SNS 팔로워(Follower)들과 채팅을 통해 교감
  • 인지도가 올라감에 따라 실제 기업 홍보 모델, 또는 가상 가수, 배우 등으로 역할 확대 및 수익 창출
  • 활동의 시공간적 제약이 없고, 기업 홍보에 필요한 이미지로 최적화 가능

* 이름 : 릴 미켈라 (Lilmiquela)
* 제작사: Brud社
* 인스타그램 팔로워: 305만명('21.4.12.)
* 활동 : 샤넬·프라다 모델, 싱글 앨범 발매(영국 스포티파이 8위)
* 2020년 수익: 130억원

* 출처 : 관련 주요 언론 보도 및 홈페이지 자료 기반 SPRi Analysis

　전문 인력이 없는 기업들도 자사 서비스에 디지털 휴먼을 접목·활용할 수 있게 되면서 다양한 분야에서 새로운 활용 사례 개발 및 新사업 기회가 창출 가능하게 되었다.
AI 챗봇(Chatbot) 등 대화형 AI 서비스, 가상 비서(Virtual assistant) 시장이 성장되면서 이와 더불어 디지털 휴먼 활용 증가에 따라 대화형 AI(Conversational AI) 시장이 매년 평균 21.9%씩 성장해 2020년 48억 달러에서 2025년 139억 달러 규모로 확대 전망된다.[19]

* 출처 : 언리얼 엔진, 메타휴먼 크리에이터 소개 동영상 캡처

[그림 4-11] 디지털 휴먼 제작 도구 예시

---

19) Marketsandmarkets(2020.7.) "Global Forecast to 2025"

2) 현장에서의 활용

2025년까지 지식 근로자의 50%가 매일 가상 비서(Virtual Assistant)를 사용할 것으로 전망된다[20]. 과거 쉬운 동영상 제작 기술이 보편화되면서 사용자 제작 콘텐츠(User Generated Contents, UGC) 시장이 급속히 성장했던 것과 유사한 성장세가 예상된다.

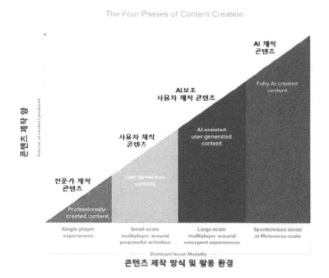

* 출처 : Jonathan Lei, "Meet Me in the Metaverse"

[그림 4-12] 콘텐츠 제작 방식의 4단계 발전 전망

지속적인 기술의 발전은 디지털 휴먼의 '인간다움'을 높일 것으로 예측되나, 인간 일자리의 대체, 딥페이크(Deepfake) 사기 등 위험요소 점검이 필요하다.

---

20) Anthony J. Bradley(2020.8.10.), "Brace Yourself for an Explosion of Virtual Assistants", Gartner Blog

2 다양한 IP와 협력하는 메타버스(IP x Metaverse)

〈표 4-3〉 메타버스 플랫폼과 IP 사업자 제휴·협력 (사례)

구 분		AR 시장 기회
구찌 (패션)		• SNS기반 메타버스 플랫폼, '제페토'와 제휴하여 구찌 IP를 활용한 아바타 패션 아이템 출시 및 브랜드 홍보 전용공간을 구축 • 모바일 테니스 게임, '테니스클래시'와 제휴하여 게임 속 캐릭터 의상을 출시하였으며, 해당 의상을 실제 구찌 웹사이트를 통해서도 구입 가능
루이비통 (패션)		• 게임기반 메타버스 플랫폼, 'LOL'과 제휴하여 루이비통 IP를 활용한 LOL 캐릭터 의류, 신발, 가방, 액세서리 등 총 47종 아이템 제작·출시
나이키 (패션)		• 제페토와 제휴하여 아바타용 신발 등 패션 아이템을 출시 • 게임기반 메타버스 플랫폼, '포트나이트'와 협력하여 아바타 신발 아이템 출시
YG, JYP 외. (엔터테인먼트)		• 제페토에 소속 연예인에 특화된 전용 가상공간을 만들고 소속 연예인 아바타들을 배치하여 사인회, 공연 등 이벤트 개최
디즈니 (엔터테인먼트)		• 제페토에서 겨울왕국 캐릭터를 활용한 아바타 출시 • '포트나이트'에서 마블 캐릭터를 활용한 아바타 의상 등 아이템 출시
LG전자 (제조)		• 게임기반 메타버스 플랫폼, '동물의 숲' 게임 공간에 LG 올레드 TV를 소개하고 게임 이벤트 등을 개최하는 올레드 섬(OLED ISLAND) 마련
다이아TV (방송)		• 제페토와 CJ ENM의 1인 창작자 지원 사업 다이아TV(DIA TV)가 제휴를 맺고 다이아TV 유튜버의 제페토 진출, 제페토 내 인플루언서(Influencer)의 유튜버 진출 등 상호 협력 추진
순천향대 (교육)		• SKT 메타버스 플랫폼, '점프VR' 내 순천향대 본교 대운동장을 구현 뒤, 대학총장과 신입생들이 아바타로 입학식 진행
한국관광공사 (공공)		• 제페토에 익선동, 한강공원 등 서울의 관광지를 모사한 가상공간을 만들고, 제페토 해외 이용자를 대상으로 한국 여행 홍보 이벤트 진행

* 출처 : 관련 주요 언론 보도 및 홈페이지 자료 기반 SPRi Analysis

가. 메타버스기업의 활약

메타버스 플랫폼 기업들은 여러 지식재산권(Intellectual Property, IP) 사업자와 제휴·협력 관계를 맺으면서 사업 분야를 급속히 확장하고 있는 중이다.

이들은 메타버스 주요 이용자층인 10~20대를 주요 소비자, 홍보·소통 대상으로 보고 있으며, 패션, 엔터테인먼트, 제조, 방송, 교육, 공공 등 다양한 분야의 IP 사업자가 참여하고 있다. 사업자들은 시공간 제약이 없는 가상 공간에서 홍보 및 부가 수익 창출이 가능하고, 메타버스 플랫폼은 이용자에게 다양하고 차별화된 사용자 경험을 제공한다.

메타버스 이용자들은 특정 IP 기반 아이템(가방, 의상 등)을 구매하고 자신의 아바타에 착용하여 사용하거나, 또는 이와 유사한 현실 제품 구매로도 연결이 가능하다.

IP 사업자는 자사 IP를 기반으로 새로운 메타버스 플랫폼을 직접 구축하는 사례가 증가하고 있으며, 자체 메타버스 플랫폼을 통해 다른 IP 사업자, 플랫폼 사업자와의 제휴를 추진하여, 보유 IP에 최적화된 메타버스 서비스 제공 및 사업 성장 기회를 확보하는 것이 목표이다. 부동산 플랫폼기업인 "패스트파이브"는 기업공개(IPO)와 투자유치를 추진하며 메타버스로 소비자와 직접만남의 광장을 마련하여 다양한 수익모델을 개발하여 가상공간을 넘나들며 고객가치를 창출하겠다는 목표를 내세웠다. 전통업종기업들도 코로나19로 인한 침체에도 메타버스를 이용하여 활로를 찾고 있다.

나. 시장의 확장성

디즈니랜드는 AR, AI, IoT를 활용해 현실과 가상이 융합된 새로운 스토링텔링(storytelling)을 제공할 수 있는 '테마파크 메타버스(Theme park metaverse)' 계획 중에 있다.[21]

향후 IP 사업자와 제휴를 확대하려는 메타버스 플랫폼 기업과 자체 메타버스 플랫폼을 구축하고자 하는 IP 사업자 간에 주도권 확보를 위한 연합·경쟁이 예상되며, 대중을 대상으로 다양한 서비스를 제공하는 포탈개념의 메타버스 플랫폼과 특정 분야 수요에 특화된 전문 메타버스 플랫폼 등으로 세분화가 될 전망이다.

시공간 제약이 없는 메타버스의 '확장성', 현실 세계와 유사한 '실재감', 미래 잠재 고객인 10대~20대 이용자에 대한 '접근성', 커뮤니티 중심의 '연대' 등 메타버스 플랫폼의 장점이 글로벌 명품 기업, IT대기업 등 유수의 IP 사업자 참여를 유도하고 있다.

---

21) Blooloop(2020.11.18.), "Disney is creating a 'theme park metaverse' using AI, AR and IoT"

유무형의 IP를 가진 사업자들이 가상현실이 융합하는 메타버스를 통해 보유 IP의 활용성을 높이고, 이를 통해 새로운 고객 발굴, 브랜드 가치·매출 향상을 기대하고 있으며, 디즈니랜드는 AR, AI, IoT를 활용해 현실과 가상이 융합된 새로운 스토링텔링(storytelling)을 제공할 수 있는 '테마파크 메타버스(Theme park metaverse)' 계획 중에 있다.[22]

〈표 4-4〉 AR 시장의 확장성

구 분		AR 시장 기회
빅히트(하이브) (엔터테인먼트)		• 방탄소년단(BTS) 소속사 빅히트(하이브)는 글로벌 팬 커뮤니티 서비스 '위버스' 출시 후에 국내외 아티스트(Artist) IP 지속 추가 및 네이버협업을 추진하고 있으며, 향후 메타버스 플랫폼으로 발전 전망
NC소프트 (게임)		• 게임 제작 기술을 활용한 K-POP 플랫폼, '유니버스(UNIVERSE)'를 출시 • 이용자가 아티스트 아바타를 직접 꾸미거나 아바타로 뮤직비디오 제작 가능
코빗 (암호화폐)		• 암호화폐 거래사이트 코빗은 암호화폐 투자가 낯선 이용자들을 위해 아바타로 화폐거래가 가능한 가상공간 '코빗타운' 구축 및 시험 중
엔비디아 (제조)		• 3D 애니메이션, 자율주행차 개발자 등 전문가들을 위한 가상공간 협업 및 실시간 시뮬레이션 플랫폼, '옴니버스(Ominverse)' 출시 * 본 플랫폼은 엔비디아 RTX GPU 기반에서만 구동 가능

* 출처 : 관련 주요 언론 보도 및 홈페이지 자료 기반 SPRi Analysis

향후 IP 사업자와 제휴를 확대하려는 메타버스 플랫폼 기업과 자체 메타버스 플랫폼을 구축하고자 하는 IP 사업자 간 주도권 확보를 위한 연합·경쟁이 예상된다.
대중을 대상으로 다양한 서비스를 제공하는 포탈개념의 메타버스 플랫폼과 특정 분야 수요에 특화된 전문 메타버스 플랫폼 등으로 세분화될 전망이다.

---

22) Blooloop(2020.11.18.), "Disney is creating a 'theme park metaverse' using AI, AR and IoT"

NFT와 결합하는 메타버스(NFT x Metaverse)

가. NFT의 등장

'대체 불가능한 토큰(Non-Fungible Token)'의 약어인 NFT는 메타버스의 다양한 사용자 창작 콘텐츠(User Generated Contents, UGC)에 희소성·소유권 부여가 가능하며, NFT는 블록체인 기술을 활용해 음악/영상 등 특정 디지털 창작물에 별도의 고유한 인식 값을 부여하여 복제하기 어려운 희소성을 생성하고, 특정인의 소유권 정보에 대한 기록이 가능하다. NFT는 생성일시, 크기, 창작자 서명, 소유권·판매 이력 등의 디지털 창작물 정보를 블록체인 데이터로 저장하고, 해당 창작물은 원본이 있는 사이트나 원본 보호를 위한 분산 저장시스템 (Inter-planetary File System)에 보관하며, 비트코인 등 상호 교환이 가능한 기존 디지털 토큰(Fungible Token)과는 달리, NFT는 각 토큰이 고유 값을 지녀 다른 NFT로 대체 불가한 고유 자산으로서 희소성을 보유하고 있다.

〈표 4-5〉 NFT의 4가지 장점

위조하기 어려움	추적하기 쉬움
복제가 어렵기 때문에 희소성을 더 잘 보장할 수 있고, 위조품으로 인해 가치가 무너지지 않도록 보장	블록체인의 데이터는 공개적이고 투명하며 누구나 NFT의 출처, 발행 시간/횟수, 소유자 내역 및 기타 정보를 볼 수 있음
부분에 대한 소유권	순환 증가
부분에 대한 소유권을 인정해, 토큰을 /n과 같은 형태로 나눠서 구매(거래) 할 수 있음	게임을 예로 들면, 아이템이 NFT로 들어지면 플레이어는 아이템의 진정한 소유권을 얻게 되고 NFT 경매 시장에서 자유롭게 거래 가능

* 출처 : KB금융지주 경영연구소, "블록체인 시장의 다음 메가트렌드, NFT", 2021.03.02.

그간 디지털 창작물은 무한히 복제될 수 있어 희소성의 가치가 희석되었으나, NFT로 한정된 수량의 창작물에 선택적으로 소유권 부여·양도가 가능해져 창작물의 희소성/상징성, 제작자 명성 등에 기반한 가치 산정 및 거래 활성화 계기가 마련되었다.

전 세계 NFT 시장의 거래액은 2019년 약 6,200만달러(약 686억원)에서 2020년 약 2억5,000만달러(약 2,760억원) 규모로 전년 대비 4배로 급증[23]하였다.

트위터 CEO 잭 도시는 본인의 첫 번째 트윗(Tweet) 소유권을 NFT 방식으로 경매하여 291만 달러(약 3억원)에 낙찰되었다. 디지털 예술품에 NFT를 적용하여 소유권 생성 및 거래가 가능해지면서, NFT 예술품 거래액이 2020년 11월, 260만 달러에서 동년, 12월 820만 달러까지 증가[24]하였으며, 메타버스 사용자는 NFT를 활용해 자신의 디지털 창작물을 '상품화'하여, 이를 암호 화폐 등 대가를 받고 판매하여 '수익'을 창출하고, 다른 창작 활동에 '재투자'가 가능하게 되었다.

나. NFT와 메타버스의 융합실태

메타버스 창작물의 상품화 거래를 통해 창작자가 얻은 소득이 현실 세계의 화폐로 환전이 가능해지면서 메타버스 기반의 현실-가상융합 경제 활동을 촉진하게 되었다.
더샌드박스(The Sandbox), 디센트럴랜드(Decentraland), 업랜드(Upland) 등 블록체인 기반 메타버스 게임 플랫폼들은 사용자들이 직접 NFT 아이템을 만들고 거래를 통한 수익 창출을 가능하게 하여 콘텐츠 다양화와 지속적인 사용자 유입을 촉진하였다.

The Sandbox는 사용자들이 게임 내 가상공간과 아이템을 NFT로 제작하여 소유권을 확보하고, 더샌드박스 암호화폐("SAND")로 거래를 가능하게 하였고, Decentraland는 게임 내 가상공간 내 토지("LAND")의 소유권을 NFT로 기록하여 구매·판매 가능하며, 디센트럴랜드 암호화폐("MANA")를 사용하게 하였다.
Upland는 가상의 부동산 시장 게임 서비스로, 실제 현실 주소를 바탕으로 만든 가상의 부동산 증서를 NFT로 만들고 업랜드 암호화폐("UPX")로 거래를 가능하게 하였고, 향후 NFT 기반의 메타버스 생태계가 확장되고, 다른 메타버스 간의 NFT 창작물을 활용할 수 있는 NFT 상호 호환성이 가능해진다면 더욱 높은 활용 가치 전망[25]이다.

NFT의 장점과 메타버스에서의 활용·투자 가치에 대한 관심이 높아지고 있으나, NFT 활용이 활성화되면서 나타나는 위험요인도 존재하고 있다.
창작자가 아닌, 다른 사람이 먼저 창작물을 NFT로 등록해 소유권을 주장하거나, 패러디물 등 2차 창작물의 NFT 소유권이 원저작물 저작권을 침해할 우려 등이 제기[26]되고 있다.

---

23) NonFungible, L'ATELIER, "Non-fungible tokens yearly report 2020"
24) CryptoArt.io
25) 블로터(2020.10.19.), "[블록먼데이]"NFT서 미래 봤다"…'더샌드박스'가 꿈꾸는 블록체인 게임"
26) Coindesk Korea(2021.4.1.), "NFT시장 급성장, 커지는 위작·저작권 분쟁"

4

NFT의 거래 가능성 및 확장성[27]

가. 개요

ICO나 IEO, 거래소 토큰, 디파이(DeFi) 등의 열풍을 넘어 2021년에는 NFT(Non-Funible Token) 열풍이 불고 있으며[28], 기존 토큰의 경우 결제에 이용되거나 탈중앙화 금융을 이용하기 위한 수단으로 사용되었다. 그러나 NFT의 경우 소유권을 블록체인 위에 올려 그 가치를 보장하는 형태의 토큰으로 발전되어 무결성이 보장되고 데이터 위변조가 불가능해져서 시간과 장소에 구애받지 않고 손쉽게 구매할 수 있다는 것도 장점이다. 소유권을 제대로 인정받지 못했던 디지털 자산의 소유권을 블록체인을 통해 보장한다는 점도 매력적으로 다가왔는데, 이런 장점 때문에 NFT는 지난 2년 동안 폭발적인 성장을 계속해 왔다.

NFT 전문 분석 사이트인 (NonFunible.com)과 BNP 파리바 리틀리에 연구소가 공동으로 발행한 보고서에 따르면, NFT 시장에 존재하는 자산의 총가치(시가총액)는 2018년 4,096만 달러, 2019년 1억 4,155만 달러, 2020년 3억 3,803만 달러로 폭등하고 있다.[29]

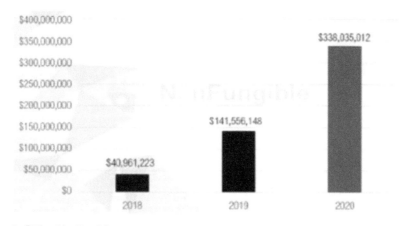

* 출처 : NonFunible.com

[그림 4-13] **NFT 시장에 존재하는 자산의 총가치(시가총액)**

27) 권혁준, 임민수, 김협(2021.6), "NFT의 거래 가능성에 대한 고찰", 자금결제학회지,(사)자금결제학회
28) Qin Wang, et al., Non-Funible Token(NFT):Overview,Everview,Evaluation, Opportunities and Chailengs (Tech Report), ArXiv(2021)
29) Non-Funible Token arly Report(2020), NonFunible.com, BCN Paribas

NFT 거래량(미국 달러 기준) 역시 2019년 6,286만 달러에서 2020년 2억 5,085만 달러로 약 300% 증가했고, 이와 함께 NFT의 이전(판매), 보유 등에 쓰이는 디지털 지갑도 22만 2,179개로 2020년 기준 전년 대비 두 배 늘어났다.

2021년 1분기 성장세는 2020년 보다 더 크다. 암호화폐 전문 매체 댑 레이더 집계에 따르면 2021년 2월에만 상위 3개의 NFT 마켓플레이스인 NBA Top Shot, OpenSea, CryptoPunks에서 NFT 거래량이 3억 4,200만 달러를 기록했다.

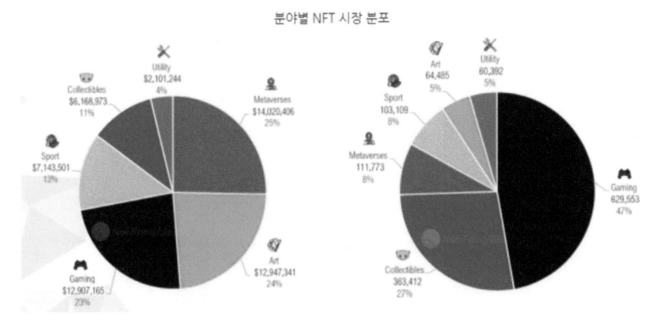

분야별 NFT 시장 분포

* 출처 : NonFunible.com, NFT 시장분포(2020년 기준), (좌) 판매기준/(우) 거래 건수 기준

[그림 4-14] 2021년 NFT 거래량(단위: US$ 백만)

NFT가 주로 거래되고 있는 분야를 분석하면 NFT 산업이 취하고 있는 방향을 알 수 있다.

2020년을 기준으로 NFT 시장의 기초가 되는 주요 트랜드 분야는 예술, 수집품, 메타버스, 스포츠, 게임 및 유틸리티 등이며 판매 규모를 기준으로 한 시장 분포와 거래 건수를 기준으로 한 시장 분포는 [그림 4-15]와 같다.[30]

---

30) Non-Funible Token ㅛarly Report(2020), NonFunible.com, BCN Paribas

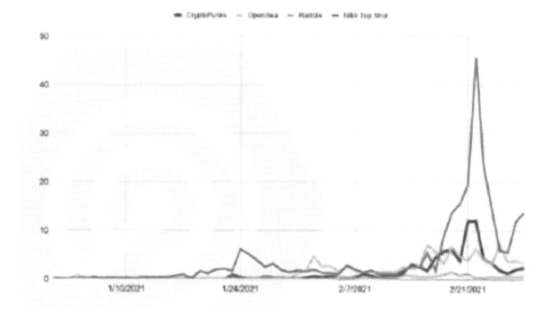

* 출처 : NonFunible.com

[그림 4-15] NFT 시장분포(2020년 기준), (좌) 판매기준/(우) 거래 건수 기준

　판매 규모를 기준으로 할 때 NFT 시장 생태계를 주도하는 분야는 메타버스(Metaverse)이며[31], 메타버스 세계 안에서 NFT는 사용자의 사유재산을 증명하는 역할을 하며, 메타버스 세계 속에서 일어나는 경제 활동을 위한 도구이다. 소유권이 블록체인 기술로 증명되는 NFT는 수익 흐름이 불확실하고 감독 기능이 없는 디지털 세상의 한계점을 해결할 수 있기 때문에, 업계 전문가들은 메타버스와 NFT가 시너지 효과를 내며, 함께 성장할 것으로 전망하고 있다.

NFT가 폭발적인 성장세에 있음에도 불구하고 NFT는 특정 분야에 국한되어 있으며, 여기에서는 아직 성장단계에 있는 NFT의 거래 가능성과 확장성에 대해, 그리고 2009년부터 논의되었던 대체 거래소 문제가 최근 다시 활발히 논의되고 있다.

대체 거래소는 주식의 매매 체결뿐만 아니라 가상자산, NFT, STO(증권형 토큰), 탄소 배출권 등 다양한 자산의 거래를 중개할 수 있는데, 대체 거래소는 NFT에 대한 접근성 향상과 확장성에 큰 도움이 될 것이다.

---

31) Dapp Industry Report : February 2021(2021), DappRadar

나. NFT의 정의

NFT(Non-Funible Token, 대체 불가능한 토큰)는 토큰마다 고유한 값을 가지고 있어 다른 토큰으로 대체 불가능한 특성을 가지고 있다.[32]

예를 들어 1US dollar가 다른 1US dollar와 교환이 가능한 것과 정반대이다.

NFT로 활용될 수 있는 대표적인 예로는 미술품, 스포츠경기장면, 게임 아이템, 한정판 상품, 디지털 예술품 등이 있다. NFT는 해시(고유 값)를 가지고 있어 무형의 디지털 자산을 NFT화 한다면 무형의 디지털 자산의 소유권을 보장 받을 수 있다.

우리가 알고 있는 대부분의 유틸리티 토큰의 경우 ERC-20 표준을 따르고 있으며, ERC-20 토큰의 경우, 각 토큰들이 동일한 단위로 교환되고 대체될 수 있으며, 1ETH(이더리움)은 또 다른 1ETH으로 대체될 수 있는 것이다. 그러나 NFT의 경우 ERC-721를 따른다. ERC-721 토큰의 경우 해시(고유한 값)를 가지고 있어 다른 토큰으로 대체될 수 없다.

ERC-20과 ERC-721의 차이는 아래 〈표 4-6〉과 같으며, ERC-20 토큰의 경우 결제에 이용되거나 탈중앙화 금융을 이용하기 위한 수단으로 사용도 되지만 ERC-721 토큰의 경우 디지털 자산의 소유권을 보장하기 위해 사용된다. 그러나 ERC-20 토큰의 경우 각 토큰이 모두 동일한 토큰이고 대체 가능하며, 반면에, ERC-721의 경우 고유한 값(해시)를 가지고 있어 대체 불가능하다.

ERC-20 토큰과 ERC-721 차이점을 설명하면 ERC-20 토큰은 2017년 당시 가장 많이 쓰이고 있던 토큰이다. ERC-20 토큰은 우리가 일반적으로 거래소에서 거래하고 있는 대부분의 토큰 발행 기준이 되고 있는데, 그것은 ERC-20 토큰이 대체 가능한 암호화폐를 지원하고 있기 때문이다.

'대체가능'의 의미는 '화폐'를 떠올리면 쉽다. 예를 들어 지금 가지고 있는 1,000원 지폐와 다른 누군가가 가지고 있는 1,000원 지폐는 모두 동일한 가치를 지닌다.

이를 다른 사람에게 주어도 마찬가지다. ERC-20 토큰으로 발행되는 토큰은 모두 이와 같은 '대체가능'의 특징을 지닌다.

반면 ERC-721 토큰은 ERC-20 토큰과는 반대로 '대체 불가능'한 특징을 지니고 있다. 쉽게 말해 ERC-721로 발행되는 토큰은 모두 각각의 가치를 갖고 있다.

---

32) Ante, Lennrt, The non-funible token (NFT) market and its relationship with Bitcoin and Ethereum (June 6, 2021)

<표 4-6> ERC-20 vs ERC-721

ERC-20	ERC-721
For money and money-like tokens. (돈 같은 토큰을 위한 표준)	For things and things-like tokens. (사물과 유사한 토큰을 위한 표준)
It is fungible. (대체가능)	It is non-fungible. (대체 불가능)
No dscrepancy between different tokens. (각 토큰들 간 불일치 없음)	All tokens hold specific identities and are clearly distinguished. (모든 토큰은 특정 정체성을 보유하고 명확하게 구분됨)
Not collectable. (수집불가)	Collectable like flat money. (명목화폐와 같이 수집 가능)
Value remains the same. (가치가 동일하게 유지)	Value fluctuates based on the rarity. (희소성 가치에 따라 가치 변동)
Most widely accepted (가장 널리 사용)	Not so extensively accepted. (광범위하게 사용되지 않음)
Can easily be substituted. (쉽게 대체 가능)	Can not substiuted . (대체불가)
Can be 'separated' in decimals. (소수점으로 분리 가능)	Not divisible. (분리 불가능)
No special ownership function. (특별한 소유권 기능 없음)	Special ownership function. (특별한 소유권 기능)

* 출처 : RNS Sol Team

크립토키티를 예로 들어보면 크립토키티는 신기하게도 전 세계에 동일한 고양이가 나오지 않는다. 모두 다 다른 고양이가 만들어지게 되어 있는데, 더 예쁜 고양이는 시장에서 높은 가치로 팔리고 별로인 고양이는 팔리지 않을 수도 있을 만큼 가치가 없기도 하다.

이는 어떤 토큰이든 동일한 가치를 지니는 ERC-20 토큰과는 확연한 차이를 보이게 된다.

NFT의 현황

NFT는 미술품, 스포츠 경기 장면, 게임 아이템, 한정판 상품, 디지털 예술품 등의 다양한 분야에서 활용되고 있으며, 구체적인 사례는 다음과 같다.

가. NBA Top shot(탑샷)

NBA Top shot은 NBA 경기 하이라이트를 NFT의 형태로 사고 팔 수 있는 블록체인 기반 디지털 마켓 플레이스이다.[33] NBA Top shot은 리그 역사상 최고의 순간을 수집하고 또 거래하는 일종의 디지털 카드 트레이딩 게임이기도 하다.

	24 hours	7 days	30 days	All-time					

⚡ NFT Collectible Rankings by Sales Volume (All-time) ⓘ   ◁

	Product		Sales		Buyers	Txns	Owners
1	🌐 NBA Top Shot	Ⓕ	$602,821,442.38	〽	301,341	5,871,085	516,888
2	♦ CryptoPunks	♦	$348,260,234.56	〽	2,840	13,626	2,356
3	Meebits	♦	$66,597,398.58	〽	1,704	4,039	4,650
4	Hashmasks	♦	$50,539,286.05	〽	3,291	11,690	4,332
5	◉ Sorare	♦	$46,071,919.72	〽	18,197	259,651	19,721
6	CryptoKitties	♦	$33,403,650.09	〽	101,244	764,120	

* 출처 : Cypto slam

[그림 4-16] NFT Collectible Rankings by Sales Volume(암호화폐 수집품 랭킹)

'조엘 엠비드(Joel Embiid) 덩크슛'이나 '케빈 듀란트(Kevin Durant) 3점 슛'과 같은 라이브 장면(live in-game moment)을 암호화폐로 구매하고, 또 다른 사람들에게 팔수도 있다. NBA Top shot은 명장면들을 수집하고 거래하는 것뿐만 아니라, 다른 사람들과 경쟁할 수도 있다.

---

33) What is NBA Top Shot? Explaining NBhighlight collectables(2021), NBA

기존 스포츠 게임이 선수를 수집해 팀 로스터를 꾸몄다면, NBA 탑샷은 명장면을 수집해 로스터를 구성하고 다른 사람들과 경쟁하는 것인데, 이것이 기존 온라인/모바일 게임과 차별되는 블록체인 게임의 특징이다. 2021년 1월 25일 뉴올리언스 펠리컨 소속 자이언 윌리엄슨 NFT 카드가 10달러에 판매되면서 사상 최고가를 기록하기도 했다.

2021년 1월 26일 NFT 데이터 플랫폼 크립토슬램(CryptoSlam)에 따르면 플로우 블록체인 기반 스포츠 NFT 수집 플랫폼 NBA 탑샷(NBA Top Shot)의 누적 거래량이 2,942만 달러를 기록, 크립토키티(CryptoKitties)를 제치고 1위를 차지했다. NBA 탑샷의 NFT 수집 이용자는 1만 8,000명 정도로 크립토키티의 20% 정도에 불과하다. 이는 그만큼 1인당 거래액이 크다는 것을 의미한다.

나. Open sea

Open sea는 세계 최대의 NFT 마켓 플레이스이다.[34] Open sea에서는 게임 아이템, 디지털아트, 수집품, LAND, ENS, 카드 등의 NFT가 거래되는데, ERC-721 기반 디지털 자산 거래를 지원하는 세계 최대의 P2P 오픈 마켓이다. 니프티게이트웨이, 메이커스 플레이 등 거래사이트의 모든 NFT가 오픈씨로 모인다. 즉, 세계 최대의 NFT 중개 플랫폼이다.

Open sea의 거래방식에는 고정가격으로 거래하는 'Fixed-priced listings', 거래 종료 소요 시간이 다가올수록 가격이 하락하는 'Declining-price listings', 일반적인 옥션 방식으로, 가장 높은 가격을 제시한 입찰자가 낙찰받는 'Highest-bid auctions' 방식이 있다.

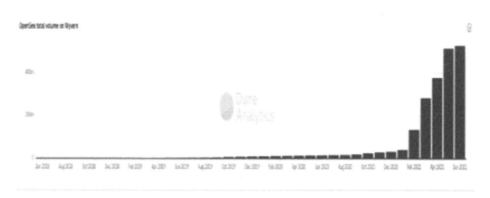

* 출처 : Dune Anlytics

[그림 4-17] OpenSea total volume on Wyvem(OpenSea 총거래량)

---

34) OpenSea Review 2021(2021), Daytrading.com

거래 수수료는 거래액의 2.5%로 거래액에서 자동으로 공제된다. NFT를 구매하기 WETH(Wrapped Ehereum) 등 241가지 토큰을 지원한다.

Open sea는 카카오 클레이튼에서 발행된 NFT와 클레이튼의 가상자산 클레이 또한 지원하고 있다.[35] (2021년 3월 29일 기준) 아래 표를 보면, 최근 Open sea의 거래량이 폭발적으로 증가하고 있다. 이는 NFT 시장이 큰 폭으로 성장하고 있다는 근거이다.

다. CryptoKitties(크립토키티)

크립토 키티는 고양이를 교배하여 회귀한 고양이를 수집하고 거래할 수 있는 육성 게임이다.[36]

〈표 4-7〉 **크립토키티 해시 값**

항 목	내 용
1) Serial Number	시리얼 번호
2) Generation	세대
3) Cool down	교배가능시간
4) Owner	주인
5) Cattnbules	형질(Cat + Attributes)
6) Parents	부모

* 출처 : 헉슬란트 리서치

라. 디센트럴랜드

디센트럴랜드는 이더리움 기반 메타버스 플랫폼이며[37], 디센트럴랜드의 또 다른 가장 큰 특징은 메타버스 경제가 암호화폐를 토대로 굴러간다는 것이다.[38] 게임 안에서 구획된 땅을 랜드(LAND)라고 부르는데, 도로와 광장을 제외한 모든 랜드는 사고 팔수 있다.

랜드를 사고팔 때 쓰는 화폐는 마나(MANA)라 불리는 화폐로 4천억원 이다(2021.06.06. 기준).

---

35) 클레이튼, 세계 최대의 NFT 장터 '오픈시'와 맞손(2021.03)/한국경제
36) Chevet, Sylve, Blockchain Technology and Non-Fungible Tokens : Reshaping Value Chains in Creative Industries(May 10, 2018)
37) M. Dowling, Michael Fertile LAND : Picing Non-Pungible Tokens(June 1, 2021)
38) An Introduction to Decentraland(2021), Grascale

랜드의 소유권은 이더리움 블록체인 상에 이더리움 토큰 표준 ERC-721을 따라 대체불가능 토큰(NFT)으로 기록된다.

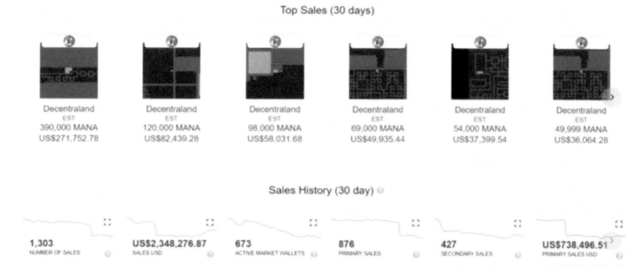

지난 30일동안 가장 비싸게 판매된 디센트럴랜드의 랜드
* 출처 : Nonfungible.com

[그림 4-18] Top Sales(2021년 8월 기준 최근 한달간 최고가 거래)

소유권이 대체불가능토큰(NFT)으로 기록되어 안전하게 소유하고 거래할 수가 있다.

LAND의 가격은 1랜드당 약 420만원부터 8억 6천만원까지 가격이 다양하게 형성되어 있으며, 최근 한달간 디센트럴랜드에서 가장 비싸게 거래된 LAND의 가격은 759,361 MANA(약US$703,922,33)이다.

마. 비플, 비디오클럽

디지털 아티스트 비플(Beeple)은 자신의 작품을 NFT로 만들어 판매하며, 디지털 아티스트 비플(Beeple)이 NFT로 만든 〈EVERYDAYS : THE FIRST 5000 DAYS〉이 크리스티 경매에서 6,930만 달러(약 785억)에 낙찰되었다.(2021. 03.01)[39]
비플(Beeple)이라는 예명을 쓰고 있는 디지털 아티스트 마이크 윈켈만(Mike Winkelman)의 작품은 생존 아티스트로는 제프(Jeff Koons)와 데이빗 호크니(David Hokney)에 이어 세 번째로 비싼 미술품으로 기록되었다.

---

39) Digital artwork sells for record $69 mililion at Christie's NFT auction(2021.03)/nbcnews

〈EVERYDAYS: THE FIRST 5,000 DAYS〉는 비플이 2007년부터 매일 온라인에 포스트해 온 모든 이미지를 콜라쥬한 작품인데, 루이뷔통, 저스틴 비버, 케이티 페리 등과 협업하기도 했다. 이 작품은 소유권이 대체불가능 토큰(NFT)으로 제작되어 안전하게 작품의 진위여부를 밝힐 수 있고, 저작권을 증명할 수 있다.

NFT는 블록체인에 거래내역이 기록되기 때문에 데이터의 무결성이 지켜지며, 안전하게 소유권을 주장하고 거래할 수 있는데, 이것이 최근 NFT 작품이 인기를 끌고 있는 이유이다.

〈EVERYDAYS : THE FIRST 5000 DAYS〉는 크리스티 225년 역사상 첫 NFT 미술 작품으로, 크리스티는 작품 판매금을 암호화폐인 이더리움(Ethereum)으로 받은 것으로 알려졌다. 비플의 또 다른 작품인 10초짜리 비디오 클립 〈교차로(Crossroads)〉는 660만 달러에 팔리기도 했는데, 이 작품은 도널드 트럼프를 닮은 사람이 벌거벗고 걷다가 낙서로 가득한 땅 바닥에 쓰러지는 모습을 담았다.

바. NFT의 확장성

NFT 시장이 큰 폭으로 성장하고 있으며, 블록체인 게임 내 아이템이나 토지 정도로만 거래되었던 NFT가 스포츠 카드, 디지털 의류, 디지털 장난감, 예술품 등으로 영역을 확장해 나가고 있다. NFT는 디지털 자산의 소유권을 보장하는 것뿐만 아니라 한정판, 지적 재산권, 부동산, 패션에 이르기까지 다양한 실물자산 기반으로 발행될 수 있으며, NFT의 거래내역은 블록체인에 기록되었다.

따라서 진품·한정판 진위 여부 확인, 소유권 인증 등에서 활용 가치가 높으며, 디지털자산 뿐만 아니라, 실물자산을 포함한 모든 자산의 소유권을 안전하게 보장할 수 있다.

NFT의 모든 발행 및 거래 기록은 블록체인 상에 기록되며, 데이터의 무결성이 지켜지고, 데이터의 위변조가 불가능하고 해킹은 원천적으로 차단된다.

소유권 보장과 진위여부 판단이 중요시 여겨지는 모든 분야에 활용될 수 있으며, NFT가 소유권 분쟁을 크게 줄일 수 있을 것이고, 진위여부 판단에 드는 비용도 크게 줄일 수 있을 것이다.

사. NFT의 한계점

NFT가 큰 폭으로 성장하고 있고, 다양한 분야로 영역을 넓혀가고 있는 것은 사실이지만, 해결해야 할 한계점이 존재한다.

현재 많은 NFT 플랫폼과 마켓플리이스가 존재하지만, 높은 수수료를 가지고 있고 블록체인에 대한 이해가 부족한 일반인들에게는 복잡하고 어렵게 느껴질 수 있어, NFT에 대한 진입 장벽을 낮출 필요성이 있다.

아. 대체 거래소 연계

NFT를 최근 논의되고 있는 대체 거래소와 연계한다면, NFT의 접근성 문제를 해결 할 수 있다.

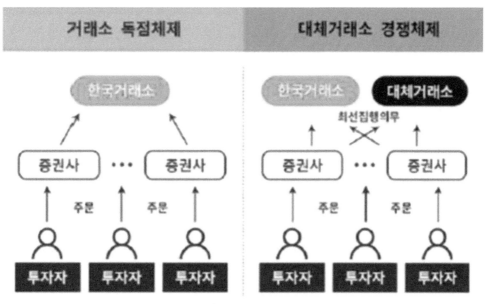

* 출처 : 네오프레임

[그림 4-19] 거래소 독점 대체거래소 경쟁체제 비교

대체거래소는 주식의 매매체결 등 정규 거래소를 대체하는 증권거래 시스템으로[40] '다자간 매매체결 회사'라고도 부른다. 한국거래소와 동일한 기능을 수행하지만 규모는 작아 효율적인 거래가 가능하다는 것이 장점이다. 대체거래소가 설립되면 현재 한국거래소와의 경쟁으로 수수료 인하 혜택은 물론 다양한 상품과 지수 개발 등 투자자에게 긍정적인 효과를 기대할 수 있으며, 대체거래소(ATS)는 주식 거래뿐만 아니라 NFT, STO, 탄소 배출권까지 영역을 확대하게 된다면, NFT에 대한 접근성이 더욱 커질 것이다.

사람들은 기존에 사용하던 HTS에서 마치 해외주식을 이용하는 정도의 접근성만으로 NFT를 거래할 수 있게 되며, NFT의 접근성이 향상된다면 훨씬 더 많은 사람들이 NFT를 거래하게 될 것이고, 그를 통해 더 많은 영역에서 NFT가 쓰일 것이다.

---

40) 이기환(2020), 다자간매매체결회사 설립에 대한 연구 : 미국 대체거래소(ATS) 제도와 비교하여, 신용카드리뷰, 14(1), 36-57

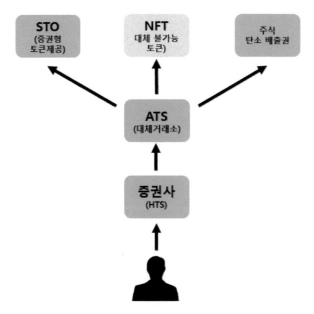

[그림 4-20] 대체 거래소(ATS)의 확장성

많은 사람들이 HTS를 이용하여 주식 매매를 하고 있는데, 한국예탁결제원이 2021년 3월 16일 내놓은 '2020년 12월 결산 상장법인 소유자 현황'에 따르면, 2,352개 상장사의 주식 소유자(중복 소유자 제외)는 919만명이다.

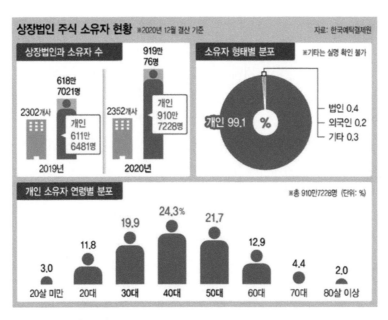

* 출처 : 한국예탁결제원

[그림 4-21] 2020년 12월 결산 상장법인 소유자 현황

전년보다 300만명(48.5%) 늘어난 규모이다. 향후 1천만명 수준에 이를 것으로 예상되는데, 이는 주식투자의 접근성이 커진 결과이다. NFT 또한 대체거래소(ATS)를 통해 접근성을 높인다면 더 많은 사람들이 NFT를 거래할 것이며, 우리 생활 속 더 많은 영역에서 NFT가 쓰이게 될 것이다.

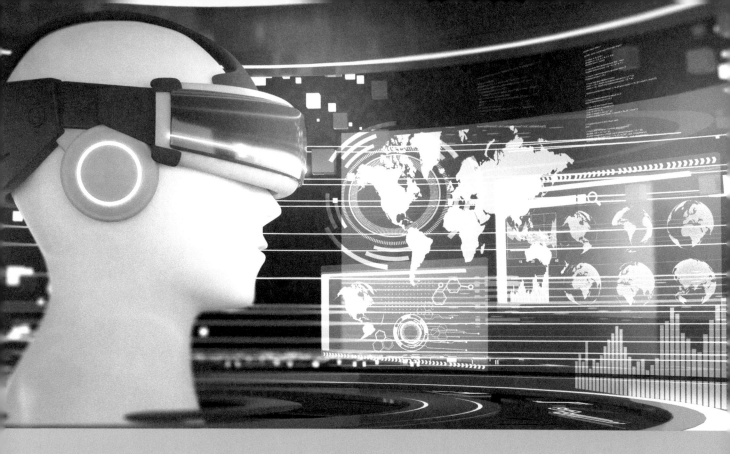

5
메타버스와
인성(人性), 물성(物性)

1

메타버스와 인성

인간과 더 유사하고 인간보다 더 인간다우며, 인간을 능가하는 인공지능이 등장하는 것으로 영화가 광고되면 될수록 관객들은 마치 블랙홀로 향하듯 극장 안으로 빨려들어 가며, 이와 관련하여 근래 텔레비전 광고에 나온 춤추는 여성 모델이 사회적으로 화제가 되었다.

3장 가상인간의 출현 [그림 3-1]에서 소개된바 있는 지하철 안에서, 식물원에서, 옥상에서 멋있게 춤추고, 소셜 네트워크인 인스타그램¹⁾에 다양한 사진과 영상을 올리며 광고 모델로 활동해온 로지(Rozy)가 '사람'이 아니라 '3D 컴퓨터 그래픽²⁾으로 만들어진 가상인물'이라는 사실이 놀라움을 주었다.

로지(Rozy)의 모습과 움직임이 실제 인간과 매우 유사하고 보통의 인간을 능가하는 자태에 사람들이 놀란 것이다. 이같이 인간 실물과 비슷한 자신의 아바타를 만들어 현실 세계에서 구입하기 힘든 고가의 명품으로 치장하고 타인의 가상인물과 교제하며, 사업체를 설립하여 실물 경제 활동도 할 수 있는 가상공간인 메타버스(metaverse)가 발전하며 그 영역이 넓어지고 있다.

코로나19 팬데믹으로 인하여 메타버스는 한층 발전하였다. 대면 활동이 제한되거나 봉쇄된 상황에서 기업체 회의와 업무, 상품 판촉, 공연 관람, 축제, 연구 등 많은 분야에서 메타버스가 확산되고 있다. 이와 관련하여, 인공지능 AI 컴퓨팅 분야의 글로벌 선도기업인 엔비디아(NVIDIA) 최고경영자 젠슨 황(Jensen Huang)은 '컴퓨텍스 2021' 기자회견에서 "메타버스에서 설계·디자인하는 제품이 유니버스(현실 세계)에서 디자인하는 제품보다 더 많아지는 시대가 반드시 올 것"이라고 하였다.

이를 경제적 측면으로 환산하여, 회계감사 기업인 프라이스워터하우스 쿠퍼스(PwC : Pricewaterhouse Coopers)는 메타버스를 구동시키는 가상 증강현실(VR AR) 시장 규모가 2019년에 약 455억 달러였으나 2030년에 약 1조 5,429억 달러로 늘어날 것을 전망하였다. 증기기관, 전기, 인터넷이 인간의 삶에 혁명적 변화를 가져온 것과 비견할 정도의 큰 변화가 메타버스에 의해 일어나고 있음을 말한 것이다.

이처럼 디지털 가상 세계인 메타버스가 급속히 확산되고 있으나, 이에 대한 국내 연구는 미진하다.

KCI 게재 논문을 중심으로 볼 때, 2021년 9월 기준으로 전 학문 분야에서 '메타버스'로 검색되는 논문은 60편이고('메타분석', '메타디자인'등을 포함한 검색 결과임), 'metaverse'로 검색되는 논문은 49편에 불과하다. 2007

---

1) "가상인간 로지Rozy의 인스타그램", www.instagram.com/rozy.gram.
2) 그래픽graphic이란 그림이나 도형, 사진 등 다양한 시각적 형상이나 작품을 통틀어 이르는 말이고("국립국어원 표준국어대사전", https://stdict.korean.go.kr.), 3D 그래픽3D graphic(three-dimensional computer grapics)이란 3차원 컴퓨터 그래픽을 말함

년에 공학 분야 논문인 자바를 이용한 2.5D 메타버스 게임 엔진 설계 및 구현이 처음 게재된 이래 49편이 게재되었고, 이 가운데 인문학 분야의 논문은 15년 동안 9편이 나왔다.

그 연구의 초점은 '역사교육 내용', '고대사 가상현실 콘텐츠', '영문학 소설', '법회의 체험형 콘텐츠', '코로나19 시대 키워드', '디지털 기록관', '체험형 역사 콘텐츠', '축제의 운영 전략'으로서 대체로 콘텐츠 중심이었으며, 메타버스가 초래할 인간 문제나 인문학적 문제는 주목을 받지 못해 왔다.

그렇지만 "첨단과학 기술의 발달로 생물학적 인간의 한계를 넘어 포스트-휴먼, 트랜스-휴먼 더 나아가 '호모-데우스'까지 회람되는 시대에 역설적으로 '인간은 누구이고 무엇인가'와 혹은 '인간됨(being-human)은 무엇을 의미 하는가'가 중요하고 긴급한 물음으로 부상하고 있음"이 사실이다. 따라서 여기에서는 4차 산업혁명 시대에 확산되는 '현실 세계 이외의 또 하나의 세상인 메타버스'가 가져올 문제를 인성(人性)과 물성(物性) 측면에서 살펴보았다.

가. 인성론의 주요 흐름

인문학의 주요 관심사 중 하나는 인성(人性)에 대한 탐구이며, 특히 동서양 철학계 에서는 고대 이래로 이데아(idea), 인(仁), 이(理), 이성(reason), 존재(Sein), 성선(性善), 성악(性惡) 같은 개념을 통하여 인간의 본성이 무엇인가를 탐구해 왔다.

인성에 대한 학문탐구의 역사가 유구하고 그 관점이 다양하기에 인성은 단정적으로 말하기 어려운 용어이다. 인성 개념은 거의 합의가 이루어지지 못한 채 다양하게 쓰이고 있으며, 그 개념은 인간 본성의 의미로 쓰이거나, 또는 성격(character)이나 인격(personality)과 거의 같은 의미로 사용되기도 하고, 전인(whole person)의 특성을 의미하는 개념으로 이해되거나, 인간주의(humanism)적인 의미로 사용되기도 한다.

그렇지만 주요 흐름을 개괄해 보면, 동양과 서양의 인성론은, 서양의 합리적 인식론과 동양의 정서적 수양론과 관련 되는 성향에서 직시할 수 있으나[3], 어느 관점에서 보더라도, 기존의 인성론에서 '인성'은 '물성'과 동일한 것이 아니다.

나. 인성론에서 인성과 물성의 관계

현실 세계에서 인간은 여타 동물과 구분되고, 물질세계에 있는 식물 및 물건과도 구분되는 존재이며, 그러하기에 고대 이래 철학계의 주요 관심사 중 한 가지는 "인간 본성은 무엇인가?"에 대한 탐구였다. 동양 전통에서 볼 때 인성이란 말은 사람이 본래 타고난 성향, 즉 본성(本性)이란 뜻으로 사용되었지만 가치중립적인 의미보다는 인간이면 마땅히 지녀야 할 당위로서의 인간 성향을 의미한다.

---

3) 류성태 (2017), p. 202.

여러 다양한 주장들이 제시되어 왔으나, 대체로 동양에서는 윤리에 기반한 성선(性善)의 전통을, 서양은 유대기독교적 원죄론의 종교에 기반한 성악(性惡)의 전통을 갖고 있다고 볼 수 있다.

동양 철학에서 중요한 위치에 있는 공자(孔子)의 인성론이 표방하고 있는 의미는 (인간 개개인의) 도덕을 기초로 하는 교육적 인간상을 만드는 궁극적인 지향점 임은 분명하고, 맹자(孟子)에게 있어서도 인성과 물성은 동일하지 않으며 맹자의 성선설(性善說)은 인성에 대한 설명이다. 성리학을 집대성한 주자(朱子) 역시 '성(性)은 도덕적 판단 능력이고', '성(性)은 선(善)하며', "사람과 사물의 성(性)이 다른 것은 기질의 차이 때문이다." 등을 주장하였다.

서양 철학의 모태인 고대 그리스 철학을 정립한 아리스토텔레스는 '자연물만이 본성인 퓌시스(physis)를 갖고 있으며', "사람과 사물의 본성이 다른 것은 형상의 차이 때문이다." 등을 주장하였다. 그럼에도 불구하고 인성과 물성의 같음과 다름에 대한 논쟁이, 유학자들 간에 '인물성동이론(人物性同異論)'으로 있었다.

온 세상을 이(理)를 중심으로 설명하는 성리학의 세계관에 따라서 인(人)과 물(物)의 본성이 근본적으로 같다고 본다면 이것은 성리학 체계 내에서 논리적 오류를 피할 수 있으나 납득하기 어려운 말이고, 인(人)과 물(物)의 본성이 다르다고 주장하면 '성리학의 기본 명제'[4]와 다르게 되어서 그 명제를 바탕으로 성립된 하위 이론들과 주장이 논리적 모순에 처할 수 있었다.

이러한 논쟁 속에서, 조선 성리학을 대표하는 퇴계(退溪)는 성리학이 추구하고자 했던 가장 큰 문제는 인성에 관한 인간의 존재 가치문제라고 판단하였기 때문에 인간에 대한 심성론과 선악 문제를 중시하였다.

또한 실학자 성호(星湖)는 물(物)의 범주에 금수와 초목을 비롯한 만물이 인간과 함께 포함된다고 보면서 인간과 사물을 이분법적으로 구별하지 않고서 금수에게도 제한적이지만 오륜적인 행위의 가능성을 긍정했으나, 인간과 사물에 대한 구분을 도덕적 관점에 두었다.[5]

그래서 유학자들이 추구했던 것은, 욕망을 지닌 인간의 인성을 어떻게 수양하거나 교육하거나 각성시킴으로써 바람직한 방향으로 발달하거나 발달을 이끌어줄 수 있는가를 논증했던 것이라고 볼 수 있다.

오늘날 한국에서 이루어지는 인성에 대한 논의는 '학술적 측면'과 '인성교육진흥법 관련 측면'으로 나누어 살펴볼 수 있으나, 그 대다수는 인성의 영어 표기를 미국 학계의 동향을 따라서 'character education'으로 기술하고 있다.

---

4) 성리학의 기본 명제 가운데 하나는 '성즉천 천즉리(性卽天 天卽理)', 즉 "만물의 본성은 하늘에서 왔고 하늘이 곧 이(理) 이다." 라는 말인데, 이에 따르면 모든 인(人)과 물(物)의 본성은 이(理)에서 왔음이 동일하다.

5) 허종은 (2008), p.69

'character education'의 발원지인 미국 교육부에서는 그 의미를 '공유하는 책임(our shared responsibility)'이라는 제목으로써 설명하고 있다. 로마 정치가 키케로(Cicero)가 말했던 "국가의 복지는 시민의 인성에 달려 있다 (Within the character of the citizen lies the welfare of the nation)"란 말로 제시하고 있다.

다시 말해서 'character education'은 인간에 국한된 사안이라는 설명이라는 이상의 내용을 종합해 볼 때, 만물의 근원을 동일하게 보는 관점에서 물성(物性)의 본성을 도덕적 내지 윤리적 측면에서 인성과 동일하다고 보는 견해가 과거에 일부 있었다.
하지만 대다수 동서양 선행연구에서는 인성은 사람에게만 있는 성품이고 물성은 물건에만 있는 본성을 나타내는 말이라고 보아왔음을 알 수 있다.
이러한 학문 관점에서 설명하기 힘든 인성(人性)과 물성(物性)의 경계가 퇴색하는 메타버스가 근래 인성론의 사각지대로 부각하였다. 메타버스는, 물리적으로 유한한 현실 세계와 다르게, 그 범위와 기능이 계속 확장되고 있는 디지털 세상으로서, 이 사이버 공간에서 활동하는 인공지능과 인간의 가상 인물인 아바타는 현실 세계에 갈수록 큰 영향을 미치고 있다.

다. 메타버스의 기반

1) 인간의 분신인 '가상 인물', 아바타

기존 인성론의 관점에서 설명하기 힘든 메타버스의 출현은 가히 혁명적 사태라고 볼 수 있다. 인간이 현실과 가상세계를 넘나들며 활동하는 메타버스에서는, 특정 인간을 표상하는 '디지털로 만들어진 가상 인물'이 '타인을 표상하는 가상 인물'과 인간관계를 하는 현상이 일어나고 있으며, 그 영역과 기능이 확대되고 있다.
가상 세계인 메타버스에서 활동하는 인간의 분신인 '아바타'는 소설에 나온 말로, 닐 스티븐슨(Neal Stephenson)이 1992년에 발표한 소설 스노우 크래쉬(Snow Crash)에서 '메타버스'와 '아바타'란 말이 처음 사용되었다.
PC가 고가로 보급되고 속도가 느린 인터넷이 사용되던 시기에 대중에게 생소했던 '메타버스'와 '아바타'란 말이, 오늘날에는 미국 초등학생과 청소년의 주된 놀이 방식이 되었다.
미국에서 조사된 자료에 의하면 10대 약 52%가 "현실 친구보다 로블록스'에서 형성되는 관계에 더 많은 시간을 보냈다."고 답했으며, 우리나라 네이버의 3D 아바타 제작 스튜디오인 '제페토'에서 열린 걸그룹 '블랙 핑크'의 가상 사인회에 코로나19 팬데믹 상황인데도 약 5,000만 명의 팬이 참석하였다.[6] 미국 아동과 청소년은 자신의 분신인 아바타를 만들어 메타버스 디지털 세계에서 노는 데 많은 시간을 보내고 있으며, 이런 동향은 세계적인

---

6) 오지현, 「레디 플레이어 원이 현실로, 미국 초딩 70%가 한다는 이 게임」, 서울경제, 2021.02.06.

추세로 확산되고 있다.

메타버스는 '인간의 분신인 아바타'가 '다른 인간의 분신인 아바타' 혹은 '인간 모습을 한 인공지능인 아바타'와 만나는 공간이라는 점에서 특징을 찾을 수 있다.

2) 현실의 제약에서 벗어난 '가상 세계'

메타버스는 디지털로 구축된 또 하나의 세계이며, 현실 세계인 지구 면적은 정해져 있지만, 메타버스의 면적과 영역 및 기능은 디지털 발전에 따라서 4차원적으로 계속 확장되고 있다.

이러한 메타버스의 공간 확장과 기능 발전이 인간에게 실제 삶의 제약을 벗어나는 장을 열어주고 있으며, 인간은 메타버스에서 '신체적' 핸디캡을 비롯하여 '시간적', '공간적', '경제적' 한계에서 벗어나 활동할 수 있다.

구체적으로 자신의 얼굴 사진을 기반으로 아바타를 생성할 수 있으며, 실제 외모와 다르게 자신의 얼굴 모양, 헤어스타일, 피부색, 신장, 근육, 몸매를 이상적인 모습으로 바꿀 수 있다. 이렇게 만든 외모에 자신이 평소 하고 싶었던 장신구, 의상, 명품으로 치장을 하고,[7] 멀리 떨어진 장소에서 열리는 유명 연예인의 콘서트에 참석하여 그 연예인 옆에서 노래 부르고 춤을 출 수가 있다.

현실 세계에서 말을 걸기 힘든 이성에게 접근하여 솔직하게 말하거나, 코로나19 상황에서 금지된 파티와 축제를 할 수도 있으며, 현실 세계에서 자신의 경제력으로 구입할 수 없는 고급 아파트와 승용차를 장난스런 싼 가격으로 구입할 수도 있다.

심지어 가로, 세로 10미터 크기로 나눠진 미국, 프랑스, 이탈리아, 한국 등 전 세계의 땅을 장난스런 싼 가격으로 구입하여 이익을 붙여서 거래할 수도 있다.

위와 같이 메타버스는 인간이 현실의 제약을 벗어나 욕구를 충족할 수 있는 공간인 동시에, 인간이 자신의 포부를 펼칠 수 있는 또 하나의 세상이기도 하다.

누구나 메타버스에서 자신의 사업을 추진하여 금전적 수익을 거둘 수 있고, 건물을 만들어 가게나 기업을 차려서 현실 세계에서 통용되는 상품을 판매할 수도 있다.[8]

4차 산업혁명시대를 맞아 5G를 비롯한 통신 기술, 그래픽, 클라우드와 가상현실 VR, 인공지능 AI 기술이 혁신적으로 발전하면서 현실과 유사한 수준의 가상공간 구성이 가능하게 되었다.

과거의 메타버스가 현실을 보완하는 세컨드(Second) 공간 개념이었다면 최근의 메타버스는 현실을 대체할 수 있는 퍼스트(First) 공간 개념이 되어가고 있다.[9]

---

[7] 메타버스에서 아바타 장식용으로 팔리는 이탈리아 명품 구찌Gucci("구찌Gucci 홈페이지", www.gucci.com /kr/ko).
[8] 메타버스의 확산과 더불어 아바타 (패션)디자이너, 메타버스 월드빌더world builder 등 새로운 직업이 출현하였다.
[9] 전준현 (2021), p. 259

2

물성의 인성화(化)와 인성의 물성화(化)

가. 아바타와 실제인간

메타버스에서의 활동은 대체로 인간의 가상 인물들 간 이루어지지만, '가상 인물인 아바타'와 '실제 인간' 및 '인공지능' 간에 이루어지는 경우도 있다.

메타버스에서 BTS와 같은 엔터테이너의 공연에 가상 인물로 참여하여 같이 춤추고 노래 부르거나, 알고리즘으로 짜여진 인공지능과 디지털로 만들어진 가상 인물인 아바타가 현실 세계에서 인간이 겪고 있는 문제에 관해 대화를 나누는 것이 그러한 예가 될 수 있다.

인간과 아바타가 함께 활동하는 것과 관련하여, 한국 엔터테이너 회사인 SM은 2020년 11월에 실제 인간과 가상 인물이 함께 활동하는 걸 그룹을 만들었다.

인간 아이돌(인기 있는 젊은 연예인)과 아바타가 함께 활동하는 걸그룹 '에스파(aespa)'는 여성 멤버 4인과 그들의 가상 인물 아바타 4인이 함께 활동하는 방식이다.

에스파는 "자신의 또 다른 자아인 아바타 ae(/아이/)를 만나 새로운 세계를 경험하게 된다."는 것을 바탕으로 메타버스를 엔터테인먼트로 확대하였으며, 위와 같은 가상 인물 연예인은 인간이 지니고 있는 한계를 극복할 수 있다. 생물학적 측면에서 젊음을 인간보다 오래 지닐 수 있고, 인성 측면에서 인간이 범할 수 있는 스캔들(좋지 못한 추문)이나 일탈(약물 남용, 비행 등)의 우려에서 벗어날 수 있다.

더욱이 인공지능 발전에 의해 알고리즘[10]으로 연출되는 가상 인물을 실제 인간과 선뜻 구분하기 힘들고, 아바타가 일정 영역에서 인간보다 우수한 기능을 발휘하는 단계에 접어들었다. 그 가능성을, 인공지능 알파고(AlphaGo)가 딥러닝[11]의 학습 결과로 2016년에 이미 보여주었다.

알파고의 출현은 인공지능이 자율적인 강화 학습의 객관적인 학습 성취도를 세계인에게 보여준 사건이다. 인공지능 바둑 프로그램인 알파고가, 인간 기사들이 대국한 약 3천만 개의 바둑 경기 데이터를 딥러닝 학습한 다음에, 바둑 경기에서 인간 기사를 계속 이겼고, 더 이상 경쟁할 인간 기사가 없어서 은퇴했다는 것은 널리 알려진

---

10) 알고리즘algorism이란 "어떤 문제의 해결을 위하여, 입력된 자료를 토대로 하여 원하는 출력을 유도하여 내는 규칙의 집합"을 말하며("국립국어원 표준국어대사전", https://stdict.korean.go.kr.), 인공지능 알고리즘은 컴퓨팅의 논리적 변용성(logical malleability)에 기초하고 이 논리적 변용성 덕분에 컴퓨터 연산에서는 온갖 종류의 정보가 상호 융합한다(정원섭 (2020), p. 64).

11) 힌턴Geoffrey Hinton에 의해 제시된 딥러닝Deep Learning을 통하면 컴퓨터는 분류 기준 없이 정보를 입력해도 비슷한 집합을 묶고 상하 관계를 파악할 수 있으며 인간 뇌의 뉴런처럼 서로 정보를 주고받으며 스스로 학습을 하게 된다(김은영, 「실패를 두려워하지 않았던 딥러닝의 대가들」, The Science Times, 2021.01.18.)

사실이다.

　"알파고는 바둑에서 승리함으로써 '독자적인 의사결정을 수행했다.'고 인정받았는데, 그것은 '알파고가 자신의 신체를 기반으로 지식의 체화 과정을 거쳤다.'는 의미가 된다."
지식의 작동은 외부 환경과 작용하는 체화가 있어야 가능한 것이기에, 알파고의 의사결정은 기계로 체화된 신체에서 나온 것이라는 말이다.
이로부터 약 5년이 지난 오늘날, 인공지능은 기준과 범위가 명확한 업무에서 인간을 대체하고 있다. 'FAQ 안내', '제품의 사용 설명', '대출 자격 심사'와 같은 분야에서 인공지능이 인간을 대체하고 있으며, 엄청난 양의 빅데이터를 빠르게 딥러닝 학습하는 것을 통하여 스스로 발전하고 개선하는 단계에 들어섰다.
이를 챗봇(chatbot)을 중심으로 설명하면, 인터넷상 방대한 정보를 수집하며 진화한 인공지능 챗봇은 자연스러운 문장 표현을 인간처럼 구사하며 사적인 대화 상대로까지 발전하였다.

　구체적으로 구글이 만든 일상대화 딥러닝 챗봇인 미나(Meena)는 26억 개의 매개변수(parameter)로 훈련된 '신경대화 모델(neural conversational model)'[12]로서 약 400억 단어를 포함하는 데이터베이스에서 30일 동안만 훈련받았으나, 인간을 상대로 여러 차례 오고 가는 방식의 대화(multiturn dialog)를 하고, 농담도 하며 내용 수준이 높은 대답을 하는 것이 가능하다. 이와 같이 발전한 인공지능은 디지털 가상 세계인 메타버스에서 실제 인물과 그 분신인 아바타 등과 어울려 교류할 수 있다.
인간의 분신 아바타는 실제 인물의 사고방식과 행동방식을 일정 부분 반영하고 있으며 인공지능 아바타의 작동 방식은 인간 뇌의 신경망을 모방해서 구현되는 것이므로, 실제 인물과 가상 인물은 쉽게 구별되지 않을 수 있다.
인공지능 아바타는 인간의 가상 인물에게 현실 세계의 상품을 판매하거나, 일정 분야의 고민을 상담해 주거나, 빅데이터를 기반으로 지식을 가르치는 선생님이 될 수도 있다.
인간은 메타버스에서 자신이 교류하는 상대방이 인공지능인지 모를 수 있으며, 언젠가는 대화 상대방이 현실 속 육체를 가지고 있지 않다는 점을 대수롭지 않게 여길 날이 올 것이다.
인공지능이 실제 인간보다 더 여러 가지 지식을 딥러닝 학습하여 구사하면서 윤리성을 인간보다 잘 실행하는 상태에 이르면, 비합리적이거나 부도덕한 행동을 간간이 하는 인간보다 인공지능 가상 인물에게 사람들이 인간적인 매력을 더 크게 느끼게 될 수도 있을 것이다.
이러한 인공지능의 발전과 관련하여, 4차 산업혁명과 더불어 도래한 인공지능은 인간에 대한 탐구를 지속해온

---

12) 련하여 딥러닝이 유행하면서 여러 가지 강력한 모델이 등장하였는데, 그 가운데 한 가지가 구글의 '신경 대화 모델Neural Conversational Model'이다("Chatbot_tutorial.ipynb",https://github.com/MatthewInkawhich/pytorchchatbot).

인문학 연구에 새로운 반성을 요구하는 계기가 되고 있다.

인공지능의 발전에 따라서, 기존의 '자연인(自然人)'과 '법인(法人)'으로 구분해오던 인간 범주를 확대하여 '전자적 인간(electronic person)'을 추가하는 것이 2017년 유럽연합(EU) 의회를 필두로 하여 국제적으로 대두하였다.
한국 법무부와 민사법학회에서도 같은 해에 인공지능에 법적 지위를 부여하는 연구를 하여, 권리 주체성이 '인간'에서 '법인'으로 확대되었듯이, '법인'에서 '전자적 인간'으로 확대될 가능성과 인공지능을 법체계인 민법상의 인(人) 개념과 비교하여 새로운 인(人) 개념의 법적 설계 가능성을 검토하였다.

나. 아바타의 윤리관

유럽연합 위원회는 한걸음 더 나아가 2019년에 인공지능의 윤리 체크리스트를 발표하였고,[13] '인공지능 고위전문가그룹(High-Level Expert Group of Artificial Intelligence)'의 정책 권고안을 토대로 신뢰할 수 있는 인공지능에 대한 윤리지침을 준비하고 있음을 공표하였다. 이와 같이 인공지능과 로봇을 법적 인격의 범주로 검토하는 것은 기술의 변화가 가져올 미래를 대비하는 시도임이 틀림없으며, 이러한 동향은 인성의 범위와 과제가 인공지능 전자적 인간에게까지 확대될 가능성과 그 검토의 필요성을 나타내는 것이다.

유럽연합 의회에서 결의한 전자적 인간은 "지능형 자율적 의사결정을 내리거나 제3자와 상호 작용하는 로봇"으로 보는 견지이며, 결의안에서 intelligent라는 표현보다 smart라는 표현을 사용한 것은 아마도 로봇이 사람과 유사한 영리함을 갖추고 있을 것을 전제로 한 것이 아닌가 생각된다.
한국의 '지능형 로봇 개발 및 보급 촉진법'(약칭: 지능형로봇법)에서는 " '지능형 로봇'이 외부환경을 스스로 인식하고 상황을 판단하여 자율적으로 동작하는 기계장치를 말한다."고 규정되어 있으며, 국회에서 발의된 '로봇 기본법안'에는 '전자적 인간'이 "정교한 자율성을 가진 로봇"을 대상으로 한다고 기술되어 있다.

---

13) 이와 관련하여, 정원섭은 "빅데이터와 딥러닝, 기계학습 등이 어우러져 인공지능 시스템의 자율성이 강화될수록 예측 가능성은 더욱 낮아질 것이며 그 결과 인공지능에 대한 기대와 불안은 더욱 과잉될 것"이라고 하면서 "인공지능 시스템에 대한 사회적 신뢰를 증진할 수 있는 하나의 방안은 인공지능 전문가 윤리"를 건강하게 발휘하여 최대한 자율적 활동을 할 수 있도록 그 길을 열어주는 것이 필요하다고 하였다(정원섭 (2020), p. 69).

오늘날 인공지능은 특정 기능 중심의 약한 인공지능(Weak AI), 인간의 능력에 비견하는 강한 인공지능 (Strong AI), 그리고 인간의 능력을 뛰어넘는 초인공지능(Super AI) 으로 분류되며 순차적인 형태로 그것이 현실화될 것이라고 전망된다.

약한 인공지능과 유사한 말로서 좁은 인공지능(Narrow AI), 강한 인공지능과 유사한 말로서 범용 인공지능 (Artificial General Intelligence)이란 용어도 널리 사용되고 있다.

이들 인공지능의 분류에서는, 기존의 데이터를 기반으로 '제시된 과제의 답'을 찾아내는 '약한 인공지능'이 발전하여 변환점인 '특이점(singularity)'을 넘어설 때 인공지능이 인간 지능과 유사한 종합적인 사고와 창작 수준에 이르게 된다는 공통점을 찾을 수 있으나, 강한 인공지능에 대한 견해 차이가 있다.

인간 사고와 지능의 고유성과 절대성을 중시하는 측면에서 기계인 인공지능이 결코 '강한 인공지능'에 근접할 수 없다는 견해가 있으나,[14] 인공지능이 기존의 데이터에 없는 새로운 창작을 하거나 종합적으로 사고하며 인간과 같이 활동하는 현상이 출현하고 있다.

구체적으로, 글쓰기 창작 측면에서 언어 인공지능 모델인 GPT-2가 작성한 글에 대하여 사람들은 그것이 기계 글쓰기의 결과라는 것을 판별할 수 없으며, 이 수준을 크게 넘어선 GPT-3가 근래 등장하였다.[15]

GPT-3는 강한 인공지능인 범용 인공지능 AGI으로 분류되고 있는데, 이와 같은 수준의 인공지능 발전은 2020년 아트쇼를 개최한 인공 지능로봇 여성 화가인 아이다(Ai-Da), 첨단 게임에서 인간과 의사소통하며 함께 활동하는 인공지능 인물로서 나타나고 있다.

이처럼 인공지능이 인간의 특징을 점점 더 갖게 되는 현실을 고려할 때, 인성(人性)을 물성(物性)과 구분해온 접근에 대한 검토는 불가피하다.

현실 세계에서는 인간이 물건이나 기계와 구분되어 인성과 물성이 다른 것이지만, 가상 세계인 메타버스에서는 디지털로 만들어진 가상 인물이 인간을 대신하여 다른 인간의 아바타 및 인공지능과 교류하는 과정에서 '물성의 인성화(化)'가 일어나게 된다.

또한 그 과정에서 인간의 인성이 디지털로 만들어진 가상 인물에 반영되는 '인성의 물성화(化)'도 일어나며, 인간이 아바타의 물성을 통하여 인성을 나타내고 다른 인간 및 인공지능 가상 인물과 관계하는 가운데 인성과 물성의 융화도 일어나고 있음을 부인하기 힘들다.

---

14) '약한 인공지능'과 '강한 인공지능'을 구별하는 유형들이 각각 나름대로 전제하는 명제는 서로 다르며 서로 다른 차원에서 펼쳐지는 주장이다(김진석 (2017), p. 114.)

15) 김종규·원만희 (2021), p. 540.

다. 인간 사유와 인공지능의 유사성

포스트모더니즘(postmodernism)이 나온지 수 세기가 지났지만 현대 사회를 움직이는 중심 철학은 모더니즘(modernism)이다. 학교를 비롯하여 국가의 중심인 정부 및 기업에는 모더니즘이 여전히 자리 잡고 있고, 포스트모더니즘은 모더니즘의 단점을 보완하고 개선 방향을 제시하는 위치에 있다.

현대인이 누리고 있는 과학과 산업의 발전, 인간 존중 사상과 민주 정치의 발전은 인간 개개인이 지니고 있는 이성의 중요성을 정립한 모더니즘에 의존한 바가 크다.

이러한 모더니즘의 출발이라고 볼 수 있는 데카르트(RenéDescartes)의 코기토(cogito) "나는 생각한다." 에 의하면, '존재'는 '사유'에 의하여 성립한다. '생각하는 것이 존재의 바탕이다'라는 관점에서 보면, 딥러닝을 통하여 스스로 발전하면서 외부에 반응하는 방향을 자율적으로 선택하는 인공지능의 존재성은 무시되기가 힘들다.

인간의 의식 역시 유기체가 환경에 적응하면서 발생한 문제를 해결하기 위해서 생겨난 '지능 알고리즘'이라고 볼 수 있기 때문이다.[16] 이것은 동양철학의 관점에서도 크게 다르지 않은 것 같으며, 공자의 논어(論語)에서는 인간존재의 근거로서 '하늘(天)'로부터 부여받은 인간 내면의 도덕적 가능성을 '덕(德)'으로서 표현하였다.[17]

도덕성과 윤리성을 철저하게 반영한 알고리즘을 따르는 인공지능 가상 인물은 인간이 범할 수 있는 일탈의 우려를 최대한 줄이고 '덕(德)'을 중심으로 행동할 수 있을 것이기에 인간에 못지않은 도덕성과 윤리성을 지니고 있다고 볼 여지가 있다.

인간의 뇌와 인공지능은 그 구성 물질이 다를지라도, '인간의 사유'와 '인공지능의 작동'에는 유사성이 있다.

인간이 뇌에서 전기적 신호를 전달하는 신경세포인 뉴런(neuron)을 통해 사고하고 그 결과로써 인성을 형성한다는 것은 과학계의 일반적 상식이다.

이러한 신경세포들 간의 네트워크인 신경망(neural network)을 기반으로 인공지능이 구현되었고 그 학습 방법 가운데 한 가지가 딥러닝인 것을 고려하면,[18] 인간과 대면하는 인공지능 전자적 인간의 물성(物性)이 인간의 인성(人性)과 전혀 다른 것이라고 보기는 힘들다.

더욱이 인공지능이 빠르게 발전하고 있으며, '인공지능 전자적 인간'은 인간을 모사하는 수준에서 벗어나 더욱 정교하게 발전하는 알고리즘이 정해준 방향에서 스스로 판단하여 행동하는 단계에서의 발전을 가속화하고 있다.

---

16) 이은경 (2020), p. 16.
17) 민황기 (2019), p. 67.
18) 인공지능은 신경망neural network을 기반으로 구현되는 것이고, 인공지능 알고리즘에는 강화 학습 reinforcement learning 외에 지도 학습 supervised learning과 비지도 학습 unsupervised learning이 있는데, 이 가운데 강화 학습은 환경에서 받은 정보를 신경망에 인가한 후 어떤 최적의 동작을 할 것인가 결정하는 문제이다(서상민 (2019), pp. 554-555).

그 초보적인 전자적 인간은 게임분야에서 처음 나왔으나, 오늘날 인간이 당면한 문제를 상담해 주거나 입력된 직책을 상황에 맞게 수행하는 단계로 발전하였으며, 전자적 가상 인물이 실제 인간보다 외모나 행동이 더 매력적인 경우가 늘어나고 있다. 그 결과, 기존 생물학이 세워놓았던 생명체의 기준은 혼란 위에 놓이고 있으며, '컴퓨터-뇌 혁명'의 결과로 이성(reason)이 인간의 독점적 소유물이 아님이 드러나고 있다.

시사점

여기에서는 인간이 메타버스에서 자신의 생물학적 형질인 성, 외모, 신장을 비롯하여 평소 태도 등을 바꾼 가상 인물을 만들어서 다른 사람을 대신하는 가상 인물이나 인공지능과 사회적 활동을 하고 있으며, 이 과정에서 일어나는 인성과 물성이 융화되는 현상에 주목하였다.

광범위한 가상 세계에서 무한히 생존하며 활동할 수 있는 디지털 가상 인물이 현실의 인간을 대신하여 인간관계를 하는 가운데 '물성의 인성 화(化)'가 일어나고 있고, 그 과정에서 인간의 인성이 가상 인물을 통하여 나타나는 '인성의 물성 화(化)'도 일어나고 있다.

특히 메타버스에는 인간을 수동적으로 대신하는 가상 인물 이외에 인간과 함께 활동하는 인공지능[19]이 나타나고 있으며, 메타버스 속 인공지능 캐릭터들은 현실 세계의 우리 인간과 자연스럽게 소통하며 몰입감을 높이는 방향으로 진화하고 있다.

가상 증강현실(VR AR)과 딥러닝 인공지능의 발전에 기반한 메타버스 디지털 세상의 변화가 비약적이기에, 그 한계가 어디까지인가를 짐작하기 힘들다. 이 변화는 인간이 어떤 새로운 진화에 진입한 것으로 해석해 볼 수 있는데, 가상현실 기술이 웹과 결합한 3D 인터넷은 1990년대 일어났던 인터넷 붐과는 또 다른 차원의 혁신을 이끌어낼 전망이다.

메타버스를 넘어 멀티버스 시대가 도래 하여 세컨드 라이프를 넘어 제2, 제3의 인생을 골라 사는 시대가 올 것 같다. 이러한 변화에 주목하면, 인간존재에 대한 새로운 검토가 필요한데, 그 이유는 기존 인문학과 의학 및 생물학계에서는 대체로 유한한 세계에 실존하는 인간을 사물과 구분하여 사유하여 왔지만, 딥러닝 인공지능은 사물과 인간의 연계를 강화해가고 있기 때문이다.

공학계에서는 현실 및 사이버 공간에서 인간의 노동을 대신할 수 있는 인공지능 가상 인물의 개량을 지속하고 있으며, 이를 반영하여 법학계에서는 인간 범주에 '자연인'과 '법인' 외에 '전자적 인간'을 추가하고 있다.

이러한 동향을 고려하면, 근대적 자아 개념의 확립에 큰 역할을 했던 칸트(Immanuel Kant)의 선험철학은 지성이 인간의 고유한 속성이라는 신념에서 벗어날 수 있게 하기에 새로운 지능의 출현 가능성에 대한 이론적 뒷받침이 될 수 있다.

---

[19] 인간이 정의한 특정 목적의 작업만을 수행할 수 있는 인공지능을 약(弱) 인공지능(Weak AI)라고 하고, 인간과 동등하거나 이를 뛰어넘는 인지나 사고 능력을 갖는 인공지능을 강(强) 인공지능(Strong AI) 또는 일반 인공지능(Artificial General Intelligence)이라고 한다(김병필 (2021), p. 91.).

인공지능은 인간과 마찬가지로 자기의식이 있거나 혹은 우리 인간과 다른 방식의 지능을 가졌는지도 모를 일이다.

어떠한 경우이건 간에, 인공지능과 메타버스 가상 세계에서 일어나고 있는 인성의 물성화(化)와 물성의 인성 화(化)를 고려하지 못한 상태에서 구축된 인성론에 대한 검토는 불가피할 것 같다. 기존의 근대적 자아관만 가지고서는 인간존재의 규명과 개개인의 자기 정체성 정립 및 도덕 및 윤리 규범의 제시가 힘든 상황이 전개되고 있다.

이런 대립적 관점에서 벗어나 인성과 물성을 새롭게 검토하여 조금 더 심화된 인간 이해를 모색할 필요가 있으며 이에 대한 다양한 후속 연구[20]가 필요하다.

---

20) 본고에서 논의된 메타버스 상황에서의 '인성'을, 이성과 도덕성의 관계에서 보다 심도 있게 연구하여 메타버스의 발전 방향과 윤리적 과제를 모색할 필요가 있다.

CHAPTER

6

메타버스 생태계

로블록스(영어: Roblox)는 사용자가 게임을 프로그래밍하고, 다른 사용자가 만든 게임을 즐길 수 있는 온라인 게임 플랫폼 및 게임 제작 시스템이다.

데이비드 바수츠키가 2004년에 설립하고 2006년에 출시한 이 플랫폼은 루아 프로그래밍 언어로 코딩된 여러 장르의 사용자 제작 게임을 호스팅 한다. 2021년 3월 10일 뉴욕증시에 상장하였는데 시가총액은 38억 달러(약 43조원)이다.

가. 로블록스 스튜디오

로블록스는 2010년대 하반기에 빠르게 성장하기 시작했으며, 이러한 성장은 2020년대에 코로나19 범유행으로 인해 더욱 두드러졌다. 로블록스는 무료로 플레이할 수 있으며, "로벅스(Robux)"라는 가상 화폐를 통해 게임 내에서 여러 가지의 구매가 가능하다.

2021년 5월 기준, 로블록스는 570만 명의 최대 동시 접속자를 달성했고, 월 1억 6,400만 명 이상의 활성 사용자를 보유하고 있고 사용자가 지속적으로 늘고 있으며, 미국에서 16세 미만 어린이의 절반 이상이 게임을 하고 있다.

2021년 5월 기준 로블록스에서 가장 인기 있는 게임은 매월 1,000만 명 이상의 활성 플레이어를 보유하고 있다.

2020년 8월 기준으로 최소 20개의 게임이 10억(1B+) 회 이상 플레이되었으며, 최소 5,000개의 게임이 100만 회 이상 플레이되었다. 또한 2021년 5월 17일 기준으로 로블록스 내에는 적어도 4000만 개 이상의 게임들이 존재한다.

로블록스 스튜디오의 아이콘

로블록스는 사용자가 자체 게임 엔진인 "로블록스 스튜디오(Roblox Studio)"를 사용하여 자신만의 게임을 만들고 자신이 만든 게임을 다른 사용자가 플레이할 수 있도록 한다.

게임은 게임 환경을 조작하기 위해 프로그래밍 언어 루아 5.1.4를 사용하는 객체 지향 프로그래밍 시스템에서 코딩된다. 사용자는 "게임 패스(Gamepass)"로 알려진 일회성 구매와 "개발자 제품" 또는 "제품"으로 알려진 한 번 이상 구매할 수 있는 소액 결제를 통해 구매 가능한 콘텐츠를 만들 수 있다.

---

1) https://ko.wikipedia.org/wiki/%EB%A1%9C%EB%B8%94%EB%A1%9D%EC%8A%A4

구매 수익의 일정 비율은 개발자와 로블록스 코퍼레이션과 나누어 분배된다. 현재 로블록스 스튜디오를 사용하여 제작된 대부분의 게임은 미성년자들이 개발했으며 이를 사용하여 연간 총 2천만 개의 게임이 제작된다.

1) 데브 포럼

데브포럼은 로블록스가 공식적으로 인정하는 개발자들의 모임이다. 포럼에는 총 6개의 레벨이 있으며, 방문객(Visitor),회원(Member),정규 회원(Regular), 최우수 기여자(Top Contributor),커뮤니티 편집자(Community Editor),커뮤니티 세이지(Community Sage)가 있다. 로블록스를 사용하면 플레이어가 플랫폼에서 아바타 역할을 하는 가상 캐릭터를 장식하는 데 사용할 수 있는 가상아이템을 구매, 판매 및 생성할 수 있다.

복장 구매는 누구나 가능하지만, 판매는 프리미엄 멤버십을 구매한 사용자만 가능하다.
로블록스 관리자와 사측에서 허가를 받은 사용자들만이 공식 로블록스 사용자 계정으로 액세서리, 신체 부위, 장비 및 패키지를 판매할 수 있다. Roblox Corporation에서 일한 경력이 있는 일부 사용자만 가상 모자와 액세서리를 개시할 수도 있다.
아이템을 정규직으로 디자인하는 개인이 여러 명 있으며, 가장 높은 수익을 올리는 크리에이터는 아이템 판매에서 연간 $100,000 이상을 벌어들이며, 한정판 아이템은 프리미엄 멤버십 상태의 사용자 간에만 거래하거나 판매할 수 있다.

2) 로벅스

로벅스는 플레이어가 다양한 아이템을 구입할 수 있도록 하는 로블록스의 가상 화폐이다.
과거 틱스라는 가상 화폐가 더 있었지만 2016년 이후 틱스는 사라졌으며, 플레이어는 실제 화폐로 로벅스를 구매하고, 프리미엄 멤버십이 있는 회원에게 주기적으로 지급되는 보상에서, 로블록스에서 가상 콘텐츠를 제작 및 판매하여 다른 플레이어로부터 로벅스를 얻을 수 있다.

사용자 생성 콘텐츠 판매를 통해 획득한 로벅스는 웹 사이트의 개발자 교환 시스템을 통해 실제 화폐로 교환할 수 있다.
로벅스와 관련된 사기의 상당수는 사기 웹 사이트를 홍보하는 자동화된 메시지, 무료 로벅스를 제공하도록 설계된 사기 게임, 유효하지 않은 로벅스 코드를 중심으로 이루어진다[2].

로벅스의 아이콘

---

2) Han, Nydia (June 15, 2018). "Action News Troubleshooters: Spotting video game scams". 《WPVI-TV》.

3) 행사

로블록스는 때때로 실제 및 가상 이벤트를 주최하는데, 과거에는 플랫폼에서 일반 플레이어를 위한 컨벤션인 "블록스콘(BloxCon)"과 같은 이벤트를 주최하였다.

로블록스는 2008년부터 2020년까지 매년 이스터에그 사냥을 운영했었고 원더우먼 1984 및 아쿠아맨을 위해 영화홍보 이벤트에 가끔 참여한다. 로블록스는 또한 모금 행사로도 기능하는 시상식인 "블록시 어워드(Bloxy Awards)"라는 연례 행사를 주최한다.

플랫폼에서 가상으로 개최되는 시상식인 2020년 블록시 어워드에는 약 60만 명의 시청자가 모였다. 이후 영화 sing2와 콜라보를 맺어 이벤트를 열었다.

4) 개발자 컨퍼런스

Roblox Corporation은 매년 샌프란시스코에서 3일 간의 초대전용 이벤트인 로블록스 개발자 콘퍼런스를 개최하였다. 이 이벤트는 사이트의 상위 콘텐츠 제작자가 플랫폼에 대한 향후 변경 사항에 대해 알게 되었다. Roblox Corporation도 런던과 암스테르담에서 유사한 행사를 주최하였으며, 2020년에는 코로나19 범유행으로 인해 오프라인 행사가 취소되고 전 행사를 온라인으로 전환하여 진행하였다.

나. 프로그램 개발

1) 로블록스 버전

로블록스의 베타 버전은 2004년 공동 설립자 데이비스 바수츠키와 에릭 카셀에 의해 원래 다이나블록스(DynaBlocks)라는 이름으로 만들어졌다.[3] 바수츠키는 그해 첫 번째 데모테스트를 시작했다.

2005년에 회사 이름을 로블록스로 변경하고 2006년 9월 1일에 공식적으로 출시하였으며, 2007년 3월 로블록스는 메뉴에서 미리 정의된 메시지를 선택하도록 제한하여 13세 미만 사용자의 의사소통을 제한하는 변경 사항인 안전한 채팅을 추가하여 COPPA(아동 온라인 보호법)를 준수하게 되었다.

2004년에 디자인된 첫 번째 로블록스의 베타 버전의 로고.[4]

September 4에 확인함.

3) Vashishtha, Yashica (2019년 7월 24일). "David Baszucki : Founder of Roblox, the Biggest Video Game Building Platform". 《Your Tech Story》 (영어). 2019년 9월 2일에 확인함.

4) Baszucki, David (2017년 1월 10일). "Introducing Our Next-Generation Logo". 《Roblox Blog》. 2020년 7월 16일에 확인함.

8월에 로블록스는 서버개선 사항을 적용하고 "빌더스 클럽(Builders Club)"이라는 프리미엄 멤버십 서비스를 출시하였다. 이 유료 멤버십 기능은 2019년 9월에 "로블록스 프리미엄(Roblox Premium)"으로 리브랜딩 되었다. 로블록스는 2011년 12월에 개발자가 회사에 제공할 새로운 개발을 위한 외부 아이디어를 작업하는 연례행사인 첫 번째 "핵위크(Hack Week)"를 개최하였다.

2012년 12월 11일에 로블록스의 iOS 버전이 출시되었고 2014년 7월 16일에 안드로이드 버전이 출시되었다. 2013년 10월 1일 로블록스는 개발자가 게임에서 얻은 로벅스를 실제 통화로 교환할 수 있는 개발자 교환 프로그램(DevEx)을 출시하였다.

2015년 5월 31일에 '부드러운 지형(Smooth Terrain)'이라는 기능이 추가되어 지형의 그래픽 충실도를 높이고 물리 엔진을 블록 지향 스타일에서 보다 부드럽고 사실적인 스타일로 변경하였다.

11월 20일, 로블록스는 엑스박스 원에서 출시되었으며 로블록스 직원이 선택한 15개의 게임을 처음으로 출시하였다.

2015년부터 2017년 사이까지 사용된 로블록스의 로고. O 위에 특징적으로 발음 기호를 표기하였다.[39]

엑스박스 원용의 새로운 로블록스 게임은 승인 절차를 거쳐야 하며 오락 소프트웨어 등급 위원회 표준을 따라야 한다.

2016년 4월, 로블록스는 오큘러스 리프트용 로블록스 VR을 출시했다. 출시 당시 천만 개 이상의 게임이 3D로 제공되었다. 같은 기간에 안전한 채팅 기능이 제거되고 13세 미만 사용자에게 허용되는 단어 세트와 다른 사용자를 위한 블랙리스트 단어 세트가 포함된 화이트리스트 기반시스템으로 대체되었다.

6월에 회사는 윈도우10 과 호환되는 버전을 출시하였으며, 게임 플랫폼은 웹 버전이 만들어진 2004년부터 PC에 존재했지만 윈도우용으로 구축된 독립 실행형 런처로 업그레이드된 것은 이것이 처음이다.

2020년 7월 로블록스는 온라인 만남의 역할을 하는 '파티 플레이스(Party Place)'의 생성을 발표하였다.

2015년부터 2017년 사이까지 사용된 로블록스의 로고. O 위에 특징적으로 발음 기호를 표기하였다.

이 기능은 2020년 블록시 어워드에서 사용된 새로운 기술을 사용하여 만들어졌으며 코로나19 범유행에 대응하여 설계되었다.[5]

2020년 3월부터 현재까지 사용 중인 로고.

---

5) Perez, Sarah (2020년 7월 21일). "Roblox launches Party Place, a private venue for virtual birthday parties and other meetups". 《Tech Crunch》. 2020년 7월 21일에 확인함.

현재는 사용자의 서버량을 못 따라올 정도로 인기가 많아서 서버에 렉, 버그가 일어날 때가 종종 있다.

2) 반 인종차별 노력

로블록스 사용자는 인종차별에 반대하는 노력으로 유명해졌으며, 수많은 일반 사용자와 공동 창립자 바수츠키가 조지 플로이드 시위와 Black Lives Matter에 대해 지지를 선언하였다. 그러나 2019년 8월 NBC 뉴스의 조사에 따르면 극우 및 신나치주의와 관련된 계정이 100개가 넘는다. NBC에서 계정에 대해 연락을 받은 후, 로블록스의 중재자는 신속하게 해당 계정을 제거했다.

3) 코로나19 범유행의 영향

코로나19 범유행은 로블록스에 다양한 방식으로 영향을 미쳤으며, 전염병으로 인한 사회적 상호작용을 제한하는 사회적 거리두기 및 격리로 인해 로블록스는 어린이들이 서로 의사소통하는 방법으로 사용되고 있다.
이 의사소통 방법이 수행되는 가장 주목할 만한 방법 중 하나는 플랫폼에서 생일파티가 열리는 현상이다. 2020년 5월 1일 Roblox Corporation은 코로나19와 싸우고 있는 자선 단체를 위한 모금을 위해 가상 모금 행사를 발표했다. 코로나19는 대부분의 게임 산업에서 경험한 유사한 효과와 일치하여 플랫폼의 수익과 플레이어 수를 크게 증가시켰다.

다. 사건 사고

1) 2012년 대규모 해킹 사건

2012년, 로블록스 한 관리자가 로블록스를 해킹하는 사건이 벌어졌다. 로블록스 사이트는 엉망이 되었고 이상한 상품이 출시되었으며, 또 몇몇 사용자에게는 로벅스가 무료 지급되었고 무료 지급된 사용자는 계정이 삭제되었다. 자연재해 서바이벌 제작자인 stickmasterluke 플레이어는 얼굴(이름은 C:face)이 자동으로 장착되는 일이 벌어졌고 게임에 들어가면 나올 수가 없었으며, 그 후 로블록스는 빠르게 복구되었다.

2) 로블록스 2021년 서버 다운

2021년 10월 29일 아침 8시경에 대부분의 로블록스 게임들이 모두 먹통이 되더니, 서버가 완전히 다운되고 데이터가 초기화 되었고, 사용자들은 다시 접속되다가 튕기는 걸 반복했으며, 또한 사이트에 계속 있으면 밴을 당하는 경우가 있었다. 서버다운 후 로블록스 측에서 아무 소식이 없다가, 트위터를 통해 서버를 복구 중이라고 입장을 밝혔다. 서버다운은 11월 1일 고쳐졌으며, 서버다운의 여파로 인해 할로윈 이벤트도 1일 뒤로 밀어졌다.

라. 평가 및 수익

1) 찬반의 엇갈린 평가

로블록스는 일반적으로 혹평을 받는다. Common Sense Media라는 웹 사이트의 다양한 게임과 어린이의 능력을 칭찬하였다.

플랫폼의 탈중앙화 특성은 게임 품질이 다양하다는 것을 알게 되었고, 어린 플레이어에게 유해한 상호 작용을 방지하기 위해 채팅 기능을 비활성화할 것을 권장했다.[6]

Family Online Safety Institute의 패트리카 E. 밴스는 부모에게 플랫폼에서 자녀의 상호 작용을 모니터링 하도록 조언했지만 "자녀가 자기 주도적으로 놀고, 탐색하고, 사교하고, 만들고, 배울 수 있도록 허용"하는 플랫폼을 칭찬했다. 아이들이 게임 개발을 경험하도록 장려하는 능력에 대해 로블록스 스튜디오를 특별히 칭찬하였다.[7]

Trusted Reviews는 플랫폼 개요에서 로블록스 스튜디오를 칭찬하면서 "컴퓨터 과학기술을 개발하거나 수많은 청중으로부터 즉각적인 피드백을 받을 수 있는 프로젝트를 만들려는 모든 사람에게 매력은 충분합니다"라고 말했다. Android Guys에 글을 쓰고 있는 크레이그 Hurda는 사용 가능한 게임 수를 칭찬하고 게임이 어린이들에게 재미있다는 사실을 확인하면서 플랫폼의 오디오가 "히트 또는 미스"임을 발견하고, 성인 플레이어에 대한 제한된 매력이 있다고 하였다.

이에 대한 평가는 다음과 같이 정리할 수 있다.
- 사건 사고가 일어날 때 신속하게 대처하지 않는다는 점
- 주 연령층이 7~19세라는 이유 때문에 사기, 해킹 등이 많이 발생한다는 점
- 다양한 사람들이 가끔 한 게임에 몰리다 보니 웹 사이트가 마비되는 사건이 자주 발생한다는 점
- 19금 아이템, 웹 사이트 해킹, 19금 게임, 등을 처리하는 행동이 매우 느린 점
- 저작권법을 위반한 게임들을 처리하지 않는다는 점
- 자주 웹 사이트 점검 또는 오류가 일어나는 점
- 업데이트는 항상 사소한 업데이트만 하고 그 업데이트도 혹평만 받는다는 점
- 프로그램 사용자를 신고해도 해결이 잘 안 된다는 점

---

6) Brereton, Erin (2019년 11월 14일). "Roblox". 《Common Sense Media》. 2020년 6월 24일에 확인함.
7) Vance, Patricia E. (2018년 12월 19일). "What Parents Need To Know About Roblox". 《Family Online Safety Institute》. 2020년 6월 27일에 확인함.

2) 수익적인 측면과 제작사

2017년 로블록스 개발자 콘퍼런스에서 관계자는 2017년 게임 플랫폼의 제작자가 약 170만 명이라고 말했다. 총수입이 최소 $30,000,000이며, 로블록스의 iOS 버전은 2019년 11월에 10억 달러의 매출을 기록하였고, 2020년 6월에 15억 달러를 넘어서 두 번째로 높은 매출을 기록한 iOS 앱이 되었다. 로블록스의 여러 개별 게임은 누적 수익이 1천만 달러가 넘는 반면 플랫폼의 개발자는 전체적으로 2020년 동안 약 2억 5천만 달러를 벌 것으로 예상된다. Roblox Corporation의 가치는 40억 달러이며 벤처 캐피탈 회사인 앤드리슨 호로위츠가 상당한 투자자로 알려져 있다.

마. 장난감

2017년 1월, 장난감 제작사 재즈웨어즈(Jezzwares)는 Roblox Corporation과 협력하여 플랫폼에서 개발자가 만든 사용자 생성 콘텐츠를 기반으로 장난감 미니 피규어를 제작하였다.

미니 피규어에는 레고 미니 피규어와 비슷한 팔다리와 관절이 있지만 크기는 약 8cm로, 레고 피규어의 약 두 배다. 미니 피규어에는 교체 가능한 팔다리와 액세서리가 있다.

세트에는 가상 아이템을 교환하는 데 사용되는 코드가 포함되어 있으며 무작위 미니 피규어가 들어있는 블라인드 상자도 포함되어 있다.

2019년 Roblox Corporation는 "Roblox Desktop"시리즈라는 브랜드의 새로운 장난감 라인을 출시하였고, 2020년에는 세계 50대 혁신기업 게임부분 1위를 차지하고 2007년 샌프란시스코 Business Times에서 기술 및 혁신상을 수상하였으며, 우리나라는 게임분야에서 약 82억 달러로 전체 콘텐츠의 23%를 차지하였다. 참고로 2020년 콘텐츠산업 전체로 수출액은 출판, 영화, 만화, 방송, 게임을 합해서 14조원을 달성했다.

재즈웨어즈(Jezzwares)의 새로운 '포트나이트' 브랜드컬렉션에는 실제와 같은 게임피구어, 도메즈(Domez), 루트박스 등 다양한 콘텐츠가 포함되어 있다.

포트나이트[8]

미국 빌보드차트에서 1위를 차지하는 BTS(방탄소년단)가 미국의 예능프로그램에서 "망치춤"과 "폴로스댄스"를 추면서 화제가 되었던 댄스는 일종의 감정표현으로 유명해진 경우인데 "포트나이트"가 기폭제역할을 한 것이다. 유튜브 검색만 해도 많은 사람들이 따라하는 것을 볼 수 있다.

	개발	EPIC GAMES
FORTNITE	유통	
	플랫폼	Windows PS4 XBOX ONE Nintendo SWITCH [BR] android [BR][7] PS5 XBOX SERIES X|S
해외 등급	ESD	[9] PlayStation Store Nintendo eShop
ESRB T CERO C PEGI 12	장르	빌딩 액션 TPS
관련 사이트	출시	PC/Mac/PS4/XBOX ONE 2017년 7월 25일 2020년 9월macOS 서비스 종료 iOS, 2018년 3월 9일 2020년 8월 14일지원중단 닌텐도 스위치, 2018년 6월 13일 안드로이드, 2018년 8월 10일 Xbox Series X|S, 2020년 11월 10일 PS5, 2020년 11월 12일
글로벌 한국 글로벌 한국 글로벌 한국	엔진	UNREAL ENGINE
	한국어 지원	지원

---

8) https://namu.wiki/w
9) https://namu.wiki

가. 개요

■ 에픽게임즈에서 제작한 3인칭 슈팅 게임으로, PVE 콘텐츠인 세이브 더 월드 모드와 PVP 콘텐츠인 배틀로얄 모드, 포크리 모드 3가지를 제공한다.

나. 모드

1) 세이브 더 월드[10]

■ 2017년 7월 25일, '포트나이트'로 출시된 PVE 디펜스 모드. 상징은 번개 아이콘.

10) 닌텐도 스위치와 안드로이드(삼성 갤럭시 스마트폰)에서는 플레이 불가능

2) 포크리[11]

자신만의 섬을 꾸미고 장식할 수 있도록 새로 선보인 모드. 2018년 12월 7일 시즌7 배틀패스 구매자에게 얼리 액세스 형태로 선출시 되었으며, 이후 12월 13일 모든 사용자에게 공개되었다.

다. 포트나이트 모바일[12]

포트나이트의 모바일 플랫폼 버전으로 배틀로얄 모드와 포크리 모드를 지원한다. 배틀로얄 모드 제2막 시즌1 기준으로 애플리케이션 아이콘은 외관을 선택하지 않은 경우 무작위로 나오는 캐릭터 중 하나인 '존시' 외형이다.

1) 개요

포트나이트의 모바일 플랫폼으로 배틀로얄 모드와 포크리 모드를 지원하며, '세이브 더 월드' 모드는 이식 계획이 없다고 밝혔다.
PC 플랫폼과 동일한 콘텐츠가 제공되나 크로스 플레이는 다른 플랫폼을 사용하는 친구와 파티를 맺었을 때 크로스 플레이를 선택할 수 있다.

2) 게임정보

포트나이트의 배틀로얄 모드는 크로스 플랫폼을 지원하므로 동일한 콘텐츠를 제공하는 특성상, 게임 자체에 대한 설명은 '포트나이트/배틀로얄'[13]과 같다.

3) 운영체제[14]

2018년 3월 9일 iOS 버전에 대한 안내가 뜨며 모바일 버전 발매가 확정되었다.

---

11) 이전까지 "크리에이티브"로 불렸으나 V8.30 패치부터 한국어 버전에서 한해 '포크리'로 명칭이 변경되었다.
12) https://namu.wiki/w/
13) https://namu.wiki/w/
14) https://www.youtube.com

2020년 8월 14일, App Store에서 퇴출되었으며, 기존 이용자는 퇴출 시점의 최신 버전을 구매 내역을 통해 재설치가 가능하나 업데이트를 비롯한 추가 지원은 중단되었다.

라. 기타

타 플랫폼에서도 진행 상황 그대로 플레이 가능하다. 즉, PC에서 해금 많이 하고 PS4로 옮겨도 그대로 이어서 할 수 있다. V-Bucks는 제한적으로 공유되는데, 세이브 더 월드 퀘스트나 배틀로얄 배틀 패스 등으로 지급되는 무료 벅은 공유하지만, 유료로 충전한 V-Bucks는 공유되지 않았다.

단, 계정이 PS4와 연결되었다면 그 계정은 XBOX ONE과 닌텐도 스위치에서 밴을 먹고, 반대로 XBOX ONE이나 스위치에서 연결되면 PS4에서 밴을 먹으나 2018년 9월 26일 소니 측에서 밴을 풀기로 결정하였다. 포트나이트의 제목을 비롯하여 게임내 UI 상에서도 사용된 글꼴은 Burbank Big Condensed Black이며, 한국어판에서는 아시아 폰트가 개발한 어린이날에 글꼴을 병용하였다.

또한 각 문자별 글꼴을 모조리 설치하여 다른 언어의 표기에 쓰이는 다른 문자가 나오는 경우 즉시 해당 글꼴로 대체되어 출력 된다.[15]

---

15) 전술한 오버워치 사례의 경우 예를 들어 영어 등의 라틴문자를 사용하는 언어 판에서 한글을 출력하려 하면 koverwatch가 아닌 (한글이 포함되지 않은) 오버워치 기본 글꼴 Big Noodle Titling만 지원하기 때문에 한글 부분은 시스템 기본 글꼴인 고딕체로 출력되는 문제가 있다. 이는 한글을 지원하는 글꼴인 koverwatch 글꼴을 쓰는 한국어판에서도 마찬가지라 해당 글꼴.

포트나이트의 각 영웅 캐릭터의 3D 모델을 담당한 디자이너는 에픽게임즈 소속의 "Vitaliy Naymushin"라는 인물로, 이전에는 오버워치의 영웅 캐릭터 자리 야의 전체적인 3D 모델을 담당하기도 하였다. 때문에 인체 근육 묘사와 파스텔톤 색감 표현 등에 있어 전체적인 맵핑 작업물의 유사성을 엿볼 수 있다.

에픽 자사의 게임에 대한 이스터 에그가 있다. 주로 벽지 포스터로 언급되는데, 재즈 잭래빗, 언리얼 토너먼트의 타이틀 포스터가 붙어있는 방이 있다. 그리고 어떤 방에는 언리얼 토너먼트 99의 인기 맵중 하나인 Facing World의 풍경을 그린 그림이 이스터에그로 붙어있기도 했다.

세이브 더 월드의 생존자 캐릭터중 하나인 '말콤'은 언리얼 토너먼트 계열 언리얼 시리즈에 고정적으로 등장해 왔던 캐릭터이다. 그리고 1막에 일부 탑승물은 언리얼 토너먼트 일부 시리즈에 등장한 탑승물을 가져오기도 했다.

마블 시네마틱 유니버스의 감독인 루소 형제가 해당 게임의 팬이기에 전작인 어벤져스: 인피니티 워와 협업한 게임모드를 포트나이트에서 선보인 바 있으며, 어벤져스: 엔드게임에서는 중간에 포트나이트 배틀로얄 모드를 하는 장면이 나온다. 시즌 X부터 그래픽카드의 지원 요구사양이 변경되어 포트나이트를 구동하기 위해서는 반드시 DirectX11 버전을 지원하는 그래픽카드를 사용해야 한다.
저연령층의 분포도가 넓기 때문에, 미국에서는 소위 '초딩겜'으로서 조롱의 목적으로 거론되는 경우가 많다. 대표적인 케이스가 블레이드의 슈퍼계정 정지 사건 때 러시가 '미래의 포트나이트 게이머들' 운운한 부분이다.

전 세계에서 제일 사용자 수가 많은 게임이지만 한국에서는 인기가 별로 없는데, 제일 큰 이유는 한국에서 만든 배틀로얄의 양대 산맥이 된 게임이 이미 한국을 점령했기 때문이다
한 사용자가 포트나이트 팬곡 Chug Jug With You를 작곡했는데, 이게 틱톡 등 SNS에서 유행을 타며 이 게임의 테마곡 수준으로 유명해졌으며, 포트나이트는 몰라도 이 노래는 아는 편이 대부분이다.
게임의 분위기와 무기, 의상 등 여러 가지가 전쟁터 히어로즈와 팀 포트리스2를 닮았다.
실제로 전쟁터 히어로즈도 팀 포트리스2의 영향을 받아 제작된 게임이기도 하고 포트나이트의 경우 팀 포트리스2 보다는 형편없는 성이나 분위기는 전쟁터 히어로즈를 많이 닮았다.

NAVER 제페토[16)

가. 네이버 Z 코퍼레이션의 "제페토(Zepeto)"는?

메타버스에 관한 관심이 증대하면서 함께 관심을 받는 서비스 네이버 Z의 "제페토"이다.

온라인 속 3차원 입체 가상세계에서 아바타의 모습으로 구현된 개인들이 서로 소통하고, 돈을 벌고 소비하고, 놀이·업무를 하는 등 현실의 활동을 그대로 할 수 있는 플랫폼으로 국내의 경우 네이버 Z의 "제페토"가 대표적이다.

메타버스는 제페토 외에도 게임, 엔터테인먼트, 기업 간 업무환경에서 가상공간에 일상의 행위를 복제하는 경우 등 광범위에서 활용하고 있다.

NAVER Z Corp.

네이버Z

메타버스 글로벌 AR 아바타 서비스 "제페토"를 서비스하고 있는 네이버Z코퍼레이션은 네이버의 자회사인 스노우(주)가 런칭해 서비스하다가, 2005년 5월 1일 분사하여 독립법인으로 설립하여 출발한 서비스이다. "제페

---

16) https://m.blog.naver.com

토"는 스노우가 2018년 8월 출시한 AR 아바타 서비스로, 출시 두 달 만에 글로벌 다운로드 수가 300만 건을 넘어섰고, 3개월 만에 1,200만 건, 1년 6개월 만에 누적 가입자 수는 1억 3,000만 명을 넘어섰고, 2020년 3월 기준 165개국 2억 명을 돌파한 것으로 알려졌다.

"제페토"가 주목받는 이유는 급속한 성장세도 성장세이지만, 글로벌 아바타 서비스로 해외 이용자 비중이 90% 이상이고, 10대 청소년이 80%를 차지하고 있었으며, 강력한 아바타 구현 기술력으로 증강현실(AR), 기술과 인공지능(AI) 기술을 바탕으로 사용자가 찍은 '셀카'를 자신과 닮았으면서 조금 더 예쁜 3D 아바타를 만들어 준다.

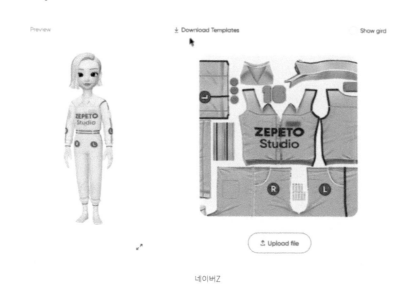

"제페토"는 단순히 자신의 3D 아바타를 만드는데 그치지 않고, 아바타를 통해 사람들과 교류하고, 다양한 엔터테인먼트인 콘서트, 게임 등을 즐기고, SNS를 즐길 수 있다.

네이버Z

여기에다 블랜드 아이템을 만들고, 자신이 좋아하는 아이돌의 옷이나 헤어 스타일을 반영한 아이템을 사고팔며, 아이돌의 음원과 뮤직비디오를 활용해 2차, 3차 창작물을 공유하는 생태계가 형성되고 있다.

나. "제페토(Zepeto)"성공 그 이유는?

"제페토"가 글로벌 시장에서 성공적인 서비스로 성장하는데 가장 크게 기여한 핵심 요인 중의 하나가 K팝으로 K팝 팬들의 덕질 공간화를 통해 수많은 글로벌 Z 세대 팬층들을 유입하고, 확산하는 플랫폼으로 성장한 것으로 분석되고 있다.

*출처 : https://www.youtube.com/watch?v=k3Qcfx_8PdY

이와 같은 K팝 콘텐츠의 가능성과 인프라를 위해 K팝 엔터테인먼트 기업인 빅히트엔터테인먼트, YG, JYP가 이미 170억 원을 투자했으며, 오락 업계와의 협업을 통해 세계 시장에서의 성과를 확산해 나가고 있어야 한다.

제페토 블로그

네이버Z

■ 글로벌 10대들의 아주 신선한 놀이터로 성장하고 있는 "제페토"는 메타버스가 가상현실로 새로운 세상을 열어 가고 있다.

다. "제페토(Zepeto)" 월드의 다양한 비즈니스 모델 : 콜라보와 수익 창출

"제페토(Zepeto)" 월드는 단순한 가상공간에서의 교류와 재미 외에도 실질적인 비즈니스 모델들이 자리 잡아가고 있다. "제페토"는 K팝 아티스트와의 콜라보를 통한 수익모델 외에도 명품 메타버스 공간에서의 소개, 브랜드 신상품 발표, 브랜드의 실질적인 판매 등까지도 가능함을 보여주고 있다.

얼마 전 제페토는 글로벌 명품 브랜드 '구찌의 신상품 가상공간인 '구찌 빌라'를 설치해 한달만에 방문객 130만 명을 넘겼다고 하며, 또한 나이키와 협업해 내놓은 운동화 아이템은 500만 개가 팔렸다. 앞에서도 언급한 바와 같이 "제페토"는 단순한 아파트 커뮤니티 플랫폼을 넘어 다양한 콘텐츠를 개발하고 판매하는 이용자들이 함께 가상세계를 만들어 가고 있어 실질적인 거래가 이루어지고 있으나, 실제 아이템을 판매하는 이용자가 50만 명을 넘어섰다.

"제페토"에서는 누구나 아이템을 제작하고 판매할 수 있고, 이때 "제페토"의 3D 틀을 자유롭게 사용해 자신만의 차별적인 디자인으로 아이템을 제작해 수익을 창출할 수 있는 것이다. "제페토"는 클에이터의 아이템 창작과 판매를 돕기 위해 "제페토" 스튜디오를 통해 상세한 아이템을 만들기를 지원하고 있다.

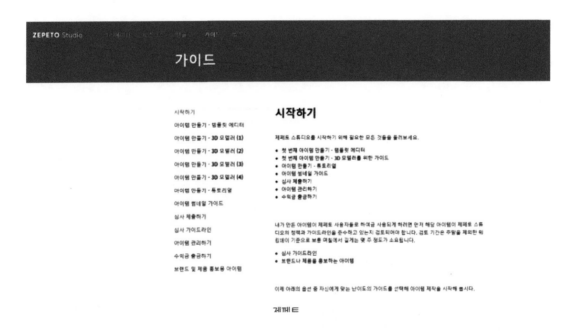

2020년 5월 4일자 보도자료 기준 월 300만 원 이상의 순수익을 창출하는 크리에이터가 나타났다는 소식도 전해진 바 있다. 그동안 "제페토"의 성장세와 아이템 수익 창출 시장의 급성장, 크리에이터 50만명 돌파 등으로 본다면 실제 수익을 창출하는 크리에이터들의 규모 또한 급성장했을 것으로 보인다.

* 출처 : https://www.youtube.com/watch?v=hcQir6AlH8s

즉, "제페토"는 단순한 플랫폼이 아닌 메타버스 공간을 통한 새로운 경제를 창출하는 비즈니스 모델을 선보이고 있는 것이다.

라. "제페토(Zepeto)"의 미래와 그 가능성

얼마 전 국내 스타트업에서 글로벌 기업으로 성장한 '하이퍼커넥트'의 메신저 앱 '아자르'가 글로벌 데이팅 서비스를 제공하는 '매치그룹'이 2조원 대에 매각되었다는 소식에서 보시다시피 글로벌 마켓에서 차세대 플랫폼과 영상기반 서비스에서의 국내 기업들의 선전이 눈에 띈다.

"제페토"는 글로벌 마켓과 Z 세대를 타켓으로 벌써 2억명 이상의 사용자를 확보함으로써, 새로운 메타버스 시대를 선도하는 플랫폼으로 급부상하고 있다. 단순한 놀이 공간으로서의 인기에서 그치지 않고, Z 세대의 새로운 놀이, 경험, 교류, 창작, 부가가치를 창출하는 마켓으로 말 그대로 새로운 가상현실 공간 "메타버스"를 만들어 가고 있는 것이다.

그동안 우리가 알던 현실 공간이 아닌 메타버스라는 새로운 세상을 열어가는 메타버스의 미래, 지금까지 우리가 알던 규칙들을 뒤엎고 새로운 비즈니스 모델과 규칙을 만들어 갈 것으로 보인다.

4 엔씨 소프트 유니버스[17]

가. 개요

유니버스는 다양한 온오프라인 팬덤 활동을 모바일에서 즐길 수 있는 올인원 플랫폼이다. 인공지능(AI) 음성 합성, 모션캡처, 캐릭터 스캔 등 최신 IT 기술과 엔터테인먼트 콘텐츠를 결합한 것이 특징이다.

엔씨소프트는 유니버스를 통해 케이팝 아티스트와 국내 및 해외 팬들에게 새로운 경험과 즐거움을 제공하고자 노력하고 있다. 엔씨소프트는 2020년 7월 설립한 자회사 클랩(Klap)을 통해 유니버스에서 선보일 다양한 오리지널 엔터테인먼트 콘텐츠를 제작하고 있다.[18]

나. 기능

■ 프라이빗 메시지(Private Message & Call)

- 아티스트와 일대일(1:1) 대화를 나누고 아티스트의 실제 목소리를 활용해 개발한 인공지능(AI) 보이스로 전화를 받을 수 있는 기능
- 이 기능에선 아티스트가 직접 작성한 메시지를 받을 수 있음
- 팬들은 아티스트에게 다양한 형태의 답장을 보낼 수 있으며, 또한 인공지능 보이스로 팬이 원하는 시간과 상황에 맞춰 전화를 받을 수 있음

■ 스튜디오(Studio)

- 아티스트가 직접 모션 캡처, 바디 스캔에 참여해 만든 캐릭터를 꾸미고, 캐릭터를 활용해 뮤직비디오(MV)를 제작할 수 있는 기능
- 팬이 직접 꾸민 무대를 아티스트에게 제안할 수 있으며, 또한, 아티스트의 캐릭터로 무대 헤어, 의상, 소품을 스타일링 할 수 있음
- 스타일링한 캐릭터를 활용하여 무대 조명, 배경, 카메라 앵글을 직접 선택하여 뮤직비디오를 제작할 수 있음

---

17) http://wiki.hash.kr/index.php/
18) 유니버스, 〈엔씨(NC), K-POP 엔터테인먼트 앱 '유니버스' 출시 예고〉, 《㈜엔씨소프트 공식 블로그》, 2020-11-05

▪ 미디어(Media)

- 뮤직비디오(MV), 화보, 라디오, 예능 등 오리지널 독점 콘텐츠를 매일 제공하는 기능
- 이 기능으로 유니버스에 참여한 아티스트들은 유니버스 앱에 자신의 일상, 사진, 무대나 촬영 비하인드를 공유하고, 팬들과 직접적인 소통을 할 수 있음

▪ 에프엔에스(FNS)

- 팬과 아티스트가 자유롭게 소통하는 공간
- 팬이 자유롭게 글을 남길 수 있고 아티스트가 일상을 자유롭게 공유할 수 있음
- 기능을 통해 팬과 아티스트가 더 자유로운 소통을 할 수 있음

▪ 콘텐츠 크리에이터(Contents Creator)

- 아티스트 관련 팬아트, 영상 등을 제작해 공유하는 기능
- 팬이 제작한 아티스트 관련 팬아트를 공유하여 다른 팬들과 소통할 수 있고, 제작한 콘텐츠에 투표를 할 수 있고, 표를 많이 받으면 보상을 받을 수 있음

▪ 컬렉션(Collection)

- 스트리밍, 팬미팅, 콘서트 참여 등 온·오프라인의 팬덤 활동을 인증, 기록하고 보상받는 기능
- 예스24, 멜론의 계정을 유니버스 앱에 연동하면 예스24에서 유니버스에 참여하는 아티스트의 음반, 물건을 사거나 멜론에서 아티스트의 음원을 스트리밍하는 활동기록을 컬렉션에서 확인할 수 있음.[19]

---

19) 허준 편집장, 〈(유니버스 출시①)'찐팬'들을 위한 오감만족 K팝 플랫폼 '유니버스'출시〉, 《테크엠》, 2021-01-28

다. 서비스

유니버스는 멜론, 예스24, 배럴즈와 제휴를 맺었으며, 멜론, 예스24 계정을 유니버스 앱에 연동하면 클랩을 지급했고 다양한 활동을 할 수 있다.

예스24의 라이브 홀에서 유니버스에서 개최하는 오프라인 행사인 팬 파티도 진행했으며, 배럴즈의 대표 브랜드 인 커버낫과 마크 곤잘레스는 유니버스 내 스튜디오(Studio)에서 이용자가 아티스트 캐릭터를 꾸밀 때 사용할 수 있다.

1) 클랩

클랩은 유니버스 플랫폼 내에서 사용할 수 있는 재화로, 멜론 계정을 유니버스 앱에 연동하고, 유니버스에 참 여하는 아티스트들의 음원을 스트리밍, 다운로드하여 미션을 완료하면 받을 수 있다. 2021년 4월 1일부터 4월 22일까지 유니버스와 멜론 공동 프로모션을 진행하여 유니버스에 멜론 계정을 연동한 이용자들은 멜론 이용권을 구입하거나 보유하고 있는 이용권을 인증하여 미션을 달성하면 2,000클랩을 증정했고, 공동 프로모션이 끝난 이 후에는 1,000클랩을 지급한다.

또한, 인터넷서점 예스24 계정을 유니버스 앱에 연동하고 유니버스에 참여하는 아티스트와 관련된 상품을 구 입하면 클랩을 지급하였다. 유니버스 앱 내에선 출석과 음원 스트리밍, 굿즈 및 앨범의 QR 인증, 미션 수행, 업 적 달성, 캐릭터 의상 구매, 에프엔에스(FNS) 게시물 작성하면 받을 수 있다.[20] 스튜디오 기능을 사용할 때, 클랩 을 사용하여 아티스트 캐릭터의 의상을 구매할 수 있다.

2) 러브

러브는 유니버스 플랫폼 내에서 사용할 수 있는 재화로, 멤버십에 가입하면 받을 수 있으며, 스튜디오 기능을 사용할 때, 러브를 사용하여 아티스트 캐릭터의 의상을 구매할 수 있다.

---

20) 정도영 기자, 〈(PLAY IT)최애 아티스트가 손안에…엔씨표 엔터 플랫폼 '유니버스'써보니〉, 《디지털데일리》, 2021-01-31

라. 라인업

유니버스에 참여한 케이팝 아티스트는 총 18팀으로, 1차 11팀, 2차 3팀, 3차 4팀을 공개했다.

〈표 6-1〉 유니버스에 참여한 케이팝 아티스트

구분	아티스트	공개일	오픈일
1차	아이즈원(IZ*ONE)	2020. 11. 12	2021. 01. 28
	몬스타엑스	2020. 11. 13	2021. 01. 28
	더보이즈	2020. 11. 14.	2021. 01. 28
	강다니엘	2020. 11. 15	2021. 01. 28
	(여자)아이들	2020. 11. 16	2021. 01. 28
	에이티즈(ATEEZ)	2020. 11. 17	2021. 01. 28
	에이비식스(AB6IX)	2020. 11. 18	2021. 01. 28
	아스트로	2020. 11. 19	2021. 01. 28
	우주소녀	2020. 11. 20	2021. 01. 28
	씨아이엑스(CIX)	2020. 11. 21	2021. 01. 28
	박지훈	2020. 11. 22	2021. 01. 28
2차	오마이걸	2021. 04. 02	2021. 04. 15
	크래비티(CRAVITY)	2021. 04. 02	2021. 04. 15
	위아이(WEi)	2021. 04. 02	2021. 04. 15
3차	브레이브걸스	2021. 05. 10	2021. 05. 24
	드리핀	2021. 05. 10	2021. 05. 24
	이펙스(EPEX)	2021. 05. 31	2021. 06. 08
	영재	2021. 05. 31	2021. 06. 08
	걸스플래닛999	2021. 06. 08	2021. 06. 08

마. 멤버십

유니버스 멤버십은 월 정기 결제 서비스를 통해 이용할 수 있고, 멤버십을 구매하면 유니버스 내에서 이용할 수 있는 기능이 많아지며[21], 프라이빗 1인 권은 월 4,400원으로 인원이 추가되면 할인이 적용 된다.[22]

1) 유니 멤버십 비교

기능	무료	유니버스 멤버십	유니버스 멤버십+프라이빗권
독점 미디어 액세스	✘	✔	✔
프라이빗 메시지	✘	✘	✔
인앱 재화 러브 & 클랩	✘	✔	✔
유니버스 럭키 드로우	✘	✔	✔

2) 유니 멤버십 종류

멤버십 종류	금액(부가세 포함)	상품 정보
멤버십	3,500원/월	독점 미디어 액세스 권한, 러브(300개), 클랩(2,300개), 응모권(3매)
멤버쉽+프라이빗 1인권	7,900원/월	독점 미디어 액세스 권한, 러브(300개), 클랩(2,300개), 응모권(3매), 프라이빗 메시지 1인권
멤버쉽+프라이빗 2인권	11,500원/월	독점 미디어 액세스 권한, 러브(300개), 클랩(2,300개), 응모권(3매), 프라이빗 메시지 2인권
멤버쉽+프라이빗 3인권	15,000원/월	독점 미디어 액세스 권한, 러브(300개), 클랩(2,300개), 응모권(3매), 프라이빗 메시지 3인권
멤버쉽+프라이빗 4인권	18,500원/월	독점 미디어 액세스 권한, 러브(300개), 클랩(2,300개), 응모권(3매), 프라이빗 메시지 4인권
멤버쉽+프라이빗 5인권	22,000원/월	독점 미디어 액세스 권한, 러브(300개), 클랩(2,300개), 응모권(3매), 프라이빗 메시지 5인권
멤버쉽+프라이빗 6인권	25,000원/월	독점 미디어 액세스 권한, 러브(300개), 클랩(2,300개), 응모권(3매), 프라이빗 메시지 6인권

---

21) 미루나무만 미루나무만, 〈엔씨 유니버스 앱 출시 리뷰 (아이즈원 플래닛, 새로운 K-POP 플랫폼 탄생)〉, 《미루의 취미생활》, 2021-01-29
22) 〈UNIVERSE(플랫폼)〉, 《나무위키》

바. 등급

유니버스 이용자들은 등급이 있고, 등급을 올리기 위해선 조건을 만족시켜야 한다. 등급이 올라가면 더 다양한 활동을 즐길 수 있다.[23]

등급	등업 조건	혜택
일반	플래닛 가입	에프엔에스 댓글 작성
작가	댓글 5회 작성, 좋아요 5회 누르기	에프엔에스 게시물, 댓글 작성 가능
크리에이터	팔로워 수 300명, 작성한 게시글에 좋아요 1,000개	에프엔에스 게시물, 댓글 작성, 게시물 첨부 파일 판매 시 수익금 분배 수령

사. 콘텐츠

1) 유니버스 오리지널

뮤직비디오(MV), 예능, 화보, 라디오 등을 제공하는 유니버스의 독점 콘텐츠로, 유니버스 멤버십에 가입하면 콘텐츠를 먼저 감상할 수 있다.[24]

2) 비디오

- 강다니엘 : 에이전트 블랙잭 케이(K)
- 몬스타엑스 : 아리아 51-더 코드(AREA 51 : THE CODE)
- 아이즈원 : 판타스틱 아이즈-히든 스쿨(FANTASTIC IZ : HIDDEN SCHOOL)
- 에이비식스 : 사신의 탄생-더 비기닝(THE BEGINNING)
- 에이티즈 : 해적 리부트-5개의 보물
- 우주소녀 : 대저택의 비밀-사라진 소녀들
- 박지훈 : 프린스 이스케이프-프리즈너 5959(PRINCE ESCAPE : PRISONER 5959)
- 아스트로 : 스페이즈 포스 에이-시크릿 골든 볼(SPACE FORCE A : SECRET GOLDEN BOWL)

---

23) http://wiki.hash.kr/index.php/
24) http://wiki.hash.kr/index.php/

- 더보이즈 : 더 블러드-데스 매치(THE BLOOD : DEATH MATCH)
- 위아이 : 위아당 : 괴도의 탄생
- 오마이걸 - 오틀란티스 킹덤 뉴 에라(Otlantis Kingdom New Era)
- 크래비티(CRAVITY) : 히든 던전 시카다 3301(HIDDEN DUNGEON CICADA 3301)
- 드리핀 : 더 울프(THE WOLF)-마지막 후예

3) 예능

- 꿀로그잼(GGULLOG.ZAM) : 에이티즈-할리데이(HOLIDAY), 우주소녀-복불복하우스, 씨아이엑스-왕이 되려는 자, 박지훈-맥스 아빠의 도전, 강다니엘-넬이 캠핑
- 쌉 댄스(SSAP-DANCE) : 아스트로, (여자)아이들, 박지훈, 위아이, 오마이걸, 씨아이엑스, 더보이즈 드리핀, 강다니엘, 에이티즈
- 케미 끌올 짝짝꿍(CHEMI-MATE ZZG) : 더보이즈, 아스트로
- 리뷰(REVIEW) : 몬스타엑스
- 기생충 챌린지(Challenge) : 크래비티, 에이비식스
- 유 시리즈(U Series) : 브레이브걸스
- 청문회 : 몬스타엑스
- 프메고사 : 크래비티

4) 화보

- 유니버스 서브 컨셉트 : 에이티즈, (여자)아이들, 아이즈원, 아스트로, 더보이즈, 강다니엘, 에이비식스, 크래비티, 브레이브걸스, 위아이, 씨아이엑스, 드리핀
- 캠퍼스라이프 : 에이비식스, 씨아이엑스, 강다니엘, 몬스타엑스, 박지훈, 더보이즈
- 파티타임 : 에이비식스, 강다니엘, 몬스타엑스, 씨아이엑스, 우주소녀

5) 라디오

팬들의 사연을 받아 진행된다.
- 에이비식스(AB6IX) : 팀플하실래요?-헬로 에비뉴
- 아스트로 : 화제진압!-헬로 아로하
- 에이티즈(ATEEZ) : 더 클루(THE CLUES)-헬로 에이티니

- 씨아이엑스(CIX) : 씨앗의 유혹-헬로 픽스
- 여자)아이들 : 들친한사이-헬로 네버랜드
- 아이즈원 : 환상동화 원박싱-헬로 위즈원
- 강다니엘 : 강다니엘 영화제-헬로 다니티
- 몬스타엑스 : 배우신 분들-헬로 몬베베
- 박지훈 : 이웃집 지훈이-헬로 메이
- 더보이즈 : 스타텁즈 디.디.디(D.D.D)-헬로 더비
- 우주소녀 : 우주전쟁:우주家-헬로 우정
- 오마이걸 : 오!마이랭킹-헬로 미라클
- 크래비티 : 평행우주-헬로 러비티
- 위아이 : 위 하이어!(WE Higher!)-헬로 루아이
- 브레이브걸스 : 덕심캠프-헬로 피어레스
- 드리핀 : 드리핀 타임즈-헬로 드리밍

6) 유니버스 뮤직

- 유니버스에서 공개하는 디지털 싱글이다.[25]
  - 2021년 01월 26일 : 아이즈원-대대댄스(D-D-DANCE)
  - 2021년 02월 09일 : 조수미 X 비-수호신
  - 2021년 03월 04일 : 박지훈-콜 유 업(CALL U UP)
  - 2021년 04월 29일 : (여자)아이들-라스트 댄스(LAST DANCE)
  - 2021년 05월 13일 : 강다니엘-아우터스페이스(Outerspace)
  - 2021년 05월 24일 : 에이비식스(AB6IX)-게미니(GEMINI)
  - 2021년 07월 01일 : 씨아이엑스(CIX)-테서렉트(TESSERACT)
  - 2021년 07월 11일 : 더보이즈-드링크 잇(Drink it)

---

25) 〈UNIVERSE(플랫폼)〉, 《나무위키》

아. 행사

유니버스는 다양한 컨셉의 온, 오프라인 행사를 개최하고 있으며, 현재까지 온라인 라이브 콘서트인 유니-콘(UNI-KON), 팬 파티(FAN PARTY), 라이브 콜(LIVE CALL) 등 행사를 열었다.[26]

1) 유니콘

유니콘(UNI-KON)은 유니버스가 2021년 2월 14일에 개최한 온라인 콘서트다. 유니버스의 첫 번째 행사로 무료로 생중계되었다.

본 콘서트에는 260만 명의 시청자가 참여했으며, 유니버스에 참여한 14팀의 케이팝(K-POP) 아티스트가 무대를 장식했다.[27]

엔씨소프트는 콘서트에서 다양한 기술을 적용했으며, 좋아하는 그룹 내에서도 가장 좋아하는 사람을 줄여서 최애라고 말하는데, 자신의 최애를 더 자세히 보고 싶어 할 시청자를 위해 5개의 실시간 멀티뷰를 제공하여 최애만 골라볼 수 있는 기술을 선보였다.

또한, 무대에서 직접 꽃가루를 뿌리거나 불을 쏘아 올리지 않고, 실시간으로 중계되는 화면에서만 효과를 적용하는 확장 현실(XR) 기술을 사용했다. 이 콘서트에서는 케이팝 아티스트들이 노래만 하지 않고, 유니버스에서만 즐길 수 있는 콘텐츠를 소개하기도 했다.

아티스트가 유니버스의 콘텐츠를 직접 사용하는 모습을 보여주고, 유니버스에 있는 아바타를 코디하고 아바타의 포즈를 직접 따라 하며 소개했다.

엔씨 소프트와 클렙은 유니콘 영상을 멤버별 직캠 및 무대별 클립 등이 포함된 오리지널 VOD로 제공할 예정이라 하였으며, 무대 비하인드 및 아티스트의 인터뷰 영상 콘텐츠도 유니버스 앱에 공개할 계획이라 밝혔다.[28]

2) 팬 파티

팬 파티(Fan party)는 실시간으로 공연하고, 팬과 아티스트가 소통할 수 있는 온라인 팬 미팅이다. 스트리밍은 5장 이상 응모한 응모자 전원이 시청할 수 있다.[29]

---

26) 유니버스, 〈엔씨 유니버스, 1,000만 다운로드 돌파〉, 《엔씨 블로그》, 2021-06-07
27) 김효정 기자, 〈유니버스 온라인 콘서트 '유니콘' 164개국 260만 명 시청〉, 《연합뉴스》, 2021-02-15
28) 이성우 기자, 《〈해봤다〉 '역시 기우였다' … '유니버스' 가치 증명한 '유니콘(UNI-KON)'〉, 《테크엠》, 2021-02-16
29) 〈UNIVERSE(플랫폼)〉, 《나무위키》

팬 파티 명	아티스트	날짜
아이즈원 첫 번째 팬 파티 (IZ*ONE 1st Fan Party)	아이즈원	2021년 02월 28일
씨아이엑스:블루밍 데이 (CIX:Blooming Day)	씨아이엑스	2021년 04월 17일
디어 마이 디 (Dear My D)	강다니엘	2021년 05월 16일
선데이 크래비티 (SUNDAY CRAVITY)	크래비티	2021년 06월 06일
웰컴 투 우소家	우주소녀	2021년 07월 10일
몬스타캐슬	몬스타엑스	2021년 07월 24일

3) 라이브 콜

라이브 콜(Live call)은 팬이 아티스트와 일대일(1:1)로 영상통화 하는 것이며, 라이브 콜에 응모하려면 응모권이 필요하다.
응모권은 클랩으로 교환하거나 멤버십 구매를 통해 획득할 수 있으며, 응모하여 당첨된 이용자만 참여할 수 있다.[30]

라이브 콜명	아티스트	날짜
에이비식스 파자마 파티(AB6IX PAJAMA PARTY)	에이비식스(AB6IX)	2021년 04월 03일
씨아이엑스 플로랄 데이(CIX FLORAL DAY)	씨아이엑스(CIX)	2021년 05월 29일
꽃보다 에삐(ABBI)	에이비식스(AB6IX)	2021년 06월 26일
칠린 선데이(Chillin' Sunday)	에이티즈(ATEEZ)	2021년 07월 11일
컬러풀 데이즈(Colorful Days)	아스트로	2021년 07월 25일

---

30) 〈UNIVERSE(플랫폼)〉, 《나무위키》

가. 개요

위버스(Weverse)는 HYBE(前 빅히트 엔터테인먼트)의 자회사 위버스컴퍼니에서 개발 및 운영하고 있는 팬 커뮤니티 역할의 소셜 네트워크 서비스이다.

개발 및 운영	WEVERSE COMPANY Inc.			
출시	2019년 6월 1일			
유형	소셜 네트워킹			
서비스 요금	무료			
지원 운영체제	🔗 android 🤖 🔗 iOS			
공식 홈페이지	🔗 💬			
공식 SNS	🔗 🐦[34)] 🔗 f[35)] 🔗 📷[36)] 🔗 ▶[37)]			

31) https://namu.wiki/w/Weverse
32) https://www.mk.co.kr/news/culture/
33) https://www.ajunews.com
34) https://twitter.com
35) https://www.facebook.com

글로벌 팬덤을 위한 새로운 생태계를 구축하고자 하는 목표하에 팬덤 문화를 혁신하겠다는 WEVERSE COMPANY의 비전에 공감하는 개발자들이 모여 만들었으며, 2020년 9월 기준 가입자 총 1,347만 명을 보유한 대형 플랫폼으로 성장하였다.

전 세계 229개 국가 및 지역에서 일평균 약 140만명이 방문하고, 월평균 약 1,100만개에 이르는 콘텐츠가 생성된다고 한다.

2020년 2월 온라인으로 중계된 빅히트 엔터테인먼트의 사업 프레젠테이션에서, '위버스를 단순한 팬클럽, 커뮤니티가 아닌 팬클럽 관리, 온/오프라인 행사 예매 및 온/오프라인 굿즈 판매, 아티스트와 팬과의 소통 등을 위한 종합 플랫폼으로 확장하겠다'는 큰 계획을 발표하였다.[38] 네이버와 협업의 일원으로 약 1년의 기간을 거쳐 향후 Weverse와 V LIVE가 통합될 예정이라고 한다.

나. 아티스트 라인업

NO	아티스트	입점일	Wever 수[3]	NO	아티스트	입점일	Wever 수[3]
1	방탄소년단	'19.07.01	13,772,508	19	미래소년	'21.03.15	206,560
2	투모로우바이투게더	'19.06.10	5,110,489	20	그레이시 에이브럼스	'20.11.25	164,909
3	ENHYPEN	'20.09.19	4,850,600	21	Lil Huddy	'21.08.23	164,326
4	세븐틴	'20.03.17	2,514,433	22	New Hope Club	'21.02.01	133,966
5	BLACKPINK	'21.08.02	2,498,622	23	체리블렛	'21.01.04	130,144
6	여자친구	'19.08.12	1,195,772	24	MAX	'21.05.31	112,164
7	TREASURE	'21.03.29	949,460	25	프로미스나인	'21.09.06	103,879
8	CL	'20.09.28	538,642	26	원어스	'21.10.25	91,512
9	P1Harmony	'20.10.05	494,175	27	퍼플키스	'21.08.30	72,039
10	뉴이스트	'20.09.08	476,993	28	매드몬스터	'21.07.05	70,752
11	선미	'20.10.19	455,300	29	woo!ah!	'21.05.17	70,639
12	iKON	'21.06.21	412,740	30	Who is Princess?	'21.10.05	58,768
13	Weeekly	'20.10.12	322,695	31	제레미 주커	'21.04.19	54,811
14	드림캐쳐	'20.11.09	307,128	32	FTISLAND	'21.06.07	53,904
15	헨리	'20.10.26	263,108	33	Prettymuch	'21.05.03	45,538
16	EVERGLOW	'21.06.14	234,173	34	Alaxnder 23	'21.02.15	39,654
17	STAYC	'21.08.09	228,512	–	레떼아모르	'21.04.05	
18	JUST B	'21.06.28	219,475	–	WINNER	'21.10.18	

---

36) https://www.instagram.com
37) https://www.youtube.com
38) 스마트폰 위치 정보를 통한 행사 굿즈의 자동 예약 구매 등을 사례

1) HYBE Labels

소 속	아티스트
큰 성공 뮤직	방탄소년단 - RM, 진, 슈가, 제이홉, 지민, 뷔, 정국 투모로우바이투게더 - 수빈, 연준, 범규, 태현, 휴닝카이
빌리프랩	ENHYPEN - 희승, 제이, 제이크, 성훈, 선우, 정원, 니키
플레디스	뉴이스트 - JR, 아론, 백호, 민현, 렌 세븐틴 - 에스쿱스, 정한, 조슈아, 준, 호시, 원우, 우지, 도겸, 민규, 디에잇, 승관, 버논, 디노 프로미스나인 - 이새롬, 송하영, 장규리, 박지원, 노지선, 이서연, 이채영, 이나경, 백지헌

2) 기타

소 속	아티스트
YG엔터테인먼트	BLACKPINK - 지수, 제니, 로제, 리사 WINNER - 김진우, 이승훈, 송민호, 강승윤 iKON - 김진환, BOBBY, 송윤형, 구준회, 김동혁, 정찬우 TREASURE - 최현석, 지훈, 요시, 준규, 마시호, 윤재혁, 아사히, 방예담, 도영, 하루토, 박정우, 소정환
FNC엔터테인먼트	BLACKPINK - 지수, 제니, 로제, 리사 WINNER - 김진우, 이승훈, 송민호, 강승윤 iKON - 김진환, BOBBY, 송윤형, 구준회, 김동혁, 정찬우 TREASURE - 최현석, 지훈, 요시, 준규, 마시호, 윤재혁, 아사히, 방예담, 도영, 하루토, 박정우, 소정환
FNC엔터테인먼트	FTISLAND - 이홍기, 이재진, 최민환 P1Harmony - 테오, 기호, 지웅, 인탁, 소울, 종섭 체리블렛 - 해윤, 유주, 보라, 지원, 레미, 채린, 메이
RBW	퍼플키스 - 박지은, 나고은, 도시, 이레, 유키, 채인, 수안 원어스 - RAVN, 서호, 이도, 건희, 환웅, 시온
드림캐쳐 컴퍼니	드림캐쳐 - 지유, 수아, 시연, 한동, 유현, 다미, 가현
NV엔터테인먼트	woo!ah! - 나나, 우연, 소라, 루시, 민서
위에화엔터테인먼트	EVERGLOW - 이유, 시현, 미아, 온다, 아샤, 이런
플레이엠엔터테인먼트	Weeekly - 이수진, 신지윤, 먼데이, 박소은, 이재희, 지한, 조아
DSP미디어	미래소년 - 리안, 이준혁, 유도현, 카엘, 손동표, 박시영, 장유빈
어비스컴퍼니	선미

소 속	아티스트
팀베리체리	CL
몬스터엔터테인먼트그룹	헨리
블루닷엔터테인먼트	JUST B - 이건우, 배인, 임지민, JM, 전도염, 김상우
포트럭주식회사	레떼아모르 - 길병민, 김민석, 박현수, 김성식
하이업엔터테인먼트	STAYC - 수민, 시은, 아이사, 세은, 윤, 재이
매드엔터테인먼트	매드몬스터 - 탄, 제이호 [6]
해외 아티스트	New Hope Club, PRETTYMUCH, MAX, 그레이시 에이브럼스, 제레미 주커, Alexander 23, Lil Huddy

다. 역사

- 2019년 6월 1일, Weverse 모바일 앱이 출시되었다.
- 2020년 1월 8일, Weverse 웹이 정식으로 오픈되었다.[39]
- 2020년 7월 말, Weverse 모바일 앱의 누적 다운로드 수가 1,000만 건을 돌파하였다.
- 2020년 9월 10일, 위버스 프로필 기능을 오픈하였다.
- 2021년 1월 27일, Weverse의 운영사인 위버스컴퍼니가 2000억을 투자함으로써 네이버의 V LIVE 사업부를 양수하고 네이버는 4110억을 투자하여 위버스컴퍼니 주식 49%를 취득했다.
- 2021년 3월 18일, 위버스 답글 기능을 오픈하였다.

라. 기타

1) 멤버십(팬클럽) 가입 관련

현재 뉴이스트를 제외한 Weverse를 이용 중인 HYBE LABELS 소속 아티스트들과 BLACKPINK의 팬클럽 모집은 상시 가입제로 운영되고 있다.
방탄소년단, 세븐틴은 원래 일정 기간에만 팬클럽을 모집하던 기수별 유료 공식 회원제였지만 위버스 입점 이후 상시 가입제로 전환되었다.

---

39) 전날 Weverse 웹을 가오픈하였다. 지금의 웹페이지 모습과는 달리 위버스를 이용하는 아티스트들에 대한 간단한 소개로만 이루어져 있었다. 하지만 웹 정식 오픈으로 이제 모바일뿐만 아니라 PC를 통해서도 위버스를 이용할 수 있게 되었다.

(가) 방탄소년단 – A.R.M.Y

현재 뉴이스트를 제외한 Weverse를 이용 중인 HYBE LABELS 소속 아티스트들과 BLACKPINK의 팬클럽 모집은 상시 가입제로 운영되고 있다.

방탄소년단, 세븐틴은 원래 일정 기간에만 팬클럽을 모집하던 기수별 유료 공식 회원제였지만 위버스 입점 이후 상시 가입제로 전환되었다.

(나) 투모로우바이투게더 – MOA

투모로우바이투게더는 2020년 1월 9일부터 33,000원에 멤버십과 키트를 동시에 제공하는 패키지 상시가입제 멤버십을 판매하였으나, 2020년 12월 22일부터 22,000원의 멤버십과 14,000원의 키트를 따로 판매하는 형태로 바뀌었으며, 멤버십이 글로벌, US, JP 로 나뉘어져 있다.

(다) ENHYPEN – ENGENE

ENHYPEN 상시 가입제 멤버십은 22,000원이고 키트는 13,000원이다.

(라) 세븐틴 – CARAT

세븐틴은 2020년 9월 1일부로 멤버십 20000원, 패키지 15000원의 상시가입제 멤버십을 판매 중이다. 2021년 08월 20일 부터 멤버십 가격이 22000원으로 올랐고, 패키지는 가격 그대로 판매하고 있다.

(마) BLACKPINK – BLINK

BLACKPINK OFFICIAL BLINK 1기 활동 종료가 됨에 따라, 2021년 12월 17일부터 2021년 12월 31까지 BLINK MEMBERSHIP EARLY BIRD 판매하였고 2022년 1월 1일부터 상시 가입에 멤버십인 BLINK MEMBERSHIP 판매하고 있다.

마. 논란

Weverse 커뮤니티 개설 초기에는 몇몇 무개념 팬들이 타 아이돌 그룹의 사진을 올리며 불쾌하게 보일 수 있는 게시글을 작성하고, 멤버들에게 댓글을 안 달아주면 엽사를 풀겠다는 등 눈살을 찌푸리게 하는 말을 했다. 기존의 A.R.M.Y 정식 회원들을 비롯한 여러 팬덤 중 일부는 기존 팬클럽 정회원보다 혜택이 다소 줄었으며, 해외의 팬들 중엔 아티스트들을 지나치게 희화화거나 희롱하는 영상과 글을 올리기도 하는 이들이 존재하기 때문에[40] 특히 과도한 섹드립이나 엽기사진이 올라와 멤버들이 보고 충격 받을지도 모른다는 걱정을 많이 했다.

---

40) 이는 그런 희화화나 가벼운 조롱, 농담을 나쁘게 생각하지 않는 해외와 국내 팬들간 문화적 차이이면서, 한 아이돌만의 팬인 국내 열성 팬 조직과 여러 아티스트를 동시에 좋아하는 해외 케이팝 팬(속칭 잡덕)들간의 성향 차이 때문이다.

기존 공식 팬카페의 정회원 시스템보다 혜택이 나은 것도 없고 "공식 팬 카페를 굳이 위버스로 옮겨서 좋아진 게 없다"며 불만이 꽤 있는 편이었다.

하지만 이후 모든 티켓 및 굿즈 판매가 위버스에서 이루어지는 만큼 위버스 사용을 하게되었다.

조지 플로이드 사망 사건 당시 일부 사람들이 위버스 커뮤니티에 들어와 관련 글을 올리고, 그 외에도 평상시에 열성 팬 조직 분열 조장을 일으키거나 비난 댓글을 다는 사람들이 생기는 등 불미스러운 일이 몇몇 발생하자 일부 팬들은 멤버십 전용 가입제나 팬 인증을 거쳐야 하는 방법으로 변경하여야 한다는 목소리를 내고 있다. 2020년 9월 10일부로 프로필 생성이 가능해졌는데, 위버 구독 기능이 생겼으나 이 구독 기능을 통해서 팬들이 친목질 등 달갑지 않은 현상들이 발생할 것을 우려하고 있으며, 개인정보 유출의 흑역사를 가지고 있다.

2020년 중반 이후, HYBE LABELS 소속이 아닌 아티스트들이 대거 입점하게 되면서 '디씨인사이드 아이돌 갤러리도 아니고 잡덕들 집합소가 되는 거 아니냐'하는 소리도 나오고 있다. 한 번만 가입하면 아티스트 위버스별 닉네임(아이디) 설정만으로 멤버십 전용 콘텐츠 외 모든 것을 이용할 수 있기 때문이다. 하이브 입장에서는 위버스를 방탄소년단, 투모로우바이투게더, 세븐틴, 뉴이스트, 엔하이픈 같은 레이블 소속 몇몇 아이돌만의 커뮤니티로 그치는 것이 아니라 세계적인 글로벌 플랫폼으로 키우려 하고 있다.

이용자의 대다수인 해외 팬들의 성향과 팬덤 확장을 위해서도 당연히 그렇게 할 수 밖에 없다.

바. 여담

세계 1위 클라우드 컴퓨팅 서비스인 아마존 웹 서비스를 서버로 사용하고 있으며, 2019년 Google Play의 올해를 빛낸 인기 앱에 최종 후보작으로 선정되었다.

투모로우바이투게더는 이전에 데뷔한 그룹들과 달리 다음에서 공식 팬카페를 운영하지 않고 데뷔 한 달 전인 2019년 2월 1일 TXTuniverse라는 공식 팬 커뮤니티를 오픈하여 이용 중이다가 6월 10일 위버스에 첫 아티스트로 입점하게 되면서 팬 커뮤니티를 이전했다.

2020년 6월 14일 위버스 플랫폼을 통해 방탄소년단의 온택트 공연 '방방콘 The Live'를 개최하였으며, 이 공연은 위버스에서 결제, 공연 관람, 공식 상품 구매까지 한번에 가능하도록 확장된 팬 경험을 제공했다. 또, 위버스를 통해 전 세계의 응원봉을 연동함으로써 "비대면 시대에 새로운 공연 문화를 제시했다"는 평가를 받았다.

2020년 7월 삼성전자가 방탄소년단과 협력해 출시한 '갤럭시 S20+ BTS 에디션'에 Weverse가 기본 애플리케이션으로 탑재되어 있다.

향후 머신러닝 기술을 통한 피드 추천, 디지털 아이템 등으로 서비스를 확장할 계획이라고 한다.

2020년 10월에는 위버스 플랫폼을 통해 10~11일 방탄소년단의 'MAP OF THE SOUL ON:E', 31일에는 여자친구의 'GFRIEND C:ON' 콘서트를 개최하였다.

2020년 12월 31일에는 빅히트 레이블 소속 아티스트와 할시, 라우브, 스티브 아오키가 게스트로 출연하는 2021 NEW YEAR'S EVE LIVE 온라인 콘서트가 열렸으며, 티켓은 단독 콘서트보다 최저 만원이 비쌌으며, 싱글뷰, 채팅과 응원 가능한 멀티뷰 등 몇 가지로 발매되었다. 그대신 1월 4일에 티켓 구매자에 한해 아티스트별 콘서트 컷싱글 뷰 티켓을 3000원 배송비에 무료로 제공하였다.

온라인 콘서트를 위한 플랫폼은 아니었는데 코로나19 사태가 장기화되며 모든 오프라인 콘서트와 행사가 취소되고 온라인으로 전환하게 되었다. 이미 준비를 해 둔 덕에 온라인 콘서트로도 많은 수입을 올리게 되어 위버스 런칭이 신의 한 수가 되었다.

팬들도 집에서 콘서트 굿즈를 받아볼 수 있게 되어서 오프라인 콘서트와 달리 세계 어디서나 굿즈 매출이 일어났다.

2021년 1월 체리블렛이 들어오면서 활동명이 유주로 같은 두 사람이 위버스에 공존하게 되었으나, 전자의 인물이 갑작스럽게 쏘스뮤직을 떠나면서 현재는 그렇지 않게 되었다.

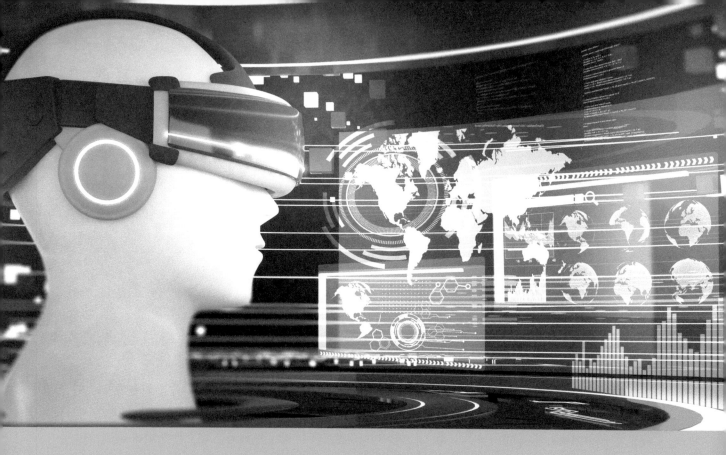

7

메타버스의 기술과
활용사례

가. 개요

최근 산업이 관련 기술의 융복합으로 형성되고 있다. 범용기술이란 국가 혹은 전 지구적 차원에서 생산성 향상 등을 통해 경제에 근본적 영향을 미칠 수 있는 기술을 뜻하며, 인쇄술, 증기기관, 전기, 컴퓨터, 인터넷 등이 범용기술에 해당한다.

범용기술의 특성으로는 확산성, 혁신의 촉매, 지속적 개선 가능성이 세 가지가 있다.[2] 이후 (경쟁 원천)데이터자가 학습을 통해 지속해서 알고리즘 성능을 강화하면서 데이터가 산업의 새로운 경쟁원천으로 부각되었다.

스스로 데이터를 확보할 수 있는 생태계를 구축하고 이를 활용할 수 있는 알고리즘을 보유한 기업이 시장을 주도하고 많은 이윤을 창출할 수 있게 되었다.[3] 최근 몇 년 사이 포스트 코로나 시대와 5G 시대가 시작되면서 확장 현실이 가속화되고, 메타버스가 수많은 데이터를 확보할 수 있는 생태계로 떠오름에 따라 관련 기술들이 부각되고 있다.

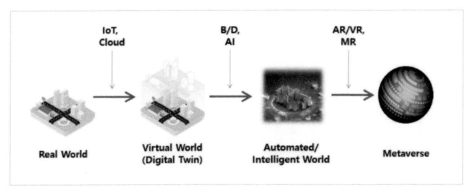

* 출처: IoT 전략연구소

[그림 7-1] **지능형 사물인터넷의 적용과 메타버스의 관계**

---

1) http://wiki.hash.kr/index.php
2) 윤기영 미래전략 연구소장, 〈미래 범용기술의 화수분 '물리 컴퓨팅'〉, 《한겨레》, 2019-04-19
3) 〈4차 산업혁명 대응을 위한 기본 정책 방향(PPT)〉, 《4차산업혁명위원회》, 2017

메타버스 구현에서 중요한 점은 현실 세계의 데이터를 실시간으로 반영할 수 있어야 하며, 이를 바탕으로 가상세계에서 다양한 가능성을 구현해 볼 수 있어야 한다는 점이다.[4]

IoT 전략연구소의 자료에 따르면 현실 세계에서 사물인터넷과 클라우드 기술이 도입되자 가상세계가 구현되었고, 빅데이터와 인공지능을 도입하자 자동화/지능 세계가 구현되었다.

그리고 확장 현실이 추가되어 메타버스가 도래하게 되었다는 내용이다.

메타버스 핵심 기술은 사물인터넷, 클라우드, 확장 현실(혼합현실, 가상현실, 증강현실), 빅데이터, 인공지능, 5G 네트워크, 블록체인을 포함하며 그 외에 확장 현실 기기를 제작하기 위한 기기 제작 기술이나 5G 네트워크의 단점인 보안성을 보완하기 위한 기술 등 또한 넓은 범위의 메타버스를 실현하기 위한 기술이라 간주할 수 있다.

나. 기술

1) 기반 기술

기반 기술은 메타버스가 발생할 수 있었던 필요한 기술로 메타버스가 지속적으로 성장하거나 경쟁력을 갖추기 위해서는 해당 기술들의 꾸준한 발전이 필요하다.

2) 5G 네트워크

모바일네트워크를 정의하는 기준은 사용된 기술, 신호 송신 후 수신까지 걸리는 시간(대기 시간), 네트워크를 통해 연결된 기기로 데이터를 전송하는 속도 등 여러 가지이다.

5G 네트워크는 기존의 4G LTE 셀룰러 네트워크보다 데이터 전송 속도 향상은 물론이고, 대기 시간이 대폭 단축될 뿐만 아니라 단말기와 기지국 사이서 정보를 송수신할 수 있는 범위가 원격 영역까지 확장되었다.

이 특징이 바로 5G 네트워크의 3대 특징인 초고속성, 초저지연성, 초연결성임 덕분에 많은 양의 데이터를 신속하게 수많은 기기로 전송할 수 있다. 이러한 특성으로 5G 네트워크는 코로나로 인한 비대면 환경과 함께 메타버스 시대를 앞당기는 주요인 중 하나이다. 5G 네트워크는 사물인터넷과 함께 다양한 분야에 접목하기 위해 연구되고 있다.

---

[4] 김학용, 〈그림 한 장으로 이해하는 지능형 사물인터넷과 메타버스〉, 《브런치》, 2021-06-18

3) 클라우드

　클라우드 기술은 가상세계를 구현하기 위한 필수 기술이며 사회 변화와 혁신의 중심에는 정보통신기술이 자리 잡고 있다. 사물인터넷은 사물들이 사람의 개입 없이 센서를 통해서 서로 데이터를 주고받으면서 대용량을 데이터 즉 빅데이터를 만들어 내고 있고 이러한 대용량의 데이터는 클라우드라는 기술 및 서비스를 통해 실시간적으로 안정적으로 처리되고 있다.[5]

클라우드를 중심으로 모든 데이터가 집중되면서 산업 현장의 메타버스화는 본격적으로 가속되고 있다. 마이크로소프트도 최근 디지털 트윈을 클라우드에 꾸릴 수 있는 애저 디지털 트윈을 발표하였다. 사물인터넷 기반 기술에 현실 세계와 가상세계를 연결해서 다양한 환경 변수를 추적해 제품을 관리하고 정비와 개발을 반영할 수 있다.

　두산중공업은 이를 바탕으로 풍력 발전에 디지털 트윈을 구축하고, 바람과 온도를 비롯한 기후 환경을 체계적으로 기록, 추적해 최적의 효율을 뽑아낼 수 있는 풍력 발전 환경을 결정하고 운영 중이다.

마이크로소프트는 건물, 공장, 농장, 철도 등 도시 전체를 디지털로 구현할 수 있다고 밝히기도 하였다.[6] 사티아 나델라 마이크로소프트 최고경영자(CEO)는 이그나이트 기조연설에서 "어디에나 존재하는 탈중앙화 된 컴퓨팅과 독립된 데이터, 능력이 향상된 창작자와 커뮤니티 등을 기반으로 한 기술이 앞으로 클라우드의 혁신을 이끌 것"이라고 강조하였다.

　한편 국내 클라우드 업계 경쟁은 더욱 치열해졌다. 기존 케이티, 네이버클라우드, 엔에이치엔(NHN)에 더해 카카오까지 공공 클라우드 서비스에 뛰어들면서다.

올해부터 활성화하는 공공·금융 클라우드 시장 선점을 위해 해당 기업들이 앞다퉈 사업 전개에 나설 것으로 보인다.[7]

　이처럼 클라우드 서비스 기업이 메타버스를 위한 서비스와 플랫폼을 준비해 나가는 과정에 있고, 다양한 기기를 기반으로 고속의 무선 통신망과 엣지 컴퓨팅을 활용하는 것이 기본적인 방식이 될 것이다. 또한, 막대한 양의 계산을 통한 렌더링 문제는 서버에서 렌더링을 해결하고 이를 클라이언트로 스트리밍하는 방법이 기본 서비스 구조가 될 것으로 보이는데, 이는 결국 5G와 클라우드의 결합을 통해 실현될 것이다.

---

5) 주용한 외 7인, 〈[2021년 Vol.06 KISA Report-6월호]〉, 《한국인터넷진흥원》, 2021-07
6) 한상기 외 9인, 〈(2021년 Vol.02 KISA Report-2월호_001) 메타버스를 위한 소프트웨어 플랫폼〉, 《한국인터넷진흥원》, 2021-02
7) 최은정 기자, 〈(상반기 결산) ④ 메타버스·클라우드 경쟁 뜨겁다〉, 《아이뉴스24》, 2021-07-11

또한 앞으로의 과제는 어떻게 하면 수천수만 명이 동시에 하나의 환경에서 상호작용을 하게 만들 것이며, 다양한 디지털 자산을 쉽게 만들고 때로는 실제 세상과 메타버스가 상호 연계하게 만들어나가도록 할 것인가가 앞으로 해결해 나가야 하는 도전이 될 것이다.[8]

4) 사물인터넷

사물인터넷은 차세대 정보통신기술(ICT)의 핵심 기술 중 하나로 현재 수많은 분야와 사물에 사용되고 있다. 차세대 정보통신 분야에서 글로벌 경쟁에 앞서나갈 수 있었던 기반은 잘 구축된 통신 인프라 덕분이다.
2018년 이후에는 사물인터넷 기반의 초연결 사회로 진입하면서, 모든 사물이 인터넷과 연결되는 유무선 네트워크를 통해 발생하는 지능형 스마트 사물인터넷이 진화하고, 혁신적인 성장으로 전통산업의 기술발전과 가치사슬 전반에 영향을 주고 있다.

특히, 2020년 이후에는 코로나로 인한 전통산업의 디지털 융합화로 비대면 상황을 적극적으로 수용하는 디지털 전환이 급속히 진행되고 있다. 비대면 확대로 사물인터넷을 활용한 증강/가상현실 기반의 디지털 트윈이 기존의 전통산업과 융합되는 디지털 대전환의 핵심이 될 것이다.

실제 산업 현장에서 생산품이나 시스템이 사물인터넷으로 연결됨으로써 가상세계와 실시간 모니터링 및 제어할 수 있는 혼합세계를 맞게 될 것이다.
한편, 사물인터넷은 연결형, 지능형, 자율형으로 모델을 구분할 수 있는데 연결형은 사물이 인터넷에 연결되어 주변 환경을 살피고 그 결과를 전송할 수 있으며 모니터링 정보를 통해서 원격으로 사물을 제어한다. 지능형은 사물이 주변을 살핀 후 전송한 데이터를 클라우드에서 지능적으로 분석, 진단, 의사결정을 한다. 마지막으로 자율형은 사물이 지능을 가지고 자율적으로 상호 소통 및 협업하여 인간의 최소 개입만으로 임무를 수행할 수 있는 단계이다.

오늘날 융합산업은 사물인터넷을 활용한 디지털 트윈에 촛점을 두고 있다.
전통산업 분야에서 자율형 사물인터넷을 활용한 융합산업의 유지 관리 및 안정성에 대한 정보를 제공함으로써 전통 제품이 더욱 효과적으로 수행될 수 있도록 데이터 및 효율성을 향상할 수 있게 되었다.

---

8) 한상기 외 3인, 〈[디지털 서비스 이슈리포트 (2021-02)]〉, 《한국지능정보사회진흥원》, 2021-02

파이낸스 온라인의 글로벌 전문가들은 전 세계에 초 연결형 사물인터넷 디바이스 수가 2030년에는 250억 개를 초과할 것으로 예측한다. 비대면 융합산업 분야에서 사물인터넷은 디지털 트윈과 인터넷 연결을 확장함으로써 '메타버스 가상세계의 사물인터넷 단말'의 상호작용과 모니터링으로 기존 전통산업의 비대면 디지털 전환을 위한 기회가 될 것이다.[9]

5) 인공지능

인공지능은 20세기 중반 컴퓨터 발달 혁신이 시작되면서 컴퓨터를 학습시켜 하나의 두뇌로 만들 수 있지 않겠나는 생각에서 시작되었다. 인공지능에 관한 연구가 지속해서 이뤄지다가 국내에는 이세돌과 인공지능의 대결로 대중들에게 확실하게 알려졌다.

인공지능에는 약 인공지능(Weak AI)과 강 인공지능(Strong AI)으로 구분되는데 약 인공지능은 지금 우리 실생활에 녹아들은 모든 인공지능을 말하고 강 인공지능은 우리가 미래에 어쩌면 도래할지도 모른다고 상상하는 인간과 거의 흡사한 것을 말한다.

인공지능은 4차 산업혁명 시대의 핵심 기술로 떠오르며 대기업은 물론이고 많은 스타트업이 인공지능 분야에 뛰어들었다. 누구나 강 인공지능을 구현하는 것을 꿈꿨고 강 인공지능은 아니더라도 제대로 구현되는 약 인공지능을 개발하는 것을 목표로 하였다.

그러나 많은 스타트업이 실패하였다. 기업을 위해 인공지능을 만드는 수직적 기업은 그나마 상황이 나은 편이지만 개발자나 데이터 사이언티스트 같은 전문가를 위한 솔루션을 만드는 수평적 기업은 구글, 네이버 등의 빅테크 기업이 아니라면 몇몇을 제외하곤 상황이 꽤 좋지 않다.[10]

이처럼 많은 인공지능 스타트업들이 실패한 원인 중 가장 큰 비율을 차지하는 것은 바로 데이터이다.

- 첫째, 적절하게 분류된 데이터가 부족함은 물론이고
- 둘째, 너무 많은 곳에 존재하는 데이터를 통합하는 일도 잘 이루어져 있지 않다.
- 셋째, 학습시킨 데이터가 한쪽으로 편향되어있는 것은 흔하며

---

9) 한상기 외 7인, 〈(2021년 KISA Report 6월호_5) 비대면 융합산업 발전과 디지털 대전환〉, 《한국인터넷진흥원》, 2021-07-06
10) 장미 기자, 〈그 많던 AI 스타트업은 어디로 갔나?〉, 《아이티조선》, 2020-12-17

- 넷째, 이전과 달리 전혀 예측하지 못한 데이터를 학습해버려 인공지능의 성격이 바뀌어 버리는 데이터 드리프트 또한 문제이다.[11]
- 다섯 째, 비정형 데이터의 문제로는 비정형 데이터는 형태와 구조가 규격화되지 않은 음성·영상·사진·문자 등의 데이터로 정보처리 용량 및 속도의 향상과 AI 기술의 발달로 비정형 데이터의 활용도는 급증하는 추세이다.

그러나 비정형 데이터는 대부분 고객의 개인정보이거나 저작물일 경우가 많아 법적으로 문제가 된다.[12] 그렇다고 수많은 비정형 데이터를 사용하지 않는다면 인공지능의 성능을 끌어올리는 것이 어려울 것이다. 결국 인공지능을 학습시킬 데이터의 부족으로 많은 인공지능 스타트업이 사라졌다.

수많은 데이터의 원천과 빅데이터 전문가를 보유하고 있는 구글 또한 챗봇인 구글 인공지능 도우미도 여전히 사용자의 질문 의도를 제대로 파악하지 못하고 음성 명령을 잘 인식하지 못한다는 불만이 나오고 있다. 검열의 수준이 높은 중국의 챗봇인 샤오이스도 끝내 검열이 되어야 할 대화가 나오면서 서비스가 금지되었다.[13] 이처럼 인공지능은 여전히 데이터가 부족하여 우리가 생각하는 수준으로 구현이 되지 않고, 우리가 원치 않는 데이터를 학습해 알 수 없는 방향으로 튀며, 전문 인력 또한 터무니없이 부족하다.

한편, 수많은 국내외 빅테크 기업들이 메타버스에 주목하고 있으며, 바로 메타버스에서 얻을 수 있는 수많은 비정형 데이터 때문이다. 수년이 걸리더라도 초기 구축이 제대로 이루어져 생태계를 형성하고 전문가들을 양성하여 메타버스가 자리 잡으면 빅테크 기업들은 메타버스의 시대가 끝날 때까지 끊임없는 비정형 데이터를 얻을 수 있다.

메타버스를 통해서 사용자의 다양한 신체 정보와 행동 패턴 등 많은 데이터를 얻을 수 있으며, 또 메타버스에서 이뤄지는 모든 활동은 데이터로 이루어져 있어서 데이터를 쓸만한 데이터로 가공하는 데 드는 노력과 시간이 감축될 것으로 기대된다.[14]

결국 메타버스에서 얻은 데이터를 인공지능에 학습시켜 더 뛰어난 인공지능을 구현하여 이를 통해 경쟁력을 확보하고 수익을 내는 것이 목표이다.

---

11) 마리아 코로로브, 〈인공지능 프로젝트가 폭망한 이유 6가지〉, 《아이티 월드》, 2019-08-22
12) 류은주 기자, 〈'이루다' 제재에 비정형 데이터 활용 주의보〉, 《아이티 조선》, 2021-05-16
13) 〈AI 챗봇은 왜 실패하는가 : 이루다가 남긴 과제 I〉, 《엠아이티테크놀로지리뷰》, 2021-03-20
14) 이경태 기자, 〈인공지능 시대 '데이터 금광'으로 떠오르는 메타버스〉, 《뉴스핌》, 2021-05-25

6) 빅데이터

빅데이터 기술은 데이터 수집, 저장, 처리 등에 관련된 빅데이터 플랫폼 기술과 이와 연계한 빅데이터 분석 예측 기술을 활용하여 새로운 통찰력과 비즈니스 가치를 창출하는 빅데이터 분석 활용 기술을 포함한다.

지금까지 많은 발전을 이루었으나 여전히 인간의 지능을 완벽히 구현하는 데는 많은 한계를 가지고 있는 인공지능의 수준을 끌어올릴 수 있는 것이 바로 빅데이터 이다.
이때 빅데이터를 수집하는 사물인터넷뿐만 아니라 이를 분석하기 위한 빅데이터 및 컴퓨터 용량을 제공하는 클라우드 기술, 자연어 처리 기술과 인식기술 등 다양한 기술의 발전이 요구된다.[15]

이전에도 지금도 빅데이터는 인공지능과 더불어 4차 산업혁명의 핵심 기술이며, 메타버스가 주목받는 지금 빅데이터는 더욱 핵심 기술로 떠오를 것이다. 메타버스 내에서 생산할 수 있는 데이터는 무인 매장 '아마존고'에서 인공지능 감시카메라로 얻는 데이터와 흡사하다.

무인 매장인 아마존고는 인공지능 감시카메라를 통해서 소비자들의 행동 패턴을 처음부터 끝까지 기록한 뒤 데이터화 하였다. 기업들은 메타버스 안에서 사용자가 접속할 때부터 그만둘 때까지 사용자의 행동 패턴을 데이터화 할 수 있다.

그렇게 모은 데이터를 빅데이터화 시키고 인공지능에 학습시키거나 긴밀하게 연결된 다른 분야에 활용할 수 있을 것이다. 메타버스가 주목받기 전부터 국내 ICT 인프라는 세계적 수준이지만 빅데이터를 활용할 수 있는 데이터의 양이 부족하고, 기술수준도 선진국에 비해 낮은 수준으로 평가된다.[16]
국내에서는 데이터 활용 부족과 부분적인 데이터 플랫폼 구축에 따른 비효율성 등 우려가 제기되고 있기에, 다양한 데이터 플랫폼의 활용성을 높이고 다양한 곳에 제공될 데이터 플랫폼에 대한 효율적 투자와 정책 마련이 필요하다고 느껴 '민관 협력 기반 데이터 플랫폼 발전전략'을 발표했다.[17]

이에 따라 대한통운, 신한은행, 삼성SDS, 인천공항, 대구시 등 다양한 곳에서 빅데이터 전문가를 양성한다는 뉴스 기사들이 올라왔다. 빅데이터와 긴밀하게 연결된 메타버스의 유형 중 라이프로깅은 자신의 일상이나 경험을 저장하고 기록으로 남기는 것을 의미한다.

---

15) 권순선 교수〈(TTA 저널) 특집: Special Report 인공지능과 빅데이터 기술 동향〉,《한국정보통신기술협회》, 2020-01
16) 권순선 교수, 〈(TTA 저널) 특집: Special Report 인공지능과 빅데이터 기술 동향〉,《한국정보통신기술협회》, 2020-01
17) 데이터진흥과, 〈민관협력기반 데이터 플랫폼 발전전략 발표〉,《과학기술정보통신부》, 2021-06-11

페이스북, 트위터, 인스타, 유튜브의 브이로그 등 자신의 일상을 올리는 모습에서 라이프로깅을 찾아볼 수 있다. 책 메타버스(김상균 지음)에 따르면 사람들이 올리는 내용은 보여주고 싶지 않은 면은 가리고 보여주고 싶은 모습만 보여주어 자신이 삶을 기록하는 것을 즐기고 있다는 모습을 보여준다고 한다.

단순히 이런 내용의 뜻도 있지만 라이프로깅은 빅데이터와 긴밀한 모습을 보여준다. 한가지 예시로 의료분야로 접근하면 스마트워치로 매시간 쉬지 않고 착용자의 심박수, 혈압, 활동량 등을 라이프로그(Life log) 하면서 쌓인 데이터로 착용자의 건강 상태를 파악하고 예측한다.

그리고 이를 통해 원격으로 의사에게 그동안 쌓아온 데이터를 보내고 처방을 받을 수 있다.

인스타그램의 경우, 자신이 꾸준히 올린 사진을 빅데이터화 하여 사용자 맞춤 광고를 보내거나 10대의 사용자가 꾸준히 라이프로깅한 데이터를 토대로 10대의 트렌드를 분석할 수도 있다. 메타버스를 크게 4개의 세계로 나눴을 때 라이프로깅은 세계로서 그중 하나이다.

우리는 메타버스를 증강 혹은 가상현실에서 즐길 수도 있지만 라이프로깅 세계에서 또한 즐길 수 있다. 처음 서술했던 것처럼 자신의 일상을 찍어서 모두가 연결된 소셜네트워크 서비스에 올려서 라이프로깅을 즐길 수 있다.[18]

---

18) 김상균 교수/장재웅 기자(정리), 〈(DBR/Special Report) 게임서 벌어진 팬데믹, 실제 질병 대응에 특급 도움〉, 《동아일보》, 2021-02-10

2 메타버스 환경 변화

가. 메타버스의 유형과 환경 변화

메타버스 로드맵에 따르면 메타버스는 구현되는 공간의 현실 중심/가상 중심 여부와 구현되는 정보의 외부 환경정보 중심/개인·개체 중심 여부에 따라 다음과 같이 4가지 유형으로 구분된다.

첫째, 증강현실(Augmented Reality)은 현실 공간에 2D 또는 3D로 표현되는 가상의 물체를 겹쳐 보이게 하면서 상호작용하는 환경으로, 거부감을 줄이면서 보다 높은 몰입감을 유도할 수 있는 것이 특징이다. 예를 들면, 화재로 전소된 남대문을 촬영한 후 디지털로 구축된 남대문을 중첩해 보여줄 수 있다.

둘째, 라이프로깅(Lifelogging)은 사물과 사람에 대한 일상적인 경험과 정보를 캡처하고 저장하고 묘사하는 기술이다. 사용자는 일상생활에서 일어나는 모든 순간을 텍스트, 영상, 사운드 등으로 캡처하고 그 내용을 서버에 저장/정리하고, 다른 사용자들과 공유한다.

셋째, 거울 세계(Mirror Worlds)는 실제 세계를 가능한 한 사실적으로, 있는 그대로 반영하되 '정보적으로 확장된' 가상세계로 구축하는 것이다. 구글 어스(Google Earth)는 세계 전역의 위성사진을 모조리 수집하여 일정 주기로 사진을 업데이트하면서, 시시각각 변화하는 현실 세계의 모습을 그대로 반영한다.

넷째, 가상세계 (Virtual Worlds)는 현실과 유사하거나 혹은 완전히 다른 대안적 세계를 디지털 데이터로 구축한다.

이런 메타버스의 4가지 유형은 독립적으로 발전해 오다가 최근 상호작용하면서 유형의 경계를 허물면서 융·복합의 형태로 새로운 형태의 서비스로 진화 중이며, 향후 상호작용이 가속화 되면서 미래 메타버스를 형성할 전망이다.

[그림 7-2] Ghost pacer

- AR + Life logging: [그림 7-2]의 Ghost pacer 서비스는 AR Glass를 활용하여 현실에 가상 runner를 형성하고 이를 life log 데이터와 연결하고, AR Glass에 보이는 아바타의 경로와 속도를 설정하고 실시간 경주가 가능하며 STR AVA 운동 앱, 애플워치와 연결이 가능하다.
- Life logging + Virtual Worlds: 英 Hopin, Teooh 등의 기업이 제공하는 가상 Conference/Events에서는 가상 속에서 진행되는 회의와 네트워킹 등 모든 활동이 life logging으로 연계되어 사후 성과 측정이 가능하다.

[그림 7-3] Epic LIVE 서비스

[그림 7-3] Epic LIVE 서비스는 국내 기업 "(주)살린"이 개발한 EPIC LIVE 엔진을 이용한 가상 회의/미팅 체험 서비스이다.

- Virtual Worlds + Mirror Worlds: 구글은 [그림 7-4]와 같이 Google Earth VR을 통해 전 세계에서 가고 싶은 곳을 가상현실을 통해 체험할 수 있는 서비스를 제공하고 있다.

* 출처 : http://www.youtube.com

[그림 7-4] Google Earth VR

- AR Mirror Worlds: 구글은 [그림 7-5]와 같이 Google Map에 AR 기능을 접목한 내비게이션 서비스를 제공하고 있다.

* 출처 : http://www.youtube.com

[그림 7-5] Google Earth AR

나. 메타버스 활용 분야

〈표 7-1〉 메타버스 활용 분야[19]

분 야	특 징
교육	• 정체성 탐색, 상황 학습, 경험 확장, 몰입 확대, 문제 해결, 시스템적 사고 등의 기회를 제공하여 연령대에 따른 발달과업을 수행하고 지식의 효과적 확장에 사용 • 교육, 게임, HCI, 인터랙티브 미디어 등의 학문분과에서 메타버스의 교육적 효과를 증명하면서 교육 분야에서의 접목은 확대 추세문화·예술
문화·예술	• 공간적·시간적 제약이 따르는 문화·예술 분야에서의 관객 유입으로 산업 경쟁력을 높이는 한편 전시·공연작과 관객과의 상호작용성 강화를 위해 활용 • 전시·공연 공간을 그대로 디지털 플랫폼상에 제공하는 서비스에서 나아가 상호작용과 시공간 성을 확장하는 방식으로 변화
홍보·마케팅	• 전통 미디어와 일부 온라인 미디어의 일방향적 소통의 한계를 극복하고 몰입형 광고와 오가닉 마케팅을 위한 기회 제공 • 샌드 박스형 게임의 경우 낮은 비용으로 인해 기업뿐만 아니라 공공·공익, 문화·예술, 정계 등 다양한 분야에서의 접목도 증가
엔터테인먼트	• 엔터테인먼트 업계의 주요 자산인 파워 셀레브리티와 팬 간의 상호작용을 다양화하는 방식으로 활용 • 특히, 셀러브리티 아바타를 구현하여 팬 개개인에게 특화된 소통 기회를 제공하고 기업과의 파트너십을 통해 제품 판매
일상생활	• 요리, 건강관리, 인테리어, 길 찾기, 뷰티 등 다양한 일상 분야에서 증강현실 기술을 활용한 서비스가 점진적으로 증가 • 현재까지는 활용도가 높지 않으나 라이더 스캐너 등 3D 센서, 향상된 AP가 모바일 기기에 적용되고 5G가 대중화되면서 콘텐츠 및 이용 증가 예상 생산·제조
생산·제조	• XR 기술을 생산 공정의 효율성 및 정확도 증진, 직원 훈련, 원격 보수, 업무 공유 등에 활용하여 생산·제조 혁신도모 • GE(General Eletronics), BMW, 월마트, DHL 등 세계적 제조·유통·물류 기업에서 XR 기술을 업무에 도입하여 그 효과성을 입증하면서 적용 사례 증가 전망

---

19) 한상기 외 9인, 〈(2021년 Vol.02 KISA Report-2월호_001) 메타버스를 위한 소프트웨어 플랫폼〉, 《한국인터넷진흥원》, 2021-02

다. 메타버스의 혁명적인 변화

메타버스는 다음과 같이 3가지 측면에서 혁명적인 변화라고 할 수 있다.[20]

• 첫 번째는 편의성, 상호작용 방식, 화면·공간 확장성 측면에서 기존 PC, 모바일 기반의 인터넷 시대와 메타버스 시대는 차이가 존재한다.

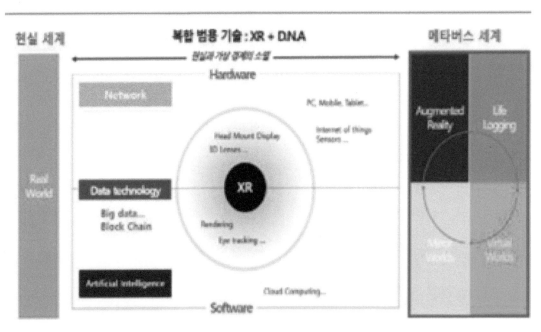

[그림 7-6] **가상 융합경제 XR**

• 첫 째, AR Glass 등 기존 휴대에서 착용(Wearable)의 시대로 전환되면서 편의성이 증대하였고, 상호작용 측면에서 인터넷 시대에는 키보드, 터치 방식을 활용하였으나, 메타버스 시대에는 음성, 동작, 시선 등 오감으로 발전하고 있으며, 2D Web 화면에서 화면의 제약이 사라진 3D 공간 Web으로 진화 중이다.

• 둘 째, 기술적 측면임 메타버스를 구현하는 핵심 기술은 범용기술의 복합체, XR+D.N.A임 메타버스는 다양한 범용기술이 복합 적용되어 구현되며 이를 통해 현실과 가상의 경계가 소멸되고 있다.

---

20) 이승환, "로그인(Log In) 메타버스: 인간 x 공간 x 시간의 혁명", 소프트웨어정책연구소, 이슈리포트 IS-115,

- 셋 째, 경제적 측면이다. 메타버스 시대의 경제 패러다임으로 가상 융합경제에 주목하고 있다. 메타버스는 기술 진화의 개념을 넘어, 사회경제 전반의 혁신적 변화를 초래하는데, 메타버스 시대의 경제 전략으로 실감 경제(Immersive Economy), '가상 융합경제'의 개념이 제시되고 있다.

가상 융합경제는 XR 등 범용기술을 활용해 경제활동(일·여가·소통) 공간이 현실에서 가상융합 공간까지 확장되어 새로운 경험과 경제적 가치를 창출하는 경제이다.
메타버스 시대에는 복합 범용기술로 차별화된 경험 가치(Immersion, Interaction, Imagination, Intelligence) 전달이 가능하고 이로 인해 시·공간을 초월한 새로운 경험 설계가 가능하게 된 것이다.

메타버스의 기술 변화

　메타버스 기술의 변화는 다음과 같이 크게 메타버스 플랫폼과 메타버스기기 및 관련 소프트웨어의 변화로 정리할 수 있다. 우선 메타버스 플랫폼의 변화를 정리해보면, 메타버스는 [그림 7-7]과 같은 로블록스, 마인드 크래프트, 포트나이트, 제페토, 샌드박스, 디센트럴랜드 등과 같은 게임, SNS 등 서비스 플랫폼과 결합되어 급속히 확산 중이다.

기존 게임이 미션 해결, 소비 중심이었다면, 메타버스 플랫폼에서는 사용자가 자신의 아이디어로 가상자산(Virtual Asset)을 만들어 수익을 창출하고 다른 사용자들과 공연 등 다양한 사회, 문화적 교류가 이루어진다는 점에서 차이가 있다.

플랫폼 참가자의 수익모델이 존재하고, 전 세계 가입자가 급속히 증가하는 등 플랫폼 경쟁력이 높아 메타버스 확산의 동력이 될 전망이다. 또한, 메타버스 제작·구현 플랫폼의 활용 영역이 게임을 넘어 전 산업에 확대 중이며, 진화된 플랫폼도 지속적으로 등장하고 있다.

게임의 가상세계 제작에 활용되던, Unity, Unreal 개발 플랫폼이 최근 다양한 산업에 확대 적용 중이며, 개발자 생태계도 커지는 중이다.

Unity는 가상게임 제작의 플랫폼 경쟁력을 기반으로 건설, 엔지니어링, 자동차 설계, 자율주행 등 타 산업으로 확대 중이며, 개별 산업영역들이 가진 시장잠재력이 게임산업을 넘어설 것으로 전망된다.

[그림 7-7] 대표적인 메타버스 게임 플랫폼 '로블록스'

Unreal은 에픽 게임즈가 개발한 게임엔진으로 현실과 구분하기 어려울 만큼의 고품질 그래픽 구현이 가능하여 엔씨소프트의 리니지2M, 넥슨의 V4, 카트라이더 드리프트 등 대작 게임용으로 활용되고 있으며 최근 타 산업 활동도 증가하고 있다.

구글과 애플도 모바일 AR을 쉽게 구현할 수 있는 개발 플랫폼 ARCore와 ARKit를 발표하였고 이를 활용한 다양한 모바일 AR 서비스가 출시되고 있는데, ARCore, ARKit를 활용하면, 2016년 큰 인기를 끈 증강현실게임 '포켓몬 고'와 같은 게임을 손쉽게 제작할 수 있다.

50만명 이상의 학생들이 Unity를 통해 3차원 입체 세계를 구성해 내는 작업을 공부하고 있고, 수년 안에 100만 명을 돌파할 것이며, 모바일 앱 개발자가 세계 1,200만 명 정도 커진 것처럼 3차원 가상현실을 만드는 수많은 개발자 생태계가 형성될 것으로 예상되는 등 메타버스 제작 플랫폼을 활용하는 개발자 생태계는 지속적으로 확대 중이다.

2020년 10월에 엔디비아가 실제와 같은 가상세계를 협업으로 쉽고, 빠르게 구현하는 옴니버스(Omniverse)를 발표하며 전 산업의 활용 가능성을 시사하였고, 2021년 2월에 에픽 게임즈가 누구나 쉽게 가상인간 'Meta human'을 제작할 수 있는 'Meta Human Creator'를 출시하는 등 메타버스 구현을 지원하는 새로운 플랫폼도 지속 등장하고 있어 진화의 속도가 빨라질 전망이다.

최근에는 메타버스 협업 플랫폼이 새로운 의사소통과 일하는 방식의 변화를 주도하고 있는데, 2021년 3월 MS가 메타버스 시대를 이끌어나갈 협업 플랫폼 Mesh를 공개하였다.

Azure를 기반으로 구축된 Mesh는 사용자로 하여금 다른 지역에 있어도 서로 같은 방에 있는 것처럼 느끼도록 지원하는 혼합현실 플랫폼이다.

때문에 Mesh를 활용하면 가상협력 시공간을 초월한 교육 및 훈련, 언제, 어디서나 만날 수 있는 전문가와 함께하는 3D 디자인, 설계, 의료 등 다양한 분야에서 시공간을 초월한 협력이 가능하다. 다음으로 메타버스기기 및 소프트웨어의 변화를 정리하면, 디바이스 관련 기술혁신으로 메타버스를 지원하는 VR·AR 등 몰입기기의 가격이 감소하는 추세이다.

〈표 7-2〉 주요 VR기기 사양 비교

구 분	Oculus Quest2	Oculus Quest	Valve Index	HTC Vive Cosmos	HP Reveb G2
가격($)	299	399	999	699	599
Pixel per eye	1832×1920	1440×1600	1440×1660	1440×1700	2160×2160
무게(gram)	503	571	809	645	550
Sceen refresh rate(Hz)	72~90	72	80~144	90	90

몰입 기기의 평균 가격은 1991년 41만 달러에서 2020년 2만 달러 수준으로 감소하였고, 이러한 혁신이 스마트폰의 추세를 따라간다면 2030년에는 1,700달러까지 하락할 전망이다. 대표적인 몰입 기기인 Oculus Quest2에서 성능의 향상에도 불구하고, 가격은 하락하는 전형적인 기술혁신 패턴을 확인할 수 있다.

〈표 7-2〉는 주요 VR기기의 사양을 비교하여 정리한 것이다. 메타버스와 관련된 HW/SW에 대한 R&D 특허는 메타버스를 구현하는 AR SW, AR HW, Cloud, Sensor 등 다양한 세부 기술의 R&D 특허가 지속적으로 증가하는 추세이며, 이러한 기술혁신 추세는 지속될 전망이다.

메타버스 기술혁신 효과는 관련 몰입 기기와 SW·Contents 구매로 이어져 네트워크 효과가 나타나는 중이며 대표적으로 2020년 4분기에 발매된 Oculus Qusest2는 2021년 2월까지 약 500만 대가 판매된 것으로 추정되어 판매량 측면에서 몰입 기기의 대중화 시대 진입 가능성을 고조시키는 중이다. Oculus Qusest2는 출시 5개월 만에 Steam VR에서 가장 많이 사용되는 기기 1위로(22.91%) 등극했으며, 국내에서도 SK텔레콤이 Oculus Quest2를 판매 중인데, 1차 물량은 3일 만에, 2차 물량도 4분 만에 완판 되었다.

몰입 기기의 혁신으로 관련 접속과 SW·Contents 사용량도 증가하는 추세인데, VR SW·Contents 판매는 2019년을 변곡점으로 상승 추세이며, Oculus Quest Store Title의 가격대별 판매액도 상향되는 추세이다.

2020년 Oculus Quest Store에서 판매된 Title 중 매출액이 10만 달러를 넘는 Title이 2021년 2월 기준으로 이미 6개가 등록되었고, 이외에도 Oculus Quest Store 모든 Title의 매출가격대에서도 2021년 2월 기준 매출액이 2020년을 상회하였다.

또한 Steam VR의 접속자 수도 확산추세이며, 관련 SW·Contents 매출과 사용 시간도 Steam VR 접속자 수가 100만 명이 되는데 약 3년이 소요되었으나, 이후 200만 명에 도달되는 기간은 약 1년, 250만 명이 되는 기간은 약 6개월이 소요되며, 확산이 가속화하고 있다. 2020년에 Steam VR에서 SW·Contents는 1년간 1억 4백만회 플레이되었고, 170만의 신규 사용자가 유입되었으며, 수익은 71% 늘고, 플레이 시간은 30% 증가하였다.

페이스북, 애플, MS를 중심으로 글로벌 IT 기업들은 메타버스 분야 기술혁신을 위한 다양한 프로젝트를 발표하며, 혁신 경쟁을 예고하고 있다. 페이스북은 연례 행사 '페이스북 Connect'를 통해 AR Glass, 협업 플랫폼 등 새로운 메타버스 혁신 비전을 공유하였다.

Oculus Quest 2만 착용하면 컴퓨터가 없어도 사무실에서 일할 수 있는 협업 플랫폼 'Infinite Office', 가상생활 플랫폼 'Horizon', 모바일 기기에 최적화된 AR 필터 제작 플랫폼 Spark AR 등 플랫폼 혁신을 가속화하고 있다. Ray-Ban과 제작 중인 AR Glass 프로젝트 'Aria' 등 후속 기기 혁신도 준비 중이다. 애플도 2017년부터 본격적인 메타버스 사업에 투자 중이며, AR Glass 출시를 준비하는 등 메타버스 분야에 대한 지속적인 투자와 비전을 제시하며 혁신을 준비 중이다.

팀 쿡, 애플 CEO는 AR 기술은 Next Big Thing으로 사람들의 삶 전체를 지배하게 될 것이며, 비즈니스와 소비자 모두 AR 기술 활용이 일상화될 것이라고도 말하였다.

또한 MS도 홀로렌즈 등 기기, Communication 플랫폼 Altspace VR 인수 등 메타버스 분야에 지속적인 투자를 하며 메타버스를 미래 성장 동력으로 인식하고 생태계를 확장 중이다.

메타버스 기술은 VR과 AR 기술의 융합 또는 기존의 VR 기술들에 추가적인 경험을 접목시키는 기술로 판단할 수 있기 때문에, 메타버스 기술에서도 디스플레이 기술이 가장 중요한 기술이다.

〈표 7-3〉 메타버스 기술 분야

기술 분야	기술의 개요
몰입형 디스플레이 기술	• 사용자가 위치한 현실 실내공간을 측량해 실제 사물들과 3D 사물을 덧씌우는 방식으로 증강현실을 구현하는 HMD 단말이 만들어 내는 3D 사물들을 적절히 배치해 새로운 가상의 공간을 구현하는 방식으로 작동하는 기술임 • CPU, GPU가 탑재된 HMD를 착용해 사용하며, 투사된 스크린은 이용자가 움직이는 머리 방향에 따라 이동이 가능하며, • 음성 명령을 통한 제어와 공중에서 손가락으로 건드려 클릭하거나 방향을 이동시키는 등의 형태로도 UI 제어 및 3D 사물과의 상호 작용도 가능함
인터랙션 기술	• 시각, 청각, 촉각, 후각, 미각 등 사용자의 오감을 제시하는 H/W와 이를 구동하는 S/W, VR 콘텐츠와 실시간으로 반응하는 기술로 구분될 수 있음 • 차세대 기술로 인간이 환경을 인지하는 수단인 오감의 능력을 극대화하여 인간의 인지능력을 향상시켜 사용자로 하여금 추가적인 인지, 육감(Six-sense)이 생긴 것처럼 느끼게 하는 기술이 개발 진행 중임
콘텐츠 제작 기술	• 실시간 컴퓨터 그래픽 영상 생성을 위해서 주로 그래픽 엔진을 위주로 한 도구들을 사용한 합성 영상기술과 360도를 촬영할 수 있는 파노라마 카메라 혹은 360 카메라를 이용하여 실제의 환경을 촬영하여 얻어지는 실사 영상기술로 분류됨
메타버스 시스템 기술	• 방과 같은 물리적 공간을 활용해 증강현실을 구현하는 기술로 사용자의 동작을 인식하는 동작 인식 센서와 방의 벽과 바닥, 천장에 CG를 투영해 방 전체를 가상의 공간으로 만들어 내는 6대의 프로캠(Procam) 광시야각 프로젝터로 구현함 • 사용자는 메타버스 공간으로 변한 방 안에서 AR과 같은 다양한 물리적 상호작용을 할 수 있음
메타버스 모션 플랫폼 기술	• 양안 시차를 이용하여 의도적으로 생성시킨 3D 영상에 대해 눈의 초점 조절과 폭주 작용의 불일치로 인한 눈의 피로감을 덜어 주고, 눈, 귀뿐 아니라 몸 전체로 느끼도록 다양한 효과를 주는 4D 콘텐츠의 중요한 기술 요소로 쓰이고 있으며, 관심도가 증가한 3D 영상에 대한 보조적 역할 혹은 고급 선택사항으로 MR 모션 플랫폼이 사용되고 있음
네트워크 기술	• 메타버스 콘텐츠가 오감을 만족시키고 사용자들의 동작 인식 및 상호작용 데이터를 처리하여 사용자가 콘텐츠에 몰입할 수 있도록 하기 위해서는 높은 해상도의 실시간 데이터를 전송하기 위한 매우 큰 데이터의 전송이 요구되고 인터넷 트래픽 또한 크게 확대될 것으로 예상됨.

또한 디스플레이 장치에 출력될 콘텐츠를 제작하기 위한 기술과 메타버스 시스템 기술, 메타버스 모션 플랫폼 기술 그리고 사용자의 오감에 의한 동작 인식과 상호작용을 가능하게 하는 인터랙션 기술, 메타버스 콘텐츠와 사용자 데이터를 송수신하기 위한 네트워크 등도 중요한 기술들이며, 〈표 7-3〉은 메타버스 관련 핵심 세부 기술을 정리하였다.

메타버스 콘텐츠가 오감을 만족시키고 사용자들의 동작 인식 및 상호작용 데이터를 처리하여 사용자가 콘텐츠에 몰입할 수 있도록 하기 위해서는 높은 해상도의 실시간 데이터를 전송하기 위한 매우 큰 데이터의 전송이 요구되고 인터넷 트래픽 또한 크게 확대될 것으로 예상된다.

XR 쇼핑 메타버스의 활용

가. 비대면화로 크게 확산되고 있는 XR 쇼핑

비대면 온라인 구매량이 증가하면서 XR(eXtended Reality: Virtual + Augmented + Mixed Reality)을 활용한 쇼핑 서비스가 빠르게 확산되고 있다. XR 쇼핑은 가상방문, 가상경험, 테스트·착용, 세부 정보 시각화, 그리고 맞춤형 추천을 제공함으로써 비대면에서의 구매 신뢰도를 높이고 새로운 경험을 통한 브랜드 마케팅을 지원하기 때문이다.

국내에서는 초기에 홈쇼핑 중심으로 성장하던 XR 쇼핑이 코로나19로 의류, 화장품, 주얼리, 가구 등의 분야에 VR 가상투어, AR핏·플레이스와 같은 형태로 빠르게 보급되었다.

해외에서는 이를 포함해 가상경험, 다중 가구 배치, 3D 스캔·모델링 플랫폼화 등으로 다양한 시도를 하면서 고객의 눈높이를 맞춰가고 있다. 국내도 소비자 중심의 XR 쇼핑 도입과 맞춤형 정부 지원을 통해 한 단계 나아가야 할 시점이다.

쇼핑 및 리테일 분야에서 일찍이 소비자의 지갑을 열기 위한 새로운 경험 제공 차원에서 XR(eXtended Reality)[21]에 주목하였다. 2016년 알리바바는 가상공간에서 쇼핑몰을 서비스함으로써 소비자가 집에서도 매장에 방문하는 경험을 가질 수 있도록 하였고, 2017년 이케아는 온라인 구매 전에 가구를 가정에 가상 배치해 볼 수 있도록 AR 플레이스(Place) 서비스를 도입하였다.

XR을 활용한 쇼핑은 코로나19로 인해 일상생활이 비대면으로 전환되면서 더욱 빠르게 확산되었다. 소비자의 이동이 제한되자 집에서도 VR(Virtual Reality)로 방문할 수 있는 매장이 급격하게 증가하였다. 코로나19 확산 방지를 위해 매장 내 화장품 사용을 제한하는 대신 AR(Augmented Reality)로 가상테스트를 할 수 있도록 하고 있다.

산업에서의 XR 쇼핑에 대한 투자가 지속적으로 증가해 2024년에 27억 달러에 달할 것으로 전망[22]되고 있다. 특히, 의류산업에서의 스마트 AR미러와 가상 의류피팅 등으로 AR 쇼핑 규모가 연평균 20%씩 성장해 2026년에 46억 달러의 시장을 형성[23]할 것으로 예측되고 있다.

---

21) XR(eXtended Reality): VR(Virtual Reality), AR(Augmented Reality), MR(Mixed Reality)를 통칭하는 말
22) IDC(2020.11.17.), "Worldwide Spending on Augmented and Virtual Reality Forecast to Deliver Strong Growth Through 2024, According to a New IDC Spending Guide"

소비자 기기 측면에서도 2020년 삼성과 애플에서 고사양 플래그십 스마트폰에 심도 센서를 추가하면서 일반 사용자가 직접 3D 스캔할 수 있는 환경이 조성되고 있다.

프랑스 컨설팅회사 욜레(Yole Development)에서는 2025년 스마트폰의 42%가 후면 3D 센서를 장착할 것으로 전망[24]하였다. 판매 상품을 전문기기나 전문가 도움 없이 직접 촬영해서 3D 모델을 생성할 수 있고, 자신의 집을 모바일 기기로 스캔해서 가상 가구 배치를 위한 가상공간을 제작할 수 있게 되었다.

지속적으로 지출이 확대되고 시장이 성장할 것으로 전망되는 이유는 XR 쇼핑이 구매자에게 주는 효과 때문이다. XR 쇼핑을 통해 구매자는 집에서 쇼핑 매장을 방문해 둘러보고 제품을 상세히 살펴볼 수 있다. 의류, 악세사리 등을 착용하거나 화장품을 사용한 모습을 가상으로 확인할 수 있다. 이를 통해 구매자는 제품과 더 가까워지는 연결성을 가지고, 제품 구매에 대한 신뢰도를 높이게 된다.

한 소비자 구매 경험 조사[25]의 응답자 중 47%가 XR 쇼핑을 통해서 제품과의 연결성을 느낀다고 답하였다. 또 다른 조사[26]에서는 AR을 사용한 구매자 중 76%가 이를 통해 구매 신뢰도가 향상되었다고 응답하였다. 구매 전 착용 디지털 경험, 구매 결정을 위한 추가 정보 제공, 만지거나 느낄 수 없는 제품에 대한 구매 신뢰성을 향상시킨다는 측면에서 도움이 된다고 답하였다.

XR 쇼핑은 판매자에게도 반품율을 낮추는 효과를 가져 온다. 가상 피팅 플랫폼 기업 지킷(Zeekit) 대표 야엘비젤(Yael Vizel)은 한 인터뷰[27]에서 자신의 제품을 이용하면 반품 비율이 38%에서 2%로 내려갈 수 있다고 설명하였고, 이를 통해 XR 쇼핑이 반품 비율 감소에 긍정적인 효과를 가져 온다고 볼 수 있다.

XR 쇼핑이 제공할 수 있는 경험의 형태로는 가상방문, 가상경험, 테스트·착용, 세부 정보 시각화, 그리고 맞춤형 추천이 있다. 온라인 쇼핑 문화가 발달하고 비대면이 일상화가 되더라도 오프라인 매장의 코너를 둘러보면서 각 제품을 살펴보는 경험은 구매자에게 제공되어야 하는 중요한 요소이다.

가상방문은 직접 매장을 방문하지 않더라도 그에 준하는 경험을 안전하게 제공해주기 때문에 팬데믹 상황에서뿐만 아니라 지리적으로 먼 곳에 위치한 해외의 플래그십 매장도 찾아가 볼 수 있게 한다. 가상경험은 매장을 직접 방문하더라도 경험하기 어려운 상황을 가상으로 구성해 고객의 구매 결정에 도움을 준다.

---

23) Valuates Reports(2020.4.), "AR in Retail Market Size, Status and Forecast 2021-2027"
24) Ole Development(2020.2.), "3D imaging and sensing: now it is rear 3D sensing turn to be the leading growing application"
25) Accenture(2020.9.), "Try it. Trust it. Buy it.: Opening the door to the next wave of digital commerce."
26) vertebrae(2020), "eCommerce Evolves Due to Consumer Demands: Immersive Experiences with 3D & AR Emerge"
27) CTECH(2020.5.31.), "Zeekit's Virtual Fitting Rooms Replaced Asos's Fashion Shoots During Covid-19 Crisis"

〈표 7-4〉 경험 분류에 따른 XR 쇼핑 유형

경험 분류	XR 적용 효과	서비스명	사례
가상방문	직접 방문 없이 비대면 방식으로 매장의 물리적 공간감과 제품에 대한 친근감 부여	VR 가상투어	디오르 VR스토어, 나이키 VR스토어
가상경험	물리적으로 제공되지 않는 제품의 세부 옵션을 변경하고 고객에게 경험케 함으로써 상품 구매 시 선택의 폭을 확대	VR 가상경험	아우디 차량 가상체험
텍스트·착용	제품을 사용·착용 모습을 가상으로 구현해 구매자에게 직접 경험의 기회를 주고 제품에 대한 신뢰도 제고	AR 핏, AR 플레이스	구글 AR 가상 메이크업
세부정보 시각화	가상방문뿐만 아니라 오프라인 방문 시에도 제품에 대한 스토리, 리뷰, 비교 등 추가정보를 바로 시각화함으로써 구매 결정을 도움	VR 가상투어, AR 렌즈	봄베이 사파이어의 칵테일 리시피 소개 AR콘텐츠
맞춤형	시선 추적, 체류 시간, 스캔한 공간, 제품 부위별 관찰 시간 등 세부 정보에 기반해 상품 추천의 정확도 향상	대부분 해당	이케아 플레이스

자동차 전시 매장에 배치되어 있지 않은 모델이나 색상, 휠 등 세부 옵션의 외형을 검토하고자 할 때 이를 가상공간에 구현함으로써 새로운 경험을 제공함. XR 쇼핑은 구매자가 제품을 시험 사용하거나 배치할 수 있게 함으로써 구매에 대한 신뢰도를 높여준다.

가상으로 자신의 얼굴에 화장품 시험, 헤어스타일 적용, 의상 또는 악세사리 착용을 시도할 수 있고, 가구나 실내 소품을 구매하기 전에 주변 공간에 배치함으로써 크기가 맞는지 또는 다른 가구와 어울리는지를 미리 검토할 수 있다.
구매자가 살펴보고 있는 제품에 대한 추가정보를 시각화함으로써 더 빠른 구매 결정을 촉진시킬 수 있다. 기존의 웹이나 모바일과 비교해 XR 쇼핑에서 추가적으로 수집 가능한 구매자의 활동 정보는 세부적인 분석으로 섬세하고 정확한 제품 추천 서비스에 활용될 수 있다.

온라인 구매 가속화, 비대면화 등으로 XR 쇼핑이 빠르게 보급되어감에도 불구하고 실제 적용 수준은 사용자들의 눈높이를 따라가지 못한다는 의견이 있다. 한 소비자 조사[28]에 따르면 응답자 중 51%가 업체에서 XR을 충분히 활용하지 못한다고 답하였다.

---

28) invesp, "Augmented Reality in E-commerce - Statistics and Trends", 2021.1.15. 마지막 수정

온라인 쇼핑에 익숙해진 소비자들은 비대면 상황에서도 제품과의 연결성과 구매 신뢰도를 높이길 원하지만 그렇지 못한 매장이 적지 않음을 시사해준다.

나. VR 가상투어, AR쇼핑 중심으로 빠르게 보급되고 있는 국내 XR 쇼핑

국내 초기의 XR 쇼핑은 주로 홈쇼핑 채널에서 구매 전환율(conversion rate)을 높이기 위한 새로운 경험 제공 장치로 도입되었다. 현대홈쇼핑은 방송 중에 판매 중인 의류를 3D 가상 아바타에게 입히는 VR 피팅서비스를 선보였다.

가상 아바타는 키, 가슴둘레, 허리 등 신체 사이즈를 입력해 조정이 가능하다. 롯데홈쇼핑은 XR을 통해 상품을 체험하고 구매까지 연결하는 핑거쇼핑 서비스를 출시하였다.

모바일 앱의 핑거쇼핑 탭에서 인기 브랜드의 가상 매장을 방문해 직접 둘러볼 수 있으며, AR뷰 존에서는 가전·리빙 상품을 본인의 생활공간에 배치해보고 사이즈를 측정할 수 있다.

코로나19로 매장 직접 방문이 어려워지자 의류 브랜드를 중심으로 VR 가상투어 서비스가 빠르게 확산되기 시작하였다. 이탈리아 럭셔리 브랜드 펜디(Fendi)는 압구정로 갤러리아 명품관 1층 매장을 VR로 구현하였다. 팬데믹으로 매장방문을 꺼려하는 소비자들을 위해 백화점 매장과 그 주변을 함께 가상공간에 재현함으로써 실제로 방문한 듯한 경험을 제공하고 있다.

제품을 클릭하면 공식 온라인몰로 연결되어 제품 설명을 보거나 구매를 진행할 수 있다.

골프웨어 전문점 까스텔바작(Castelbajac)에서는 쇼핑몰 앱에 3D/VR 기능을 탑재해 기존 대비 150% 이상의 구매 전환율을 보였고 오프라인 매장을 3D/VR로 구현한 VR 스튜디오에서는 런칭 당일 2만명 이상의 소비자가 접속하는 모습을 보였다.

만다리나덕(Mandarina Duck)은 하우스 오브 청담 직영점을 VR 디지털 쇼룸 형태로 가상방문 할 수 있도록 제공하였다. 소비자는 가상 쇼룸 내에서 매장을 둘러보고 신상품 정보를 살펴본 후 구매로 연결할 수 있다. 뉴스킨(NU SKIN) 코리아는 오프라인 쇼핑공간 뉴스킨 라이브 센터를 VR 라이브 센터로 구현해 가상방문, 제품 구매, 반품, 교환, A/S 등 서비스를 지원한다.

주석 : (좌) 펜디, (중) 가스텔바작, (우) 만디리나덕
* 출처 : 각 VR 스토어 공식 홈페이지

[그림 7-8] 국내 가상투어 기반 XR 쇼핑 사례

그 외에도 캐주얼 브랜드 폴햄(POLHAM)은 인천 스퀘어원 내 147평 규모의 폴햄 매장을 3D 스캐닝한 VR 스토어를, 코벳블랑(COVETBLAN)은 삼성역 파르나스몰에 플래그쉽 매장을 온라인으로 옮겨 가상 디지털 쇼룸을 제작하였다.

VR 가상투어는 주로 오프라인 매장의 주요 지점마다 카메라로 스캔하고 이미지들을 통합해 인형의 집(doll-house) 형태로 생성된 모델로 서비스된다. 이미지의 상품에 제품 정보 또는 구매 링크를 제공하기 때문에, 오프라인 방문과 유사하게 가상 매장을 둘러보고 제품을 바로 구매할 수 있다.

이를 지원하는 주요 솔루션에는 대표적으로 해외의 메타포트(Matterport) 플랫폼이 있고, 국내에는 3D 공간 스캔 전문기업 로위랩(RowiLab)이 개발한 솔루션이 있다.

비대면 온라인 구매의 활성화로 구매 전에 제품의 크기와 디자인을 살펴보기 위해 가상으로 주거 공간에 배치해 보거나 착용할 수 있는 AR 서비스도 크게 확산되었다.

에이스침대는 고객들이 제품의 사이즈, 디자인을 경험하고 실제 공간에 배치해볼 수 있는 AR앱 에이스룸(ACE ROOM)을 선보였다.

현재 공간에 침대를 가상으로 배치하는 'AR 침대배치', 95,000여 개의 아파트 도면에 침대의 크기와 디자인을 시험할 수 있는 '홈디자인', 그리고 매트리스의 마커를 비추면 매트리스 정보가 AR 형태로 시각화되는 '매트리스 분석'을 지원한다. 해당 앱은 출시 5개월 만에 누적 다운로드 건수가 14만 건을 돌파하였다.

코로나19 영향으로 오프라인 매장에 방문하더라도 여러 사람이 사용한 상품을 착용해보는 것을 꺼리게 되자, 롯데홈쇼핑은 패션 소품을 가상으로 착용해보고 구매할 수 있는 리얼피팅(Real Fitting) 서비스를 출시하였다. 구찌, 안나수이, 보테가베네타 등의 선글라스·안경테부터 목걸이, 귀걸이 품목들을 가상으로 착용해 볼 수 있다. 롯데홈쇼핑은 XR 쇼핑 서비스를 통해 이용 건수가 30%가량 증가했지만 교환 및 반품율은 10% 이상 감소했다고 전했다. 파인 주얼리 브랜드 골든듀는 주얼리를 비대면으로 피팅해 볼 수 있는 AR 가상 착용 서비스를 오픈하였다.

온라인 홈페이지에서 가상으로 다양한 제품을 착용함으로써 자신에게 어울리는 제품 구매가 가능하다. 반지의 경우에는 인공지능이 손가락 위치, 길이, 모양 등을 실시간으로 인식해 손의 형태와 실제 제품 크기가 동일한 비례로 가상 착용되게 함으로써 비대면 상태의 구매자에게도 비교적 정확한 제품 경험을 제공하고 있다.

AR 기반의 가상피팅 또는 가상가구배치 형태의 XR 쇼핑 사례가 증가하면서 제품 스캔, 3D 모델 제작, AR 엔진 구동, 제품 착용 또는 배치 시각화 등을 플랫폼 형태로 제공하는 국내기업이 등장하기 시작하였다. AR 마케팅 전문기업 팝스라인은 AR쇼핑 플랫폼 마켓AR(market AR)을 선보였다. AR과 3D 기술을 이용해 제품의 기능이나 작동원리를 온라인에서도 체험할 수 있고 실제 생활공간에도 가상으로 배치해 볼 수 있도록 해 비대면 쇼핑의 편의성을 향상시키고 있다.

중소기업 상품의 품질과 혁신성 홍보를 위해 소상공인 미디어 플랫폼 '가치삽시다'에서 마켓AR을 도입[29]한 사례가 있다. AR 솔루션 전문기업 로로젬은 제품을 가상으로 착용 또는 배치할 수 있는 AR 솔루션을 출시하였다. 제이에스티나, 윙블링 등 주얼리 브랜드와 계약을 체결하고 해당 브랜드 온라인 몰 및 오프라인 스토어에 상품 구매 전 가상 착용 경험을 제공하고 있다.

얼굴인식 기반의 2D 가상 착용 시스템 및 3D AR 실시간 카메라 기반의 가상 착용을 지원하며, 딥러닝 기술이 적용된 버추얼 피팅(virtual fitting)을 구현해 고객 개개인 얼굴에 실제 사이즈의 귀걸이가 자동으로 매칭되도록 한다.

AR 온라인 서비스 스타트업 리콘랩스(RECONLabs)는 웹 환경에서 누구나 이용이 가능한 웹AR 플랫폼 아씨오(ASEEO)을 개발하였다.

제품을 스마트폰으로 촬영하면 자동화된 솔루션에서 3D 모델링 작업이 이루어지고 웹AR을 기반으로 동작하기 때문에 구매자의 브라우저나 OS에 관계없이 링크 하나로 쇼핑몰에 업로드 할 수 있다. 소비자 분석 솔루션을 통해 쇼핑몰 운영자는 구매자의 관심도와 매출 상승 요인을 파악할 수 있다.

---

29) https://valuearstore.com/

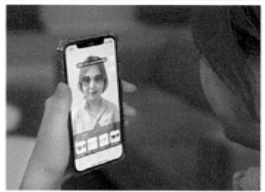

주석 : (좌) 펜디, (중) 가스텔바작, (우) 만디리나덕
* 출처 : 공식 홈페이지

[그림 7-9] **국내 AR 플레이스·AR핏 기반 XR 쇼핑 사례**

다. 고객 중심의 다양한 경험으로 진화하고 있는 해외 XR 쇼핑

해외의 경우에는 다양한 방식으로 XR 쇼핑을 도입하면서 고객의 요구를 맞추고자 하였으며, 아우디는 2016년부터 대리점에 VR을 보급해 구매자가 쇼룸에 없는 다양한 옵션의 차량을 경험할 수 있게 하였다.
이를 통해 고객이 더 많은 차량을 살펴볼 수 있게 하고 세부 선택사항에 대한 신중한 검토를 가능하게 하였다. 모델에 새롭게 내장된 기술을 가시화할 수 있고, 전시되어 있지 않은 모델이나 업그레이드 제품을 경험할 수 있게 함으로써 업그레이드 판매의 강력한 도구로 활용되고 있다.

나이키는 XR 쇼핑을 통한 고객 불만 해소를 위해 다양한 접근을 시도해왔다. 가상투어 플랫폼 클랩티(Klapty)에 메타포트로 모델링된 이탈리아 밀라노 매장을 올렸다.
2019년에는 가상 팝업 스토어를 통해 한정판 에어맥스720(Air Max 720)을 유명인 아바타에게 착용시키고 회전하면서 경험할 수 있게 하였다.
나이키의 스포츠 전문 브랜드 피니시라인(Finish Line)과 제이디스포츠(JD Sports)에서는 구매자의 옷 사이즈와 체형에 맞는 아바타를 AR로 시각화하고 제품을 입혀보는 가상탈의실 나이키 가상 뷰(Nike Virtual View)를 제공하였다.
나이키의 데이터에 따르면 약 60%의 사람이 잘못된 사이즈의 신발을 신고 다니며 이러한 문제를 겪는 사람이 북미에서 1년에 약 50만 명에 달한다. 이를 해소하고자 AR 기반의 모바일 앱으로 구매자의 올바른 신발 사이즈를 측정할 수 있는 나이키핏(Nike Fit)을 출시하였다.

최근에는 뉴욕의 House of Innovation 매장에서 방문자가 AR 기반 아웃도어 모험을 경험하게 함으로써 ACG(All Conditions Gear) HO20 제품 컬렉션 홍보와 매장방문을 유도하였다.

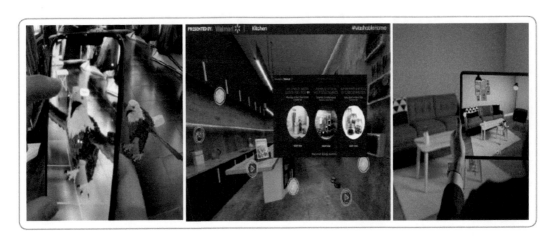

주석 : (좌) Hovercraft In Vimeo, "Nike ACG Adventure, (중) 메셔블 가상튜어 사이트, (우) 에케아 홈페이지
* 출처 : 각 VR 스토어 공식 홈페이지

[그림 7-10] 해외 주요 기업 XR 쇼핑 사례

월마트는 업무 효율 향상과 오프라인 매장 사업의 경쟁력 제고를 위해 XR 도입을 다방면으로 시도하였다. 직원 교육시스템 개선을 위해 17,000개의 VR헤드셋을 지점에 배송해 약 100만 명의 직원을 교육하였고, 가정 아파트의 배치된 가구나 소품을 가상투어 형태로 둘러볼 수 있는 쇼룸도 오픈하였다.

2018년에는 VR 쇼핑기업 스페이셜랜드 (Spatialand) 인수를 통해 오프라인 매장에서의 VR 쇼핑 경험으로 고객의 매장방문을 유도했지만, 팬데믹으로 2020년에 관련 부서 폐쇄를 발표하였다. 이듬해에 디지털 미디어 기업 매셔블(Mashable)과 협력하여 가상공간에 구축된 매셔블홈(Mashable Home)[30]에서 제품을 경험하고 구매할 수 있는 쇼룸을 공개하면서 XR 쇼핑에 대한 투자를 지속하고 있다.

2017년 가구에 대해 AR 기반 배치기능을 지원했던 이케아와 아마존은 최근 이를 확장해 여러 제품을 함께 배치할 수 있게 함으로써 고객에게 새로운 경험을 제공하고자 하고 있다.

이케아는 2020년 고화질 실내 구현 전문기업 지오매지컬랩스(Geomagical Labs)를 인수하고, 심도 센서를 통해 방 전체의 분위기를 정확히 분석하고 어울리는 가구와 소품들을 함께 렌더링하는 스튜디오 모드를 기존 앱

---

30) 미국 텍사스주 오스틴에서 개최되는 상호작용과 예술 융합 콘퍼런스 SXSW에서 매셔블은 매셔블하우스(Mashable House)를 통해 해마다 상호작용 기술과 예술을 융합한 공간을 공개, SXSW 2021이 온라인으로 개최되면서 매셔블하우스도 가상공간에 구축한 매셔블홈으로 참여

이케아플레이스(IKEA Place)에 추가하였다.

　아마존은 여러 제품을 동시에 배치해볼 수 있고 AR 스냅샷을 저장해두면 집을 떠나 있는 경우에도 저장된 공간을 불러와 가구를 살펴볼 수 있는 룸데코레이터(Room Decorator)를 도입하였다.

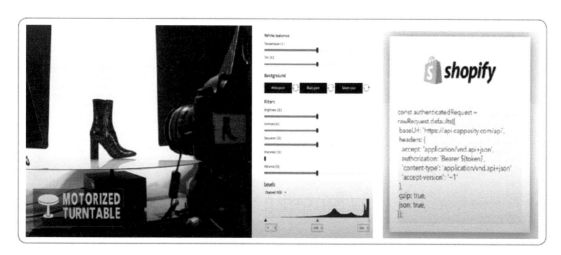

주석 : (좌) 상품 촬영, (중) Easy 3D Scan기반 모델 제작 및 수정, (우) 쇼핑몰 연동
* 출처 : 캐퍼시티 공식 유튜브 채널

[그림 7-11] XR 쇼핑 플랫폼 연동 과정 (상품 촬영부터 쇼핑몰 연동까지)

　XR 쇼핑 지원을 위한 AR 기반 클라우드 플랫폼 기업이 해외에서는 대부분 판매자가 직접 제품을 스캔할 수 있는 기능을 강화하고 필요할 때는 촬영 전문가를 소개해 주는 형태로 서비스되고 있다.

　클라우드 기반 쇼핑몰 플랫폼 쇼피파이(Shopify)는 소비자가 제품을 AR 기반으로 현실에 가져와 자세히 살펴볼 수 있는 쇼피파이 AR을 출시하였다.
판매자가 제품을 스캔하고 클라우드에 올려 3D 모델을 생성한 후 판매 사이트에 링크하는 AR 플랫폼 기능을 쇼핑몰에 내재함으로써 쇼피파이 플랫폼의 경쟁력을 강화하고 있다.
실제로 쇼피파이에서는 AR 기능 지원 상품의 구매 전환율이 미지원 상품에 비해 94% 높게[31] 나타났다. 직접 촬영이 어렵거나 고품질의 3D 모델 확보를 원하는 판매자들을 위한 3D 스캔 전문가 연결 서비스도 제공하고 있다.
AR 솔루션 전문기업 넥스텍 AR(NextechAR)는 전자상거래, 교육, 콘퍼런스, 이벤트 등을 위한 XR 기술과 서비

---

31) Shopify Twitter(2020.9.19.), https://twitter.com/Shopify/status/1306973590814949376

스를 개발하고 있다. 3D 캡처 앱 ARitize360을 통해 사용자가 상품을 스캔하고 클라우드에 올린 후 판매 사이트에 임베드 할 수 있도록 제공한다.

이를 기반으로 웹AR 플랫폼을 출시하였고, 코로나19 팬데믹 중에는 해당 플랫폼에서의 2020년 블랙 프라이데이 판매량이 이전해 대비 315% 증가하는 효과를 보였다.

XR 쇼핑 클라우드 기업 캐퍼시티(Cappasity)는 상품의 3D 모델 생성을 위한 장치를 Easy 3D Scan, 3D SHOT 등으로 지원하고 필요시에는 3D 촬영 전문가에게 연결해주는 서비스를 제공한다.

제작된 3D 모델은 클라우드에 업로드한 후 쇼핑몰 화면에 링크하면 구매자에게 3D 형태로 시각화된다, 3D 모델 생성 용이성으로 벨라루스 최대 광고 웹사이트 쿠파(Kufar)에 제공 예정이다.

라. 국내 XR 쇼핑 산업, 고객 지향으로 혁신해야 할 시점

XR 쇼핑을 적용하는 기업은 고객 입장에서 필요로 하는 요소와 XR이 줄 수 있는 경험 효과의 연결점을 찾아 서비스에 활용해야 한다. 가상 투어를 통해 제품을 상세히 살펴볼 수 없거나 구매와도 연결되지 않는 경우가 많다. 가상방문과 AR핏을 연결한다면 가상 매장을 둘러보던 고객이 제품을 테스트할 수 있는 환경을 조성할 수 있다. 가상 투어 경험 중에 제품 정보나 구매 과정과 연결되지 않는 일이 없도록 데이터 업데이트 과정에 대한 신중한 선택도 고려되어야 한다. 나이키 사례와 같이 오프라인 매장에서도 흥미로운 경험을 제공함으로써 브랜드 이미지 제고와 직접 방문 유도도 검토될 수 있다.

고객이 가장 필요로 하는 부분과 XR 쇼핑의 교차점을 깊게 고민해볼 필요가 있다.

XR 쇼핑 솔루션 기업 입장에서는 고객이 XR 쇼핑 서비스에 대한 신뢰도와 친밀도를 가질 수 있도록 다각도의 플랫폼화를 지향해야 한다.

캐퍼시티는 판매자의 제품 업데이트 시간을 줄이기 위해 직접 제품을 스캔하고 모델링할 수 있도록 3D 모델 제작 과정부터 판매 사이트에 연결까지 지원하는 플랫폼을 선보였다.

VR 가상투어 방식의 플랫폼의 경우에는 쇼핑 분야가 미술관, 박물관 등에 비해 콘텐츠 업데이트 빈도가 높기 때문에 매장 진열 상태, 제품 정보 등을 최신 데이터로 반영하는 기법이 플랫폼에 구현되어야 한다.

사용자가 각기 다른 매장에서 구매한 제품으로 자신만의 공간, 모습을 꾸밀 수 있도록 아마존의 룸데코레이터 또는 콜스의 AR 가상 옷장을 크로스 플랫폼 형태로 확장하는 것도 고려할 필요가 있다.

정부는 구매자가 신뢰할 수 있는 XR 쇼핑 시장을 조성하기 위한 제반 환경을 조성해야 한다. 이를 위해 XR

기업의 플랫폼 비즈니스 모델과 중소상공인의 XR 활용에 대한 지원을 확대해야 한다. 단기적인 프로젝트 중심으로는 스타트업과 같이 규모가 작은 기업에서는 플랫폼화를 지향하기에는 현실적인 벽이 높다. 플랫폼의 안정적 정착에는 시간이 필요한 만큼 보다 장기적인 재정 지원 또는 공공에서의 지속적인 수요 창출이 요구되며, 중소상공인이 XR 쇼핑 도입을 위해 겪는 어려움도 정부가 살펴보아야 한다.

미용실에 AR 거울을 도입하기 위해서는 개당 수백만 원의 지출이 발생하고, 미용에 활용하기 위한 학습 비용도 적지 않다. 중소상공인이 부담해야 하는 초기 자본의 일부를 보조금 형태로 지원을 함으로써 보급을 넓히고, XR 쇼핑 효과 홍보, 제품 활용법 교육 등을 통해 산업 내에서의 인식을 제고할 필요가 있다. 시선추적, 행동 패턴 등 정확한 추천을 위한 매력적인 데이터가 XR 쇼핑을 통해 수집될 수 있는 만큼 무분별한 활용에 대해 예방책도 준비되어 있어야 한다.

사용자의 57%가 개인화 추천을 위해 XR 쇼핑 데이터가 활용되는 것에 대해 우려[32]를 표하고 있어, 이를 안전하게 활용하기 위한 비식별화 체계 수립과 함께 XR 쇼핑 데이터 활용 가이드라인 제작 및 배포를 병행할 필요가 있다.

---

32) Accenture(2020.9.), "Try it. Trust it. Buy it.: Opening the door to the next wave of digital commerce."

8

메타버스의
부상과 처방

1 메타버스의 주요 법적 쟁점

디지털 공간인 메타버스는 모든 자산의 형태가 디지털화 되어 정보 혹은 콘텐츠 형태로 이루어진다. 따라서 메타버스에서 콘텐츠 및 정보를 둘러싸고 다양한 법적 문제가 발생할 수 있는데, 여기서는 세 가지 관점에서 그 의미를 짚어본다.

가. 콘텐츠의 IP 침해

제페토에 구찌·나이키·컨버스·디즈니·푸시 버튼과 같은 패션 브랜드들이 잇달아 입점하고, 르네상스 시대를 풍미했던 대가들의 명화를 재현한 '버추얼 미술관'이 개관하였다.
디즈니랜드가 구상 중인 '테마파크 메타버스(Theme park metaverse)'는 현실과 가상이 융합된 새로운 스토링텔링(storyteling)을 제공하는 공간이다.
이는 모두 IP 자산을 가진 사업자들이 메타버스를 통해 고객을 발굴하고 매출을 향상시키려는 노력의 일환이다.
이용자들도 메타버스에서 이용되는 아이템, 게임 등을 직접 제작·판매해 수익을 얻고 있다.

메타버스에서의 IP관련 침해는 기존 온라인 게임에서 발생한 사례와 유사할 것으로 보인다. 가령 킹(King.com)사가 〈캔디크러쉬사가〉에 대한 상표를 국내에서 획득한 후, 제목에 캔디나 사가가 포함된 게임을 모두 내리라고 요청해 이슈가 된 바 있다.
온라인 게임의 경우, 유통하려는 국가의 플랫폼을 통해 이용되기 때문에 속지주의 원칙에 따라 특허·상표·디자인의 권리를 해당 국가에서 획득하고 행사해왔다.

전 세계인이 이용하는 메타버스의 경우는 글로벌하게 이용될 수 있도록 국제출원을 통해 IP 권리를 확보해 둘필요가 있다. 다른 지식재산권과 달리, 저작권의 경우에는 형식적인 절차 없이 창작과 동시에 베른협약(Berne Convention for the Protection of Literary and Artistic Works) 동맹국 내에서 보호를 받기 때문에 출원절차가 필요 없다. 메타버스 내에서 IP 법적 분쟁이 생기는 경우, 관할권을 어디로 해야 할지는 여전히 문제일 것이다.

디지털 형태의 창작물은 메타버스에서 거래가 이루어질 때 복제가 쉽다는 문제가 있으며, 따라서 창작물의 불법복제를 막고 권리자임을 인증해 줄 수 있는 디지털인증서가 필요하다. 이에 블록체인 기반 기술의 NFT(Non-

Fungible Token)가 현재 활발하게 거론되고 있는데, 그간 디지털 창작물은 무한정 복제될 수 있어 희소성의 가치가 희석됐는데, NFT는 고유번호를 통해 권리자로서 보장되기 때문에 교환이나 위조가 불가능하다.

하지만 NFT도 완벽한 대안으로 보기 어려움이 있다. 예를 들어 창작자가 아닌 사람이 창작물을 NFT로 먼저 등록해 권리자라고 주장할 수도 있다. 또한 허락도 없이 원저작물을 활용한 2차 저작물을 만들어 NFT로 등록할 수 있고, 2차 저작물을 만든 자가 원소유권자로서 유통될 수도 있다. 이는 원저작물에 대한 저작권 침해로써 2차 저작물 작성권 뿐만 아니라 성명 표시권 까지 문제가 될 수 있다.

나. 메타버스 공연에서의 사용료 징수의 문제

메타버스에서 크게 관심 받는 분야 중 하나가 공연이며, 새로운 플랫폼인 메타버스에서 이루어지는 공연 사용료가 어떠한 방법으로 징수·분배되어야 할 것인지에 대해 벌써부터 우려의 목소리가 나오고 있다. 새로운 미디어가 등장할 때마다 한국음악저작권협회는 사용료 징수 규정을 추가해 관련 업계와 갈등을 빚어왔기 때문이다.

생각컨대 메타버스와 같은 플랫폼에서의 공연에 기존 사용료 정산 방법이 적용 가능할지 의문이 든다. 한국음악저작권협회가 관리하는 곡이 국내 공연에서 이용되는 경우, 입장료 수익에 따라 일정 요율로 징수해 창작자들에게 분배하는 형식을 취해 왔다.

그러나 2020년에 진행된 언택트 공연을 통해 발생한 사용료는 아직 징수가 완료되지 못했는데, 이는 공연 관객 과반수이상이 해외 이용자였기 때문이다.

한국음악저작권협회와 같이 모든 권리를 신탁함으로써 창작자 스스로가 저작권 계약을 체결하지 못하는 국가는 세계적으로 드물다. 이제부터는 창작자가 관리 가능한 범위 내라면 저작권 계약을 직접 체결할 수 있는 제도가 마련될 필요가 있다. 그것이 가능해지면 메타버스를 활용한 저작물 유통이 원활하게 이루어질 것이다.

다. 이용자의 개인정보 보호 문제

최근 연애 분석 앱에서 이용자들이 주고받은 모바일 메신저 대화 내용들을 활용하여 인공지능(AI) 챗봇(채팅로봇)을 개발한 한 업체가 개인정보 침해로 문제가 된 사건이 있었는데, 이 사건을 통하여 가상공간을 제공하는 사업자가 이용자의 허락도 없이 개인정보를 쉽게 탈취할 수 있는 위험성이 상존한다는 점이 확인되었다.

메타버스에서는 콘텐츠 제작자가 제공한 콘텐츠와 이용자의 개인정보, 그리고 메타버스 내에서 주고받은 메시지 등이 빅데이터를 구성한다. 이 빅데이터는 실시간으로 처리되고 비즈니스 운영 시스템을 개선하거나, 고객 맞춤형 광고를 할 수 있다.

<표 8-1> 메타버스의 장애요인 및 해결방안

요인	문제점 및 해결방안
메타버스 내의 불법행위와 사법권	• 세컨드 라이프와 같은 가상세계에서 도박, 사기, 매춘 등 범죄가 발생하며 새로운 사회 문제가 되고 있음 • 가상세계는 물리적 장소 개념을 적용할 수 없어 법적 문제가 발생할 경우 재판관할에 문제가 발생함 • 현실계의 법질서를 가상세계에도 동일하게 적용하자는 견해가 있음
가상화폐의 현금화	• 가상세계의 경제규모가 커지면서 가상화폐의 현금화에 관한 논쟁이 발생하고 있음 • 국내의 경우 게임산업 진흥법에 의해 가상화폐 환전은 불법으로 취급되지만, 미국에서는 린든달러 등의 가상화폐가 미화로 환전 가능한 상태
가상화폐의 현금화	• 현실세계에서는 물건을 팔아 번 돈과 장물을 팔아서 번 돈으로 구분되기 때문에 합법적 자금과 불법적 자금으로 구분하여 불법자금은 환수하거나 이를 근거로 체포도 가능 • 가상화폐를 새로운 거래 수단으로 인정할 수 있는지에 대한 논쟁 발생 • 인정 여부에 따라 가상 경제 활성화라는 긍정적 효과가 있는 반면, 게임중독, 불법거래, 탈세에 대한 우려가 교차하는 상황
가상 세계의 중독	• 가상세계에 지나친 몰입으로 인해 현실 일상이 황폐해지거나, 정체성 장애 등이 발생할 수 있음 • 특히 게임 중독의 경우 다음과 같은 방안이 있음 　- 인터넷 중독으로 인해서 지장을 받는 일들에 대한 목록을 작성함 　- 새로운 일정표를 만들어 적절한 사용 시간과 우선 순위를 정함 　- 외부적인 요소를 활용(운동, 협력기관, 상담사, 가족치료, 치료센터, 약물 치료 등) 　- 특별히 문제가 되는 애플리케이션, 웹사이트, 습관 등을 그만둠 　- 리마인더(Reminder) 카드 활용 등

* 출처 : CCTV뉴스(http://www.cctvnews.co.kr)

　이용자의 경험, 시간, 교류한 상대방, 대화 내용, 아바타 아이템 등 이용자를 속속들이 알아볼 수 있는 개인정보는 수집·처리돼 마케팅과 같은 다양한 목적으로 활용될 수 있다.

개인정보의 보호가 문제되는 이유이며, 메타버스 속에서 처리되는 다양한 개인정보가 누구와 공유되고, 어떤 목적으로 활용되고, 어느 시점에 파기되는지를 확인할 수 없다는 점이 문제가 될 것이다.

국내외적으로 다양한 메타버스 플랫폼들이 출시되고, 사용자 층도 점차 다양화되고 있으나 메타버스 산업 발전 및 기술 시장 확산에 몇 가지 문제점이 나타나고 있다.

이처럼 다양한 메타버스 플랫폼의 문제점과 이를 해결하기 위해서는 <표 8-1>과 같은 해결 방안이 도움이 될 수 있을 것이다.

메타버스의 법적 문제

가. 블록체인과 스마트 계약의 민사거래 적용상의 적합성

1) 블록체인과 스마트 계약의 활용 논의의 확산

블록체인 기술이 주로 암호화폐 내지 암호화자산의 거래가 중심이 된 것은 사실이지만, 학자들에 의하여 다른 영역에의 확대가능성이 활발히 논의되고 있다. 이는 블록체인과 스마트 계약에 관한 초기 연구에서 시론적으로 소개하였던 것으로서, 새로운 기술의 도입 초기에는 당연히 있을 수 있는 현상이다.

그런데 이제는 블록체인 기술이 일반인들에게도 어느 정도 소개된 상황이고, 암호화폐 내지 암호화 자산의 거래도 활발하게 이루어지고 있다. 또한, 나아가 그로 인한 부작용과 폐해도 적지 않게 나타나고 있다. 이에 대한 법제 정비가 필요하다는 점에 공감이 형성되어, 그 작업이 신중히 진행되어 가고 있다.

이와 같은 단계라면, 블록체인이나 스마트 계약의 도입 초기에 제시되었던 '확대가능성' 논의 수준에서 벗어나, 과연 그와 같은 기술이 특정 분야에 적용되는 것이 기술적으로 실현이 가능한지 여부와 가능하다고 하더라도 그것이 필요하고 적절한 것인지, 즉, 비용 대비 효과가 충분한 것인지 등 '실현 가능성과 효율성'을 각론적으로 검토할 필요가 있는 단계라고 생각된다.

현재까지 블록체인이나 스마트 계약의 적용 가능성에 대하여 논의되고 있는 분야는 생각보다 매우 광범위하다.[1] 대표적으로 선도하고 있는 분야는 뒤에서 살피는 바와 같이 회사법을 포함한 상법 영역으로서, 주식거래와 회사의 운영이나 인수합병(M&A)에서 불록체인 기술과 스마트 계약의 적용 가능성이 검토되고 있고, 보험거래와 해상법상 선하증권의 활용 문제도 논의된 바 있다.

블록체인은 국제무역에도 응용될 수 있는데, 무역조건의 해석에 관한 국제규칙인 인코텀즈 (incoterms)와 국제무역기준을 참고하여 블록체인 기술에 기반 한 스마트 계약 프로젝트로 '인코체인(Incochain)'을 들 수 있다. 국제 거래 및 이와 관련된 해상과 운송, 보험과 은행 및 회계, 나아가 정부의 세관 및 세무 업무 등에 활용할 수 있다.[2]

---

[1] 스마트 계약의 주요 적용영역에 관한 초창기의 논의로는 김제완, 앞의 논문(주2) 171면 이하 참조.
[2] 인코체인에 관한 소개는, 한종규, "블록체인 기술을 기반으로 한 스마트 계약의 법적 쟁점 연구 국제사법 쟁점을 중심으로" 상사법연구 37권 3호(2018), 439-440면 참조.

블록체인 기술은 저작권 관리에서의 활용 가능성도 논의되고 있으며, 특히 블록체인을 이용한 미술품의 분할 판매는 매우 흥미로운 현상 중의 하나이다.

특기할만한 것은 민법 분야에서는 부동산 거래에 스마트 계약의 도입 가능성이 매우 활발히 논의되고 있으며, 이는 이른바 프롭테크(Prop-Tech)라는 용어의 출현까지 이어지고 있다는 점이다.

이와 같은 동향은 통상적인 예상을 뛰어넘는 매우 진취적인 도전으로서, 그 실현 가능성과 효율성에 대하여 면밀한 검토와 논의가 필요하다. 한편, 이와 같은 거래 과정에는 공법적인 규제와 국제거래적인 측면의 쟁점들도 함께 부각될 수밖에 없다.

블록체인 기술 내지 스마트 계약에 의한 거래는 기존의 전자거래와 마찬가지로 비대면 상황에서 국경을 초월하여 이루어지는 것을 당연히 용인하여야 하며, 또한 익명성이 중요한 특징 중의 하나이기 때문에, 그 과정에 공공정책의 시행과 관련된 공적 규제를 회피하거나 면하려는 경우가 적지 않을 것이기 때문이다.

국제 거래의 양상으로 이루어지는 경우, 당연히 관할과 준거법 등이 우선적으로 문제가 되며[3]. 나아가 공법 영역에서 블록체인 기술이 적용되는 경우의 쟁점 등도 검토된 바 있고,[4] 형사법적 쟁점에 관한 논의도 제기되고 있다.[5] 개인정보 보호에 미치는 영향도 검토된 바 있다[6]. 이와 같은 특정 분야에서의 블록체인 기술 등의 활용 가능성과 그 경우의 법적 쟁점에 관한 논의는 분명 의미 있는 시도이다.

다만, 이제는 도입 초기의 시론적 추상적 수준을 한 단계 뛰어넘어, 해당 분야에의 적용시 비용 대비 효율성의 문제를 포함한 구체적 실현 가능성과 적정성에 이르기까지 생각해 보아야 하는 단계인데 이는 결코 용이하지 않다. 블록체인 기술이나 스마트 계약에 관한 충분한 이해와 평가가 전제되어야 할 뿐 아니라, 논의의 대상이 되고 있는 특정 분야들에 대한 실무적 전문성과 발전 전망에 대한 예지(叡智)가 함께 필요하기 때문이다. 설사 현재로서 어떤 판단을 내린다고 하더라도 그것은 잠정적인 것일 수밖에 없다. 향후 블록체인 기술의 추가적인 발전으로 달라질 가능성이 열려 있기 때문이다.

---

3) 김인호, "스마트 계약에 의한 국제 거래의 관할과 준거법" 국제거래법 연구 28집 1호(2021)
4) 김일환, "블록체인에 대한 공법적 검토" 헌법학 연구 26권 3호(2020), 선지원·김경훈, "공법 영역에서의 스마트컨트랙트 활용의 법적 문제" 법과 정책 연구 제19권 2호(2019)
5) 이정훈, "블록체인과 가상화폐의 형사법적 문제와 전망-대법원 2018. 5. 30. 선고 2018도3619 판결을 중심으로-" 홍익법학 제20권 1호(2019)
6) 방석호, "블록체인 기술도입에 따른 개인정보보호법제의 변화 연구" 홍익법학 제20권 제4호(2020), 윤종수, "사물인터넷, 블록체인, 인공지능의 상호운용에 있어서 개인정보자기결정권의 실현 및 데이터 이용 활성화" 정보법학 제24권 제3호(2020)

더 나아가 이 기술은 단독으로 사용되는 것이 아니라 다른 최근의 첨단 기술, 대표적으로 인공지능과 사물인터넷 등과 함께 활용될 가능성이 많은데,[7] 그 과정에서 우려하였던 문제점이 해결되거나 새로운 가능성이 열릴 수도 있고, 반대로 예상하지 못했던 새로운 문제점이 나타날 수도 있다.

민사법학자로서는 이와 같은 한계를 용인하면서도 블록체인과 스마트 계약의 민사 거래에서의 적용 가능성에 관한 한 단계 더 나아간 논의를 시작하여야 한다.

블록체인 기술과 스마트 계약의 보편적 활용 또는 상용화(常用化)에 대비한 법제적 준비가 필요하다는 지적에 이르고 있는 상황에서,[8] 한 단계 숨을 고르는 것은 반드시 필요하다.

2) 거래 대상의 측면에서 본 블록체인 기술과 스마트 계약

블록체인 기술과 스마트 계약에 의한 거래의 가장 기본적인 한계는 그 목적 내지 대상이 제한적이라는 데에 있다. 블록체인에 올릴 수 있는 정보를 대상으로 하여야 하며, 블록체인에 올릴 수 없는 실물자산은 거래의 대상이 되기 힘들다.

스마트 계약이 그 본질에 부합하게 운용될 수 있다는 것은 결국 계약의 체결뿐 아니라 그 이행까지도 코드에 의하여 자동화될 수 있다는 것을 의미하는데, 블록체인 기술을 이용하여 실현한다는 것은 중간자 없이 당사자 간에 가능하게 된다는 것이다.

정부나 은행 등 중간자 없이 그것이 가능하게 하려면 코드에 의하여 당사자 간에 자동적으로 이행될 수 있는 성질의 채무여야 하는데, 블록체인에 미리 올릴 수 있는 자산, 즉 암호화 자산을 이전하는 것은 충분히 가능한 것이다.

따라서 현재 상황에서 스마트 계약이 현실적으로 실현될 수 있는 것은 암호화 자산을 주고받는 거래가 주종을 이루고 있다.

앞서 살핀 바와 같이 블록체인 기술은 저작권 관리에서 활용될 가능성이 매우 큰데,[9] 이것도 저작권 등 지적 재산권이 다른 재산권에 비하여 디지털화되어 정보로서 블록체인에 올려 지기가 상대적으로 용이하기 때문이다.

---

7) 예컨대, 고인석, "사물인터넷 플랫폼의 실현을 위한 수단으로써 블록체인의 적용 가능성" 지급결제학회지 제10권 2호(2018), 신평우, "인공지능(AI) 법제와 블록체인 법제(Block Chain)의 체계화를 위한 법적 검토" 토지 공법연구 92집(2020) 등.

8) 송영현, "블록체인 기술의 사회에서의 보편적 활용을 위한 규범성 고찰" IT와 법 연구 제22호(2021), 양영식·송인방, "블록체인 스마트 계약의 상용화 대비를 위한 법적 과제" 법학 연구 제18권 2호(한국 법학회, 2018)

9) 이대희·박민주, "지적재산권에 대한 블록체인 기술의 활용 및 한계" 정보법학 제23권 2호(2019), 김원오, "블록체인 기술과 저작권 제도 간의 접점" 산업재산권 63호(2020), 백경태, "블록체인 기술이 엔터테인먼트 산업에 미치는 영향에 대한 소고 – 저작권 분야에 대한 논의를 중심으로 –" 한국저작권위원회 계간 저작권 제32권 4호(2019), 이정재, "블록체인 기술을 활용한 음악 저작권 관리 모델 연구" 한국과학예술융합학회 제 35호(2018)

한편, 이와 달리 위임, 고용, 도급 등 이른바 '하는 채무'를 목적으로 하는 계약도 있다. 스마트 계약은 디지털화된 자산의 이전을 위한 자동실행에는 적합하지만, 현실 세계의 다양한 급부를 실행하지는 못하며,[10] 특히 노무의 제공이나 위임 사무의 수행 등을 거래의 목적으로 한다면 스마트 계약에서는 실현 곤란한 경우가 대부분이다.

따라서 스마트 계약의 활용은 계약 절차나 지급처리 등의 기능에 한정될 것으로 예상되기도 한다.[11] '주는 채무'를 목적으로 하는 계약에도 스마트 계약은 현재 기술로서는 한계가 있다. 앞서 지적한 바와 같이 블록체인에 올릴 수 있는 자산인 경우에 적합성이 있기 때문이다. 이 문제와 관련하여 대표적으로 생각해 보아야 할 것은 부동산 거래로 부동산 거래에도 스마트 계약의 도입 가능성이 매우 활발히 논의되고 있고, 법원의 경매시스템에의 도입이 제안되기도 한다.[12]

3) 블록체인 기술의 적용 적합성의 검토 : 부동산 거래의 예시

이 문제와 관련하여서는 부동산 거래에 블록체인이나 스마트 계약이 적용될 수 있는지에 관하여 이미 많은 중요한 논의가 이루어지고 있다.[13] 이에 관하여 필자가 덧붙이고자 하는 것은 그 과정에서 몇 가지 단계 내지 쟁점을 구분하여 살펴야 한다는 점이다.

- 첫째, 부동산 계약의 '체결'에 대하여 블록체인 기술이 적용될 수 있는가 하는 점인데, 이는 당연히 가능하다. 위변조가 사실상 불가능한 보안성을 가진 기술이므로, 특히 위변조를 막고자 하는 동기에서라면, 부동산 계약을 블록체인에 의하여 체결하도록 하는 것은 법 정책적으로나 거래 실무의 필요상으로나 의미가 있다.
- 둘째, 부동산 '등기부'를 블록체인에 올리는 것이 적절한가 하는 점이다. 부동산 등기부 자체도 위변조의 우려가 있으므로, 블록체인에 올리는 것은 그 측면에서는 의미가 있을지 모르나, 사견으로는 효율성 측면에서 회의적이다.

---

10) 김진우, "스마트 계약과 소비자 보호 - 소비자계약법에 비추어 본 스마트 계약" 법학논총 제27집 제1호(조선대학교 법학연구소, 2020), 42면.
11) 윤태영, "블록체인 기술을 이용한 스마트 계약(Smart Contract)" 재산법 연구 36권 2호(2019), 79면.
12) 김효종 · 한군희 · 신승수, "이더리움 기반의 이더를 사용한 법원 경매 시스템에 관한 연구" 융합정보논문지 제11권 2호(중소기업융합학회, 2021)
13) 신국미 · 김진 · 김기승, "포스트 코로나 시대의 부동산거래 : 스마트 계약의 도입과 법적 쟁점" 부동산법학 제25권 2호(2021), 고유강, "부동산 거래에의 스마트 계약 도입과 관련된 법적 문제들 : - 코드와 자연어 사이의 괴리, 블록체인과 현실 세계 사이의 간극" 법조 통권742호(2020), 박광동, "블록체인에 의한 부동산등기 변화에 관한 연구" 일감 부동산 법학 제20권(2020), 전희정, "부동산등기에 대한 블록체인 기술의 적용 및 법적 쟁점" 경영법률 제31권 1호(2020), 김승래, "부동산 거래의 블록체인에 의한 스마트 계약 체계" 부동산 법학 제22권 3호(2018), 김진 · 전하진, "가상화폐가 부동산 거래시장에 미치는 영향에 관한 연구" 대한부동산학회지 제36권 1호(2018).

우선 부동산 등기부 자체가 위변조되는 경우는 극히 드물다. 실제 권리자와 공시된 권리자가 불일치하는 문제는 오히려 등기의 원인이 되는 거래 자체에 문제가 있고, 등기원인이 잘못되었기 때문에 등기가 잘못되는 것이 대부분이다.

이 같은 경우 등기의 절차에 대한 법제를 정비하여 원인과 다른 잘못된 등기가 기입되지 않도록 하는 것이 필요할 것이고, 다른 한편에서는 잘못된 등기가 마쳐질 가능성을 극소화함을 전제로 적절한 방식으로 등기의 공신력을 인정하는 방향의 법제 개혁이 필요한 것이지, 등기부 자체의 위변조 방지가 본질적인 것은 아니다.

물론 해커가 법원의 등기부 전산망을 해킹하여 등기부 자체를 위변조하는 경우가 이론상 가능하기는 하나, 등기부에 블록체인 기술의 도입이 필요하다고 할 정도로 개연성이 있거나 일반화된 문제는 아니다.

설사 등기부 자체에 대한 해킹이 우려되더라도, 현행 등기부 전체를 블록 체인화 하는 것을 다른 보안기술로 보완하는 방안과 비용·효용 측면에서 비교해 보아야 하는데, 사견으로는 등기부 자체의 블록 체인화는 다소 회의적이다.

외국에서 등기부 자체를 블록 체인화 하여 스마트 계약으로 거래하는 것을 논의하는 사례가 있지만, 이는 대부분 아직 등기부 제도가 잘 정비되지 않는 상태에서 지적(地籍) 내지 부동산 정보와 등기부 제도를 새로 구축하는 경우에 검토 가치가 있는 것이지, 우리나라와 같이 이미 지적정보와 등기부가 오랜 기간에 걸쳐 정착된 경우에도 과연 적합한 것인지는 의문이다.

- 셋째, 등기부 자체가 아니라 일반인에게 발급되는 '등기부등본'을 블록체인에 올려 배부하는 것은 별개의 문제이다.

등기부등본의 위변조는 등기부 자체의 위변조보다 발생 가능성이 높은데, 블록체인 기술은 그와 같은 문제점을 해결할 수 있는 방안 중의 하나이다.

다만, 모든 등기부등본의 발급을 블록체인에 올려 사용할 필요성이 절실한 것은 아니며, 필요한 경우에 선택적 제한적으로 활용될 가능성을 열어 두는 것은 의미가 있다.

- 넷째, 부동산 거래 계약의 체결이 아닌 '이행'까지도 스마트 계약의 방식으로 가능한가의 문제는 좀 더 어려운 문제이다.

부동산 매매계약을 예로 들면, 대금의 지급은 암호화폐 등을 통하여 지급 가능할 것이므로, 매수인 측의 채무의 이행은 자동화 내지 코드화 될 가능성이 있다. 반면 매도인 측의 채무인 소유권의 이전을 코드화하여 자동화하는 것은 용이하지 않다.

부동산이라는 대표적인 실물자산[14]을 블록체인에 올리는 것은 현재 기술로서는 불가능하다고 생각되기 때문이다. 이에 대하여 등기부를 블록 체인화하고, 블록체인을 통하여 등기부 명의를 이전하도록 코드화하는 방식의 스마트 계약 거래를 제안할 수는 있을지 모른다.

그러나 여기서 생각하여야 할 점은 등기부상의 명의가 변경된다고 하여 부동산에 관한 권리가 이전되는 것은 아니라는 점이다. 이는 마치 등기권리증을 인도한다고 하여 이를 부동산양도와 동일시할 수 없다는 것과 마찬가지인 것이다.

다만, 우리나라가 등기 전산화를 통하여 이제는 등기권리증 대신 등기필 정보만으로 등기할 수 있게 되었다는 점에서 부동산 거래에서 스마트 계약의 실현 가능성이 좀 더 높아진 것은 사실이다.

등기필 정보를 블록체인에 올리고 대금이 지급되면 등기필 정보가 상대방 측에 교부되어 자동으로 등기가 이루어지도록 하는 방식을 생각할 수 있기 때문이지만, 이것도 본질적으로는 마찬가지이며, 등기필 정보는 그 자체가 부동산이 아니기 때문이다. 즉, 부동산 매매계약은 '부동산'을 거래의 대상으로 하고 있는 것이지, '등기필 정보'를 대상으로 하고 있는 것이 아니다. 등기필 정보를 가지고 있으면 등기를 할 수 있고, 나아가 그것이 없으면 사실상 등기할 수 없지만, 등기필 정보를 그 부동산 자체와 동일시할 수는 없다.

마지막으로, 부동산 등기명의의 이전이 코드화를 통하여 자동화되는 것과 관련하여, '공법상의 규제' 문제가 존재한다. 이는 스마트 계약이 가지는 본질적인 문제점 중의 하나로서 부동산 거래가 아닌 다른 거래에서도 동일한데, 부동산의 경우 대표적인 예로서 토지거래 허가를 받지 않은채 스마트 계약을 통해 부동산 매매계약을 하는 경우, 자동으로 이행되어 등기가 이루어지는 것을 어떻게 처리할 것인가 하는 경우를 들 수 있다.

이와 같이 부동산 거래에 관하여 블록체인 기술과 스마트 계약 등을 접목시키는 것은 여러 가지 측면의 심도 있는 검토가 필요하지만 필자로서는 그와 같은 가능성을 애당초 부정하자는 취지는 전혀 아니며, 위와 같은 한계와 문제점을 살피고, 적절하고 가능한 분야부터 하나씩 실현하자는 것이다.

4) 스마트 재산의 확대 : 거래 대상 실물자산의 증권화

이상 살핀 바와 같이 부동산 거래와 같은 실물자산에 대하여 현재의 상태에서 블록체인이나 스마트 계약의 기법을 활용하는 것이 불가능한 것은 아니지만, 실질적인 적용 범위는 현재로서 제한적일 수밖에 없다. 무엇보다도 지금의 암호화폐와 같이 활발한 거래가 가능하게 되기 위해서는 무엇보다도 거래의 대상 또는 목적인 권리를 블록체인에 올릴 수 있어야 하며, 그에 따라 코드화를 통하여 자동으로 이전하는 것이 가능하게 되어야 한다.

---

14) 영어로는 부동산을 real property라고 표현할 정도로 부동산은 대표적인 실물자산이다.

그런데 실물자산의 경우에는 그와 같은 것이 성질상 불가능하거나 제한적이다. 스마트 계약으로 거래되는 재산을 '스마트 재산(smart property)'이라고 하는데, 이는 사물인터넷 활성화의 기반이 된다고 할 수 있다.[15] 그러나 현재 상황은 실제로 활발히 거래되는 스마트 재산은 오로지 암호화폐로 한정되어 있는 것이 현실이다. 만일 현실의 실물자산을 스마트 재산으로 적절히 전환할 수 있다면, 스마트 계약이 일상의 민사 거래에서 활발히 적용되는 데에 결정적인 도움이 된다.

근본적인 한계에도 불구하고 실물자산의 거래에 대하여 블록체인과 스마트 계약이 좀 더 활발하게 활용될 수 있도록 하는 방법이 전혀 없는 것은 아니며, 먼저 제안해 볼 수 있는 것은 증권화(securitization)의 활용이다. 암호화폐 다음으로 블록체인과 스마트 계약에 의한 거래 활성화 가능성이 큰 것은 회사법을 포함한 상법 영역이다.

주식의 거래와 주주 총회 등 회사의 운영, 나아가 회사의 인수합병(M&A)에서 블록체인 기술과 스마트 계약의 적용 가능성이 논의되고 있고, 그 밖에도 보험업 분야 거래에서의 논의도 이루어지고 있으며, 미국에서는 특히 재보험과 다국적 보험에서의 활용이 적극적으로 논의되고 있다. 나아가 해상법 분야에서 논의되고 있는 선하증권에의 활용 문제는 다른 영역에 비해 상대적으로 실현 가능성이 상당히 높다.[16]
이와 같은 영역들에서 블록체인과 스마트 계약의 적용 적합성이 보다 큰 것으로 평가되는 이유 중의 하나는, 이들 영역이 모두 실물자산을 직접적으로 거래하는 영역이라기보다는 전면적 또는 부분적으로 거래 대상의 증권화가 이루어졌거나, 또는 필요시 증권화가 상대적으로 용이하거나 증권화와 친한 영역이기 때문이다.

인류가 발전시킨 법률문화의 발전에서, 투자와 거래의 활성화에 관한 한 주식회사 제도가 차지하는 비중은 막대하다는 점을 부인할 수는 없다. 이는 주식회사 제도가 회사를 다수의 지분으로 잘게 쪼개고 유한책임을 법적으로 인정함으로서 일반인의 투자를 활성화하여 산업을 위한 자금조달을 용이하게 하였기 때문이다.
그러나 다른 어떤 형태의 회사보다도 주식회사가 지금까지 자본주의를 주도적으로 이끌어올 수 있었던 점은 단지 지분을 인정하였기 때문만이 아니라, 그 지분을 주식이라는 형태로 증권화 함으로서 거래가 더욱 용이하게 되었다는 데에도 있다. 즉, 주식이라는 증권에 회사에 대한 실물자산으로서의 모든 권리가 화체(化體, incarnation)됨으로서 실물자산에 대한 번거로운 검토 없이도 증권화 된 주식을 통하여 편리하고 신속한 거래가 가능하도록 한 법제라 평가될 것이다.

---

15) 김제완, 앞의 논문(주2), 159면.
16) 최석범, "블록체인 선화증권의 상용화에 관한 연구" 한국물류학회물류학회지 제29권 1호(2019)

증권화된 권리 취득자의 익명성(匿名性) 보장의 용이성은 여기에 부수되는 추가적인 특성으로서, 증권화된 주식제도가 더욱 활성화되는 데에 기여하였을 것이다.

물론 이와 같은 주식회사 제도가 여러 가지 측면의 부작용이나 역기능도 있다는 점을 부인하는 것은 아니다. 증권화된 권리는 상대적으로 블록체인에 올리는 것이 용이하며, 나아가 전자적 이행을 포함하여 채무가 코드화 되어 스마트 계약으로 거래하는 것이 가능하게 된다는 점이다.

종이 형태의 증권이 전자적 형태의 증권으로 전환되는 것은 이미 실현되고 있으므로, 이는 현재의 기술수준과 법제로도 다소간의 추가적인 제도 정비 노력을 추가한다면 언제든지 가능하다. 주식에 대한 거래 뿐 아니라, 보험법상의 권리도 증권화 될 수 있다.

특히 해상법상의 주요 권리 중의 하나인 선하증권 등은 그 자체가 증권이므로, 블록체인과 스마트 계약에 대한 적합성이 매우 높으며 어음이나 수표도 마찬가지이다.

실물자산을 증권화 하는 것도 여러 가지 단계를 나누어 생각하여야 한다.

대표적으로 부동산을 예로 들자면, 부동산에 관한 대표적인 권리는 소유권이지만, 제한물권으로서 담보권이나 용익권도 중요한 거래의 대상이 된다. 나아가 부동산에 관한 채권으로서의 임차권이나 담보부 채권 등도 부동산에 관한 주요 권리로서 소유권과 함께 거래의 대상이 된다. 부동산이라는 실물자산을 증권화 한다는 것은 부동산에 대한 전통적인 주된 권리인 '소유권'을 증권화 하는 데에만 초점을 맞출 필요는 없다.

이는 훨씬 어렵고 복잡한 문제인 반면, 소유권이 아닌 다른 권리는 증권화 하는 것이 훨씬 용이하다. 이에 관하여는 이미 우리 실무상으로도 활성화되어 있고, 기본적인 법 제도 상당부분 구비되어 있다. 대표적인 것으로 근저당권부 채권에 대한 유동화를 들 수 있다. 즉 저당권부 채권에 대한 유동화증권(Mortgage Backed Securities, MBS)이나 자산유동화증권(Asset Backed Securities, ABS)은 이미 부동산에 관한 주요 제한물권이 증권화 될 수 있음을 보여준 것이다.[17]

일단 증권화가 이루어진 부동산에 대한 권리는 블록체인을 통해 스마트 계약으로 거래하는 것이 그다지 어려운 문제는 아니다. 다음으로, 채권이나 제한물권이 아닌 실물자산으로서의 부동산 자체를 증권화 하는 것은 우선 그 개념 자체가 매우 어렵겠지만, 이것 또한 다른 관련 제도를 적절히 활용한다면 불가능한 것은 아니다.

---

17) 다만, 여기에는 부종성 등 법리로 인하여 채권과 함께 이루어져야 한다는 한계가 있는 것은 사실이다. 즉, 이에 대하여는 그 법적 성격이 엄밀히 말하면 부동산에 대한 '물권'으로서의 저당권을 증권화 하였다기 보다는 부동산에 대한 저당권부 '채권'을 유동화한 것이며, 특히 실물자산으로서의 부동산 자체를 증권화한 것으로 볼 수 없다는 점을 지적할 수도 있을 것이다. 그러나 이와 같은 물권 채권에 대한 전통적인 구별은 적어도 블록체인과 스마트 계약 문제를 논하는데 있어서는 그 실익이 크지 않다고 생각된다.

즉, '부동산 자체'를 증권화 한다기 보다는 부동산에 대한 '소유권'을 증권화 하는 것으로 생각한다면 그 실마리를 찾을 수 있다. 조금만 발상을 전환하면, 이 또한 이미 우리 현실이나 법제하에서 불가능한 것은 아니다.

대표적으로, 부동산 투자 회사(REITs, Real Estate Investment Trusts)를 생각할 수 있다. 특정 부동산이 리츠를 통하여 간접투자가 가능한 상태로 되면, 그다음 단계로 블록체인에 올려 스마트 계약으로 거래하는 것은 자산유동화와 마찬가지로서, 특별히 더 복잡하거나 어려운 것이 아니다.
특수목적회사(SPC, Special Purpose Company) 법리를 활용하는 것도 가능하다. 해당 부동산의 소유만을 목적으로 하는 SPC를 만들고, 그 주식을 블록체인에 올리는 것이다.

결국 부동산 소유권 등 실물자산의 증권화를 위하여는 전통적으로 함께 논의되는 주제인 신탁과 SPC 등 관련 법리를 적절히 활용함으로서, 블록체인과 스마트 계약의 실현을 위한 전제로써 '실물자산에 대한 증권화'가 간접적으로나마 가능하게 되는 것이라고 생각된다.
그 실현과정에 발생하는 해당 실물자산이 가지는 각 분야별 특성에 따른 각론적인 측면의 특수한 세부 법적 문제들을 적절히 해결한다면, 부동산뿐 아니라 많은 다양한 실물자산에 대하여 블록체인과 스마트 계약에 의한 거래가 활성화될 수 있다.

참고로 미국에서는 이미 비트코인의 경우, UCC에서의 화폐(money)라고 평가될 수 없지만, 이로 인한 한계를 극복하기 위하여 증권화를 하게 될 경우 투자증권(investment securities)에 관한 규정(UCC Article8)에 따라 금융자산(financial assets)으로 평가되어 유통 가능성이 증가할 수 있다는 점이 지적된 바 있다.
다만, 증권화 과정에는 필연적으로 이를 주관하는 금융기관의 개입이 필요한데, 이는 일종의 탈중앙화라는 블록체인 기술의 철학에 상치될 수도 있다는 점이 지적되기도 한다.[18]
이는 실물자산을 증권화함에 있어서도 마찬가지일 것이므로, 여기서 지적할 것은, 이와 같은 과정에 전통적인 법의 관여는 필수적이며, 이른바 'code is law'라든가 'rule of code'로 대표되는 '법 없이도 가능'하다는 관념은 비현실적이라는 점이다.
실물자산이 적절한 형태로 증권화 되더라도, 그 증권과 실물자산과의 관계(이른바 link) 문제가 남기 때문으로, 해당 증권이 해당 실물자산을 화체하여 표상하는 것이라는 법적 효과를 승인받아야 모든 것이 가능하다. 이와 같은 법적 효과의 승인, 특히 대세적(對世的) 효과를 가지는 승인은, 블록체인 기술이나 스마트 계약의 코드에서 당

---

18) Jeanne L. Schroed, BITCOIN AND THE UNIFORM COMMERCIAL CODE, 24 U. Miami Bus. L. Rev. 1 ; 우리나라에서도 '증권형 가상자산'을 따로 분류하여 투자자 보호 등의 원칙을 제시하고 있음 박선종, "증권형 가상자산의 투자자보호에 관한 연구" 법학논총 51호(2021) 참조

사자 간에 자체적으로 규정하는 것만으로 승인받을 수 있는 것이 아니다.

이와 같은 link를 가능하게 하는 것은 당사자 간의 code가 아니라 결국 법인 실물자산의 증권화를 위한 구체적인 기법을 강구하는 것도 중요하지만, 증권화된 권리가 적법하게 실물자산에 대한 권리를 표상하는 데에 장애가 없도록 필요한 법제를 정비하는 것 또한 중요하다는 점을 지적하고자 한다. 이 부분은 민사법 전공자들이 탐구하여야 할 주요영역이다.

이와 같이 실물자산과 증권화된 권리와의 link의 중요성은 '하는 채무'의 경우에도 같은 맥락에서 강조될 수 있다. 앞서 지적한 바와 같이 '하는 채무'의 경우는 성질상 블록체인에 올리는 것이 적합하지 않지만, 향후 기술의 발전에 따라서는 이를 계량화하여 본지에 따른 이행 여부를 판단하는 것이 가능할 수도 있다.

만일, 노무의 제공이나 위임사무의 처리 등도 그 결과를 코드화 할 수 있다면 스마트 계약의 적용대상은 획기적으로 확대될 수 있을 것으로 기대될 수 있는 것이다.

즉, '하는 채무'의 이행과정에 나타나는 추상적이고 주관적인 것들을 공정하고 객관적으로 판단할 수 있는 판정기법이 필요하다.

이 점에 관하여, 조건에 해당하는지 여부를 곧바로 컴퓨터가 판정할 수 있도록 한 것으로서 금융상품에서 활용되는 '산술화 계약(computable contracts)'이 거론되기도 한다.

여기에서도 컴퓨터가 행하는 것은 '일단(prima facie)'의 판정으로서의 성격에 그치고, 궁극적으로 기존의 사법절차를 이용하는 것이 예정되어 있다는 한계가 있다.[19]

이것도 결국은 그 판정 자체를 완전히 code화 하여 맡기는 것이 아니라 code 외부의 판단에 맡기는 것인데, 이는 어떤 의미에서는 분산원장 기술의 탈중앙화의 철학과 배치되는 측면이 있지만, 이를 부정적으로 볼 이유는 없다.

블록체인 기술과 스마트 계약에 의한 거래가 기존의 법질서를 완전히 배제한 채 발전해 나가려는 것은 오히려 그 적용가능성을 협소하게 만들어, 범용화에 장애가 되는 측면이 있다. 반면 이와 같이 블록체인과 스마트 계약에 의한 거래를 활성화하고 그 적용 분야를 확대하기 위하여 필요한 경우 거래의 일부에 대하여 코드의 외부 현실 세계 내지 이른바 '기존의 법질서'에게 맡겨서 적절한 지원을 받는다면, 이는 블록체인과 스마트 계약이 장차 일반 민사 거래에서 중요한 위치를 차지하는 데에 기여할 것이다.

---

19) 윤태영, 앞의 논문(주22), 80면.

나. 블록체인과 스마트 계약에 의한 민사 거래에서 분쟁의 영역

이와 같이 블록체인과 스마트 계약에 의한 거래가 일반 실물자산에 대한 민사 거래의 영역에까지 확장되는 경우, 분쟁은 주로 다음과 같은 몇 가지 영역에서 발생할 수 있을 것으로 예상된다.

그 중 첫째 영역은, 스마트 계약의 코드화 된 계약 자체에 관한 것이다. 근본적으로는 그 계약의 무효 취소 해제 등 계약 자체의 효력이 문제되는 경우, 코드에 의하여 자동적으로 이행되는 것을 막을 수 있는지 또는 기이행된 부분이 적절히 반환될 수 있는지 하는 부분과 세부적으로는 코드화된 계약 조건의 해석을 둘러싼 이견이 있는 경우의 해결방안 등이 될 것이며, 통상적으로 말하는 스마트 계약에 관한 민사법적 분쟁의 이슈이다.

둘째 영역은, 위에서 살핀 바와 같은 실물자산이 증권화 되어 블록체인에 올라 스마트 계약으로 코드화 되기까지의 과정을 둘러싼 것이다.
대표적으로 실물자산이 증권화 되는 경우, 실물자산에 대한 법적인 권리가 증권에 표상되어 있는지에 관한 것인데, 이는 스마트 계약의 code 자체를 둘러싼 것이 아니라 그 이전에 증권화 과정에서 이루어진 주요 당사자들 간의 계약과 이행, 관련 법규상 요건의 준수 등 주로 code와 반대되는 의미에서 전통적인 법으로서의 law 또는 regulation에 관한 것이라고 할 수 있다.

3 스마트 계약에 의한 거래에서 민사법적 쟁점

가. 암호화 자산에 관한 거래에 관한 민사 분쟁의 양상

블록체인과 스마트 계약에 의한 일반 민사 거래에서 법적 쟁점을 살피는 데 있어서 우선 지적하고자 하는 것은 현재로서는 스마트 계약에 의한 실물자산의 거래가 활성화된 상황이 아니므로, 아직까지는 주로 암호화폐 내지 암호화 자산의 거래를 둘러싼 분쟁이 주종을 이룰 수밖에 없다는 점이다.

함께 지적하여야 할 것은, 이와 같이 비록 암호화 자산에 대한 거래 문제로 한정되기는 하지만, 이에 관한 민사 분쟁은 이미 우리 사회에서 현실적으로 발생하고 있으며, 결코 먼 장래의 추상적인 문제가 아니라는 점이다. 이해를 돕기 위하여, 암호화 자산의 거래를 둘러싼 민사적인 문제의 현실 사례를 몇 가지 들어 보면서, 민사분쟁이 어떠한 양상으로 전개되고 있는지를 살펴본다.

1) DAO 해킹과 하드포크(hard fork) 사례

스마트 계약의 본질적 특성과 민사거래에 있어서 발생할 수 있는 계약법적 쟁점을 가장 잘 보여준 첫 번째 사례로는 무엇보다도 이더리움(Etherium)이 형성하였던 '분산화된 자치조직'으로서 이른바 DAO(Decentralized Autonomous Organization) 해킹 사건을 빼놓을 수 없다.[20]

스마트 계약은 그 자체가 컴퓨터 코드이므로, 오류와 버그(flaws and bugs)의 가능성이 상존하는데, 이로 인하여 당사자의 의사와 달리 계약이 체결되거나 조건과 달리 이행 또는 불이행된 경우, 그에 관한 법적 효과를 어떻게 평가하여야 할 것인지가 문제가 된다.

이 사례에서, 해커가 이더리움의 코드상의 약점을 공격하여 14달러를 주고 4천7백만 달러 가치가 있는 대가를 받는 거래를 code를 통해 자동적으로 성사시키고 이행 완료시켰다.

뒤늦게 이더리움 측은 이것이 해킹 내지 일종의 사기라고 주장하는 반면, 해커 측은 이더리움 컴퓨터 코드에 공개적으로 제시된 바에 따라 이에 응하여 거래하였을 뿐, 아무런 불법적인 행위를 한 바가 없다고 항변하였다. 이 사건은 '스마트 계약을 통하여 체결'되었다는 이유만으로 계약에 영향을 미치는 민법 규정이나 계약 법리가 당연히 배제되는 것인지에 대한 근본적인 문제를 제기하였다.

---

20) 김제완, 앞의 논문(주2), 177-178면.

DAO 해킹 사건에서는 결국 해커의 거래를 무효화하고 새로운 장부를 작성하기로 하는 이른바 하드포크(hard fork)를 단행하였다.

이에 반발한 일부 이더리움 소유자들이 무효화를 부정하면서 종래의 이더리움을 Ethereum Classic(ETC)이라는 이름으로 별개로 운영하는 사태로 이어졌다.[21] DAO는 말 그대로 자율적인 기구이지만, 이에 대하여도 충분한 감독(enhanced oversight)이 필요하며, 특히 분쟁이 발생한 경우에는 중립적인 제3자(neutral thir- dparties)에 의한 분쟁해결이 필요하다는 과제를 남겼다.[22]

2) Quadriga의 창업자의 사망과 상속 문제 사례

두 번째 사례는 콰드리가(Quadriga)의 창업자 사망 사례로서, 암호화 자산의 상속을 둘러싼 문제이다. 2018년 12월 캐나다 최대의 암호화폐 거래소인 콰드리가의 창업자가 사망하면서, 약 1억 8,000만 캐나다 달러로 추정되는 암호화폐의 소재지를 파악할 수 없게 되었다.

이에 상속인이 망인의 패스워드나 복구키를 모를 경우 해당 암호화폐, 특히 콜드 스토리지에 보관 중인 것에 대해 반환청구권을 행사하는 것이 법적으로 가능한가가 문제된 바 있다. 이 사례를 통하여 생각해 보아야 할 점은, 암호화폐 내지 암호화 자산의 상속법적 쟁점이지만, 사견으로는 그와 함께 생각해 보아야 할 민사법적 쟁점으로 암호화폐 내지 암호화 자산의 물건성(物件性) 내지 권리의 대상으로서의 구체적인 법적 성격 문제이다.

암호화폐 내지 암호화 자산이 금전인지 또는 물건으로서의 동산인지, 아니면 채권이나 지적재산권 기타 특수한 재산권인지 등을 규명하는 것은 금융투자에 관한 규제를 적용하거나 관련 법제를 만들어 나가는 데 있어서도 전제가 되는 출발점이지만, 민사법적으로도 중요한 의미가 있다.

이에 관하여는, 개인키를 모르는 상속인도 실질적으로 해당 암호화폐를 분실한 결과가 야기된다고 보아야 한다는 견해가 있다.[23]

---

[21] 하드포크(hard fork)는 블록체인의 문제 해결 및 업그레이드 방식의 하나로서, 해당 블록체인의 프로토콜 자체를 수정하는 것을 말하며, 하드포크 후에는 이전 블록체인과 전혀 다른 프로토콜을 가지는 블록체인이 됨, hard fork에 관하여는, 김진우, 앞의 논문(주21), 61면 ; The Blockchain: A Guide for Legal & Business Professionals § 3:4 Existing protocols—Ethereum 등 참조.

[22] Kyung Taeck Minn, TOWARDS ENHANCED OVERSIGHT OF "SELF-GOVERNING "DECENTRALIZED AUTONOMOUS ORGANIZATIONS: CASE STUDY OF THE DAO AND ITS SHORTCOMINGS, 9 NYU J. Intell. Prop. & Ent. L. 139(2019)

[23] 정다영, 앞의 논문(주3), 79면.

이 사례와 같이 상속법상의 쟁점을 판단하는 데 있어서 기본이 되기도 하지만, 적법한 양도방식과 공시방법, 분실시의 권리회복방법 및 제3자의 선의취득 가부와 그 요건은 물론 해당 권리 침해시 손해의 산정방법 등에까지 두루 영향을 미칠 수 있다.

3] 암호화폐 Remiit token에 대한 동시이행판결 사례

세 번째 사례는 우리나라의 하급심 판례의 실제 사례이다. 레미 토큰(Remiit token)이라는 암호화폐에 대한 매매계약을 둘러싼 분쟁에서, 동시이행과 이행지체가 주요 쟁점으로 문제되었는데, 법원에서 동시이행의 판결이 선고된 사례이다.[24]

판결문에 나타난 사안의 개요는 다음과 같다. 甲 주식회사와 乙 주식회사는 레미토큰(Remiit token) 암호화폐 500,000,000개에 대한 매매계약을 체결하였는데, 그 내용은 '甲 회사는 乙 회사에 현재 보유하고 있는 본건 암호화폐를 시장가격에 상관없이 약정한 가격 350,000,000원에 매도하기로 하되, 다만, 매매대금의 지급일은 서로 협의하여 연장할 수 있고, 거래의 신뢰를 위해 암호화폐는 丙에게 맡겨 보관한다'는 것이다.
이에 따라 甲 회사는 매매목적인 위 암호화폐를 丙회사에 전송하여 보관시켰는데, 매매대금 지급시한 연장을 위한 甲과 乙간의 지급일 등에 관한 협의가 최종 결렬되었고, 암호화폐를 보관중이던 丙은 암호화폐를 甲 회사에 반환하였다.

甲 회사는 매매계약이 유효하게 존속하고 있음을 전제로 乙 회사를 상대로 매매대금과 지연손해금의 지급을 구하였고,[25] 이에 대해 乙 회사는 이행지체 등을 다투는 한편 동시이행의 항변을 한 사안이다.
서울고등법원은, 이 사안에 대해 원고측에서 주장한 이행지체는 인정하지 않으면서,[26] 피고측의 동시이행의 항변을 받아들였다. 이 판결은 그대로 확정되었는데, 판결 주문은 다음과 같다.

> "피고는 원고로부터 레미 토큰(Remiit token) 암호화폐 500,000,000개를 인도받음과 동시에 원고에게 350,000,000원을 지급하라."

---

24) 서울고등법원 2020. 9. 23. 선고 2020나2016462 판결 : 확정
25) 원고 甲회사의 청구취지는 "피고는 원고에게 350,000,000원 및 이에 대하여 2019. 6. 1.부터 2019. 7. 26.까지는 연 6%, 그 다음 날부터 다 갚는 날까지는 연 12%의 각 비율로 계산한 돈을 지급하라."였다.
26) 甲 회사가 乙 회사와 매매대금 지급시한 연장을 위한 협의를 진행하던 중 협의의 최종 결렬 시점에 이르러 위 계약에 따른 이행의 제공을 하지 않거나 이를 중단한 경우에 해당한다고 보아, 甲 회사가 乙 회사에 새로이 암호화폐를 인도하거나 적법한 이행제공을 하기 전까지 乙 회사의 매매대금 지급의무 이행지체로 인한 지연손해금은 발생하지 않는다고 하였음

이 판결은 민사법적으로 보면 별다른 어려움이 없는 매우 통상적이고 간단한 매매계약 사례이다. 단지 목적물이 암호화폐라는 특징이 있을 뿐이나 이 판례가 우리에게 주는 크고 작은 시사점은 적지 않다.

우선 지적하고자 하는 것은, 암호화폐를 적어도 금전으로 인정한 것은 아니라는 점이다. 금전이라면 예컨대 외화의 경우와 마찬가지로 가액으로 표시되었어야 할 텐데, 이 판결에서는 수량으로 표시하였다. 그것도 개수 단위로 표시하고 나아가 '지급(支給)'이 아닌 '인도(引渡)'라는 표현을 사용하였는데, 이는 본건 암호화폐를 금전이 아닌 동산과 마찬가지로 인식한 것으로 보인다.[27] 다음으로 지적하고자 하는 것은 강제집행과의 관계이다. 즉, 암호화폐의 인도를 명한 판결을 어떻게 강제 집행할 것인가 하는 점이다.

물론 이 판결에서는 직접적으로 암호화폐의 인도를 명한 것이 아니고, 암호화폐의 인도를 동시이행으로 하여 금전의 지급을 명한 판결이다. 따라서 강제집행을 하는 것은 금전채권이며, 암호화폐의 지급은 이를 위한 이른바 '집행개시의 요건'으로서의 성격을 가질 뿐이다.
따라서 암호화폐에 대한 강제집행이 직접적으로 문제가 되는 것은 아니고, 판결을 강제 집행하고자 하는 원고 측에서 스스로 암호화폐에 대한 변제를 하여 금전채권에 대한 집행개시의 요건을 충족한 후 금전채권을 근거로 하여 채무자 측의 일반책임재산에 대해 강제집행을 하면 된다. 그러나 문제는, 이 판결 사안과 반대의 경우도 있을 수 있다는 점이다. 예컨대 본건의 경우 乙이 甲을 상대로 제소한 경우를 생각해 보면, 반대의 주문이 나왔을 수 있다.

이는 이 사건에서 乙이 甲을 상대로 반소를 제소한 경우를 생각해 보아도 마찬가지이다. 그 경우 주문은 다음과 같은 형식이 될 것이다.

> "원고(반소피고)는 피고(반소원고)로부터 350,000,000원을 수령함과 동시에 피고에게 레미 토큰(Remiit token) 암호화폐 500,000,000개를 인도하라."

이 판결을 통하여 문제 제기를 하고자 하는 점은, 이와 같은 판결이 선고될 것이 자명한데, 이를 어떻게 강제집행 할 수 있을 것인가 하는 문제이다.

---

[27] 다만, 이를 두고 암호화폐를 동산으로 인정하는 것이 우리 판례의 입장이라고 단정할 수는 없다. 대법원이 아닌 하급심의 판례일 뿐 아니라, 무엇보다도 이 사건에서는 암호화폐가 동산인지 아닌지가 쟁점이 되어 이에 대해 법원이 판단한 것은 아니기 때문이다.

암호화폐 내지 암호화 자산에 대한 형사법상의 압수 문제나 민사법상의 강제집행 문제에 대하여는 이미 학자와 실무자들 간에 의미 있는 논의가 이루어진 바 있다.

마지막으로 본건 거래는 블록체인 기술과 관련된 거래이지만 스마트 계약이 아닌 일반 민사상의 거래로 이루어졌다는 점이다.

블록체인과 스마트 계약이 상호불가분의 관계에 있는 것이 아니며, 스마트 계약이 아니더라도 블록체인상의 암호화 자산의 거래가 이루어질 수 있고, 반대로 블록체인에 올리지 않은 권리라고 하더라도 스마트 계약의 활용이 가능함을 보여주는 사례이다.

스마트 계약은, ① 블록체인 위에 구현되지 않은 것, ② 블록체인 위에 구현되면서 블록체인 위에 구현된 암호화폐와 결부된 것, ③ 블록체인 위에 구현되었으나 블록체인 위에 구현된 암호화폐와는 결부되지 않는 것 등으로 유형을 나눌 수 있다. 어쩌면 스마트 계약이 민사 거래에 일반화되기 전까지는 이 사례와 같이 암호화 자산이 스마트 계약이 아닌 일반 민사 계약 방식으로 체결되고 이행되는 방식이 적지 않은 비중을 차지할 수 있을 것이다. 그 경우 분쟁에 있어서 실체법상 쟁점도 중요하지만 강제집행이 빼놓을 수 없는 주된 문제가 될 수 있다는 점을 유념하여야 하며, 이들 사례를 통하여 우리는 몇 가지 문제의식을 가질 수 있다.

첫째, 스마트 계약은 그 최초 실현이라고 평가되고 있는 DAO사건부터, 어떤 의미에서는 태생적으로, 그 계약법적 문제점과 쟁점을 보여 주었다는 것이며,

둘째로는 그 분쟁의 규모나 성격을 결코 가벼이 볼 것이 아니라 는 점이다, 그리고 마지막으로는 이와 같은 분쟁이 먼 미래에 있을 다른 세계의 일이 아니라, 이미 지금의 우리 대한민국 사회와 법조계에 임박한 현실의 문제라는 점이다.

다음은 민사 거래의 시각에서 블록체인 기술과 스마트 계약이 가지는 특징을 살펴보고, 그것이 민사법에 관하여 가지고 있는 함의(含意)를 살펴보기로 한다.

나. 민사 거래의 시각에서 본 블록체인과 스마트 계약의 함의

블록체인 기술이 가지는 특성 중에서 어떤 것이 민사거래의 시각에서 의미가 있는지를 가려내는 것은 스마트 계약이 민사법에 관하여 가지고 있는 함의를 살피는 출발점이 된다.

블록체인 기술의 특징에 관하여는 이미 많은 지적이 있었지만, 요컨대 분산원장을 이용함으로서, 기존의 중앙집중형 네트워크에 비해 보안성, 투명성 등 측면에서의 장점이 있는 것으로 평가되고 있다.[28]

이를 몇 가지로 나누어 살펴보자면, 우선 블록체인의 특징으로는 중간자 또는 중앙기관 내지 중앙집권적인 통제기구(centralized body, intermediary, middle man, controlling authority)가 없는 거래가 가능하다는 특징으로 탈중앙화(decentralized) 내지 탈중개성(disintermediated)을 들 수 있다.

이 점은 블록체인 기술이 가지는 본질적인 속성 중의 하나이다. 대표적으로, 암호화폐의 본질 중의 하나는 발행주체에 종속되지 않는 것이다. 이는 가상화폐가 개발자에 의하여 발행·관리되고 있는 것에 비해 암호화폐의 경우 개발자가 직접 해당 암호화폐를 발행하거나 관리하지 않는다는 것으로,[29] 탈중앙화된 분산원장 기술의 반영이라고 평가할 수 있다.

그러나 이와 같은 속성은 블록체인 기술의 탈중앙화가 가능하다는 의미이지, 블록체인 기술이 반드시 탈중앙화하여야 한다는 의미는 아니다. 대표적으로, 중앙은행에 의하여 블록체인이 도입되는 방안이 실행중이거나 논의중인데,[30] 이와 같은 참여자가 제한적이고 실질적으로 관리주체가 명확한 유형의 블록체인은 그 나름의 의미가 있다.

관리주체가 명확하다는 것은 블록체인의 기술적 장점을 유지하면서도, 그 운용 과정에 어떤 기술적 문제나 법적 분쟁이 발생하는 경우 이에 대해 책임을 지고 해결하여야 할 주체가 명확하다는 점에서 매우 중요한 의미를 가진다. 스마트 계약에 의하여 체결된 계약의 무효, 취소, 해제, 나아가 그 강제이행을 법원에서 뿐 아니라 해당 스마트 계약의 플랫폼에서 자율적으로 관철할 수 있기 때문이다.

다만, 이와 같은 특징은 탈중앙화 거래의 철학과는 배치되는 측면이 있는 것 또한 사실이다. 정부나 법원 뿐 아니라 모든 형태의 중간자를 배척하는 것이 탈중앙화의 본질이다.

그와 같은 본질에 지나치게 매몰되는 것은 오히려 블록체인 기술의 보편적 활용을 저해하는 사유가 된다고 생각한다. DAO 사건에서 하드포크의 예를 들지 않더라도, 법과 정의의 실현을 위하여 꼭 필요한 경우에 한하여, 매우 예외적으로 중간자가 개입하여 이를 바로잡는 것은 스마트 계약 거래의 건전한 발전을 위하여 반드시 필요하다.

다만, 이와 같은 개입이 자의에 흐르지 않도록, 그 요건과 절차 및 효과 등을 플랫폼에서 미리 명확하게 정하는 것은 최소한의 조치로서 필수적이다.

---

28) 정승화, 앞의 논문(주6), 108면, 한종규, 앞의 논문(주13), 422면.
29) 이는 가상화폐와 암호화폐의 구별 표지 중의 하나로 지적됨 정다영, 앞의 논문(주3), 49-50면.
30) 박선종·김용재, "중앙은행의 디지털화폐 발행 시 법률적 쟁점" 비교사법 제25권 제1호(2015)

한편, 블록체인 플랫폼은 이를 실질적으로 운영하는 중간자가 없다고 하기는 하나, 과연 그것이 어느 누구의 영향력이나 간섭 없이 운영되는 진정한 의미의 이른바 '분산화된 지배구조(decentralized governance)'를 완전히 실현하고 있는지에 관하여는 회의적인 시각도 있다.

실질적인 운영주체가 있다는 점을 배제하기 어려운 경우도 적지 않고, 특히 블록체인의 합의 알고리즘이 어떻게 운영되는지에 따라 실질적인 영향력을 미치는 경우가 있고, 그 합의 자체도 반드시 합리적이고 공정한 것은 아니기 때문이다.

탈중앙화를 스마트 계약의 중요한 특징으로 들 수 있다는 것은 유사 개념 중 알고리즘 계약과 비교할 때 뚜렷해진다. 계약의 일방 또는 쌍방 당사자가 알고리즘을 이용하여 계약의 체결 여부나 조건을 결정하는 알고리즘 계약의 경우, 계약의 조건(terms)을 인간이 아닌 컴퓨터가 판단하여 처리되어 거래가 이루어진다.

이와 같은 점에서 스마트 계약도 알고리즘 계약의 일종이지만[31], 스마트 계약은 그 계약의 체결과 이행 등이 중간자 없이 이루어지는 것을 개념상의 전형으로 삼고 있다는 점에서, 현재 활용되고 있는 알고리즘 계약의 경우 비록 판단과 결정을 컴퓨터에 맡기면서도 종국적으로는 금융기관 등 이를 책임지고 운영하는 중간자가 개입된다는 점과 구별된다.

블록체인 기술의 탈중앙화는 스마트 계약에서 불가역성에 직접적인 영향을 미친다. 중간자 없이 계약의 체결과 이행이 이루어지도록 하기 위해서는 고정된 규칙을 따르도록 미리 코드화 하는 수밖에 없다.

이는 스마트 계약이 본질적으로 유연성이 없고 환경의 변화나 당사자의 사정 변경을 반영할 수 없게 하는 단점을 가진다.[32]

이와 같은 불가역성은 스마트 계약에서 여러 가지 법적 문제를 발생시키는데, 대표적으로 계약의 효력 문제와 소비자 보호 문제 등을 들 수 있다.

대표적으로, 의사능력이나 행위능력의 제한 문제, 무효와 취소사유 등을 어떻게 처리할 것인가가 문제되는데, 이는 전자거래에서의 상황과 유사하며, 같은 법리가 적용되는 것이 타당하다.

다만, 전자거래와 달리 스마트 계약의 경우에는 무효나 취소 등의 경우 기이행 부분을 어떻게 반환받을 것인가가 고유한 문제로 된다. 이는 종국적으로 뒤에서 다시 살피는 분쟁해결 절차와 강제집행의 문제와도 관련됨.

---

31) 알고리즘 계약은 high frequency trading(HFT), dynamic pricing 등에 이미 활용중임김제완, 앞의 논문(주 2), 161-162면, 박선종, "알고리즘 매매 및 DMA에 관한 연구" 증권법연구 제10권 1호(2009) 등 참조.
32) 김진우, 앞의 논문(주21), 42면

의사표시의 하자와 불일치의 경우도 있을 수 있는데 마찬가지 상황이다.[33]

스마트 계약의 자동실행 조항은 자체가 위법이라고 볼 수는 없으나, 자동실행이 법률상 상대방에게 부여된 항변권을 부당하게 배제하는 결과를 초래한다면 그 적법성이 문제될 수 있다.[34]

한편, 스마트 계약은 불가역성으로 인해 강행규정이나 관련 법규의 변동사항 등을 제대로 반영하기에 용이하지 않은데, 그 중 대표적인 것이 소비자 보호 법제이다.

스마트 계약 기술의 가치평가를 도외시한 기계적 자동실행은 이른바 '평등주의적 DNA'라고 표현된다. 이는 소비자 보호와 친하지 않다는 점이 지적되면서, 스마트 계약을 이용한 거래에서도 사업자는 소비자에게 전자상거래법 또는 할부 거래법에 따른 정보제공 의무를 자연어로 이행하여야 한다거나, 스마트 계약의 '성능 인증제도'를 도입하는 방안을 고려하자는 제안도 있다.

이와 같은 문제점을 스마트 계약 플랫폼이 어떠한 해결방안을 제시할 수 있는지가 관건이다. 스마트 계약을 '강한 의미의 스마트 계약(strong smart contracts)'과 '약한 의미의 스마트 계약(weak smart contracts)'으로 나누기도 한다. 강한 의미의 스마트 계약은 계약 성립 후 당사자나 법원이 이에 대해 변경을 가하는 것이 거의 불가능하거나 무의미한 경우를 말하며, 약한 의미의 스마트 계약이란 당사자나 법원의 사후적인 개입이 어느 정도 가능한 경우를 지칭한다.

블록체인 기술로 국경을 초월한 거래가 용이해진다는 특징으로 국경을 넘는 거래(trans-border transactions) 내지 초국가적(transnational) 성격을 지적하기도 하는데, 이는 기존의 전자거래가 가지는 일반적인 특징 중의 하나이므로, 블록체인이나 스마트 거래의 고유한 특징이라고 평가하기 어렵다. 위변조가 극히 어렵거나 불가능하다는 점도 마찬가지로서, 이것도 블록체인만의 고유한 장점이라고 보기 어려움이다. 위변조 자체가 어렵다는 것은 절대적인 개념이 아니라 상대적인 개념 임위변조를 어렵게 하는 것은 다른 보안기술로도 가능하다.

문제는 그 경우 거래의 신속성이나 비용 측면에서 부담이 되므로, 위변조 방지 문제와는 상호간 효과의 상쇄(trade-off) 관계에 있다고 할 수 있기 때문이다.

나아가 이는 스마트 계약의 본질적인 특징이라고 할 수도 없다. 위변조가 어렵다는 점은 스마트 계약의 활용 촉진에 유리한 정황이기는 하지만, 스마트 계약이 논리이다.

---

33) 고형석, "스마트 계약에 관한 연구" 민사법이론과 실무22권 1호(2018), 192-202면.
34) 예컨대, 소비자나 임차인의 채무불이행시 단전단수 등 조치가 자동으로 실행되는 사례에 대한 독일에서의 평가에 관하여는, 212-214면.

4　메타버스 플랫폼 관련 프라이버시와 윤리

가. 기존에 생성되지 않았던 다양한 정보 수집 및 처리

확장 현실(XR, Extended Reality)을 지원하기 위한 기기들을 통해 기존에 수집되지 않았던 정보가 수집되어 처리된 Eye(Gaze)-Tracking을 통해 이용자의 시선 이동이 수집, 분석된다. 단순히 2D 화면에 시선이 머무는 것을 분석(heat map)하는 것에 그치는 것이 아니라, 메타버스에서 무엇을 보고 누구와 교류하며, 어떤 것에 골몰하는지를 보다 심층적으로 분석할 수 있는 것이다.

현실에서 제3의 보이지 않는 존재가 특정 개인의 생활을 입체적으로 관찰하여 그의 프로파일을 재구성할 수 있다. 이는 온라인에서의 트래킹을 넘어서는 인사이트를 창출할 수 있다는 것이며, 바꾸어 말하면 메타버스에서의 일거수 일투족을 바라보듯(bird's eye view) 감시할 수 있음을 의미한다. 경험 시간, 교류 상대방, 대화, 아바타 아이템 등 개인을 속속들이 알아볼 수 있는 정보가 수집 처리된다.

이 과정에서 현실에서 신체의 반응(소위 'kinematic fingerprint')까지 수집이 되어 다양한 (특히, 마케팅)목적으로 활용이 될 수 있다.[35] 기술의 발전에 따라 BCI(Brain-Compute Interface)가 메타버스를 접속하는 도구로 활용될 수 있으며, 이 경우 침습적(invasive) 기술의 사용으로 인한 내밀한 사상의 노출이나 신체의 완결성에 대한 침해가 발생할 여지도 있다.

나. 디지털 트윈에 대한 보호의 규칙 불분명

메타버스에서는 사람들뿐만 아니라, 사물(object)도 가상화되어 존재한다. 가정 내의 모든 사물이 디지털 방식으로 복제되어 존재할 수 있다. 가정을 가상으로 꾸리고 꾸밀 수 있으며, 현실의 디지털 트윈이 메타버스에 존재하는 것이다. 이러한 가상 디지털 트윈을 누구나 볼 수 있고, 현실의 가정과 동일한 세팅의 가상 가정을 아무나 방문하여도 되는 것인지에 대한 기준이 없다. 물리적 경계와 장벽으로 인해 보호가 되는 현실 세계와는 달리 메타버스에서는 소위 'physical privacy'에 대한 보호를 기대하기 어려우며, 이를 보호하는데 필요한 기준도 현재로서는 명확하지 않다.[36]

---

35) Mel Slater, et al., "The Ethics of Realism in Virtual and Augmented Reality", March 3, 2020, URL: https://www.frontiersin.org/articles/10.3389/frvir.2020.00001/full#B46

36) Forbes, "Now is the time to talk about ethics and privacy in the metaverse", Aug. 2, 2020, URL:

다. 개인정보에 대한 통제권을 행사하는데 필요한 정보 확인의 어려움

온라인 서비스의 진입 구간 및 개인정보가 제공, 공유되는 시점은 비교적 명확한데 반해, 메타버스에서는 현실 세계와 마찬가지로 자신에 관한 어떤 개인정보가, 어느 시점에, 누구와 공유되는지 확인하는 것이 매우 어렵다. 이는 마치, 현실의 베이커리에서 식빵을 구매하면서 신용카드로 대금을 지불했을 때, 결제에 필요한 정보가 결제 네트워크상의 다양한 참여자(신용카드사, VAN사, 은행, 마일리지 플랫폼 등)에게 공유되지만, 이를 인식하면서 식빵을 구매하는 사람이 주의를 기울이는 사례는 없는 점과 마찬가지이다.

메타버스에서의 다양한 경험을 위해 처리되는 개인정보와 관련하여 '어떤 개인정보가, 누구와 공유되며, 어떤 목적으로 활용되고, 어느 시점에 파기되는지'를 확인하는 것은 현실에서 식빵을 구매하면서 내 구매정보를 누가 공유하고 있는지 확인하기 어려운 것과는 비교할 수 없을 정도로 복잡하고 어렵다.

접속기기, 메타버스 플랫폼, 창작자, 개발자, 광고 마케터, 광고주 등 매우 다양한 플레이어들이 관여하는 또 하나의 세계에서 개인정보 처리에 관한 정보를 제공받아 개인정보에 대한 통제권을 행사하는 것은 온라인에서 '개인정보 처리방침'을 확인하여, 개인정보의 수집 등 처리에 동의를 표하는 것과는 비교하는 것은 곤란하다.

라. 아동 프라이버시에 대한 각별한 정보보호의 어려움

"Walled Garden"으로 불리는 닫힌 플랫폼(closed platform)이 아니라, 오픈 플랫폼인 메타버스에서는 각별한 보호를 요하는 아동에 대한 프라이버시 보호 프레임워크를 별도로 형성하기 어려움이 있다. 기술적인 제약이 있다기보다, 현실을 거울로 비춰내는 디지털 가상 세계이기 때문에 그러하다.

동년배로 제한되는 세계가 아닌, '경험'을 중심으로 참여에 몰입하는 세계에서 아동을 별도로 보호하는 방안을 부가적으로 적용하는 것은 경험을 해치기 때문이다.

현실에서 메타버스에 접속할 때의 연령 검증은 일단 메타버스에 진입한 후에는 무용하다. 그렇다고 부모와 같은 법정 대리인이 메타버스에서 아동의 모든 경험에 동행할 수 없다.

일반 온라인 서비스가 제공하는 아동을 위한 Walled Garden이 메타버스에서도 동일하게 제공될 수 있을 것인지는 여전히 도전적 과제로 남아있다.

이는 메타버스의 윤리 형성을 위해 오픈가든을 만들자는 윤리주의자의 주장과도 배치되는 지점이다.

---

https://www.forbes.com/sites/cathyhackl/2020/08/02/now-is-the-time-to-talk-about-ethics--privacy-inthe-metaverse

아래에서 보는 바와 같이 메타버스의 윤리 이슈는 더욱 복잡하다.

- 메타버스 마케터들의 프로모션이 현실에서의 행태 및 정신에 미치는 영향에 대한 고려 부족 (예: 메타버스에서 경쟁 브랜드가 새겨진 철문을 부수고 들어가, 광고하는 브랜드의 물품을 받는 경험 마케팅에 참여한 이용자가 현실세계에서 높아진 공격성을 갖게 되는 사례)
- 아바타 복제나 스토킹을 통한 친구 괴롭힘
- 논플레이어 캐릭터(NPCs, Non Player Characters) 조작에 대한 평가(예: NPC를 삭제하거나, 복제하는 경우 이들을 살해하는 것인지? 또는 인격을 말살하는 것인지?)
- 메타버스 통화의 과도한 사용을 유도하기 위한 약탈적 광고행위나 사기행위
- 플랫폼 상호 운영성을 악용하여 아이템의 플랫폼 간 이동을 공모하여 반환을 거부하는 행위
- 특정 인종, 성별, 사회적 계층 등을 기반으로 한 차등적 경험의 제공
- 프로파간다의 확산과 배타적 무리 형성 등 현실의 문제를 계승하거나 확장하는 방식의 비윤리적 행위에 대한 위험이 존재함[37]

이와 같은 윤리적 문제에 대응해 윤리적 몰입(Ethical Immersion)을 위한 주요 기준을 제시하는 의견도 존재한다. Virtual Reality Producer인 Fifer Garbesi는 다음과 같은 의견을 제시 한다.[38]

- Open-garden Metaverse: multiple walled garden가 이용자 기반과 지식의 교류 가능성을 차단하기 때문에, 열린사회를 구성해야 한다는 것
- Personal Agency over Data: 메타버스에서 생성되는 수많은 데이터를 개인 신원과 직접 연결하는 방식을 지양하고, 스마트 계약 내지 DAPPs를 이용하여 프라이버시 침해를 예방하고 개인이 데이터의 주인이 되도록 하는 것
- Designing for Wellness: 중독과 자아 집중으로 인한 소외(isolation)의 강화와 같은 방식을 지양하고 '건강한 삶을 위한 설계'를 기본으로 하는 것
- Humane Search Engine: 문자가 아닌 '감각'에 의존하는 세계에서의 검색 엔진은 감각의 작은 변화를 이해하고, 고도로 개인화된 경험을 적절히 큐레이션 할 수 있어야 함. 특히, 인공지능에 기반 한 검색 엔진의 궁극적 목적은 사람을 보호하는 것이어야 함
- Ethical Content: 메타버스의 경험은 자칫 PTSD(외상 후 스트레스 장애), 강화된 폭력성, 불안장애, 공포, 신체 이미지 훼손 등의 부정적 영향을 가져올 수 있기 때문에 기술에만 의존하지 않고, "문화적 변화(cultural shift)"에 기반 한 윤리적 콘텐츠 생성에 모두가 기여해야 함

---

37) Hendrik Lesser, Richard Bartle(VentureBeat), "The ethics of the metaverse", Jan. 28, 2021, URL: https://venturebeat.com/2021/01/28/the-ethics-of-the-metaverse/
38) Fifer Garbesi(Vritual Reality Pop), "A Framework for Ethical Immersion", Oct. 21, 2018, URL: https://virtualrealitypop.com/the-five-pillars-of-ethical-immersion-f201c2b4aa2f

5   민사법 적용과 법무행정

가. 스마트 계약[39)]

1) 개요

스마트 계약 또는 스마트 컨트랙트(smart contract)는 계약 당사자가 사전에 협의한 내용을 미리 프로그래밍하여 전자 계약서 문서 안에 넣어두고, 이 계약 조건이 모두 충족되면 자동으로 계약 내용이 실행되도록 하는 시스템이다. 기존의 블록체인 1.0 기술이 '과거에 일어났던 일'을 기록한다면, 스마트 계약 기능을 구현한 블록체인 2.0 기술은 '미래에 일어날 일'을 미리 기록해 둘 수 있다.[40)]
스마트 계약은 중간에 제3의 보증기관을 끼우지 않고 개인간(P2P)에 원하는 계약을 체결할 수 있도록 해주는 디지털 전자계약 기능이다. 스마트 계약은 1994년 닉 재보(Nick Szabo)가 처음 제안하였으나 실제로 구현하지는 못하였다. 2013년 당시 19세의 천재 프로그래머였던 비탈릭 부테린(Vitalik Buterin)은 스마트 계약 플랫폼인 이더리움(Ethereum)을 개발할 것을 제안하고[41)], 2015년 7월 30일 이더리움 개발에 성공하여 실제 서비스를 시작하였다.

솔리디티(solidity)라는 프로그래밍 언어를 사용하여, 계약 기간, 금액, 조건 등을 미리 코딩해 두면, 부동산 거래, 중고 자동차 거래, 무역 거래 등 어떠한 종류의 계약도 자동 실행되도록 만들 수 있다. 기존의 비트코인이 블록체인 기술을 활용하여 가치의 저장과 전달이 가능한 암호화폐를 만들었다면, 이더리움은 한 단계 더 나아가 블록체인 기술을 활용하여 인간이 상상할 수 있는 모든 종류의 계약을 자동으로 실행할 수 있는 스마트 계약 플랫폼을 개발하였다.

비탈릭 부테린이 이더리움을 통해 스마트 계약 기능을 구현함으로써, 블록체인 기술을 비트코인과 같은 암호화폐에만 사용하는 것이 아니라, 위변조 방지가 필요한 각종 계약서 작성 등에 활용할 수 있게 되었다. 이런 점에서 기존의 비트코인을 '블록체인 1.0'이라고 부르고, 스마트 계약 기능을 구현한 이더리움을 '블록체인 2.0'이라고 부른다.

---

39) http://wiki.hash.kr/index.php/
40) Peter Sayer, 〈블록체인에 대한 기본 상식 5가지〉, 《CIO코리아》, 2016-04-12
41) Vitalik Buterin, "A Next-Generation Smart Contract and Decentralized Application Platform", 2013.

2) 닉 재보의 비트골드

스마트 계약은 1994년 닉 재보(Nick Szabo)[42]가 처음 고안한 개념이다. 닉 재보는 스마트 계약을 "계약에 필요한 요소를 코드를 통해 스스로 실행되게 하는 전산화된 거래 약속"이라고 정의하였다. 그는 스마트 계약이 자동판매기와 비슷하다고 말하였다.[43] 자동판매기에 미리 정해진 액수 이상의 돈을 투입하면, 자동으로 원하는 상품을 구매할 수 있듯이, 스마트 계약을 통해 일정한 조건이 충족되면 자동으로 계약이 실행되도록 한다는 것이다.

닉 재보(Nick Szabo)

1996년 닉 재보는 스마트 계약 설계의 기본 원칙으로 관측 가능성, 검증 가능성, 사생활 보호, 강제 가능성 등 4가지를 제시하였다.

- 관측 가능성(observability) : 스마트 계약은 서로의 계약 이행 가능성을 관찰하거나 성과를 입증할 수 있어야 한다.
- 검증 가능성(verifiability) : 계약을 이행 또는 위반했을 때 이를 알 수 있어야 한다.
- 사생활 보호(privacy) : 계약 내용은 계약에 관련된 당사자들에게만 알려져야 한다.
- 강제 가능성(enforceability) : 계약을 강제로 이행할 수 있는 구속력이 있어야 한다. 단, 강제 가능성은 최소화해야 한다.

닉 재보는 스마트 계약을 위해 비트골드(bit gold)라는 디지털 화폐를 고안했지만, 당시의 기술적 한계로 인해 실제로 개발되거나 사용되지는 못하였다.[44] 하지만 닉 재보가 고안한 스마트 컨트랙트 개념은 이후 비트코인 스크립트로 이어졌고, 2015년 7월 30일 비탈릭 부테린(Vitalik Buterin)에 의해 이더리움(Ethereum)이 개발됨으로써 실제로 구현되었다.

3) 비트코인 스크립트

2009년 1월 3일 사토시 나카모토(Satoshi Nakamoto)가 비트코인(Bitcoin)을 개발하고, 비트코인의 신뢰 보장 기술인 블록체인이 등장하자 스마트 컨트랙트가 다시 관심을 받으며 부상하기 시작하였다.

---

42) 닉 재보(Nick Szabo)는 로스쿨을 졸업한 컴퓨터 과학자임 '닉 자보'라고도 함
43) 김인경 기자, 《〈IT열쇳말〉 스마트 계약》, 《블로터》, 2018-02-05
44) 이정훈 기자, 《〈이정훈의 암호화폐 읽기〉〈2〉'빅 브라더' 가라…혁신 넘어선 혁명》, 《이데일리》, 2018-01-10

기존 디지털 프로토콜의 낮은 신뢰성과 복제 및 위변조 문제로 인해 실제 구현되기 어려웠던 스마트 계약은 블록체인 기술을 통해 무결성을 보장하고 조작방지가 가능한 블록체인 기반 스마트 컨트랙트로 개발될 수 있게 되었다. 비트코인 프로토콜도 낮은 수준의 '스마트 계약' 기능을 가지고 있다. 기술적인 관점에서 봤을 때, 비트코인의 장부는 하나의 상태변환 시스템(state transition system)으로 생각해볼 수 있다.

비트코인(bitcoin)

이 시스템은 현재 모든 비트코인의 소유권 현황으로 이루어진 하나의 상태(state)와 이 현재 상태 및 트랜잭션을 받아서 그 결과로서 새로운 상태를 출력해주는 상태변환 함수(state transition function)로 구성되어 있다. 최초의 블록체인 기반 스마트 컨트랙트는 바로 비트코인 스크립트이다. 비트코인의 결제 시스템인 UTXO(사용되지 않은 트랜잭션 출력)은 간단한 스택 기반 프로그래밍 언어로 표현된 복잡한 스크립트에 의해서도 작동한다.[45]

UTXO(유티엑스오)는 'Unspent Transaction Outputs'의 약자로서, '미사용 트랜잭션 출력값' 또는 '미지출 거래 출력'이라고 한다. 비트코인은 이더리움의 '계좌 잔고 모델'(account balance model)과 달리 계정이나 잔고가 없고, 블록체인에 기록된 "소비되지 않은 출력값"을 통해 거래의 유효성을 검사하여 코인의 존재 여부를 확인한다.

비트코인 트랜잭션에 원시 언어인 오피코드(OPCODE)로 스크립트를 작성해서 보내면, 조건에 따라 자동으로 거래를 수행할 수 있다. 하지만 비트코인 스크립트는 튜링 불완전 언어를 사용하고, 반복문(loop)은 사용할 수 없고, 다양한 상태를 표현할 수 없으며, 비트코인 잔고 외의 다른 정보를 관리할 수 없다는 한계가 있다. 만약 비트코인 스크립트에서 반복문을 허용할 경우, 스크립트 조건 때문에 코드 실행을 0부터 시작하는 프로그램 카운터를 하나씩 증가시키면서 반복적으로 연산을 수행하도록 구성된 무한루프가 발생하여 네트워크 전체가 멈출 수 있기 때문이다.[46]

4) 이더리움 스마트 컨트랙트

이더리움(Ethereum)은 비트코인 스크립트 시스템의 튜링 불완전성이라는 한계를 극복하고자 나온 스마트 컨트랙트 플랫폼(smart contract platform)이다. 비탈릭 부테린(Vitalik Buterin)이 창시한 이더리움 블록체인의 경우, 블록에 데이터뿐만 아니라 비트코인 스크립트 시스템의 한계인 조건문(if), 반복구문(loop) 등의 실행 코드

45) Vitalik Buterin, "A Next-Generation Smart Contract and Decentralized Application Platform", 2013.
46) 더루프, 〈스마트 컨트랙트 개요(Smart Contract)-2〉, 《더루프 블로그》, 2017-04-04

를 포함시켜 로직의 실행을 자동화할 수 있다.

스마트 컨트랙트를 구현하기 위한 컨트랙트 코드(contract code)는 이더리움 가상머신(EVM; Ethereum Virtual Machine)이라는 독립된 실행 환경에서 실행된다. 여기에 스마트 컨트랙트를 실행할 때마다 수수료인 가스(gas)를 발생시키고 네트워크상에 수수료의 한계를 설정하여 무한루프를 막았다. 무한히 반복되는 조건을 만들어 스마트 컨트랙트를 실행시키면 중간에 수수료 한계점에 도달하게 되는데 이때 중단되며 이더리움에서 스마트 컨트랙트는 솔리디티(Solidity) 언어로 프로그래밍 된다.

비탈릭 부테린(Vitalik Buterin) 2016년

솔리디티 언어로 프로그래밍된 스마트 컨트랙트는 컴파일러(solc)에 의해 바이트코드(bytecode)로 컴파일되고, 컴파일된 바이트코드는 블록에 포함되어, 이더리움 가상머신(EVM)에 의해 실행된다. 이더리움 가상머신(EVM)은 이더리움 스마트 컨트랙트의 바이트코드를 실행하는 32 바이트 스택 기반의 실행환경 이다.

이더리움(Ethereum)

이더리움이 제공하려는 것은 튜링 완전(turing-complete) 프로그래밍 언어가 심어진 블록체인이 프로그래밍 언어는 코딩된 규칙에 따라 '어떤 상태'를 '다른 상태'로 변환시키는 기능(arbitrary state transition functions)이 포함된 계약을 사용자들이 직접 작성할 수 있게 함으로써, 인간이 상상할 수 있는 모든 종류의 계약을 스마트 컨트랙트로 만들 수 있다.

이를 통해 모든 계약이 자동으로 실행할 수 있고, 이를 위한 다양한 분산형 애플리케이션인 디앱(DApp)도 만들 수 있다. 누구든지 솔리디티 언어를 사용해 스마트 컨트랙트와 디앱을 작성하고 소유권에 대한 임의의 규칙, 트랜잭션 형식(transaction format), 상태변환함수(state transition function) 등을 생성할 수 있다. 초창기 이더리움 스마트 컨트랙트에서 가장 이슈가 되었던 예는 다오(DAO; Decentralized Autonomous Organization)라고 불리는 탈중앙화된 자율 조직이다. 다오(DAO)는 스마트 컨트랙트 기술로 구현된 조직으로 중앙의 운영 주체가 없이 개인들이 자율적으로 제안 및 투표를 하여 다수결로 의결하여 운영되는 조직이다.

회사의 의결권을 다오토큰(DAO Token)으로 행사할 수 있도록 크라우드 펀딩을 통해 이더리움으로 다오토큰을 살 수 있게 판매하였다. 이 과정에서 모인 약 2,000억원 가량의 이더리움을 어떻게 사용할지 다오토큰을 기반으로 투표할 수 있도록 하였다.

5) 스마트 컨트랙트 작동 원리

블록체인 기반 스마트 컨트랙트는 기본적으로 모든 트랜잭션 로그가 저장된 블록체인 데이터베이스와 스마트 컨트랙트의 상태를 저장하는 데이터베이스 두 가지가 존재한다.

여기서의 스마트 컨트랙트는 상태를 변경할 수 있는 애플리케이션이라고 할 수 있고, 스마트 컨트랙트의 상태는 해당 애플리케이션에서 사용하는 변수라고 할 수 있으며, 이를 변경하기 위한 입력값은 트랜잭션에 포함되어 있다.

스마트 컨트랙트는 두 가지 인터페이스를 공개하고 있는데, 하나는 트랜잭션(transaction)이고, 하나는 쿼리(query)이다. 트랜잭션을 통한 인터페이스는 트랜잭션 데이터베이스에 저장되고, 스마트 컨트랙트의 상태를 변경시키는 접근방법이다.

쿼리는 트랜잭션 데이터베이스에 기록이 남지 않으면서 스마트 컨트랙트의 상태를 읽는 작업이다. 트랜잭션은 쓰기, 삭제, 수정을 실행하고, 쿼리는 읽기를 통한 조회만을 실행한다.

예를 들어, '상품 거래'는 스마트 컨트랙트 시스템에서 다음과 같이 작동한다.

- 기록 저장 : 판매자가 상품을 올리겠다는 내용을 코딩하여 트랜잭션을 만든 후 블록체인에 전송한다. 상품 등록 트랜잭션 발생 시, 네트워크의 모든 노드는 상품 등록 트랜잭션을 공유하고 블록을 생성한 후 블록을 브로드캐스팅 한다.
- 블록을 전달받은 각 노드는 해당 블록을 자신의 블록체인 맨 끝에 추가하고, 해당 블록에 저장되어 있는 트랜잭션을 적용시켜 자신의 스마트 컨트랙트 데이터베이스를 동기화한다. 이러한 과정을 통해 모든 블록체인의 노드들이 스마트 컨트랙트 상태 데이터베이스를 공유하게 된다.
- 상품 조회 : 구매자는 블록체인 네트워크에서 상품을 조회한다. 스마트 컨트랙트에 쓰는것은 트랜잭션을 발생시키지만, 이미 저장되어 있던 값을 읽어 오는 것은 트랙잭션을 발생시키지 않는다.
- 블록체인의 어떤 데이터도 변경시킬 필요 없이 스마트 컨트랙트 데이터베이스 내 저장된 상태 값만 조회하면 되기 때문에 쿼리 정보는 블록체인에 동기화할 필요 없고, 블록 동기화 타이밍에 상관없이 바로 응답할 수 있다.
- 계약 이행 : 구매자가 상품 구매 트랜잭션을 보내면 트랜잭션을 공유하고 블록체인 네트워크에 동기화한다. 모든 노드의 스마트 컨트랙트 데이터베이스에 상품 구매자를 등록하고 돈을 판매자에게 전송한다. 그러면 등록된 콘텐츠의 소유권이 구매자에게로 이동한다.

이렇듯 스마트 컨트랙트는 모든 데이터를 서로 공유하기 때문에 특정한 사용자가 스마트 컨트랙트의 실행 결과를 조작하려 해도 조작할 수 없다. 블록체인이 모든 트랜잭션의 무결성을 보장해 주는 방식으로 스마트 컨트랙트의 무결성도 보장할 수 있다.

또한, 조건이 충족된 경우 계약을 자동으로 이행함으로써 계약의 집행 비용 및 분쟁 가능성을 줄일 수 있다. 다만, 일상 언어를 프로그래밍하는 과정에서 계약 작성 단계의 비용이 발생할 수 있고, 이 과정에서 프로그래밍 오류 문제가 발생할 가능성이 존재한다.

이더리움은 기존 시스템과 스마트 컨트랙트의 인터페이스를 위한 라이브러리를 제공하고 있다. 이더리움의 다른 기능들과 마찬가지로, 스마트 컨트랙트도 웹서버, 모바일, 일반 PC 어플리케이션 등 기존 시스템과 인터페이스를 통해, 계약 내용의 등록, 집행, 결과 조회 등의 동작을 수행할 수 있다. 이더리움 공식 인터페이스 라이브러리에서 지원하는 언어는 자바(Java), 자바스크립트(JavaScript), PHP, 파이썬(Python) 등임스마트 계약과 이더리움 공식 인터페이스 라이브러리(interface library) 사이에 상당한 제약 사항이 존재한다.[47]
예를 들어 솔리디티(Solidity) 언어의 "struct" 타입의 데이터는 인터페이스 라이브러리를 통해서 주고받을 수 없다. 만약 이를 시도하면, 솔리디티 언어의 컴파일러에서 에러 처리되고 있다. 물론 실험적 ABI 인코더(experimental ABI encoder)라고 하는 실험적인 컴파일 지시자를 사용하면 가능하지만, 권장되지는 않는다.

6) 스마트 컨트랙트 활용

스마트 컨트랙트는 오랜 기간 동안 비즈니스 관행으로 고착화된 여러 제약을 넘어설 수 있는 사고의 파괴를 유도하고 나아가 새로운 가치를 창출할 수 있는 원천이다.
스마트 계약을 통해 해킹 위험이 낮아지고, 보안 비용이 절감되며, 중개자가 없으므로 수수료도 절감되고, 데이터 정합성 혹은 무결성 검증 시간이 단축될 수 있다.
또한, 계약의 투명성으로 인해 규제 비용이 절감되고, 이중 지불 위험도 사라지며, 정보통신(IT) 시스템 구축비용이 절감되고, 신사업 서비스로 확장성도 가질 수 있다.
특히, 상호 약속된 규칙에 따른 절차로 작동하며 서로 간의 신뢰가 필요한 서비스 업무 영역에서 가장 큰 적용 효과를 발휘할 것으로 예상되고 있다.

기존 비트코인(Bitcoin) 블록체인에서부터 시작된 통화 및 지급 결제 수단으로서 본원적 영역은 물론이고, 유무형 자산을 포괄한 모든 재화에 대한 평가, 가치 관련 모든 거래 등에 빠르게 침투할 수 있다. 일정한 형식의 반복적인 계약이 많은 분야, 원격자간 계약 체결이 필요한 분야, 제품의 유통 추적이 필요한 분야 등에서 스마트 컨트랙트를 우선적으로 도입하고 있다.

---

47) 이더리움 공식 인터페이스 라이브러리를 통칭 웹쓰리(web3)라고 부르지만 지원하는 언어별로 약간씩 명칭이 다르다. 예를 들어 자바는 Web3J, 자바스크립트는 Web3.js, 파이썬은 Web3py라고 부른다.

(가) 금융

비트코인이 지불 수단을 중심으로, 중개기관 없이 순수 자금의 이동·전환·처리에 중점을 두었다면, 이더리움은 거래 관련 이해관계자들 간 자금이동을 포함하여 관련된 계약의 내용을 포괄하는 사전·사후 업무처리 범위로 관련 업무 영역이 확산되었다.

이더리움의 스마트 계약 플랫폼을 이용하면, 거래 당사자 간 스마트 컨트랙트에 따른 자동 실행이 가능하므로, 피투피(P2P) 중심 계약시스템으로 확산될 수 있다.

특히, 일정한 형식의 반복적인 계약이 많은 분야, 예를 들어 보험업에서 특정 조건을 만족시키면 계약 보상금이 지급되도록 스마트 컨트랙트를 작성함으로써, 조건 충족 시 보험금이 자동으로 지불되도록 할 수 있다.

- 보험 : 보험업의 특성상 손해보험 보상 업무 하나만을 놓고 보더라도, 가입자, 보험사, 손해사정, 정비업체, 병원, 사법기관 등 다양한 이해관계자들이 존재한다.

  다양한 이해 관계자들간 확인 및 검증 처리 절차를 위하여, 그동안 각기 상이한 대외 업무 처리를 통한 복잡한 인터페이스 프로세스에 의존할 수밖에 없어, 전체 업무 처리에 소요되는 시간과 비용이 상대적으로 높을 수밖에 없었다.

  하지만 스마트 계약을 도입하면, 보상 프로세스 진행을 위해, 관련자간 위·변조가 불가능한 동일한 증빙문서에 의존하게 되고, 일정한 조건을 충족하는 경우 자동으로 해당 보상금이 지급되도록 함으로써, 보험 업무를 신속하고 정확하며 투명하게 처리할 수 있다.

  이렇게 보험회사, 병원, 환자 간 블록체인 기반 처리가 가능해지면, 공동의 블록체인 시스템 생태계가 조성되어 네트워크 보완과 환자 의료기록을 보호하면서, 의료비 산출 및 청구 과정에서 투명성과 효율성을 높일 수 있다. 최근 해외에서는 알리안츠보험, 존핸콕과 같은 대형 보험사를 중심으로 블록체인의 잠재성을 높이 평가하여 스타트업과 제휴를 통해 새로운 보험 사업 모델을 개발 중이다.

- 은행 : 삼성SDS㈜는 2017년 기업형 블록체인 플랫폼인 넥스레저(Nexledger)를 선보인 후, 은행 공동 블록체인이자 은행연합회의 블록체인 공동 인증 서비스인 뱅크사인(BankSign)을 출시하였다. 2018년 8월 27일에 개발 완료된 뱅크사인은 한국의 18개 은행이 모두 각자 서버를 두고 블록체인 네트워크를 운용하는 프로젝트이다.

  이를 통해 만약 고객이 한 은행에서 공동 인증서를 발급 받으면 다른 은행에서도 간단한 인증만으로 거래 은행의 모바일 뱅킹 서비스를 편리하게 이용할 수 있다. 매년 공인인증서를 갱신하고 은행마다 각각 별도의 등록과 인증이 필요했던 과거의 번거로운 절차도 필요 없어졌다. 또한 인증서의 유효기간도 3년 이상으로 늘어난다. 증권업계도 증권 거래에 스마트 계약을 도입해 자동화를 이뤄나가고 있다. 미국 나스닥의 경우 전문 투자자용 장외시장 거래(OTC)에 이를 적용하였다.

(나) 저작권

블록체인 기반의 스마트 계약은 저작물의 소유권을 관리하고, 저작물 구입 관련 거래 정보를 투명하게 공유하며, 저작권과 같은 지적재산권을 보호하고, 저작물의 불법 복제를 근본적으로 근절하는 데에 기여할 수 있다. 또한 지적재산권에 대한 권리를 스마트 계약으로 등록하여 사용자 대금 지급에 따라 실시간 대금 수령이 이루어지도록 구현하면, 불필요한 중개자가 제거되고 프로세스는 단축되어 보다 효율적인 거래가 가능해질 수 있다.

(다) 공유경제

블록체인 기반의 스마트 계약은 공유경제의 한계점 보완과 신뢰 문제를 해결하는 열쇠가 될 수 있다. 스마트 계약 기능은 원격자 간 계약 체결이 필요한 분야인 공유경제 분야에 활용될 수 있다.

예를 들어, 집 또는 자동차를 공유하기 위해 계약 조건을 정하고 이에 따라 금전 지급 및 서비스 제공이 이루어지도록 스마트 계약을 실행하면, 중개업체를 거치지 않는 사용자 간 직접 거래가 실현될 수 있다.

미국 GM과 승차공유기업 리프트는 사물인터넷(IoT) 기반으로 차량을 등록하고, 스마트 계약을 통해 차량 유치권, 이전, 압류 담보관리 등의 추적을 자동화하는 작업을 진행하고 있다.

(라) 물류 유통

제품의 유통 추적이 필요한 분야인 전 세계 식품 유통에 관여하는 생산자, 공급자, 운영자, 배급업체, 유통업체, 규제당국, 소비자 등이 모두 블록체인 상에서 식품 오염 이력을 확인하고, 이에 따른 대금 지불이 가능하다.

미국 IBM은 블록체인 기반 식품 원산지 조회 서비스인 푸드트러스트(Food Trust)를 운영 중이다. 식품 원산지 조회 서비스를 운영하게 되면서 오염된 식품이 발견될 경우 예전에는 어떤 농장에서 생산됐는지 확인하는 데 6일 이상 걸려 모든 식품을 폐기해야 했는데, 블록체인 기술을 적용한 이후 2.2초로 단축되었다.

삼성SDS㈜의 경우, 2017년 36개 민·관·연과 함께 해운물류 블록체인 컨소시엄을 구성해 7개월간 기술 검증을 진행하였다. 선박을 이용해 물건 하나를 다른 나라로 보내는 일은 생각보다 복잡해서 상대방을 속이는 부당행위가 일어나도 이를 걸러내기 쉽지 않은 구조이다.

이에 따라 해운물류 분야 기업들은 다른 분야의 기업들보다 먼저 신뢰의 기술이라는 블록체인에 관심을 갖게 되었다. 기존에는 200개 이상 문서가 수작업으로 오가야 했는데, 블록체인 도입으로 문서를 한 번에 동시 공유할 수 있게 되었다.

기존에 5~6일씩 걸리던 작업이 실시간으로 해결돼 많은 낭비가 사라졌다고 한다.

7) 스마트 컨트랙트의 개선점

스마트 컨트랙트는 블록체인의 활용 범위를 일상생활의 여러 분야로 확장시켜 '블록체인 2.0'이 가능하게 했으나, 다양한 기술적·정책적 문제점을 가지고 있다.

(가) 기술적 문제점

• 다른 프로그래밍 언어로 작성된 프로그램과 달리 스마트 계약 코드는 타이머나 이벤트(event) 등을 통해서 실행되지 못한다. 예를 들어, 특정 시간에 특정 주소로 자동으로 송금하는 프로세스 등은 구현할 수 없다. 왜냐하면 스마트 컨트랙트는 자기 자신의 개인키(private key)가 없기 때문에 스스로 어떤 트랜잭션도 발생시킬 수 없기 때문이다.

• 원칙적으로 랜덤 함수(random function)를 사용할 수 없다. 블록의 생성 시간으로 랜덤 값을 만드는 방법 등이 있기는 하지만, 원칙적인 랜덤값 이라고 보기는 힘들다.

• 한번 배포되어 블록으로 생성된 스마트 계약은 수정이 불가능하기 때문에, 업그레이드나 버그 패치, 보안 취약점 수정 등이 어렵다. 최근 들어 업그레이드 가능한 스마트 계약(upgradable smart contract) 작성 방법이 활발히 연구되고 있으나, 델리게이트콜(delegatecall) 기능을 이용하여 복수의 스마트 계약을 구성하고, 새로 배포한 스마트 계약을 델리게이트콜하는 방식이기 때문에 플랫폼 차원에서 해결된 문제라고 보기는 힘들다.

• 솔리디티(Solidity) 언어가 비교적 최근에 개발된 언어이고 그렇게 빠르게 업그레이드 되지 않고 있어서, 타 개발 언어에서 기본적으로 지원되는 타입이나 연산자 또는 명령어가 부족하다. 예를 들어, 소수점 연산을 아직 지원하지 않고 있는데, 솔리디티 공식 매뉴얼에서도 소수점 연산을 하지 말 것을 권고하고 있다. 또한, 예외 상황이나 에러 처리를 위한 제어문이나 클래스가 거의 없다. 물론 assert문이나 require문이 있기는 하나, 주어진 검사 조건이 참(true)이 아니면 실행 중인 코드를 중지시키는 역할만 하고 있을 뿐, 코드 흐름을 제어하지는 못하고 있다.

• 솔리디티 언어 관련 라이브러리(library)도 상당히 부족하다. 심지어는 이더리움 공식 솔리디티 빌트인(solidity built-in) 라이브러리도 거의 없어서, 기본적인 문자열 연산(문자열 결합, 분할, 내부검색 등)도 지원되지 않는다. 물론 서드파티(3rd party) 비공식 라이브러리는 있지만, 그렇게 활발히 사용되고 있지는 않다.

• 솔리디티 언어는 다양한 보안 취약점을 가지고 있다. 특히, 솔리디티의 '6대 보안 취약점'을 이용한 해킹 공격으로 인해 많은 피해가 발생하였다.

(나) 정책적 고려사항

비싼 가스 수수료 문제

- 스마트 컨트랙트를 이용하여 특정 기능, 특히 상태값을 변경하려면, 수수료인 가스(gas)가 필요하다. 다시 말해, 가스 수수료 때문에 무료로 사용할 수 있는 서비스를 구현하기가 어려움이 있다. 이 문제를 해결하기 위해, 루니버스 같은 스마트 계약 플랫폼은 디앱 운영업체들의 수수료를 정책적으로 대납해 주기도 한다.

다자간 스마트 계약 문제

- 스마트 컨트랙트는 기본적으로 2명의 사용자 사이의 1:1 계약을 전제로 한다. 만약 1:1 계약이 아니라, N:M 다자간 계약인 경우, 기존의 스마트 컨트랙트 기능을 대폭 수정해야 한다. 만약 계약의 내용이 계약 당사자 모두에게 동일하다면, 다중서명을 통해 다자간 계약을 구현할 수도 있을 것이다. 다중서명은 "M-of-N" 구조를 가지고 있는데, 전체 N명의 사용자 중에서 M명 이상이 서명하는 경우, 해당 스마트 계약이 자동 실행된다.

  그러나, 만약 계약 내용이 계약 참여자마다 서로 다른 경우라면, 기존의 다중서명 기능을 이용하여 N:M 다자간 스마트 계약 기능을 구현할 수 없다.

  예를 들어, A, B, C라는 3명의 계약 참여자가 존재하는 다자간 계약 상황에서 A:B의 계약 내용과 A:C의 계약 내용이 서로 다른 경우라면, 기존의 스마트 계약 방식으로는 다자간 계약을 구현하기 어렵다. 이 경우 상호인증 블록체인 방법을 사용하여 다자간 스마트 계약 문제를 해결할 수 있다.

오라클 문제(oracle problem)

- 스마트 컨트랙트 시스템은 오라클 문제라는 근본적 문제를 가지고 있다. 오라클 문제란 블록체인 밖에 있는 데이터를 블록체인 안으로 가져올 때 발생하는 문제를 말한다.

  블록체인은 데이터의 위변조가 거의 불가능한 분산 저장 기술이지만, 데이터가 블록체인 안으로 들어와야 블록체인으로 관리할 수 있다.

- 데이터가 블록체인 안으로 들어오지 않거나, 혹은 블록체인 안으로 들어오는 과정에서 위변조가 발생한다면, 설령 그 데이터가 블록체인으로 관리된다고 할지라도 신뢰하기 어렵다. 이러한 오라클 문제를 해결하기 위해, 중간자를 두거나 상호인증 블록체인 방법을 사용할 수 있다.

나. 비트코인캐시 스크립트 연산 부호

2018년 한국에서 열린 후오비 카니발에서 비트메인 대표이자 비트코인캐시(Bitcoin Cash)의 아버지라 불리는 우지한은 비트코인캐시(BCH)는 의사 결정 방식인 합의 알고리즘 변화 없이 다양한 프로젝트를 시도할 수 있는 방안을 도출했다며 BCH에 내재된 '스크립트 연산 부호(OP_RETURN)'을 활용하면 스마트 계약 등 다양한 기능을 자유롭게 구현할 수 있다고 하였다.

비트코인캐시(bitcoin cash)

BCH는 최근 업데이트를 통해 40바이트였던 스크립트 연산 부호 용량을 220바이트로 늘려 새로운 프로토콜을 개발하기에 훨씬 쉬운 환경이 됐다고 한다.

스크립트 연산 부호는 블록체인 거래(transaction) 과정에 아무런 영향을 주지 않고, 블록에서 제거할 수 있기 때문에 스마트 계약 등 다양한 기능을 자유롭게 개발 및 구현할 수 있다고 한다.

우지한(吳忌寒, Wu Jihan)

이어 비트코인의 스크립트 연산 부호 용량이 컸다면 이더리움 창시자인 비탈릭 부테린도 이더리움을 만드는 대신 이 부호를 활용하여 스마트 계약을 만들었을 것이란 언급도 덧붙였다.

다. 심버스의 심트랜스 : 범용거래 처리기

이더리움 블록체인의 주요 기능인 스마트 계약은 당사자 간 특정 조건이 충족되어야만 거래가 발생하므로, 예약거래는 불가능하다. 반면 심버스는 범용거래 처리기로 예약거래와 일반거래를 구분 없이 거래 가능하도록 하였다.

최수혁 심버스 대표이사

심버스 블록체인의 사용자들은 일반거래와 예약거래는 분 단위로 처리시점을 정할 수 있으며, 예약거래의 최장 예약시점은 1년이며, 그 이상 되는 예약거래의 경우 애플리케이션이 연 단위로 갱신하여 처리하거나 스마트 계약을 이용하여야 한다.

예약거래의 네트워크 수수료는 거래의 컴퓨팅 크기를 기준으로 하며 저장비용을 감안하여 기간할인 방식을 적용한다. 이러한 범용거래 처리기 사용으로 그동안 블록체인 접근이 힘들었던 개인과 소상공인 및 인터넷 애플리케이션에 새로운 블록체인을 활용 기회가 제공된다.

심버스(SymVerse)

심트랜스 범용거래 처리기의 주요 기능은 다음과 같다.

- 즉시거래와 예약거래 : 범용거래 처리기는 다중블록체인을 이용하여 일반거래와 스마트 계약을 구분하여 처리하고, 일반거래는 거래 처리 시점에 따라 즉시거래와 예약거래로 구분하며 서로 다른 블록체인을 사용한다. 일상생활에서 송금이나 단순지불 거래는 즉시 처리가 요구되지만, 일부 인터넷 쇼핑 등에서는 물건의 배달이 확인되는 시점까지 대금지불을 늦출 수 있다.
- 또한 매달 월정액을 지불하는 상품과 서비스 구매도 예약거래에 해당하며, 계약서에 따른 대금지불이나 조건이 붙은 거래도 예약 거래를 이용하여 손쉽게 처리할 수 있다.
- 일대다 거래 : 다수의 수신자에게 즉시 거래하거나 예약거래를 할 수 있다. 다수의 수신인에게 송금을 할 수 있기 때문에 다수의 중개인이 존재하는 거래나 동일한 유형의 다수 거래를 한 번에 처리할 수 있다. 이를 통하여 거래 처리시간 단축, 거래시점 동시화 등을 간단하게 처리한다.
- 일반거래와 스마트 계약의 병용 : 하나의 함수로 모든 일반거래와 스마트 계약을 동시에 처리할 수 있다. 예를 들어 예약거래와 스마트 계약의 호출은 하나의 함수로 처리할 수 있기 때문에, 선물거래나 옵션거래를 간단하게 처리할 수 있다.

라. 미래 발전방향

블록체인을 이용한 스마트 계약은 계약 이행 및 검증의 과정이 네트워크로 자동화되고, 중재해주는 사람이나 기관이 없다보니 돈이나 부동산, 주식, 그밖에 가치 있는 그 무엇이라도 교환하면서도 투명하고, 계약 쌍방간에 충돌 없이 거래를 완료할 수 있다.

기존 계약서는 서면으로 돼 있어 계약 조건을 이행하려면 실제 사람이 계약서대로 수행을 해야 하지만 디지털 명령어로 계약서를 작성하게 되면 명확성과 함께 애초에 합의한 조건에 따라 계약 내용을 자동 수행이 가능하다. 그리고 추가 비용 없이 직접 처리하게 만든 것으로 복잡한 사업상의 계약을 적은 비용과 합의에 따른 신뢰를 바탕으로 안전하게 계약을 실행할 수 있으며, 무엇보다 스마트 계약은 그 실행 내용의 무결성과 조작되지 않음을 보장한다.

그렇기 때문에 스마트 컨트랙트 비즈니스는 계속 성장할 것으로 예상된다. 시장조사업체 가트너는(Gartner)는 2022년에는 글로벌 기관 중 25% 이상이 스마트 컨트랙트를 사용할 것으로 예상하고 있다. 캡제미니(Capgemini)는 2020년 초 스마트 컨트랙트가 도입될 것이며 특히 금융업계가 비용 절감과 수요 창출의 효과를 얻을 것이라고 예측하고 있다.

즉, 투자은행의 경우, 결제 주기가 20일에서 6~12일로 단축되어 5~6% 추가 수요를 발생시킴으로써 매년 20~70억 달러의 추가 수입 발생을 예상하고 있다. 소비자 금융의 경우, 주택 담보 대출의 처리 비용을 낮춰 매년 30~110억 달러 비용 절감되고, 보험의 경우, 개인용 자동차 보험에서만 연간 210억 달러 비용 절감이 예상되고 있다.

한국에서도 2021년부터 스마트 콘트랙트를 활용한 각종 정부사업이 추진되고 있다. 중앙선거관리위원회는 블록체인을 접목한 온라인 전자투표 시스템을, 농림축산식품부는 블록체인 기반의 축산물 이력관리시스템을 준비 중이며 국토교통부는 공인중개사 등과 연계해 부동산 거래를 원스톱으로 제공하는 플랫폼을 시범적으로 구축하고 있다.

다음은 블록체인 기술을 이용한 부동산 거래의 적합성에 대하여 살펴 보았다.

이 문제와 관련하여서는 부동산 거래에 블록체인이나 스마트 계약이 적용될 수 있는지에 관하여 이미 많은 중요한 논의가 이루어지고 있다.[48] 이에 관하여 필자가 덧붙이고자 하는 것은 그 과정에서 몇 가지 단계 내지 쟁점을 구분하여 살펴야 한다는 점이다.

첫째, 부동산 계약의 '체결'에 대하여 블록체인 기술이 적용될 수 있는가 하는 점이다. 이는 당연히 가능하다. 위변조가 사실상 불가능한 보안성을 가진 기술이므로, 특히 위변조를 막고자 하는 동기에서라면, 부동산 계약을 블록체인에 의하여 체결하도록 하는 것은 법 정책적으로나 거래 실무의 필요상으로나 의미가 있다.

둘째, 부동산 '등기부'를 블록체인에 올리는 것이 적절한가 하는 점이다. 부동산 등기부 자체도 위변조의 우려가 있으므로, 블록체인에 올리는 것은 그 측면에서는 의미가 있을지 모른다.

그러나 사견으로는 효율성 측면에서 회의적이다. 우선 부동산 등기부 자체가 위변조되는 경우는 극히 드물다. 실제 권리자와 공시된 권리자가 불일치하는 문제는 오히려 등기의 원인이 되는 거래 자체에 문제가 있고, 등기원인이 잘못되었기 때문에 등기가 잘못되는 것이 대부분이다.

---

48) 신국미·김진·김기승, "포스트 코로나 시대의 부동산거래 : 스마트 계약의 도입과 법적 쟁점" 부동산법학 제25권 2호(2021), 고유강, "부동산 거래에의 스마트 계약 도입과 관련된 법적 문제들 : - 코드와 자연어 사이의 괴리, 블록체인과 현실 세계 사이의 간극" 법조 통권742호(2020), 박광동, "블록체인에 의한 부동산등기 변화에 관한 연구" 일감 부동산 법학 제20호(2020), 전희정, "부동산등기에 대한 블록체인 기술의 적용 및 법적 쟁점" 경영법률 제31권 1호(2020), 김승래, "부동산 거래의 블록체인에 의한 스마트 계약 체계" 부동산 법학 제22권 3호(2018), 김진·전하진, "가상화폐가 부동산 거래시장에 미치는 영향에 관한 연구" 대한부동산학회지 제36권 1호(2018).

이 같은 경우 등기의 절차에 대한 법제를 정비하여 원인과 다른 잘못된 등기가 기입되지 않도록 하는 것이 필요할 것이고, 다른 한편에서는 잘못된 등기가 마쳐질 가능성을 극소화함을 전제로 적절한 방식으로 등기의 공신력을 인정하는 방향의 법제 개혁이 필요한 것이지, 등기부 자체의 위변조 방지가 본질적인 것은 아니다.

물론 해커가 법원의 등기부 전산망을 해킹하여 등기부 자체를 위변조하는 경우가 이론상 가능하기는 하나, 등기부에 블록체인 기술의 도입이 필요하다고 할 정도로 개연성이 있거나 일반화된 문제는 아니다.

설사 등기부 자체에 대한 해킹이 우려되더라도, 현행 등기부 전체를 블록 체인화하는 것을 다른 보안기술로 보완하는 방안과 비용·효용 측면에서 비교해 보아야 하는데, 사견으로는 등기부 자체의 블록 체인화는 다소 회의적이다.

외국에서 등기부 자체를 블록 체인화하여 스마트 계약으로 거래하는 것을 논의하는 사례가 있지만, 이는 대부분 아직 등기부 제도가 잘 정비되지 않는 상태에서 지적(地籍) 내지 부동산 정보와 등기부 제도를 새로 구축하는 경우에 검토 가치가 있는 것이지, 우리나라와 같이 이미 지적정보와 등기부가 오랜 기간에 걸쳐 정착된 경우에도 과연 적합한 것인지는 의문이다.

셋째, 등기부 자체가 아니라 일반인에게 발급되는 '등기부등본'을 블록체인에 올려 배부하는 것은 별개의 문제이다. 등기부등본의 위변조는 등기부 자체의 위변조보다 발생 가능성이 높은데, 블록체인 기술은 그와 같은 문제점을 해결할 수 있는 방안 중의 하나이다.

다만, 모든 등기부등본의 발급을 블록체인에 올려 사용할 필요성이 절실한 것은 아니며, 필요한 경우에 선택적 제한적으로 활용될 가능성을 열어 두는 것은 의미가 있다.

넷째, 부동산 거래 계약의 체결에 아닌 '이행'까지도 스마트 계약의 방식으로 가능한가의 문제는 좀 더 어려운 문제이다.

부동산 매매계약을 예로 들면, 대금의 지급은 암호화폐 등을 통하여 지급 가능할 것이므로, 매수인 측의 채무의 이행은 자동화 내지 코드화될 가능성이 있다. 반면 매도인측의 채무인 소유권의 이전을 코드화하여 자동화하는 것은 용이하지 않다.

부동산이라는 대표적인 실물자산[49]을 블록체인에 올리는 것은 현재 기술로서는 불가능하다고 생각되기 때문이다. 이에 대하여 등기부를 블록 체인화하고, 블록체인을 통하여 등기부 명의를 이전하도록 코드화하는 방식의 스마트 계약 거래를 제안할 수는 있을지 모른다.

그러나 여기서 생각하여야 할 점은 등기부상의 명의가 변경된다고 하여 부동산에 관한 권리가 이전되는 것은 아니라는 점이다. 이는 마치 등기권리증을 인도한다고 하여 이를 부동산양도와 동일시할 수 없다는 것과 마찬가지인 것이다.

다만, 우리나라가 등기 전산화를 통하여 이제는 등기권리증 대신 등기필 정보만으로 등기할 수 있게 되었다는 점에서 부동산 거래에서 스마트 계약의 실현 가능성이 좀 더 높아진 것은 사실이다.

등기필 정보를 블록체인에 올리고 대금이 지급되면 등기필 정보가 상대방 측에 교부되어 자동으로 등기가 이루어지도록 하는 방식을 생각할 수 있기 때문이다. 그러나 이것도 본질적으로는 마찬가지이다. 등기필 정보는 그 자체가 부동산이 아니기 때문이다. 즉, 부동산 매매계약은 '부동산'을 거래의 대상으로 하고 있는 것이지, '등기필 정보'를 대상으로 하고 있는 것이 아니다. 등기필 정보를 가지고 있으면 등기를 할 수 있고, 나아가 그것이 없으면 사실상 등기할 수 없지만, 등기필 정보를 그 부동산 자체와 동일시할 수는 없다. 마지막으로, 부동산 등기 명의의 이전이 코드화를 통하여 자동화되는 것과 관련하여, '공법상의 규제' 문제가 남는다.

이는 뒤에서 살피는 바와 같이 스마트 계약이 가지는 본질적인 문제점 중의 하나로서 부동산 거래가 아닌 다른 거래에서도 동일한데, 부동산의 경우 대표적인 예로서 토지거래 허가를 받지 않은 채 스마트 계약을 통해 부동산 매매계약을 하는 경우, 자동으로 이행되어 등기가 이루어지는 것을 어떻게 처리할 것인가 하는 경우를 들 수 있다.

이와 같이 부동산 거래에 관하여 블록체인 기술과 스마트 계약 등을 접목시키는 것은 여러 가지 측면의 심도 있는 검토가 필요하다. 필자로서는 그와 같은 가능성을 애당초 부정하자는 취지는 전혀 아니며, 위와 같은 한계와 문제점을 살피고, 적절하고 가능한 분야부터 하나씩 실현하자는 것이다.

---

49) 영어로는 부동산을 real property라고 표현할 정도로 부동산은 대표적인 실물자산이다.

6

메타버스의 긍정적 활용과 해결방안

코로나19 여파로 인해 전 세계적으로 비대면 활동 및 온라인 활동이 확산되고 있다. 물리적 공간에서의 활동은 다소 위축된 반면 온라인을 통한 활동은 증가하고 있으며, 메타버스는 현실과 가상의 융합을 통해 시공간의 한계를 초월하여 다양한 형태의 연결과 소통, 협업 등을 지원하는 기술 및 플랫폼을 의미하며, 온라인 가상세계에서 사회적, 경제적, 교육적, 정치적, 문화적 활동 등이 이루어 질 수 있도록 하는 것이 메타버스의 궁극적 목표이다.

즉, 현실 생활 및 온라인 활동이 가상세계의 입체공간에서 구현되는 새로운 소셜미디어 플랫폼이라 할 수 있다. 메타버스 구현을 위해서는 현실 정보를 가상으로 전송하기 위한 사물인터넷(IoT) 및 초고속망, 3차원 위치기반 정보를 해석하는 인공지능, 그리고 가상에서 생성된 정보와 지식을 다시 현실에서 활용할 수 있도록 하는 AR(증강현실), VR(가상현실), XR(확장현실)이 필요하다.

가상세계에서 만들어진 정보와 지식, 데이터 등을 메타버스를 통해 다시 현실 세계에서 활용하여 다양한 미래 가치를 실현해 갈 수 있게 된다.이의 구현을 위해서는 다양한 기술 간 융합이 필수적이다. 현재 메타버스는 게임 등 엔터테인먼트 분야를 중심으로 제한적인 발전을 이루어오고 있으나 향후에는 제조, 교육, 경제, 문화, 산업 헬스케어 등 사회 전 영역으로 확장 될 것으로 예상되며, 세계시장역시 증대하고 있다.

이미 메타버스 관련 기술들이 산업 분야에 적용되면서 시간과 비용의 절감을 통한 생산성 향상을 이루어 오고 있으며, 메타버스를 통한 생산성 향상은 결국 일하는 방식의 변화와 여가시간 소비 방식의 변화 등으로 연결되어 궁극적으로는 우리 삶의 방식과 경제, 산업, 사회에 큰 변화를 가져오고 있다.

메타버스는 미래 가치를 실현할 새로운 플랫폼으로 주목받고 있지만 한편으로는 부작용이나 새로운 유형의 문제들이 발생하게 될 가능성 또한 잠재되어 있다. 우리가 잠재된 문제들에 대해 어떻게 준비하고 대응해 가는지에 따라 메타버스를 통해 우리가 원하는 '유토피아'가 구현될 수도 있으며, 경우에 따라서는 '디스토피아'가 구현 될 수도 있다.

이번 한림원의 목소리에서는 메타버스를 주제로 개최되어 과학기술인의 큰 관심을 불러일으킨 제186회 한림원탁토론회의 내용을 바탕으로 메타버스의 긍정적인 활용을 위한 방향을 제시 한다.

가. 메타버스의 생태계 구축과 활용

1) 메타버스 관련 기술 및 산업의 융합과 협력을 위한 생태계 구축

우리는 메타버스를 단순히 게임이나 가상현실 수준으로 보는 관점에서 벗어나 현실과 가상을 아우르는 새로운 융합 플랫폼으로 바라보고 접근해야 한다. 특히 메타버스를 새로운 소셜 플랫폼으로 보고 접근할 때 더 큰 미래 가치를 발굴해 갈 수 있다.

새로운 플랫폼으로서의 메타버스를 구현해 가기 위해서는 관련 기술들을 유기적으로 연결 할 수 있어야 한다. D.N.A(Data, Network, AI) 기술뿐만 아니라 디지털 트윈과 가상·증강현실 산업을 아우르는 전반적인 생태계 구축이 필요하며, 산학연의 협력 연구 및 융합기술 개발 강화와 전문가 커뮤니티 활성화 등 다방면에서 융합과 협력이 이루어 질 수 있는 환경을 조성해야 한다.

2) 메타버스의 잠재력을 이끌어내기 위한 다양한 활용 방안을 모색

코로나19 사태 이후 새로운 방식의 연결, 새로운 방식의 소통, 새로운 방식의 협력에 대한 요구가 커지고 있다. 이러한 흐름 속에서 메타버스는 굉장히 매력적인 소셜 미디어 플랫폼으로 주목받고 있으며, 향후 새로운 커뮤니케이션 수단으로 보편화 될 것으로 기대된다.

특히 메타버스를 활용한 새로운 형태의 연결과 소통으로 자동차, 비행기 등 물리적 이동수단의 사용을 최소화하면서도 더 높은 수준의 경제활동이 가능해 질 수 있는데, 이를 통해 다양한 유형의 사회·환경 문제 극복에 기여할 수 있을 것으로 예상된다.

이러한 잠재력을 이끌어 내기 위해서는 메타버스를 활용할 수 있는 다양한 방안을 모색하고 구체화해야 한다.

나. 메타버스 플랫폼소프트웨어 전용 OS 및 관련 하드웨어 개발

1) 메타버스 플랫폼을 만들기 위한 새로운 OS 및 폼팩터(Form Factor) 개발 필요

메타버스 구현을 위한 가상공간을 만들기 위해서는 새로운 OS(운영체제)의 개발이 필요하다. OS는 메타버스가 플랫폼 역할을 수행할 수 있도록 만들어주는 핵심이며, 메타버스 분야 주도권 확보를 위해 필요한 가장 중요한 요소라 할 수 있다.

아울러 메타버스 OS와 원활하게 호환될 수 있는 새로운 '폼팩터' 개발에도 주목해야 한다. 현재로서는 스마트폰이 폼팩터로 가장 유력하지만, 향후에는 스마트폰과 상호보완적으로 쓰일 수 있는 새로운 폼팩터에 대한 수요가 높아질 것으로 예상된다.

이와 같이 플랫폼, 네트워크 및 디바이스의 유기적 활용을 위한 인간-컴퓨터 상호작용(Humancomputer interaction, HCI) 기술 개발 등 다양한 노력이 필요하며, 동시에 새로운 메타버스 플랫폼과 폼팩터를 대중들이 효과적으로 활용할 수 있도록 하는 방안도 마련되어야 할 것이다.

2) 메타버스의 효과적인 구현을 위한 디스플레이 기술 등의 개발이 필요

고화질 디스플레이를 개발하여 해상도를 높이게 되면 체험의 현실감을 극대화 할 수 있는 '초 실감형 메타버스' 구현이 가능하며, 가상세계에 대한 몰입도를 크게 향상시킬 수 있다. 그러나 디스플레이 분야는 메타버스 관련 기기의 연구와 개발 측면에서 보틀넥(Bottle Neck)과 같은 분야로 인식되고 있으며, 향후 이상적인 메타버스를 구현하기 위해서는 디스플레이 분야가 직면한 기술적 한계를 극복해야만 한다.

국내에서도 메타버스 구현을 위한 하드웨어 개발이 활발히 이루어지고 있으며, 최근에는 차세대 OLED 기술인 'OLEDoS(OLED on Silicon)'가 VR/AR 디스플레이에 가장 최적화된 디스플레이로 개발되고 있다. OLEDoS는 직접 빛을 내기 때문에 별도의 광학시스템을 갖출 필요가 없어 디스플레이의 소형화 및 경량·박형화가 가능하며, 소비전력도 낮출 수 있어 많은 기업들이 적극적으로 기술개발에 나서고 있다. 또한 메타버스의 효과적인 구현을 위해서는 디스플레이 기술 개발뿐만 아니라 데이터 처리 및 전송 과정의 지연 현상인 레이턴시(Latency) 문제에 대한 해결도 필요할 것이다.

다. 메타버스 전용 OS 및 각종 하드웨어 기술을 개발

1) 메타버스가 가져올 사회적 문제를 사전에 예측하고 대비해야 할 필요

메타버스가 주목받고 있는 가장 큰 이유는 바로 무한한 상상성에 있다. 상상하는 모든 것이 가능해 지는 세상이 메타버스이며, 단순한 현실과 가상뿐만이 아니라 상상이 결합된 무한한 세상이 펼쳐지게 될 것이기 때문이다. 그러나 메타버스에도 역기능과 문제점이 잠재하고 있으며, 경제적 차이 등에 따라 생겨날 수 있는 정보의 격차, 기술의 오남용과 확장된 디지털 공간 내에서 신종 범죄 등이 발생할 수 있다. 소위 '메타페인'이 생겨 날 가능성도 존재한다. 때문에 새로운 유형의 문제와 역기능을 예측하고 대비함으로써 메타버스가 우리 사회에 긍정적인 영역으로 자리 잡을 수 있도록 하는 법과 제도 마련 등 선제적인 조치가 필요하다.

2) 메타버스에서 발생할 수 있는 윤리 및 보안 이슈

메타버스는 인공지능 기술을 크게 활용할 것으로 예상되며, 인공지능을 활용할 경우 데이터 편향성 문제, 알고리즘으로 인해 발생 할 수 있는 각종 차별 문제 등이 발생 할 수 있다.

특히 메타버스 서비스를 제공하는 플랫폼 기업들이 중요한 데이터를 독점적으로 관리하게 되는 '빅브라더 이슈'가 발생할 여지도 있다. 정부가 최근 '인공지능 윤리기준'과 '신뢰할 수 있는 인공지능 실현전략'을 발표한 것처럼, 메타버스 측면에서의 윤리 가이드라인이나 규제를 별도로 마련할 필요가 있다.

이와 더불어 데이터 해킹 문제, 신분 인증 문제 등 보안 측면에 대한 대비도 필요하다.

메타버스 세계에서는 단순한 소셜 미디어를 넘어서는 정보들이 생성되고 교환될 것이기 때문에 보다 철저한 관리 감독 방안을 마련해야 할 것이다. 메타버스와 관련된 윤리 가이드라인이나 규제 등의 마련이 필요하게 될 것이며, 관리감독의 주체와 대상이 누가 될 것인지 등에 대한 고민을 바탕으로 대안을 마련해 가야 할 것이다.

7

교육분야에서의 메타버스 활용[50]

가. 메타버스의 특성과 교육적 활용성

1) 메타버스의 유형별 특성과 융복합성

메타버스는 현실 세계가 가상현실에 의해 증강되거나, 현실 세계가 가상세계에 연결되거나, 현실 세계가 가상현실에 복제되거나, 가상현실이 공간으로 정리할 수 있다.

기능적 관점에서 메타버스는 정보검색과 소셜 네트워킹 서비스, 게임 요소의 통합이고, 진화적 관점에서 메타버스는 인터넷이5G, 가상 융합기술(XG[51]), 전염병에 의한 확산 발전된 세계이며 기술적 관점에서 가상현실 기술의 복합체이다.

사회적으로는 디지털 네이티브 세대들이 3D 기반의 인터넷 세상에 자신의 다양한 모습(페르소나, 아바타)를 가지고 일상생활과 경제생활을 하며 그 흔적을 남기는 공간이라고도 얘기할 수 있다. 메타버스의 유형별 특징과 교육적 시사점을 정리하면 다음 〈표 8-2〉와 같다.

〈표 8-2〉 메타버스의 주요 기술적 특징과 교육적 시사점

구 분	기술적 특성 (Technological Characteristics)	교육점 시사점 (Pedagogical Affordances)
증강현실 (Augmented Reality)	현실 세계에 가상의 물체를 덧씌워서 대상을 입체적이고 실재감이 나도록 하게 함.(예 : 종이 생일카드가 증강되어 입체 영상카드로 보임) 현실에 판타지를 더함.(예 : 길거리에서 만나는 폰켓몬고, 얼굴을 인식하여 3D 아바타를 만들어 주는 제페토) 정보를 효과적으로 강조하여 제시, 편의성을 도모함. (예 : 자동차 유리에서 제시되는 HUD[52])	가상의 디지털 정보를 통해 실제 보이지 않는 부분을 시각적, 입체적으로 학습, 효과적으로 문제를 해결 직접 관찰이 어렵거나 텍스트로 설명하기 어려운 내용을 심층적으로 이해하고, 학습자 스스로가 체험을 통해서 해 지식을 구성해 나갈 수 있음 학습 맥락에 몰입된 상태에서 일고, 쓰고, 말하는 등의 상호작용 경험을 할 수 있음

---

50) [계보경, 한나라, 김은지, 조소영(이상 한국교육학술정보원), 박연정(호남대학교)2021.6], 메타버스(Metaverse)의 교육적 활용_가능성과 한계

51) 가상융합기술 : eXtended Reality(XR) : 가상현실(Virtual Reality), 증강현실(Augmented Reality), 혼합현실(Mixed Reality)을 총칭하는 개념

52) HUD : Hed-up Disply의 약자로, 조종사 및 운전자가 계기판을 보기 위해 고개를 숙이지 않고 고개를 든 채로 볼 수 있게 해주는 디스플레이(위키피디아, 2021)

구 분	기술적 특성 (Technological Characteristics)	교육점 시사점 (Pedagogical Affordances)
라이프로깅 (Life logging)	소셜미디어와 SNS를 통해 일상과 생각이 생산적으로 컨텐츠화되고 공유됨(예 : 블로그, 자신의 콘텐츠, 유튜브, 위키 등) 네트워크 기술로 온라인상에서 타인과 관계를 형성하고, 빠르게 소통하며, 각종 소셜 활동이 기록됨(페이스북, 밴드, 트위터 등) 사물인터넷과 웨어러블 기기의 각종 센서들을 통해 개인의 활동 정보가 누적되고 분석되어 부가가치를 만듦(예 : 나이키 플러스를 비롯한 헬스 트래킹)	자신의 일상을 돌아보고 성찰하며, 적절한 방향으로 정보를 표상하고 구현하는 능력 향상, 소셜 네트워크 상에서 타인의 피드백이 강화와 보상으로 연결됨. 라이프로깅 플랫폼에서 다양한 정보를 비판적으로 탐색하고, 집단지성을 통해 정보를 창조적으로 재구성함. 학습과 관련된 분석 데이터(예 : 대시 보드)를 바탕으로 학습을 성찰하고 개선. 교사는 학생들의 학습 로그데이터를 바탕으로 맞춤화된 방향으로 학습을 촉진하고 적절한 지원을 하며, 중도탈락을 방지함.
거울세계 (Mirror Reality)	GPS와 네트워킹 기술 등의 결합으로 현실 세계를 확장시킴(예 : 구글 어스, 각종 지도 어플리케이션 등) 특정목적을 위하여 현실 세계의 모습을 거울에 비춘 듯 가상의 세계에 구현(예 : 에어비엔비, 미네르바 스쿨, 음식 주문 앱, 택시 호출, 버스 노선 안내, 주차장 찾기 앱 등) 그러나, 현실의 모든 것을 담지 않음. 즉, 현실 세계를 효율적으로 확장하여 재미와 놀이, 관리와 운영의 융통성, 집단지성을 증대시킴(예 : 마인크래프트, 업랜드, 디지털 실험실 등)	교수학습의 공간적 물리적 한계성을 극복하고, 거울세계의 메타버스 안에서 학습이 이루어짐 대표적 거울 세계인 온라인 화상회의 툴 및 협력 도구(Zoom, Webex, Google Meets, Teams)를 통해 온라인 실시간 수업을 진행 거울 세계를 통해 학습자들은 "만들면서 "학습하기(learing by marking)를 실현할 수 있음(예 : 마인크래프트 상에서 학생들이 역사적 건축물 : 불국사, 경복궁, 첨성대, 타지마할, 에펠탑 등)을 지어보고, 복원된 디지털 유산을 체험하며, 역사와 문화에 대한 이해를 깊이 있게 함)
가상세계 (Virtual Reality)	정교한 컴퓨터 그래픽 작업, 특히 3D 기술로 구현된 가상환경에서 사용자가 이질감 없이 연결된 인터페이스를 통해 다양한 게임을 즐김(예 : 로블록스를 비롯 각종 3D 게임) 현실과는 다르게 디자인된 공간, 시대, 문화, 인물들 속에서 자신의 원래 모습이 아닌 아바타로 활동, 멀티 페르소나를 지님	고비용, 고위험의 문제로 연출하기 어려운 환경(예 : 화재 현장, 항공 조정, 위험한 수술 등)에서 가상 시뮬레이션을 통해 실습을 할 수 있음 과거 혹은 미래시대 등 현실에서 경험 할 수 없는 시공간을 몰입적으로 체험할 수 있음 3D 가상세계 기반의 게임을 통해(설계된 게임의 특성과 유형에 따라) 전략적 종합적 사고력, 문제해결력을 향상, 현실세계에 필요한 능력을 배움

* 기술적 특징 부분은 김상균(2020)의 내용과 사례를 일부 참고하여 정리하였음

이 4가지 유형의 메타버스는 현대사회에서 다양한 방식으로 발전하며 우리의 일상생활의 새로운 방향을 제시하고 있음을 알 수 있다.

종합하면, 메타버스에서 핵심은 '확장'과 '연결'이라고 볼 수 있다.

메타버스의 4가지 유형은 초기에는 독립적으로 발전하다가, 최근에는 경계를 허물면서 상호작용을 하며 새로운 형태의 융·복합 서비스로 진화·발전 중이다. 예를 들면 라이프로깅 서비스가 융합된 사례(Runner)를 형성하고 이를 life log 데이터와 연결한 것이다.

AR 그래스 화면에 보이는 가상의 러너인 아바타의 달리기 경로와 속도를 개인이 원하는 데로 설정하고, 아바타와 실시간 경주가 가능하며, 이를 통해 얻은 life log 데이터를 STR AVA 운동, 애플 워치와 연결하여 기록이 가능하다. 또한 거울 세계에서 소개된 가상 콘퍼런스 서비스 "Roomkey"는 라이프로깅, 거울 세계, 가상세계가 융합된 사례라 할 수 있다. 기존 화상회의나 웨비나 같은 비대면 회의 들이 동시 접속자 수 외에 마땅한 성과 측정 방법이 없다는 단점을 갖는 반면, 가상현실과 라이프로깅 개념이 거울 세계에 결합된 이 서비스에서는 회의, 네트워킹 등 모든 활동이 사후 성과 측정까지도 이어지는 강점이 있다.

2) 메타버스의 특성

메타버스의 4가지 유형 중 가장 다양하고 활발하게 교육에 적용되어 사용되고 있는 기술은 가상세계(VR)이다. 특히 최근 비대면, 온텍트 시대의 교육에서 거리나 공간에 상관없이 어디에서나 접속할 수 있는 가상세계의 활용도는 매우 높다고 할 수 있다.

고선영 외(2021)는 기존의 플랫폼 서비스나 VR 등과 구별되는 가상세계 메타버스의 특징을 5가지, '5C'로 제시하였는데 간략히 살펴보면 다음과 같다.[53]

첫 번째, 세계관(Canon)으로 메타버스의 시공간은 설계자와 참여자들이 함께 만들고 확장한다고 보았다. 즉, 설계자가 만들어 놓은 공간에서 참여자들은 주체적으로 콘텐츠를 소비하고, 생산하고 확장하는 능동적 이용자로서 이를 통해 이용자들은 메타버스의 세계관을 만들어 간다.

두 번째, 창작자(Creater)로 메타버스에서는 누구나 콘텐츠를 만들 수 있다고 하였다.
메타버스는 디지털 콘텐츠로 구현된 세상이고, 누구나 콘텐츠 창작을 통해 메타버스 세계를 확장하고 구축할 수 있기 때문이다. 즉, 메타버스의 참여자는 이용자인 동시에 메타버스를 구축하는 창작자라고 보았다.

---

53) 가상세계 메타버스의 특징은 주로 "고선영, 정한균, 김종인, 신용태(2021), 메타버스의 개념과 발전 방향, 정보처리학회지 제28권 1호"의 내용을 정리 및 요약함

세 번째, 디지털 통화(Currency)로 메타버스 안에서는 다양한 콘텐츠 제작을 통해 생산과 소비가 가능하고 이를 위한 디지털 화폐가 사용된다고 보았다. 현재 가상세계의 통화는 가상세계 안에서 소비되는 사이버머니이지만, 가상세계의 발전과 더불어 실물 경제 영역에서도 영향력을 가지게 될 것으로 예상하였다.

예로 대표적인 메타버스인 로블록스(Roblox)의 디지털 화폐인 로벅스(Robux)는 로블록스에서 사용되는 화폐임과 동시에 현실 세계의 화폐로도 전환이 가능하다.

로블록스는 만 13세 이상이면 누구나 '로블록스 프리미엄' 멤버로 등록할 수 있는데, 이용자가 로블록스 활동을 통해 10만 로벅스(약 350 달러)이상 모으게 되면 로벅스를 모바일 금융 서비스를 통해 실제 현금으로 환전할 수 있다.[54]

네 번째, 연결(Connectivity)로 메타버스는 현실과 가상을 연결하고, 메타버스 세계들을 연결하고 사람(아바타)들을 연결한다고 보았다. 가상 세계를 통해 사람들은 시공간을 초원해 정보를 나누고 공유하며 새로운 세계를 창조하고 확장해 나갈 수 있다는 것이다.

다섯 번째, Connectivity(연결) : 메타버스는 시공간을 연결하고, 서로 다른 메타버스 세계를 연결하고, 사람과 사람(아바타)을 연결하고, 현실과 가상을 연결한다. 시공간을 초월해 인류가 쌓은 지식을 공유하고 정보를 나눌 수 있다. 그 결과 새로운 연결의 힘을 토대로 또 다른 세계를 창조하고 확장해 나갈 수 있다.

또한 Book(2004)은 가상세계의 6가지 특징을 다음과 같이 제시하기도 하였다.

첫째, 공용 스페이스(Shared Space)로 가상세계는 다수의 이용자들이 동시에 참여하는 공간이어야 하며,

둘째, GUI(Graphical User Interface)로 가상세계는 시각적으로 표현되고 2D나 3D 환경에서 구현되며,

셋째, 즉시성(Immediacy)으로 가상세계에서 이용자들 간 상호작용은 실시간으로 발생하고,

넷째, 상호작용(Interactivity)은 가상세계의 다양한 콘텐츠에 대해 이용자들이 콘텐츠를 변형하거나 개발하는 등 상호작용이 가능해야 한다는 것이며,

다섯째, 지속성(Persistence)는 개별 이용자들의 접속과 상관없이 가상세계는 유지되어야 하고,

여섯째, 사회화(Socialization)/ 커뮤니티(Community)로 가상세계 안에서 다양한 사회적인 행위가 가능한 커뮤니티가 형성될 수 있어야 한다는 것이다(한혜원, 2008에서 재인용).

나. on-line 교육환경

디지털 공간의 가상세계를 의미하는 '메타버스(Metaverse)'라는 용어는 처음엔 낯설었지만 그 개념과 유형을

---

54) 파이낸셜 뉴스, '[메타버스 신경제] 로블록스 등' 아바타로 돈번다, 2021.5.30

알고 나면 이미 우리 일상에 친숙한 개념임을 알 수 있다.

조만간 재 오픈을 예고한 "싸이월드"에서 도토리로 배경음악을 사고, 미니미(아바타)와 미니홈피를 꾸미며 친구와 일촌을 맺고, 버디버디·네이트온 등을 통해 친구와 대화를 나누고, 페이스북·인스타그램에서 친구의 게시물에 좋아요를 누르고, 네이버 지도에서 맛집을 찾아 방문한 경험이 있다면, 이미 우리는 아주 오래전부터 메타버스의 세계에 들어 왔다고 볼 수 있다.

최근의 메타버스 열풍은 코로나19 팬데믹으로 인한 언텍트(Untact), 온텍트(Ontavt) 사회로의 전환에 의해 대조명 받으며 다시 시작하였다. 증강현실, 라이프로깅, 거울세계, 가상세계라는 기존의 메타버스 4가지 유형들은 서로 간의 경계를 허물면서 상호작용하며 새로운 형태의 융·복합 서비스로 진화·발전하면서 메타버스의 활용을 가속화하고 있다.

코로나19의 확산으로 인해 대면 소통이 어려워지자, 오픈라인에서만 벌어질 수 있을 것이라고 여겨졌던 활동들이 가상 세계로 전환되고 있으며 교육, 의료, 패션, 관광 등 여러 분야로 빠르게 확장되고 있는 것이다.

1) 새로운 사회적 소통의 공간

코로나19 팬데믹의 장기화로 국내에서는 코로나 4단계로 사적으로 4명 이상이 모일 수 없고, 식당에서 식사를 함께 할 수도 없다. 하지만 메타버스에서는 수십만, 수천만 명이 모여 축제를 열거나 좋아하는 가수의 콘서트를 관람할 수 있다.

로블록스, 제페토와 같은 가상세계 메타버스는 코로나19로 인해 외출을 하지 못하게 된 사람들에게 새로운 사회적 소통의 공간으로서 만남과 휴식의 기회를 제공해 주었다.

실제로 코로나19로 인해 학교가 폐쇄되어 학생들이 등교하지 못할 때, 제페토 내의 다양한 3D 맵 중 '교실 맵'이 가장 큰 인기를 끌었으며, 학생들은 가지 못하는 실제 교실 대신 제페토 교실에 등교하여 친구들을 만났고 소통하였다.

코로나19 확산으로 대면 졸업식이 불가능해지자 초등학교 학생들이 자발적으로 마인 크래프트 속에서 현실과 비슷한 모양의 학교를 짓고 졸업장과 꽃다발을 만들어 서로 수여하며 졸업식을 진행하기도 하였다. 대학 신입생들은 점프 VR을 활용한 메타버스 입학식에 참여하여 과잠(과점퍼, 과잠바)을 입고 캠퍼스를 투어하고, 총장님의 환영사를 듣기도 하고 한 기업의 신입사원들은 제페토의 3D 맵으로 설계된 가상의 사옥에서 다양한 미션을 수행하며 신입사원 연수를 받기도 하였다. 사람들은 마크제이콥스, 발렌티노 같은 유명 패션 브랜드들이 모여봐요 동물 숲에 연 패션쇼에 참석하기도 하고, 미국 대선 후보가 연 선서 캠프에 방문하기도 하였다.

아이돌 그룹 블랙 핑크는 코로나19로 인해 대면으로 펜 사인회를 열 수 없자 제페토를 통해 가상 펜 사인회를 열기도 했으며, 자신들의 아바타로 재현한 'Ice Cream' 안무 뮤직 비디오를 공개하기도 하였다. 블랙핑크의 가상 펜 사인회에는 4,600만 명의 이용자들이 참서하여 사인을 받고 자신이 좋아하는 가수와 함께 셀카를 찍기도 하였다.

아이돌 그룹 BTS 또한 '다이너마이트'의 안무 버전 뮤직비디오를 '포트나이트'에 최초 공개하며 쇼케이스를 진행하기도 하였다. 행사에 참여한 이용자들은 코로나를 잊고 함께 춤을 추거나 감상을 공유하며 행사를 즐겼다. 메타버스는 코로나19로 인한 '사회적 거리두기'와 같은 현실 속 제약에서도 취미와 관심을 함께하는 사람들이 함께 모여 소통할 수 있는 장을 제공하여 '사회적 연결'을 가능하게 해주었다.

하지만 메타버스의 이러한 사회적 연결은 현실 세계의 상호작용 보다 가볍게 이루어진다는 점을 유념해야 한다. 메타버스에서는 '있는 그대로의 나 보여주기 보다는 공유하고 싶지 않은 정보는 삭제하여 '보여주고 싶은 나'를 만들어 내기 마련이다.

이러한 가상의 정체성으로 맺어진 관계는 즐거운 일만 추구하는 유희적인 관계가 되기 쉽기 때문이다. 또한 현실 세계의 상호작용에서는 생성되지 않았던 다양한 정보가 실시간으로 수집되고 처리되는 메타버스 내의 사회적 활동에서는 프라이버시 침해도 고민해봐야 할 문제이다.

이용자가 경험한 콘텐츠, 경험 시간, 교류 상대방, 대화 내용, 아바타, 아이템 등 개인의 특성과 활동을 속속들이 알아 볼 수 있는 정보가 수집·처리된다. 이 과정에서 이용자의 시각이 어디를 바라보고 있는 지 등 현실에서의 신체 반응까지 수집되어 이용자가 원하지 않는 사이 마케팅 등 다양한 목적으로 활용될 수 있다.[55]

기존 프라이버시 문제가 개인의 정보와 상대방과 나눈 메시지 보안에 초점이 맞춰져 있었다면, 메타버스에서의 프라이버시 문제는 그 범위가 넓어지고 있기에 다양한 검토가 필요하다.

2) 창의를 바탕으로 현실세계 활용

메타버스는 단순하게 온라인 게임과 비슷하다고 생각할 수 있지만, 그보다 진화된 개념인온라인 게임에서 서비스 이용자는 플랫폼 제공자가 미리 설정한 목표에 따라 제한된 미션을 수행할 수밖에 없지만, 메타버스에서는 미리 주어진 미션 없이 궁극적으로 이용자가 원하는 모든 일이 가능하다.

완벽한 자유도를 바탕으로 학업, 쇼핑, 공연·전시 관람, 관광 등 현실 세계에서 이루어지는 다양한 일을 경험할 수 있을 뿐 아니라, 하늘을 날고 우주에 가는 등 현실 세계에서는 물리적 제약에 의해 쉽게 경험하기 어려운 일까지도 경험할 수 있다.[56]

55) 한국콘텐츠진흥원, 메타버스에서 발생할 수 있는 다양한 법적 문제를 짚어보며, 2021.
http://www.kocca.kr/n_content/vol19/sub/special3.html
56) 헬로티, 메타버스의 그림자... 가상현실 세계에도 할렘가가 있을까? 2020.5.6.
http://www.hellot.net/news/article.html?no=57895

또는 바쁜 일상을 떠나 메타버스에서 해결해야 할 과제 없이 하루 종일 낚시를 하고 과일을 따거나 친구의 섬에 여행을 다니며 유유자적한 삶을 즐길 수도 있다. 모든 것은 이용자의 선택이다.

　페이스북, 트위터, 인스타그램 등 기존 SNS에서 소통하던 MZ세대(밀레니얼세대 + Z세대)들이 이제는 좀 더 공간적이고 3차원적으로 시각화된 가상세계 플랫폼에서 자신을 대신하는 아바타를 통해 친구들을 만나서 놀고 대화하며 다양한 경험을 하는 추세로 바뀌고 있다. MZ세대들이 메타버스에 열광하는 이유에는 여러 가지가 있겠지만, 무엇보다 메타버스 플랫폼이 제공하는 높은 자유도에 있을 것이다.
기존의 온라인 서비스는 이용자들이 플랫폼 제공자의 콘텐츠를 일방적으로 소비해야만 했던 구조였다면, 메타버스에서는 이용자들이 새로운 공간을 원하는 대로 직접 만들고 공감각적 체험과 시뮬레이션이 가능한 형태로 변경된 것이다.
가상 메타버스는 기존의 단순 가상현실(VR) 보다 한 차원 더 진보한 개념으로 단지 화면을 통해 가상현실을 보는 것에 그치는 것이 아닌, 이용자가 가상세계에 직접 참여함으로써 현실 세계에서 일어나는 가치 창출과 교류를 가능하게 하기 때문이다. 이용자들은 메타버스 내 크리에이터가 되어 새로운 패션 아이템의 디자이너가 되기도 하고, 아바타가 놀 수 있는 3D 맵을 만들어 유통하는 건축가가 되기도 한다.
나이와 전공에 상관없이 누구든지 손쉽게 제페토 스튜디오를 이용하여 아이템을 제작하고 판매하는 크리에이터가 될 수 있다.

　제페토 이용자들이 제작한 아이템들이 제페토 내 아이템 판매의 80% 이상을 차지하며, 하루에 7,000여 개씩 새로운 패션 아이템들이 제작되고 있고, 로블록스에선 이용자들이 개발한 게임이 5,000만개를 돌파한 것만 보아도 그러하다. 메타버스는 자연스럽게 이용자들에게 콘텐츠 소비자에서 창작자로 변화하는 경험을 제공하고 있다.
교육 현장에서는 이러한 메타버스 특성을 적극 활용하여 학생들의 자유와 경험치를 무한대로 확장시킬 수 있는 학습활동을 설계할 수 있을 것이다.
주입식 교육에서는 선생님이 전달하는 것만 학생이 알 수 있지만 메타버스를 활용한 교육에서 학생들은 자신에게 무한히 주어진 자율성을 토대로 궁금한 점을 스스로 탐색하고, 시·공간을 초월해 수많은 사람의 아이디어를 참조하여, 자기만의 독창적인 답을 주도적으로 구할 수 있는 자기 주도적 학습 수행이 가능할 것이다.
하지만 메타버스의 장점인 높은 자유도는 기존의 온라인 서비스·게임 보다 메타버스 이용자를 더 위험하게 만들기도 한다. 높은 자유도로 인해 관리자가 사용자의 행위를 모두 예측할 수 없기 때문이다.
　가상공간과 익명성이라는 메타버스의 본질적 특성으로 인해 범죄에 대한 가책감이 경감되어, 현실세계보다 더 악질적이고 교묘한 수법의 신종 범죄들이 등장할 수 있다는 우려의 시각이 있다. 가상세계에 참여하는 '나'는 현실의 연장선에서 비슷한 외모의 자아를 가질 수도 있지만, 다른 외모와 세계관을 가진 자아를 가질 수도 있지만, 다른 외모와 세계관을 가진 자아로 참여할 수도 있다.

요즘 방송에 자주 나오는 부캐(부가캐릭터) 라는 용어를 아바타 개념으로 해석할 수도 있다. 이처럼 세계관의 다양한 변화가 가능한 가상세계와 현실이 결합한 삶이 일상화됨에 따라, 사람들의 정체성에도 자유도가 점차 높아질 것으로 보인다.

자신의 신분이 전혀 노출되지 않고, 현실과 비교해 제한적으로 상대를 인식할 수 있는 가상공간과 익명성의 메타버스에서 사람들은 더 쉽게 범죄행위에 노출 될 수 있기에 주의해야 한다. 자유도를 중시하는 메타버스에서는 전 세계의 이용자들로부터 생성·공유되는 무수히 많은 양의 데이터가 일일이 검열될 수 없으므로 무법 지대가 될 가능성이 있는 것이다. 이 경우 아직 사회 경험이 적고, 정체성이 확립되지 않는 어린 청소년들에게 큰 위험이 될 수 있기에 주의가 필요하며, 가상세계의 시민성 함양을 위한 윤리교육 등이 필요할 것이다.

3) 시공을 초월한 새로운 세계

미국의 교육학자 에드가 데일(Edgar Dale)은 사람은 읽은 것은 10%, 들은 것은 20%, 본 것은 30%를 기억하지만, 말하고 실제 행동한 것은 90%를 기억한다고 하며, 학습에 있어 경험의 중요성을 강조하였다.

메타버스는 다양한 기술의 복합적 사용으로 인해 기존 인터넷 시대와 차별화된 경험 가치 제공이 가능하다. 이로 인해 시공간을 초월한 새로운 경험 설계가 가능하기에 기존 2D 기반 온라인·원격 수업의 한계를 극복할 대안으로 주목받고 있다.

메티버스 기반의 교육은 무한한 공간과 자료의 활용이 가능하며, 대면 교육 수준의 상호작용을 가능하게 해주는 이점이 있다.

시간과 공간의 제약을 뛰어넘어 과거와 미래 세상을 연결하며 실감나는 경험을 할 수 있다.

증강현실(AR), 가상현실(VR) 등 실감 기술로 경험을 중시하는 Z세대 학생들의 흥미와 몰입도를 높이고, 학습효과를 극대화할 수 있다.

학생들은 자신을 대신하는 아바타를 활용하여 가상공간에서 수업을 받고 부끄럼 없이 질문을 할 수 있으며, 특수 효과로 현장감을 높이고 제작 툴로 직접 콘텐츠를 제작할 수도 있다. 실감형 콘텐츠는 실제로 체험하는 효과를 불러일으키기 때문에 학생들에게 자기 주도적 학습, 능동적 수업 참여 등을 유도할 수 있다.

현실에 존재하지 않는 것을 대상으로 하는 역사 교육의 경우, 메타버스를 적절히 이용하면 교육효과를 높일 수 있을 것이다. '거울세계'가 역사교육에 접목되면 현재와 과거를 비교한다거나, 동일한 캐릭터가 서로 다른 시회에서 어떤 생활을 했는지에 대한 비교사적 체험이 가능하다.

그 외에 메타버스의 4가지 유형은 역사교육의 내용에 따라 상호 결합해서 다양하게 적용될 수 있으며, 체험적인 요소들을 결합시켜 다양한 방식의 역사 콘텐츠가 개발될 수 있을 것이다. 학생들은 굳이 현장까지 가지 않고도 얼굴에 VR 기기를 착용하고 역사 현장을 체험하는 방식으로 보다 실감나는 역사 교육을 할 수 있을 것이다.

또한 우주에 가서 태양계 행성을 관찰하는 등 실감나는 과학 수업을 할 수도 있고, 현실에서 어린 학생들이 실시하기 위험한 실험을 안전하게 실시할 수도 있다.

메타버스는 현실 그 이상의 확장으로 우리의 일상생활과 연결되어가고 있다.

이에 메타버스가 더 깊이 일상생활과 연결될수록 높은 몰입도로 인해 현실도피와 인증/비현실감 장애(DPDR : Depersonalization-derealization disorder)[57] 등의 문제를 야기할 수도 있다는 우려가 있다. 전문가들은 관련 기술이 발전해 갈수록, 현재의 메타버스 공간과 아바타가 현실에 더 가까운 시각효과로 구현될 수 있을 것이라고 예상한다.

미래의 메타버스는 현실 공간과 구별하기 쉽지 않을 수 있다고 말한다. 하지만 어느 장도 수준까지 현실과 가상의 경계를 무너뜨려야 할지에 대해서는 깊은 논의가 필요할 것이다.

가상과 현실세계의 구분이 모호해 짐에 따라, 나이가 어린 학생일수록 역효과가 있을 수 있기 때문이다.

'현실의 나'라는 정체성에서 혼란을 겪게 되고, 가상의 세계가 아니면 제대로 적응을 하지 못할 수도 있다.

가상세계에서의 인간관계에 지나치게 몰입하거나 가상세계의 인간관계에 만족한 나머지, 현실에서의 관계를 소홀히 하여 악화되거나, 혹은 관계 맺기 그 자체가 힘들어 질 수 있다.

〈표 8-3〉 메타버스의 특성과 교육에서의 장단점

메타버스 특성	교육점 장점	교육점 단점
새로운 사회적 소통 공간	코로나19로 인한 학교 폐쇄의 경우에도 현실의 제약을 넘어 학생들의 사회적 연결 가능	타인과 관계 형성 시 현실 세계의 상호작용 보다 가벼운 유희 위주의 관계 형성, 다양한 개인정보 수집·처리에 따른 프라이버시 문제 발생
높은 자유도	콘텐츠 소비자에서 창작자로의 경험 제공을 통해, 학습 과정에서 학생의 자율성 확대 가능	높은 자유도는 플랫폼 관리자가 이용자의 행위를 모두 예측할 수 없기 때문에 메타버스의 가상공간과 익명성의 특성에 의해 각종 범죄에 노출 가능
가상화를 통한 높은 몰입도	시공간을 초월한 새로운 경험 제공을 통해 학생의 흥미와 몰입도를 높여 학습시 학생의 능동적 참여 확대 가능	정체성이 확립되지 않은 학생들에게 현실의 '나'에 대한 정체성 혼란, 현실 도피 및 현실 세계 부적을 유발 가능

57) 이인증(비현실감 장애) : 자신이 낯설게 느껴지나 자신과 분리된 느낌을 경험한 것으로 자기 지각에 이상이 생긴 상태, 대개 10대에 시작되고 15~30세 사이에 많이 발생(네이버 지식 백과)

다. 미래의 신산업

메타버스는 [그림 8-1]과 같이 2021년 현재 국내를 비롯한 전 세계적으로 가장 뜨거운 이슈 중 하나이다. 한 동안 떠들썩했던 4차 산업혁명이라는 단어가 메타버스로 전환되어 각종 매스컴을 도배 중이다. 메타버스는 게임 과 엔터테인먼트의 영역을 넘어, 우리 일상과 경제를 바꿀 것으로 예측되고 있는데, 사회·문화·경제 활동 전반이 차세대 플랫폼인 메타버스로 옮겨가고 있다.

이는 앞서 논의한 바와 같이 메타버스가 ① 새로운 사회적 소통 공간으로써의 무한한 가능성을 가지고 있고, ② 창작과 공유를 가능하게 하는 높은 자유도를 제공하고 있으며, ③ 새롭고, 몰입적인 경험을 선사하기 때문이다. 이러한 메타버스는 팬데믹 이후 갑작스럽게 급성장하다 보니 적절한 법과 규제가 마련되지 않은 위험 요인도 가 지고 있다.

미래학자 Alan Key는 "미래를 예측하는 가장 좋은 방법은 그것을 만드는 것"이라고 하였다. 메타버스에 의해 펼쳐질 미래사회를 예측하고 준비하는 자세도 필요하지만, 메타버스가 인류에 유익한 방향으로 작용 될 수 있도 록, 특히 교육적 측면에서 어떻게 활용되었을 때 가치가 있을 것인지, 주의 깊게 생각해 보는 일이 중요하다.

이런 관점에서 메타버스의 교육적 활용 관련 주안점과 향후 과제에 대해 제언하면 다음과 같다.

첫째, 메타버스에 관심을 가지는 세대에 주목해야 한다. 제페토의 경우, 2021년 2월 기준, 가입자 수 2억명 중 80%가 10대 청소년이며, 미국에서 하루 평균 4,000만명의 접속자를 보유한 로블룩스고 전체의 55%가 청소년이다.[58]

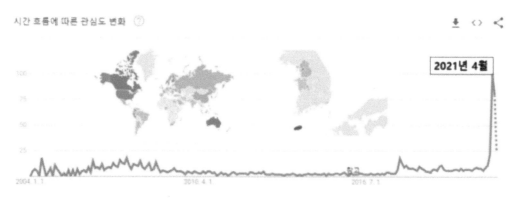

* 출처 : https://trends.google.com/trends/explore?date=all&q=metaverse(2021년 7월 1일 검색)

[그림 8-1] 구글 트랜드에서 살펴본 "Metaverse"에 대한 시간 흐름별 관심 추이

---

58) ChosunBiz,. "MZ세대 잡아라"... 메타버스(가상세계) 침투하는 광고시장. 2021.4.3.
https://biz.chosun.com/industry/company/

메타버스는 학부모와 교사를 비롯한 기성세대들에게는 몹시 생소하고 낯설 수 있지만, 스마트폰과 함께 성장한 Z세대 청소년들에게는 이미 친숙하고 이질감이 없으며, 현실과 인터넷을 연결하는 매력적인 세상이다. 따라서 살아온 방식과 가치관이 다른 양 세대 간에 발생할 수 있는 문제가 내재된 가운데, 동전의 양면처럼 메타버스가 제공하는 몰입성과 확장성, 그리고 편의성이 현실 세계에 대한 이해와 경험이 부족한 학생들에게 정체성 혼란과 현실 세계 부적응이라고 하는 부작용을 일으킬 수 있다는 점을 유의해야한다.

학생들이 메타버스를 어떻게 이해하고, 거기서 무엇을 하고 싶은지, 왜 좋아하는지, 가상세계 속 자신의 아바타에 어떠한 가치를 부여하는지 등을 주의 깊게 분석해볼 필요가 있다. 게임중독이나 스마트폰 중독 관련 진단과 예방처럼, 학생들의 메타버스 내 활동 패턴과 몰입 수준, 메타버스가 학생들의 학업에 미치는 긍정적, 부정적 영향 등을 심도 깊게 연구할 필요가 있다.

둘째, 메타버스의 교육적 활용은 그 동안 특정 교과 학습에서 부분적이고 단발적으로 이루어져 왔다.

발표된 사례들은 대부분 학교 교사가 에듀테크 관련 경험과 의지를 가지고 메타버스를 교과 학습에 성공적으로 적용한 케이스이다. 예를 들면, 증강현실 및 가상현실 기술과학 교과에서 이루어지는 신체 내부기관 학습이나 우주행성에 대한 탐구가 그러하다. 직접 가볼 수도 없는 도시와 역사 유적지를 방문하고, 메타버스 상에서 역사적 건축물을 복원해 보거나 만들어 보는 교육사례는 상당히 고무적이다.
메타버스를 통해 현실 세계에서 불가능하고 제약이 많은 것들을 경험할 수 있다는 점이 효과적이고 매력적임에 틀림없으나, 증강현실 콘텐츠와 가상현실 플랫폼이 학생들의 무한한 창의력을 제약시킬 수도 있다는 지적(김상균, 2020)도 귀 귀울여야 한다.

왜냐하면 학생 자신의 인지 능력과 상상력 보다 콘텐츠 개발자 혹은 서비스 설계자의 의도를 무비판적으로 수용할 여지가 있기 때문이다. 따라서 메타버스를 교육에 활용하고자 하는 교수 설계자와 교수자는 메타버스의 각 유형별 기술적 특징을 제대로 이해하고, 교과의 특수성에 적절한 어플리케이션과 플랫폼을 선택하는 안목을 가져야 할 것이다.
학생들이 메타버스에서 지식을 창의적으로 재구성하고, 깊이 있는 이해를 하며, 가상세계에서의 학습을 현실세계와 연관지어 성찰하고, 협력적이고 창조적으로 문제를 해결하거나 프로젝트를 수행할 수 있도록 수업을 설계할 필요가 있다.
즉, 기술의 적용이 관건이 아니라, "잘 설계된 수업"이 관건이다. 기대컨대, 메타버스의 활용이 아이들의 상상력을 제약하기보다, 새로운 세계에 대한 호기심을 자극하고 지식을 확장시키며, 건설적인 상상력을 자극하는 촉매제가 되어야 하겠다.

셋째, 디지털 공간인 메타버스에서는 그 모든 것들이 '데이터'화 된다. 데이터는 4차 산업혁명 시대의 '오일'로 불리고 있고, 이에 따라 기업들은 메타버스의 시장을 선점하기 위해 무한 경쟁을 펼치고 있다.

메타버스 플랫폼 상에 사용자들이 남기는 데이터가 결국은 무한 경쟁을 펼치고 있다. 메타버스 플랫폼 상에 사용자들이 남기는 데이터가 결국은 마케팅을 비롯하여 상업적 목적으로 활용될 수 있기 때문이다. 메타버스 플랫폼과 서비스를 활용하는 과정에서 학생과 교사의 활동 기록, 이들에 관한 정보, 나아가 VR기기를 활용하게 될 경우 수집되는 확장적 형태의 신체, 감정, 움직임 정보 까지, 다양한 데이터가 제 3기관에 의해 수집되고 오용될 여지가 있다.

이를 방지하는 제도적, 법률적 장치가 필요한 가운데, 미국의 경우 AI 기술의 확산에 따라 기존에 수립된 각종 정보보호 관한 법률(학생 개인정보 수집 제한, 학생 데이터 수집 시 학부모 동의 확인 등)을 기초적 수준에서 보다 강화하는 법률을 준비하는 추세이다.

물론 학생의 데이터는 맞춤형, 적응형 학습지원을 위해 필수적 요소로, 앞서 소개한 학습 분석학을 적용한 접근은 교육 분야의 큰 관심사다. 따라서, 향후 메타버스 상에서 수집되는 학생 데이터가 오남용되지 않고, 학생의 개인정보 수집과 처리에 다른 프라이버시 문제를 해결하며, 데이터가 학생과 교사의 교수·학습을 지원하는 방향으로 가게하기 위한 교육용 메타버스 플랫폼에 대한 개발과 평가연구가 요구될 것으로 보인다.

끝으로, 메타버스 상에서 새로운 직업이 만들어지고 있음을 주목할 필요가 있다. 현실성을 높이기 위한 VR 기기와 메타버스 내 그래픽 구현 기술이 무서운 속도로 발달함에 따라, 메타버스 건축가, 아바타 디자이너, 패션 디자이너, 메이크업아티스트와 같은 VR 콘텐츠 유관 직업들이 뜨고 있다.[59]

이른바 메타버스로의 전환(metaverse transformation)기로 불리는 요즘 직업교육 분야의 발 빠른 준비와 아울러, 메타버스 생태계에서 이루어질 교육 콘텐츠와 플랫폼 개발 관련 투자 및 지원, 교육기관과 기업 간의 상생, 현실 세계와 가상세계간 질서와 공존을 위한 정책과 제도적 장치 마련도 중요하다.

예컨대, 기성세대들이 아이들과 함께 현실 및 가상의 세계에서, "의미 있는 상호작용'을 하며, 이들이 양쪽을 균형 있고 현명하게 경험하며 성장할 수 있도록 다 함께 노력해 나가야 할 것이다.

---

59) 한경 IT·과학, '메타버스 건축가, 아바타 디자이너…새로운 직업 뜬다.2021.7.2.
https://www.hankyung.com/it/article

9

메타버스와
미래전략

1

디지털 메타버스 등장과 산업

가. 디지털 메타버스의 등장

기존에 있던 AR, VR, XR에 이어 '디지털 메타버스'는 2021년부터 기업이나 정부 개인에 이르기까지 SNS에 가장 많이 회자되는 단어가 되었다. 주식시장에서는 IT 기업뿐만 아니라 메타버스 관련 기업이 미래 투자대상으로 떠올랐으며, 세계적인 IT 기업뿐만 아니라 메타버스 관련 기업이 미래 투자 대상으로 떠올랐으며, 세계적인 IT 기업인 마이크로소프트, 애플, 페이스북 등은 이미 메타버스를 통한 비즈니스 모델의 전환 및 확장을 추진 중에 있다. 페이스북은 2021년 10월 사명을 '메타(Meta)'로 변경한다고 발표하였다. MS는 다양한 세계가 연결되는 메타버스를 위해 플랫폼 '메시(Mesh)'와 협업 툴 '팀즈(Teams)'를 결합한 새로운 플랫폼 개발을 발표하였다.

메타버스에 대한 관심은 2020년 하반기부터 시작되어 2021년 2~3월에 들어 본격화되었으며, 가상인간 투시 공개 등 이슈가 있었던 2021년 8월 무렵 최고점을 기록하였다. AR, VR, XR과 같은 특정 기술이 아닌, 메타버스라는 포괄적이고 새로운 용어에 사람들의 관심이 집중되고 있는 것이다. 현시점에서 메타버스에 대한 관심이 증가하고 여러 분야로 확산되고 있는 이유를 살펴보면 다음과 같다,

먼저 가상현실(VR), 증강현실(AR), 확장현실(XR), 6G, 블록체인 등 기술이 발전하고 2년 이상 겪고 있는 코로나 펜데믹은 온라인 가상세계, 인력의 대체품으로 각광을 받기 시작했으며 가상세계를 구현낼 수 있는 능력이 비약적으로 향상되었다. 특히 개별 기술이 고도화되었을 뿐만 아니라 인공지능 기술이 수렴된 고차원의 서비스가 본격적으로 나타나기 시작했다는 점이 중요하다.

이러한 과정 속에 또 다른 세상, 디지털 메타버스를 활용한 사회경제적 문제 해결이 자연스럽게 받아들여지게 된 것이다. 로블록스(Roblox)와 포트나이트(Fortnite) 같은 게임들은 다양한 인간 관계를 구현하는 공간으로 거듭났다. 가상공간에서 나를 대신하는 아바타라는 개념은 새로울 것이 없었으나, 그 안에서 더 많은 자유가 주어지고 소셜 네트워크와 결합하면서 다양한 상호작용이 가능해진 탓이다.

특히 1980 ~ 2000년대 생을 일컫는 소위 MZ세대는 메타버스에 대한 수용도가 높아 가상공간에서 이루어지는 활동들의 폭과 깊이를 더했다. 이들은 제품과 문화 여가를 메타버스에서 하는 것에 익숙하기 때문에 가상공간에서 시공의 제약을 뛰어 넘어 이루어지는 다양한 서비스를 다시 자극하고 있다. MZ세대는 2019년 기준으로 우리나라 인구의 약 30%, 미국 인구의 약 50%, 세계 인구의 63.5%를 각각 차지할 정도로 소비의 주도 세력으

로 자리매김을 하였다. 이처럼 거대한 집단이 메타버스의 주역으로 등장함에 따라 많은 기업들이 메타버스를 새로운 진출 영역으로 인식하게 된 것이다.   [출처] 메타버스 산업의 이해와 정책과제(2021. 12. 16). | 작성자 취중선

나. 메타버스 산업 규모

국내 메타버스의 대표적인 제품으로 네이버의 제페토가 있다. 이용자는 자신만의 3차원 제페토 아바타를 생성하고, 아바타를 기반으로 다양한 가상 활동을 할 수 있다. 네이버에 따르면, 2018년 8월 출시된 10대 등 젊은층을 중심으로 인기를 끌고 있으며, 2억 명 이상의 이용자를 보유하고 있다. 제페토 내에서는 기본적으로 아바타를 꾸밀 수 있는 아이템과 3차원 공간을 구성하는 오브젝트를 사전에 구현해 두어 사용자가 해당 프리셋(Preset)을 사용할 수 있도록 한다. 이에 더해서 제페토는 사용자에게 크리에이터라는 아이덴티티(Identity)를 추가로 부여하는데, 3차원 오브젝트 메쉬(Object mash)를 형성할 수만 있다면 누구든 제페토의 크리에이터가 되어 제페토를 구현할 수 있도록 플랫폼을 구축하였다. 현실 세계의 데이터를 반영함으로써 가상공간에서 오프라인 활동을 대체할 수 있는 온라인 서비스를 제공하는 게더타운(Gather.town)은 이용자들이 가상의 공간에서 만나 대화와 업무를 할 수 있는 온라인 플랫폼이다.

메타버스는 비대면 환경에 힘입어 게임, 엔터테인먼트, 제조, 유통, 광고, 교육 등 다양한 산업에서 활용이 확대되고 있다. 특히 게임업계의 메타버스 활용이 가장 적극적이다. 게임 외에 플랫폼에서 유명 가수의 공연 개최 등 메타버스 콘텐츠를 확대하여 사용자 수와 수익 창출 모델을 확장하고 있다. 제조업은 디지털 트윈, 원격 정비 등에 활용하고 있다. 의류업계는 가상 착용 경험을 제공해 반품률을 낮추고, 광고업계는 온라인 게임 화면에서 상품 광고를 하고 있다. 교육에서는 실제 교실이나 산업현장을 구현하여 비대면 교육을 진행한다.

메타버스의 전 세계 시장 규모는 작년 4787억달러(약 564조원)에서 2024년 7833억달러(약 923조원)가 될 것으로 보인다(블룸버그 인텔리전스). 미래 시장 규모가 최대 8조달러(약 9434조원)가 될 수도 있다(모건스탠리). 국내는 아직 대상 업종과 기업이 특정되지 않아, 시장 규모가 파악되지 않고 있다.

주요국은 메타버스 관련 핵심 기술에 투자를 늘리고 있다. 미국은 기술·산업·안보 등 총체적 역량 강화를 위한 혁신경쟁법안(USICA)의 핵심 기술 집중 분야에 XR, AI 등을 포함하고, 디지털 트윈을 미래공장의 핵심 경쟁력으로 추진하고 있다. 유럽연합(EU)은 '호라이즌 유럽'(Horizon Europe) 정책의 하나로 XR, AI, 데이터 등 디지털 기술 활용을 지원한다. 프랑스, 이탈리아 등 7개 회원국은 블록체인을 도입하는 공동선언문을 채택했다. 중국도 XR을 디지털경제 중점산업으로 선정하고, 정부 주도의 중앙 블록체인 서비스 플랫폼을 상용화하고 있다.

글로벌 빅테크 기업들 중심으로 메타버스 주도권 경쟁이 치열하다. 이미 스마트폰 시대에 플랫폼 선점을 통해 방대한 이용자 데이터 확보, 결제 수수료 수익 등에서 효과를 보았기에 메타버스에서도 영역을 확장하고 있다.

페이스북은 플랫폼, 디바이스, 서비스 등 전 분야 수직 통합으로 사용자 중심의 독자적인 메타버스 플랫폼을 구축하고 있다. 12조원을 투자하고, 유럽에서 개발 인력 1만 명을 채용한다. 마이크로소프트는 플랫폼, 디바이스, 클라우드 등 자사의 핵심 기술·서비스 연계를 꾀하고 있다. 게임업체인 블리자드도 인수해 세계 3대 게임회사가 됐다.

애플은 현재의 강력한 모바일 플랫폼(iOS) 생태계를 메타버스로 확장하기 위해 디바이스·서비스를 개발하고 있다. 아이패드에는 증강현실을 적용할 수 있는 기능을 탑재했다. 엔비디아는 그래픽처리장치(GPU), AI 등 자사의 독보적 기술을 바탕으로 IT 인프라 중심의 메타버스 생태계를 확장하고 있다.

디지털 트윈을 구현할 수 있는 소프트웨어를 제공하여 사용자들이 직접 콘텐츠를 제작할 수 있는 환경을 제공한다. 나이키는 메타버스 세계에서 아바타들이 착용하는 운동화, 의류 등을 개발한다. 디즈니는 물리적 세계와 디지털 세계를 연결해 경계 없는 스토리텔링을 제공하는 독자적인 디즈니 메타버스를 구축 중이다.

국내 기업도 메타버스에 다양하게 참여하고 있다. 네이버는 기존 플랫폼을 AI·로봇·클라우드·5G·증강현실 등 다양한 기술을 융합해 이용자 참여형 생태계를 구축하고 있다. 카카오는 블록체인, 엔터테인먼트, 금융, 모빌리티 등 서비스를 기반으로 가상경제와 실물경제를 융합하면서, 블록체인 플랫폼, NFT지갑, 바스, 한국은행 디지털화폐 시범사업 등을 하고 있다. 현대차는 로봇공학과 메타버스를 결합해 새로운 차원의 이동 경험을 제공하는 '메타 모빌리티'를 추진 중이다.

또한, 블록체인과 엔터테인먼트 기업 간의 협업·투자·인수 등을 통한 협력 생태계도 형성되고 있다. 한류 콘텐츠 지식재산과 팬덤 기반의 메타버스 사업을 통한 세계 시장 진출도 시도되고 있다. SM엔터테인먼트 '디어유 버블', 엔씨소프트 '유니버스' 등이 그 사례다.

우리 정부도 메타버스 전략을 추진하고 있다. 과학기술정보통신부는 작년 5월 민간기업이 참여한 메타버스 얼라이언스를 구성했고, 올 1월 741개 사로 늘었다. 메타버스 범정부 협의체를 구성해 올 1월 '디지털 뉴딜 2.0 초연결 신산업 육성 메타버스 신산업 선도전략'을 발표했다.

정부가 메타버스를 추진하는 배경에는 기술적 요인으로 디지털 기술의 발전과 새로운 플랫폼에 대한 기대감, 사회적 요인으로 비대면 확산과 디지털 네이티브 세대 등장, 산업적 요인으로 새로운 비즈니스 모델의 필요성 등이 대두하고 있기 때문이다.

메타버스 육성을 위해 관련 기술 기업과 연구기관 등을 클러스터로 구성하는 공간 정책이 필요하다. 정부 전략은 글로벌 빅테크에 종속되지 않는 선도적 지속가능 생태계를 조성하는 것이다. 이를 위해서는 한 곳에 집대성하는 공간적 클러스터가 중요하다. 이곳에서 민관협력의 플랫폼 구축, 규제 개선, 전문기업과 인재 육성, 지원 인프라를 확충하는 것이 필요하다.   [출처] 최민성 델코리얼티그룹 회장

세계 최대 소셜미디어 기업 페이스북은 최근 메타버스 사업 확대 의지를 담아 사명을 '메타'로 바꾸고, 메타버스

사업을 적극 확장하고 있다. 인수 금액은 밝히지 않았지만, 사명 변경 직후 가상현실(VR) 운동 애플리케이션 개발 기업인 '위딘'을 인수한다고 발표했다. 메타가 VR 기기 판매를 위한 오프라인 매장을 열 계획이 있다는 외신 보도도 나왔다.

메타의 향후 사업 전략에 관심이 쏠리는 가운데 전문가들은 메타가 기존 페이스북·인스타그램 이용자들을 고정 고객으로 확보할 것으로 봤다. 이들을 메타버스 플랫폼에 '록인(lock-in)'시키면 추가 서비스 이용 등이 증가하면서 수익성도 높아지기 때문이다. 절반의 고객은 이미 확보한 셈이다. 메타는 플랫폼 접속에 필요한 VR 헤드셋을 보다 가볍고 편하게 만드는 데 집중하고 있다.

실제로 허욱 메타코리아 대외정책 총괄 상무는 2021년 12월 9일 열린 '2021 가상융합경제 활성화 포럼 콘퍼런스'를 통해 "대부분 VR 헤드셋은 무겁고 오래 착용하면 불편하기 때문에 사용자가 더 편하게 착용할 수 있는 다양한 형태의 제품을 개발 중"이라고 말했다. 현재 미국·캐나다 지역만을 대상으로 제공되는 메타버스 플랫폼 '호라이즌 월드' 서비스도 앞으로 대상 국가가 점차 늘어날 것으로 예상된다.

페이스북이 회사 이름까지 바꿔가며 역량을 집중하고 있는 메타버스의 시장 성장 전망도 긍정적이다. 글로벌 시장조사 기관 리포트앤드데이터(Reports and Data)는 전 세계 메타버스 시장 규모가 2021년 481억2000만 달러(약 57조원)에서 오는 2028년 8723억5000만 달러(약 1035조원)로 증가할 것으로 예측했다. 연평균 성장률이 44.1%에 이른다.

국내 기업들도 새 먹거리로 부상한 메타버스를 주목하며 관련 사업을 본격 확대하고 있다.

SKT는 메타버스 기반 소셜 커뮤니케이션 서비스인 '이프랜드'를 선보였다. 여러 기업·기관과 제휴해 이프랜드를 각종 행사 채널로 사용할 수 있도록 활용성을 높이는 데 힘쓰고 있다. 성균관대 세계 백일장 대회, 삼성전자 갤럭시 폴더블데이 등이 모두 이프랜드에서 열렸다. 최근엔 TV 오디션 프로그램 출신 가수들의 콘서트 무대가 생중계되기도 했다.

미래의 산업전망이 밝기 때문에 KT, SKT, LG유스기업들이 투자를 늘리고 있다.

KT도 메타버스 솔루션을 대거 출시할 계획이다. 가정에서 즐길 수 있는 사용자(B2C) 운동 지도 서비스뿐 아니라 스포츠·엔터테인먼트 등 기업(B2B) 대상 서비스도 포함된다. LG유플러스는 숙명여대 캠퍼스를 메타버스 공간에 만들고 2021년 11월 3일부터 5일까지 대학 축제가 원활하게 진행되도록 지원했다. 네이버는 업계 톱 메타버스 플랫폼인 '제페토'를 필두로 글로벌 시장 공략에 박차를 가하고 있다. 미국 캘리포니아에 첫 해외 법인을 세웠다. 글로벌 이용자를 대상으로 마케팅을 보다 체계화하려는 전략이다. 제페토는 크리스티앙 루부탱·구찌, 등 명품 브랜드와 협업 활동을 선보였고 나이키·MLB·DKNY 등 스포츠·패션 브랜드들이 입점해 있을 만큼 인기가 뜨겁다. 2020년 481억 2000만 달러인 세계 시장은 연평균 44.1%를 유지하면서 2028년에는 약 8700만 달러를 기록할 것으로 전망하였고 국내 시장은 7년 뒤 1000조원을 예상하였다. [출처] 김효근 기자 Report & Data

다. 메타버스 미래전략

　가상현실 등 생태계는 조만간 성숙할 것이다. 따라서 메타버스도 멀지 않은 미래에 충분히 성숙할 것으로 보이며, 가상현실과 메타버스도 시간의 문제에 불과하며 조만간 충분히 성숙할 것으로 기대된다. 다음 [그림 9-5]에서 가상현실 기술 등이 어느 정도 성숙하면 일어날 미래전개도(Futures Wheel)를 제시했다. 미래전개도는 경제학의 물결효과(Riffle Effect)와 다르지 않다.

　물결효과가 과거에 대한 분석방법이라면, 미래전개도는 미래에 특정한 사건이 일어나면 전개될 일반균형을 역사적 경험, 물리적 법칙 및 심리법칙에 의해 개연성 있는 미래(Plausible Futures)를 전망하는 가설적(What If) 기법이다.

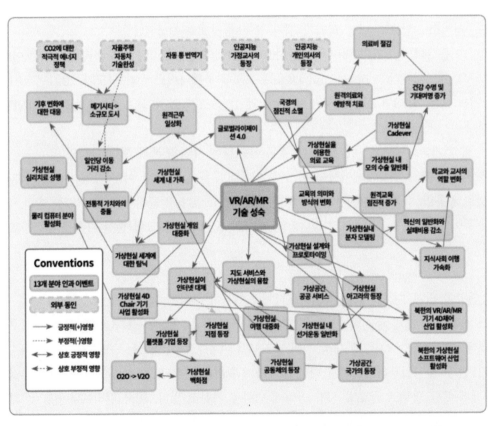

[그림 9-1] VR/AR/MR 기술 성숙 이후의 미래 전개도(윤기영, 2019)

가설적 방법론 미래전개도의 결과를 바탕으로 미래전략을 정치/제도, 경제, 사회, 기술의 PEST의 시각 틀로 제시해 본다.

- 사회 분야 미래전략: 원격근무, 원격교육에 대한 정책실험 착수, 가상현실로 인한 세대 문화 변동에 대한 사전연구, 세계화의 가속에 따른 가족구조, 관계의 변화 전망, 가상현실과 메타버스로 인한 노동의 변화 전망 및 대안 마련
- 기술 분야 미래전략: VR 속에서의 연구/설계, 영상정보기술, A.I., VR의 융합 연구, 원격 가상 실재(Tele Presence, Virtual Presence) 연구
- 경제 분야 미래전략: 원격근무에 따른 전통적 근로계약의 변화에 대한 전망, 메타버스 및 메타버스에 올라갈 비즈니스 모델 사전 구상, 물리 컴퓨팅(Physical Computing) 벤처 기업에 대한 마중물 정책, VR 기술 등에 따른 기업의 세계화과 글로벌화에 대한 전략 및 정책 대응, 메타버스 경쟁 심화에 대한 대응 전략, VR 및 메타버스 트렌드 레이다 작성 및 대응 비즈니스 모델과 전략 사고 실험실 운영
- 정치/제도 분야 미래전략: VR 동사무소 등 공공기관, 메타버스 내 VR 아고라(Agora)의 등장과 정치적 편향 심화에 대한 사전적 대응, 예측적 거버넌스(Anticipatory Governance) 및 미래 준비(Futures Preparedness) 강화, VR과 메타버스의 표준 제정에 대한 예측적이고 지속적인 참여
- 실질적인 메타버스와 관련된 본격적 경쟁은 이미 시작되었으며, 이렇게 전망한 이유는 기술의 발전속도와 산업의 적용성에서 볼 때 매력적이기 때문이다.

다만 초기에 가상현실 콘텐츠 생산 생태계가 충분히 성숙하지 않아, 그 활용이 제한될 수밖에 없을 것이며, 그러나 비용효율성은 관련 소프트웨어의 발전과 인공지능의 활용 확대로 점진적으로 개선될 것이다.

메타버스에 대한 경쟁은 순수 소프트웨어 회사 간의 경쟁에 그치지 않으며, 애플과 페이스북이 가상현실과 증강현실 기기를 플랫폼으로 하여 새로운 메타버스를 구축할 것으로 보인다. 여기에 마이크로소프트와 삼성이 경쟁자로 들어설 것이며, 중국은 독자적 표준을 구축하여 자생적 생태계를 구축하려 할 것이다.

그 밖에 다수의 하드웨어 및 소프트웨어 기업이 가상현실 플랫폼 선점을 위해 치열한 경쟁을 벌일 것이며, 정부, 기업 및 개인이 이 치열한 플랫폼 경쟁에서 살아남기 위해서는 미래변화를 전망한 미래전략을 준비해야 함은 당연하다. 정부, 글로벌 대기업, 중소기업, 자영업 및 개인의 관점과 단·중·장기의 스리 호라이즌(Three Horizons)의 미래전략틀로 세분화할 필요가 있으며, 스리 호라이즌은 미래를 단기, 중기 및 장기로 구분한다. 여기서 단기미래에 현재 비즈니스를 개선하는데, 중기미래에 새롭게 출현하는 트렌드에 따른 비즈니스 모델을 만드는 것에, 장기미래에 완전히 새로운 비즈니스 전략을 수립하는 체계를 가진다(Baghai & Coley & White, 1999: Sharpe & Hodgson & Page, 2006: Curry & Hodgson, 2008).

전략이 실효성을 지니기 위해서는 정부 각 부처와 기업 등의 '색깔과 향기에 알맞은' 전략과 정책 및 비즈니스 모델을 마련해야 함은 당연하다.

정부 공무원과 기업 실무자의 입장에서 현재의 문제를 해결하는 것도 버거우며, 당위성이 있고 미래경쟁력을 제고하는 미래에 대한 고민을 한다 하더라도 이에 대한 보상이 사실상 전무하다. 이러한 환경에서 자발적으로 미래 전략과 정책 및 비즈니스 모델을 준비하기를 기대할 수 없으며, 최상위 의사결정권자와 기업의 대표 혹은 소유자는 조직 내부에서 미래 경쟁력을 확보하기 위한 제도를 정비해야 한다.

가상현실과 메타버스 분야부터 시작하는 것을 충분히 권할 가치가 있다.

진부한 주장이기는 한데, 그렇게 하는 이유는 패자(覇者)나 승자가 되기 위한 것이 아니며, '붉은 여왕의 역설(Red Queen's Paradox)'이 지배하는 가혹한 현실 속에서 살아남기 위함이다.

2

디지털 트윈, 디지털 속 산업 현장의 메타버스[1]

세계 4대 문명은 모두 큰 강을 끼고 도시를 세우면서 생겨났다. 농경사회 시대는 물이 가장 큰 자원이었기에 도시가 큰 강 주의에 세워지는 게 당연하며, 산업사회의 자원은 화석연료이다. 석탄 석유 같은 화석연료를 활용해 산업시설이 들어선 곳에 도시가 세워졌고, 농촌에서 몰려든 사람들은 노동자와 소시민이 되었다.
그렇다면 이 시대의 도시는 어떤 모습이어야 할까? 정보화 사회에선 정보를 소유하는 자가 부와 권력을 차지한다. 정보화시대 도시의 형태는 농경 사회나 산업사회 도시의 모습과는 전혀 다르다. 최근 선진국가나 구글같은 글로벌 기업들이 '스마트시티'가 '4차 산업혁명의 꽃'이라고 선포하고 나서는 이 때에 전통적인 도시의 개념에서 '창조적 파괴'와 '창조적 혁명'사이에서 가장 열심히 도전 하고 있는 것이 스마트시티의 현주소이다.

가. 스마트시티의 이슈들

지금까지는 도시계획이 경제적 논리가 강한 개발을 채택함에 따라 결국 난개발 국토개발로 이어져왔으며, 기존의 도시정책이 반복된 정책실패, 운영 체제의 전형적 구조적 적폐에 닿아 있다. 스마트시티 정책과 도시계획, 도시개발에 대하여 해외 선진사례를 모형화, 따라 하기를 하거나 선진국과 차이를 찾아내고 새로운 정책 방향과 개념 제시하는 정도에 머물러 있다. 우리나라는 스마트시티 선진국 사례들의 심층조사 및 분석한 논문과 그것에 기반한 문제 원인을 구조적으로 개념화하는 데에 힘을 쏟았어도 현장화에는 아직 미치지 못하는 것이 현실이다.

나. 스마트 시티 기반의 도시재생

4차 산업혁명의 스마트도시란 "협력적 생산·유통·소비가 있도록 끊임없는 상상이 용솟음치는, 아이디어가 발전하여 지식공유·공간공유·시간공유가 자연스럽게 이루어지는, 똑똑한 생활의 운영체제이며 지속 가능한 진행형의 스마트한 도시"인 것이다.
그리고 무엇보다도 중요한 것은 도시의 주인공이 시민이라는 점이며, 스마트시티의 성공을 원한다면 공감대가 형성되어야 한다. 도시에 서로 공감하고 신뢰의 가치사슬이 형성되어 있지 않으면, 온전한 스마트시티기반 도시재생은 불가능하다.

---

1) https://scienceon.kisti.re.kr/commons/util/originalView.do?

세계 제일의 스마트한 도시운영체제를 구축해 중앙과 지방의 구분 없이 균형발전을 이루는 대한민국이 되기 위해서는 우선적으로 호모 엠파티쿠스로 스마트시티 공간에서 공감을 이끌어내어야 한다.

공감역량이란 나 자신의 상황과 타인, 사회, 환경의 상황이나 감정을 이해하고 서로 교감, 공유의 능력이라고 할 수 있다. 4차 산업혁명이라는 초연결 시대가 도래 하면서 소유경제에서 가치를 구독하고 평가하고 공유하는 사회로 이전하고 있다.

중앙정부가 통치하는 사회에서 지방정부가 세계와 직결되는 스마트시티 국가 즉, 도시 또는 지역을 기반을 둔 미디어, 서비스, 기술 유통이 평가되고 공유되는 사회로 만들어가고 있다.

현재 우리나라 사회는 이미 유튜버 등 누구나 스타가 될 수 있는 오픈된 기회의 사회로 진행되고 있는 것이 사실이다. 스마트 시티즌으로 갖추어야 할 기초역량은 바로 '호모 엠파티쿠스'이며, 즉, 나와 타인이 서로 공감하는 역량이라고 할 수 있다.

해외 선진 사례를 통한 모방과 기술이전 등 단순 사업이 스마트시티의 사업을 만들 수 없다는 것은 모두 다 인정하고 우리 지방이나 문화, 관습의 특성에 따라 추진해야 한다.

우리나라는 이제, 해당지역의 고유의 환경과 여건과 도시문제와 그 유형에 따른 특성화된 시민주도의 스마트 시티 정책과 정책실현을 하는 데에 더욱 에너지를 쏟고, 인내를 가지고 끝까지 장기적으로 지원되는 협업시스템이 작동되어야 가능하다.

해당 시도기관과 공무원, 도시계획가, 스마트시티 전문가, 도시운동가, 도시재생 코디네이터, 시민, 관광객, 산학 관연 거버넌스가 무엇보다도 중요하다.

다. 스마트 시티 기반의 메타버스 도입 개념

메타버스(Metaverse)는 가상·초월(meta)과 세계·우주(universe)의 합성어로, 3차원 가상 세계를 뜻하는 만큼 인간이 소망하고 생각하는 세계의 실현이 가능하다고 할 수 있다.

보다 구체적으로는, 정치·경제·사회·교육·헬스케어·안전,소방방제·문화의 전반적 측면에서 생활형·게임형 가상 세계로서 스마트 시티적 관점에서 디지털 트윈에 적극적 실천이라는 의미로 확장되어 사용될 수 있다.

<표 9-1> 연구자별 메타버스 정의

연구자명	내 용	비 고
서성은	단순한 3차원 가상공간이 아니라, 가상공간과 현실이 적극적으로 상호작용하는 공간이며 방식 그 자체", "현실과 가상세계의 교차점이 3D 기술로 구현된 또 하나의 세계"라고 정의했다.	
손강민	모든 사람들이 아바타를 이용하여 사회, 경제, 문화적 활동을 하게 되는 가상의 세계"라고 정의했다.	
류철균	생활형 가상세계", "실생활과 같이 사회, 경제적 기회가 주어지는 가상현실공간"이라 정의했다.	
김국현	메타버스의 현실의 재구성이라는 측면에 주목했다.	
	기존의 현실 공간이었던 현실계(도구로서의 가상공간)와 현실의 것을 가상세계로 흡수한 것이었던 이상계(현실의 모사공간), 그리고 현실과 다른 상상력에 의한 대안의 가상현실인 환상계 (인간의 환상과 욕망이 표출되는 공간)가 융합된 공간이다.	
IEEE	지각되는 가상세계와 연결된 영구적인 3차원 가상 공간들로 구성된 진보된 인터넷이다.	
ASF	가상적으로 향상된 물리적 현실과 물리적으로 영구적인 가상공간의 융합"이라고 정의했다.	

3 스마트 시티 기반의 메타버스 활용

가. 스마트 시티 기반의 메타버스 발전 방향

현재, 메타버스에 대한 관심이 증가하면서 메타버스의 발전이 기대되고 있으며, 이러한 상황에는 세컨드 라이프가 인기를 끈 것이 가장 큰 역할을 해냈는데, 이를 계기로 메타버스는 스마트 시티 기반의 새로운 비즈니스 모델이자 3D 기반 인터넷 플랫폼으로 주목받을 것이다. 또한 세컨드라이프의 성공 후, 데어닷컴, 웹킨즈 등 다수의 가상세계 서비스가 출시된 것처럼 스마트시티기반의 다양한 메타버스가 출현하고 상호 연결되는 거대한 디지털트윈 가상세계인 멀티 버스(Multiverse)의 시대의 도래가 가까워졌다.

특히 이러한 움직임은 스마트시티기반의 가상세계 오픈소스 소프트웨어 개발, 디지털트윈 플랫폼 공급 기업의 등장으로 가속화되고 있다.[2] 스마트시티 통합관제기반의 디지털트윈에 적용적 측면에서 다른 메타버스 간 상호 운용성의 증진이 기대된다. 또한 가상세계와 기존 스마트 시티 플랫폼은 물론 도시의 다양한 매체, 키오스크, 임베이디드 컴퓨팅 기술에 접목된 서비스가 융합되고 있는 추세이다. 구글의 Lively가 대표적 사례로, 이러한 서비스들은 통상 2.5D라 불리며 가벼운 소통 도구로서의 가상공간을 제공하고 있다.

나. 스마트 시티 기반 메타버스의 과제

1) 메타버스 내의 불법에 대한 공백

세컨드 라이프와 같은 가상세계에서 각종 범죄들이 발생되고 있으며, 즉 도박, 사기, 매춘, 등의 범죄가 발생하고 있어 새로운 사회적 도시문제로 발생하고 있다. 특히 아동과 성인의 구분의 미약하여 법적 질서가 허물어지게 하거나 사회규범이 교란되는 상황이 도래되었다.
현실 세계에서의 법질서를 가상세계에도 동일하게 적용 하는 것을 어느 정도 수용한다고 해도 스마트 시티 및 4차 산업혁명에 대응 및 이를 해결하기 위한 과제를 제시한다.

---

[2] 박상현, "가상세계의 진화와 10대 이슈 전망", IT&Future Strategy, 2009, p.11.

첫 번째는 사이버 마약 등의 메타버스 같은 가상세계는 전통적인 물리적 장소 개념을 적용할 수 없어, 법적 문제가 발생할 경우 재판관할에 관한 문제가 발생 가능하고 현행법이 규정하고 있지 않아 상기의 유형에 속한 범죄가 발생할 경우 이를 통제할 수 없다는 것이다.

2) 가상화폐의 현금화

메타버스 같은 가상세계가 경제적 분야로 진출해서 점점 규모가 커지면서, 가상화폐의 현금화에 관한 논쟁이 발생하고 있다. 우리나라의 경우 "게임산업진흥법"에 의해 가상화폐를 환전하는 것은 불법으로 취급되지만, 미국에서는 린든 달러 등의 가상화폐가 미화로 환전 가능한 상태이다.

가상화폐를 새로운 거래 수단으로 인정할 것이냐에 관련된 문제이며, 지금도 입법화에 논쟁이 일고 있다. 즉, 노동과 화폐의 가치의 교환적 측면에서 가상화폐를 정당한 노동의 대가로 인정할 수 있는가의 정당성을 확보할 수 있느냐 하는 점이다. 메타버스의 가상세계에서 지식을 생산하여 유통, 판매하기 위하여 브랜드 마케팅을 통하여 얻어지는 가상화폐와 사행성 게임을 통해 발생된 가상화폐를 같이 볼 수는 없지만, 가상세계 내에서 이를 구분할 수도 없기에 이에 대한 많은 논의가 필요하다.
이러한 논란에 대한 메타버스의 인정 여부와 관련해 핀테크기술 활성화라는 긍정적 효과에 대한 빛과 게임중독 및 불법 거래, 탈세에 대한 그림자가 발생하는 우려가 교차되고 있는 상황이다.

3) 가상세계 중독

현실에서의 일상을 황폐화시키고 정체성 장애를 발생시킬 수 있다는 점에서 가상세계의 몰입은 도시의 현실의 문제와 그 해결책으로 개발된 디지털 트윈과 같은 지향점을 갖고 메타버스를 도시의 기존 온라인 게임과 달리 일상생활에서 벌어지는 도시문제를 해결하는 것으로 인식되어 스마트 시티 기반의 리빙랩을 더욱 심화 및 고도화될 필요가 있다.[3]

다. 공간의 성역화

스마트 시티는 먼 미래의 이야기가 아니며, 지금 여기서 우리의 생활을 혁명적으로 뒤바꿀 기술로 실재한다. 우리나라가 컴퓨터 운영 체제에서는 미국에 뒤졌지만, 도시 운영 체제에서는 세계 선두가 되어야 한다. 이를 현

---

3) 박상현, "가상세계의 진화와 10대 이슈 전망", IT&Future Strategy, 2009, p.26.

실로 추진하기 위한 기술적 시민적 합의가 이루어졌고 이제는 우리나라도 시민 학식과 경험, 의식수준이 상당히 높아져 지금까지 도시계획, 도시개발을 통하여 얼마만큼 대한민국의 공간의 성역화가 이루어졌는가?"라는 질문들이 점점 많아질 것이다.

대한민국의 '공간의 성역화' 답은 '4차 산업혁명 시대 스마트 시티'에 있으며, 스마트 시티의 환경적으로 더 곤란한 점은 현장에서 소리를 언어적 해석 관점 즉. 언어와 현장의 문제에 사이에서 오해가 발생되는 문제가 발생될 수 있다.
특히 코로나19시대에서 각 이해 관계자들 사이에 개념과 현실을 연결해줄, 소통, 공감의 중개인이 절대 부족하다는 점으로, 그런 역할을 수행하기 위해서는 산·학·연·관과 시민간의 스마트시티개발 플랫폼이 준비되어 있어야 프로젝트 수행이 진행될 수 있다는 점이다.

각자의 부속품에 대한 제원을 알고 그것을 하나로 통합융합의 운영체제로 구축 및 관리되는 스마트시티 기반에 메타버스(Metaverse)를 통한 당면한 각종 도시 문제를 해결하는 방안과 방법들이 구축되어야 할 것이다.
앞으로는 최근의 핫 이슈인 지역별 '빅데이터 분석 센터'와 연계되는 스마트 시티 기반의 메타버스 플랫폼이 제대로의 역할을 담당하는 중추적인 역할을 하게 될 것으로 기대된다.

디지털 트랜스포메이션으로서의 디지털 트윈(DIGITAL TWIN)[4]

가. 기술 출현 배경 + 기술의 개념 및 정의

디지털 트윈(Digital Twin, 이하 디지털 트윈)은 4차 산업혁명의 광범위한 방향성 안에서 구체적으로 디지털 기술을 활용하여 혁신하는 프레임을 제시하고 있는 '디지털 트랜스포메이션(Digital Transformation)'이라는 개념하에 탄생된 기술이다.

[그림 9-2] 디지털 트윈 예시

단어 그대로 디지털 쌍둥이, 즉 가상(Virtual)에 현실(Real) 사물의 복제품을 동일하게 생성시키는 기술을 의미하는 디지털 트윈은 GE(General Electronics)에서 최초로 만든 개념이다. 실제 물리적인 자산 대신 소프트웨어로 가상화한 자산의 디지털 트윈을 만들어서 시뮬레이션 함으로써 실제 자산의 특성(현재 상태, 생산성, 동작 시나리오 등)에 대한 정확한 정보를 얻을 수 있다.

디지털 트윈을 자세히 알기에 앞서 '목업(mock-up, 이하 목업)'과의 차이점을 먼저 알 필요가 있다. 목업이란 제품 디자인 과정에서 심미적 판단을 위해, 혹은 어느 정도의 기능을 예측하기 위해 제품의 외관만 실물과 비슷하게 만든 모형을 일컫는 말이다.

---

4) https://www.bosungcorp.com/kr/tech-view.php?sKey=1311

디지털 트윈은 생산과 소비의 현장에서 벌어지는, 감가상각이나 돌발변수 같은 예측 불가 요인에 반응하고 그에 맞춰 신호를 보내는 것을 말한다.

반면, 목업은 실물이든 가상이든 현재까지의 처음 만들어진 상태 그대로 멈춘 채 존재하며 설계자가 특정 의도를 가지고 별도 요소를 투입하기 전에 스스로 변화하지 않는다.

시장에서 시시각각 발생하는 변수들에 적절히 대응하고 사후 조치한 후 다음 제품 생산에 반영하는 메커니즘을 가진 디지털 트윈은 흡사 인간의 면역 기능의 작동 과정과 같다는 점에서 한마디로 '신개념 생장(生長)형 공정'이라고 부를 수 있다.

디지털 트윈은 가상 세계에서 현실을 미리 체험함으로서 현실의 생산 효율성을 증가시키는 활동으로서의 목적을 갖는다.

나. 기술의 특징과 구성 기술요소

디지털 트윈은 크게 3가지의 구성으로 이루어져 있으며, 현실의 사물이 존재해야 하고 이를 바탕으로 분석과 처리를 수행할 수 있는 시스템과 3D의 가상세계를 구현하는 디지털 트윈이 구성되어야 한다.

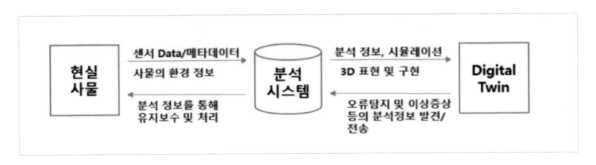

[그림 9-3] 디지털 트윈의 구성

이러한 구성으로 디지털 트윈은 ① 실제 모델을 바탕으로 ② 가상화 모델을 구성하고 ③ 가상화 모델 분석을 통하여 ⑤ 오류를 탐지하게 된다.

1) 3D 스캔

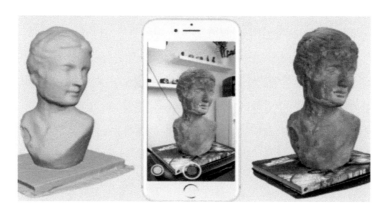

[그림 9-4] 3D 스캔

디지털 트윈을 위해서는 기본적으로 3D 스캔을 통한 사물정보를 디지털화 할 수 있으며, 각 단위별 스캔 정보를 디지털로 조합하여 하나의 제품의 디지털 이미지를 완성시킬 수 있다. 이렇게 생성된 이미지는 고유한 사물의 정보 즉 구성내용, 재료, 성분 등을 포함하여 온전한 사물의 디지털로 완성될 수 있다.

2) VR · AR · MR · XR

디지털 트윈은 디지털로 구성되어 있으며 실제 디지털 정보를 구동시킬 장비가 필요하며, 일반 컴퓨터를 통해서 확인이 가능하지만 다음의 기술들을 확인하면 바로 앞에서 실제와 동일하게 사물 정보를 확인할 수 있다.

[그림 9-5] VR/AR

VR(Virtual Reality, 가상현실)은 해당 제품의 정보를 가상의 환경에서 확인할 수 있도록 제공한다. 언제 어디서나 원하는 제품의 정보를 확인할 수 있게 되고 원격지에서도 제품의 이상을 VR을 통해서 확인이 가능하다. VR의 특징은 시공간의 제약 없이 바로 확인이 가능하고 VR 헤드셋을 사용할 경우 보다 몰입감 있게 해당 디지털 트윈을 속속들이 확인 가능하다. AR(Augmented Reality, 증강현실)은 실제 공장이나 제품을 직접 보면서 사물의 세세한 정보를 확인할 수 있게 한다. 사물 앞에서 사물의 정보를 확인하고 문제되는 사항을 AR을 통해서 먼저 파악한 뒤 그에 대한 해결방안을 수립하여 바로 문제를 해결할 수 있다.

AR의 장점은 제품의 분해를 하지 않더라도 바로 앞에서 실제 분해하는 것과 같이 확인이 가능하고 특히나 항공기 엔진처럼 비행기에 부착된 경우에도 별도 분리 없이 항공기 부착된 상태로 AR을 통해서 점검을 진행할 수 있게 된다.

MR(Mixed Reality, 혼합현실)은 AR과 VR을 믹스한 형태이다.
예를 들어서 항공기 정비를 위해서 AR로 항공기 엔진을 보면서 대체가능한 다른 항공기 엔진을 VR로 확인하는 것이 가능하게 된다. 즉 AR로 분석이 된 상황에서 바로 대응조치가 어려운 경우 대체가능 정보를 VR을 통해서 찾을 수 있고, 이것을 AR에 접속시켜 별도의 분해나 조립 절차 없이 시뮬레이션이 가능하게 된다.
XR(Extended Reality)은 VR·AR 기술의 혼합 또는 개별적으로 확장해서 사용하는 기술도 MS(마이크로소프트)가 개발한 홀로렌즈를 이용하여 최적화된 3D 홀로그램을 표시한다는 점에서 XR의 한 형태로 볼 수 있다.

3) IoT(사물인터넷)

디지털로 전환하는 것으로 끝나지 않고 지속적인 정보를 파악하기 위해 실제 사물에 IoT 기기를 적용하여 해당 기기로부터의 실시간 정보를 획득한다.

[그림 9-6] IoT 개념도

이 정보를 디지털 트윈에 적용하여 물리적 사물에 가해지는 다양한 형태의 데이터를 통해서 디지털 트윈의 시뮬레이션을 통한 향후 발생될 수 있는 문제를 예측할 수 있게 된다.

IoT의 정보는 단순한 디지털 이미지를 살아있는 디지털 트윈으로 전환시킬 데이터를 제공함으로써 실시간 실제 사물과 동일하게 만들어 준다.

4) 클라우드

모든 디지털 트윈은 클라우드에 저장되고 어디서나 쉽게 디지털 트윈을 확인할 수 있게 되며, 또한 전세계에서 발생되는 IoT를 통해서 생성된 데이터는 클라우드에 취합되고 그 데이터들이 분석되어 디지털 트윈에 지속적으로 변경 관리할 수 있게 된다.

관련 서비스들도 클라우드에서 관리되어서 지역에 제약 없이 빠르게 디지털 트윈을 사용하여 업무를 할 수 있도록 지원하게 된다.

5) 빅데이터 분석

디지털 트윈을 언급할 때 간과되는 기술 중에 하나지만 가장 중요한 기술로 각각의 사물에 부착된 IoT에서 나오는 정보의 양은 점점 증가하게 된다.

이런 데이터들을 효과적으로 분석이 가능해야 비로소 예측정보로 활용할 수 있게 된다.

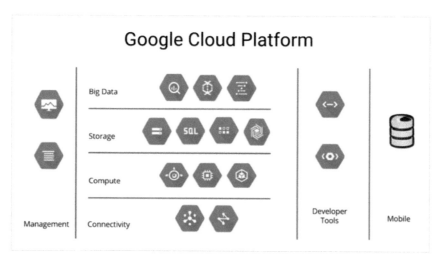

[그림 9-7] 클라우드와 빅데이터 분석 예시-구글 클라우드 플랫폼

빅데이터 분석을 통해서 사물들의 현황을 파악할 수 있게 되고 디지털 트윈 내에서 해당 사물의 영향도를 확인할 수 있는 기초데이터로 활용할 수 있다. 데이터 분석은 다양한 환경, 조건 등의 형태를 띄며 축적이 되고 각각의 디지털 트윈별 데이터를 분석하여 디지털 트윈의 개별 분석데이터를 생성하게 된다.

이것을 통해서 개별 제품의 상황을 파악할 수 있게 되고 디지털 트윈은 그 분석데이터로 가상의 시뮬레이션 결과를 도출하게 된다. 이를 통해서 생산초기 동일한 디지털 트윈들은 개별 사물들의 상황에 따라서 축적된 데이터로 다르게 진화 발전하게 되고 이후에는 각각의 고유한 디지털 트윈으로 변화되어 맞춤형 서비스가 가능하게 된다.
또한 기업은 모든 빅데이터를 분석하여 개별 제품들의 문제점을 파악할 수 있고 신제품 개발에 활용할 수 있게 된다. 클라우드와 빅데이터는 다음과 같이 플랫폼으로 연계되어 이용할 수 있다.

6) 3D 프린터

제조분야에서 특히 긴급성이 필요한 경우 유용하게 활용되는 기술로, 이미 3D 스캔이 완료된 디지털 트윈의 정보를 통해서 전세계 어디서나 제품의 이상에 대한 해결을 위해서 부품들을 공수 없이 그 자리에서 바로 제작하여 수리가 가능하게 된다.
이제까지는 부품의 수급에 따라서 대기해야 하는 문제가 있었지만 이제는 장비의 고장으로 인한 부품교체의 시간은 3D프린터를 통해서 원하는 모양, 원하는 재료로 생성이 가능하게 된다.

[그림 9-8] 3D 프린터

이를 통해서 제품을 사용하는 고객은 장애로 인한 서비스 지연을 최소화 할 수 있게 되어 고객 만족도를 증대시킬 수 있다. 이외에도 디지털 트윈은 사용자의 니즈에 따라서 다양한 기술들의 접목이 가능하여 서비스 기획시에 각 특성에 맞는 기술을 적용할 수 있다.

하지만 위에 언급된 기술은 디지털 트윈을 구현하고 사용하기 위한 필수 기능으로 반드시 사전에 파악이 되어있어야 한다. 그리고 이것을 활용하기 위한 기기들, 예를 들어 스마트글라스, VR헤드셋 등도 파악이 되어야 기기의 특성으로 인한 서비스 제약을 뛰어넘을 수 있다.

다. 기술 전망

세계적인 IT 컨설팅기업인 가트너는 주목해야 할 10대 전략기술로 2017년과 2018년 2년간 디지털 트윈을 선정하는 등 4차 산업혁명을 위한 중요한 기반 개념으로 주목하였다.

전 세계 디지털 트윈 시장은 2016년부터 2023년까지 연평균 약 37%씩 성장할 것으로 전망하였으나 사회·산업·문화적 흡수력으로 볼 때 2022년 이후에는 37% 이상을 훨씬 능가할 것으로 예상된다.

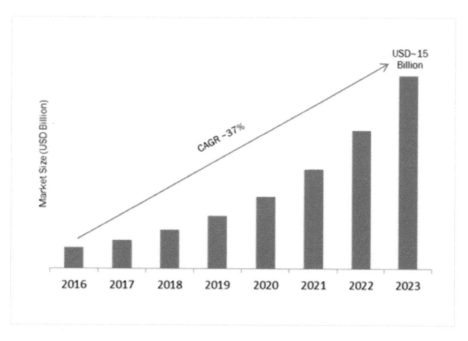

[그림 9-9] **디지털 트윈 세계 시장 전망**

디지털 트윈은 일하는 방식, 시공간의 한계 극복, 제품개발 효율화 및 제조업의 서비스화 등의 패러다임 변화를 이끌 것으로 보이며 향후 적용 범위가 더 넓어질 것으로 예상된다.

표 9-2 디지털 트윈 기반 패러다임 변화(예시)

분 야	대 상	패러다임의 변화 내용
일하는 방식	항공기 엔진 정비교육	실물엔진 기반 교육 ⇒ 엔진 디지털 트위기반 VR 교육
시공간의 한계 극복	해외공장 관리	해외공장 문제 발생시 직접 방문 처리 ⇒ 공장의 디지털 트윈을 통해 문제 예측, 원인분석 및 처리
제품개발 효율화	시제품 제작	제품 설계 및 시제품 제작 후 테스트 ⇒ 설계후 디지털 트윈 기반 제작, 테스트
제조업의 서비스화	항공기 엔진	엔진을 제조 후 판매 ⇒ 엔진 디지털 트윈을 통해 제품의 운영·관리 서비스 제공

　디지털 트윈은 지능정보사회를 위한 중요한 기반 개념이며 향후 제조뿐만 아니라 도시 계획, 부동산, 헬스케어 등 다양한 분야에서 활용될 것이며, 시뮬레이션을 통한 예측의 중요성이 증가하면서 최근 머신러닝, AI 등의 지능 정보기술의 발전으로 더욱 활용도가 높아지고 있다.

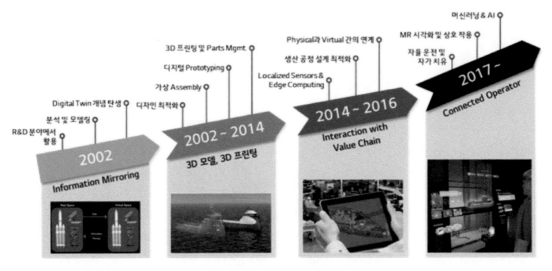

[그림 9-10] 디지털 트윈의 진화

라. 기술 적용 사례 및 스마트시티 적용 시사점

1) 기술 적용 사례

디지털 트윈은 다양한 분야에서 사용될 수 있으며, 다음과 같은 분야에서 적용되고 있다.

① 제조 분야

디지털 트윈이 가장 먼저 도입되고 적용된 분야이다. 디지털 제조, 제조 운영 관리, 공급망 계획 및 최적화에 활용되고 있다.

[그림 9-11] 제조업에 적용된 디지털 트윈

- 제품 설계 검토, 예지보전
- 생산 라인 설계·운영·유지보수 시뮬레이션
- 작업 환경 시뮬레이션
- 현장 작업자 가상화 교육

실제로 디지털 트윈이 로봇제조 프로세스 개선에 적용된 사례를 살펴보면, 로봇제조 프로세스 개선을 통한 작업 효율화 및 비용 절감을 목적으로 도입하였다. 생산라인의 배치, 하드웨어, 프로세스, 작업디자인 등 생산 과정 전체를 시뮬레이션 하였다.

도입 결과 과거 대비 생산성이 10~15% 향상되었다.

② 에너지 분야

- 에너지 분야에서는 디지털 트윈이 발전 시설 계획의 최적화, O&M〈Operation & Method〉의 효율화, 소비 최적화에 활용되고 있다.

- 디지털 발전소 : 최대 전력 생산 발전 설비 및 단지 설계, 생애 주기 동안의 전력 생산 최적화, 이상 징후 파악을 통한 유지 보수 효율화

- 에너지 소비 최적화 : 전력 소비량 예측 및 소비 패턴 분석을 통한 사용량 절감 방안 도출
발전소 전체를 가상화하고 다양한 운영 시나리오를 시뮬레이션 한 사례의 경우, 1.5% 발전 효율성 향상, 예상치 못한 가동 중단 시간 5% 감소, O&M 비용 최대 25% 감소, 이산화탄소 배출량 3% 절감 효과가 있었다.

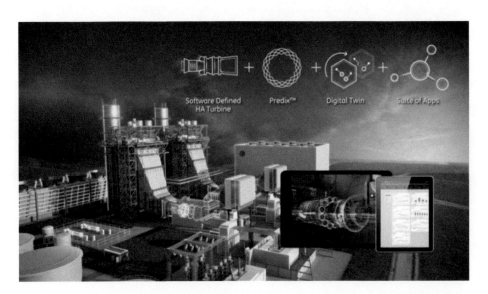

[그림 9-12] 에너지 분야에 적용된 디지털 트윈 - GE의 디지털 발전소

③ 물류 분야

물류 분야에서는 디지털 트윈을 물류 운영 현황 모니터링 및 최적화에 활용하고 있다.

- 컨테이너 터미널의 운영 현황 및 장비, 차량 상태 모니터링
- 물류 창고 내부 상황의 실시간 관계

두바이 항구 컨테이너 터미널의 경우, 터미널의 각종 주요정보를 3D로 실시간 관제하여 운영을 효율화하고 있다. 터미널의 Job Order, 각종 장비의 위치 및 상태, 컨테이너 정보 등을 가상화 모델을 통해 분석·제공하고 있으며, 실제로 운영비용 절감 및 생산성 향상(약 65%), 이슈 조기 대응의 효과가 있었다.

④ 도시 분야

도시에서는 디지털 트윈을 도시 가상화 모델을 기반으로 도시 각 분야의 현황을 모니터링하고, 예측 시뮬레이션을 통해 도시 계획 및 운영을 하는 데 활용하고 있다.

- 도시 계획 : 신도시 개발, 도시 재생 사업을 위한 설계
- 도시 운영 : 교통, 에너지, 환경, 재난 재해, 통신 등 다양한 분양에서 운영을 최적화 하기 위한 모니터링 및 시뮬레이션으로 ESG 시대에 맞는 스마트시티가 완성

[그림 9-13] 도시 분야에 적용된 디지털 트윈 - Virtual Singapore Project

Virtual Singapore Project의 경우, 2014년 12월 시작하여 2018년 종료 예정으로 도시를 3차원으로 모사하고 있다. 이 프로젝트를 통하여 구축된 도시 가상화 모델을 기업, 국민, 연구기관이 모두 활용하도록 할 예정이며, 개방 혁신이 연쇄적으로 발생할 것으로 예상된다.

2) 스마트시티 적용

앞의 디지털 트윈의 도시 분야 적용 사례처럼 세계 각국의 스마트시티 열기 속에서 싱가포르가 가장 주목받는 것은 가상공간에서 다양한 실험들을 먼저 시뮬레이션 해보고 나서 실제 현장에 투입할 수 있게 하는 디지털 트윈 환경을 체계적으로 구현했기 때문이다.

기술 발전의 궁극적인 목적은 결국 인간의 삶의 질을 향상시키는데 있으며, 건강·안전·교육·문화·교통 환경 등 인간 사회의 모든 것이 집약된 궁극의 플랫폼인 도시에서 디지털 트윈은 무한한 잠재력을 가진다.

디지털 트윈 속에서 관계 기관과 기업, 시민들이 함께 참여하여 도시의 자원과 서비스를 분석하여 관리할 수 있고, 도시를 설계하고 가상 시나리오를 시뮬레이션하며 시각적으로 구현하여 도시생활을 미리 체험해봄으로써 도시 문제와 해결 방안을 모색하고 장래 지속 가능한 도시 건설과 관리에 활용될 수 있다.

앞으로 우리는 미래의 도시에서 가상과 현실이 혼합된 라이프스타일을 가지게 될 것이며, 디지털 트윈은 이러한 가상과 현실을 잇는 교량 역할을 할 것임에 분명하다.

지속가능한 도시의 미래를 위해 과학자들, 정책 입안자들은 물론 일반 시민들까지도 가상으로 브레인스토밍을 하고 도시의 산적한 문제들을 풀 수 있도록 협력하는 스마트시티 플랫폼을 만들 수 있도록 산업계, 전문가, 정부의 기술개발과 실용화를 위한 긴밀한 협력과 노력이 요구되며 센서기술, 6G통신 등을 아우르는 기술발전이 병행하여 이루어져야 한다.

5 산업의 가상 공간화, 디지털 속 자연스러운 흐름[5]

디지털 트윈을 조금 다른 관점에서 바라보면 기업들이 이 변화를 따르는 것은 자연스러운 움직임이다. 이미 많은 산업이 디지털 정보를 담아내고 있다. 자동차나 항공기 설계부터 건축물까지 우리 세상의 모든 요소들이 컴퓨터로 설계된다.

수십만 개의 부품이 빈틈없이 정교하게 결합되어야 하는 항공기도 안에서 조립과 생산 편의성, 안전 시험까지 모두 마칠 수 있으며, 심지어 재료의 수급과 공장 환경도 다각도로 검토하고, 비용과 생산 효율성을 검토해 곧바로 완제품을 만들어낼 수 있다.

디지털 트윈은 이 설계 환경을 가상의 세계에 반영하는 셈으로, 일반적인 형태의 메타버스 환경과는 출발점이 다르다고 볼 수 있다. 이 환경을 자연스럽게 가상공간으로 옮길 플랫폼만 준비되면 그 자체가 하나의 메타버스가 되는 셈이다.

현대 자동차는 공장설비와 설계를 가상공간으로 옮기는 작업을 꾸준히 해왔으며, 이미 오래 전부터 차량설계는 디지털화 되어 있었고, 각각의 부서들이 개발한 부품들의 정보는 클라우드에 체계적으로 쌓아왔다. 이를 통해 자연스럽게 협업이 이뤄졌고, 정보의 유실이나 혼선을 줄일 수 있었다.

이 공동 설계 시스템은 업무의 효율과 보안 등 일하는 환경과도 관계가 있지만 이 데이터를 가상공간으로 가져갔을 때는 또 다른 의미를 갖게 된다. 당장 차량의 설계과정에서 만들어진 각 요소들을 조립해 보는 것은 물론이고, 기대한 대로 작동하는지를 살필 수도 있다.

또한 실제 크기로 가상공간에 차량을 만들 수 있다 보니 설계 중에 미처 챙기지 못한 부분들을 발견할 수도 있고, 실제 운전석에 앉았을 때 인체 공학적 경험을 해 볼 수 있다.

---

[5] 최호섭(2021.2)메타버스를 위한 소프트웨어 플랫폼_인터넷진흥원.pdf

[그림 9-14] 현대 자동차의 가상공간의 조립 라인

　현대 자동차 그룹의 버추얼 개발 프로세스는 차량 개발기간을 크게 단축할 수 있을 뿐 아니라 개발과정에서 검토가 동시에 이뤄지게 되면서 제품의 완성도도 크게 높일 수 있다.

특히 최근 자동차 업계의 신차 개발 주기가 18개월 단위로 짧아지고, 전기차 플랫폼을 바탕으로 내부구조와 인터페이스가 급격하게 바뀌는 상황에서 가상현실은 매우 효과적으로 작동한다. 또한 차량의 설계뿐 아니라 차량을 생산하는 공장설계에도 가상현실을 적용해 작업자들의 안전과 건강, 그리고 동선을 비롯해 작업 효율성을 높이는 시도도 해왔다.

자동차 설계에서 가상공간이 차량의 설계공간이고, 실험공간이고, 작업공간이 되는 셈이며, 그 안에서 중요한 것은 설계 데이터가 이미 마련되어 있다는 점으로, 그 가상의 제품이 움직일 수 있는 메타버스 환경이 플랫폼으로서의 역할을 해 주어야 한다.

자연스럽게 디지털 트윈은 국가적인 자원으로 고민될 수밖에 없다. 지도 데이터처럼 가상의 공간을 모델링하고, 활용하는 것 역시 중요한 플랫폼 환경이 되기 때문이다.

국토교통부도 이와 관련해'디지털 트윈 국토'라는 이름으로 공간정보를 디지털 트윈의 배경으로 활용할 수 있는 사업을 준비하고 있고, 그것은 가상 국토를 마련하는 것이다.

단순히 지형을 모델링하는 것을 넘어, 그 위에 온도, 날씨, 풍량을 비롯해 건물정보, 유동 인구 등이다. 다양한 데이터를 얹어서 실제 지형정보를 똑같이 디지털화하는 것으로, 이는 도시의 운영 뿐 아니라 산업 환경에도 영향을 끼칠 수 있다.

국토 디지털 트윈이 '디지털 뉴딜'이라고 불리는 것도 무리는 아니며, 가상공간이 하나의 플랫폼이 되는 셈이다.

[그림 9-15] 가상플랫폼으로서의 조감도

국토교통부는 이를 위해 다양한 활용사례와, 정보 수집을 고민하고 있다.

경기도 성남시는 드론으로 지형을 탐색해 탄소 중립을 위한 숲 조성 위치를 선정하는 사업을 냈고, 강원도 홍천군은 빈집 증가에 대한 대응, 관광 입지분석, 방재 등의 데이터를 활용하는 아이디어를 꺼내 놓기도 했다. 이 데이터들이 쌓이고 집중될수록 활용 가치가 높아질 뿐 아니라 토목, 건설을 비롯해 차량 주행 실험이나 문화재 관리 등에도 활용될 수 있다.

  자율 주행 역시 장기적으로는 개별차량의 문제가 아니라 교통환경, 통행량을 기반으로한 도시 환경적인 부분을 검토해야 하는데 이 역시 디지털 트윈으로 교통량을 파악하고, 적절한 답을 실시간으로 이끌어 내는 방향으로 움직일 수밖에 없다. 공간정보와 데이터를 바탕으로 한 메타버스 속도로가 도시 운영의 답을 찾아 주는 것으로, 의외로 산업 현장에서 많이 나오는 갈등의 이유가 "꼭 해봐야 아냐"라는 질문인데, 이유는 돈과 시간 때문이다.

  세상은 더 복잡하게 얽혀있고, 제품, 산업, 건축, 토목 등은 이전과 비교할 수 없을 만큼 많은 요소들에 민감하게 영향을 받지만 더 치열해지는 산업환경에서 시간과 비용의 제약은 피할 수 없는 현실이다. 이를 가상공간에서 부담을 덜어내고 자유롭게 다양한 환경하에서 실험할 수 있다면 제품 개발과 운영 등 모든 과정의 부담을 크게 덜어낼 수 있으며, 단번에 완벽한 설계를 만들어 내는 것은 사실상 불가능한 일이다.
실제 현장을 통해 얻어지는 데이터들은 매우 중요하다. 테슬라의 가치가 차량 그 자체를 넘어 차량이 도로에서 수집하는, 그리고 지금 이 순간에도 계속해서 만들어지는 현실기반의 데이터에 있다는 이야기가 나오는 것도 비슷한 이유이다.

  이렇게 수집된 데이터가 더 큰 가치를 만들어낼 수 있는 정밀한 메타버스는 산업계에서 흥미를 넘어 세상을 반영하는 또 다른 세상이라는 의미로 반드시 고민되어야 하는 환경이 되고 있다.

미래의 인터넷 메타버스

가. ICT 기술을 활용해 가상세계와 현실이 융합된 세계

월드와이드웹의 기반이 되는 하이퍼텍스트 개념은 1960년대에 나왔지만 실제 인터넷이 보급된 것은 1990년대 이후이며, 인터넷 기반의 TV는 1999년에 배포되었지만, 넷플릭스와 같은 스트리밍 서비스는 지금 전성기를 맞고 있다.

또한 현재 메타버스 시대 도래를 암시하는 신호들이 도처에 널리 퍼져 있기 때문에 향후 메타버스가 새로운 문화 조류이면서 새로운 형태의 플랫폼으로 성장하면서 언젠가는 현실로 다가올 것이다.

메타버스는 미국 작가 닐 스티븐슨이 1992년작 SF소설 스노우 크래쉬에서 처음 사용한 용어로 알려져 있으며, 이 소설에서 메타버스는 가상현실 고글을 쓰고 몰입하여 경험할 수 있는 일종의 가상현실 플랫폼 공간이다. 이후 2018년 스티븐 스필버그 감독의 레디 플레이어 원이라는 영화에서는 현실세계가 아닌 가상세계가 주 무대로 AR/VR 기기를 통해 가상공간으로 진입하고 그 공간에서 벌어지는 일들이 그려졌다.

가상공간에서 운동이나 몸싸움 등 격렬한 몸동작을 하게 되면 실제 내 몸도 아픔을 느끼는 그런 컨셉이다. 이러한 메타버스의 주요 속성으로 실시간, 지속성, 개별적인 존재감과 동시적인 참여, 디지털과 현실 양쪽에서 경험 공유, 모든 정보와 자산 호환 및 이용자의 콘텐츠 생산 가능성 등을 통한 독자적인 경제체계 등을 들 수 있다.

즉, 실시간이면서 지속성 있게 접속할 수 있는 환경하에서 캐릭터 자체가 나를 대표하는 정체성(Identity)을 가져야 하며, 모든 경험은 현실감각을 잊을 수 있을 만큼 몰입감이 있어야 한다. 결국에는 콘텐츠 생산 및 자산 호환 등을 통하여 독자적인 경제 생태계가 구축되는 것이다. 메타버스는 현실과는 별개의 가상세계라기보다는 몰입형 가상현실, 증강현실 및 혼합현실 등 ICT 기술을 활용해 가상세계와 현실이 융합된 세계를 의미한다.

가상세계에서 아바타의 모습으로 구현된 개인이 서로 소통하고 돈을 벌고 소비하고, 놀이 및 업무를 하는 것을 넘어 우리가 살고 있는 현실 세계와 가상세계를 양방향으로 연동하는 개념으로 확장하고 있다. 이에 따라 향후 메타버스와 현실 세계가 따로 떨어져 있는 것이 아닌, 서로 상호작용하며 융합되는 환경이 조성될 것으로 전망된다.

* 자료 : 워너브라더스 픽처스, 하이투자증권

[그림 9-16] 영화 레디 원 플레리어 원 스틸 컷

나. 메타버스 세계 조금씩 열리기 시작[6]

최근 메타버스가 화두가 되고 있는 배경에는 MZ세대(밀레니얼+Z 세대/1981~2004년생)와 코로나19가 있다.

디지털에 익숙한 MZ 세대가 집에 머무는 시간이 길어지자 메타버스를 교류의 장으로 택하기 시작하였기 때문이다. MZ세대는 가상세계와 현실 세계를 명확하게 구분하지 않으며, 가상세계 속 인간관계와 현실 세계 속 인간관계가 다르지 않다고 생각한다.

---

6) https://m.hi-ib.com:442/upload/R_E09/2021/06/[21070647]_211096.pdf

특히 게임과 친숙한 MZ세대는 게임을 단순한 놀이 수단이 아닌 소셜 활동의 무대로 여길 수 있으며, 이러한 환경하에서 기존 게임 등 플랫폼 제작에 활용되었던 게임엔진이 전 산업과 사회 분야로 확산 및 적용되면서 메타버스가 확장될 것으로 예상된다.

기존의 게임은 목표 해결, 경쟁 중심으로 대부분 진행되었으나 최근 주목 받고 있는 메타버스 게임 플랫폼은 소통 공간을 별도로 제공하거나, 특화 하는 방식으로 운영된다.

즉, 단순히 재미있는 게임을 만드는 것보다 이용자들이 게임 내에서 교류할 수 있도록 유도하는 방법과 현실과 가상 세계를 넘나드는 지속성을 확보하고 있고, 이에 따라 게임 플랫폼들이 메타버스로 진화하고 있는 중이다.

지난 2004년 설립된 미국의 게임 플랫폼 업체 로블록스(Roblox)는 유튜브에 콘텐츠를 올리듯 사용자가 게임을 만들거나 다른 사람의 게임을 이용할 수 있는 것이 특징이다.

즉, 게임을 직접 만들기도 하고, 친구들과 소통도 하고, 가상의 아바타로 활동할 수 있는 공간으로서 가상 세계에서 실제 경제 활동이 일어나고 있다.

2021년 6월 명품 브랜드 구찌가 로블록스에서 한정판으로 내놓은 구찌 퀸 비 디오니소스 가방이 처음 판매될 당시 가격은 475로블록스(약 5.5달러)였다.

메타버스에서도 명품에 대한 리셀(Resell) 열풍에 힘입어 이를 산 구매자들이 로블록스 앱스토어 내에서 재판매하자 35만 로블럭스(약 4115달러)에 팔렸다. 구찌의 시그니처인 여왕별 문양이 크게 박혀 있는 이 디오니소스 백은 오직 가상세계에만 있는 가방으로 현실세계에서 착용할 수도, 만질 수조차 없다.

또한 에픽게임즈는 게임 포트나이트(Fortnite)에 파티 로얄(Party Royale) 기능을 추가하면서 메타버스 트렌드를 주도하고 있다.

* 자료 : 로볼룩스, 하이투자증권

[그림 9-17] 구찌가 로블룩스에서 한정판으로 내 놓은 구찌 퀸 비 디오니소스 가방

파티 로얄에 참가하면 섬 안에 있는 패스트푸드 가게 등을 방문할 수 있고, 친구들과 채팅을 하거나 콘서트를 즐길 수도 있으며, 미국의 래퍼이자 프로듀서인 트래비스 스캇은 포트나이트에서 콘서트를 열기도 하였다. 한편, 네이버 Z가 출시한 제페토의 경우 2018년 8월, 전 세계 165개국에 출시한 글로벌 증강현실 아바타 플랫폼으로 2020년 12월 기준 글로벌 가입자 2억 명을 기록하고 있다. 해외 이용자의 비율이 90%, 10대 이용자의 비율은 80%이다.

제페토는 케이팝과 패션 위주로 성장하고 있는 중이다. 케이팝의 경우 2020년 9월 YG엔터테인먼트의 걸 그룹 블랙핑크가 제페토에서 팬 사인회를 열었으며, 2022년 2월에는 JYP엔터테인먼트의 걸그룹 있지(ITZY)도 팬 미팅을 열었다. 무엇보다 현실 세계가 경제 활동을 기반으로 이뤄지는 것처럼 제페토 내에서도 젬과 코인이라는 디지털 화폐 발행 등을 통하여 수많은 경제 활동이 일어나며, 이러한 제페토 화폐인 젬 등을 통해 자신의 아바타에 명품 브랜드로 치장할 수 있다.

현실에서는 구매하기 어려운 명품 브랜드를 보다 쉽게 구매할 수 있을 뿐만 아니라 제페토에서 구매한 브랜드는 현실 세계에서도 정식 판매되거나 출시될 제품과 동일해 더욱 인기가 높았다. 구찌는 제페토 안에 가상현실 공간인 구찌 빌라를 선보여 신제품을 공개하였고, 아바타가 구찌 빌라에 방문해 구찌 제품을 구경할 수 있으며, 구찌 빌라의 정원에서 분수쇼를 구경하는 등 게임적인 요소도 결합되었다.

특히 제페토 스튜디오는 제페토 계정을 가진 사용자라면 누구나 스튜디오를 통해 아이템을 제작하고 판매할 수 있다.

* 자료 : 제페토, 하이투자증권

[그림 9-18] 제페토 내에서 구찌 IP를 활용한 패션 아이템 등을 론칭

퓨마, Mr. & Mrs. Italy, DKNY, 마린세르(Marine Serre) 등의 브랜드와 더불어 수십만 명의 개인 크리에이터도 함께 입점해 있다. 이렇듯 IP사업자들은 시공간 제약이 없는 가상공간에서 홍보 및 부가 수익 창출이 가능해질 것이며, 이용자에게는 다양하고 차별화된 경험과 더불어 경제활동 등을 제공하면서 성장할 수 있을 것이다.

다. 아바타 진화로 새로운 콘텐츠 비즈니스 모델 창출 가능 및 현실 세계와의 연결성 확보

디지털 휴먼(Digital Human)은 인간의 모습/행동과 유사한 형태를 가진 3D 가상인간을 의미한다. 다양한 메타버스 서비스가 확산되면서 이러한 디지털 휴먼 활용이 증가할 것이다. 메타버스의 속성인 실시간, 지속성, 몰입감 등을 고려할 때 메타버스 공간에서 실제 대면 상황에 가까운 효과적 소통을 위해서는 실제 사람 얼굴, 표정, 행동과 유사한 형태로 가상 캐릭터 고도화가 필요하기 때문이다.

이러한 디지털 휴먼의 활용 분야는 엔터테인먼트, 유통, 교육, 금융, 방송, 교육 등으로 확대 중에 있어서 서비스 접점으로서의 역할이 가능할 것이다. 이는 곧 아바타의 진화로서 기존과 다른 새로운 콘텐츠 비즈니스 모델을 창출할 수 있을 것이다.
인터넷은 제약사항을 없애고 이용자들을 연결하며 인터넷이라는 공간에서 새로운 가치를 창출하고 경제활동까지 가능하게 만들었다. 메타버스의 경우도 연결성을 통해 이용자들은 메타버스 안에서 경제활동으로 이어져 새로운 가치를 창출하고 있는 중이다.

메타버스 안에서 일어나는 일들이 현실 세계와 마찬가지로 지속적이며 실시간 경험이 이루어질 수 있도록 하기 위해서 가장 필요한 것은 현실 세계와의 연결성일 것이다.
즉, 메타버스에 속해 있는 모든 이용자는 실시간으로 메타버스를 이용하고, 그 속에서 얻은 경험을 공유한다.
특히 엔터테인먼트, 게임 업종에서는 현실과 가상 세계를 넘나드는 지속성이 확보된 메타버스를 실현하기 위하여 여러 가지 비즈니스 모델 등을 구상 중에 있다.

결국에는 현실 세계 극장에 가서 친구와 영화를 감상하듯이 가상공간에서 만난 친구와 함께 넷플릭스 등에서 영화를 감상할 수도 있다. 더 나아가서 현실세계 집에서 생산 활동을 하듯이 가상공간에서도 자신의 집을 갖고 여기서 생산 활동을 하는 등 가상공간에서도 실질적인 경제 활동 등을 할 수 있는 세상으로 변화될 것이다.
이렇게 되면 현재 서비스 중인 콘텐츠가 메타버스라는 가상공간을 또 다른 마켓 플랫폼으로 인식하고 진입하면서 미래의 인터넷으로 거듭날 수 있을 것이다.

참고문헌

1. 국내 문헌

- "국립국어원 표준국어대사전", https://stdict.korean.go.kr. (검색일: 2021.07.24.)
- 가상인간 로지Rozy의 인스타그램", www.instagram.com/rozy.gram. (검색일: 2021.07.24.)
- 강선보 외 (2008), 21세기 인성교육의 방향설정을 위한 이론적 기초 연구, 교육문제 연구, 30: 1-38.
- 고선영, 정한균, 김종인, 신용태(2021), 메타버스의 개념과 발전방향, 정보처리 학호지 28(1), 7-16.
- 김경숙(2021). 메타버스에서 발생할 수 있는 다양한 법적 문재를 짚어보며, NCONTENT. VOL.19 스페셜 N3
- 김민배(2019), AI 로봇의 법적 지위에 대한 쟁점과 과제: Bryson 등의 법인격 이론을 중심으로, 토지공법 연구 87: 791-813.
- 김병필(2021), 재판 예측 인공지능 기술의 현황과 한계, 저스티스, 182(2): 89-117.
- 김병필, 메타버스 속 인공지능, 중앙일보, 2021.05.17.
- 김상균(2020), 메타버스 : 디지털 지구, 뜨는 것들의 세상 = Metavers. 경기도 : 플랜비디자인.
- 김수영, 독보적 에스파 세계관, SM 표 메타버스의 시작, 한국경제, 2021.05.26.
- 김은영, 실패를 두려워하지 않았던 딥러닝의 대가들, The Science Times, 2021.01.18.
- 김자회 주성구 장신 (2017), 지능형 자율로봇에 대한 전자적 인격 부여: EU 결의안을 중심으로, 법조, 66(4): 122-157.
- 김종규 원만희(2021), 인공지능 글쓰기와 리터러시에 대한 실존적 고찰, 동서철학 연구, 99: 521-544.
- 김지연(2017), 알파고 사례연구: 인공지능의 사회적 성격, 과학기술학연구, 17(1): 6-39.
- 김진석(2017), '약한' 인공지능과 '강한' 인공지능의 구별의 문제, 철학연구, 117: 111-137.
- 김항규(2021), XR 쇼핑 동향과 나아갈 길, 소프트웨어정책연구소(www.spri.kr)
- 김형주(2016), '인공지능'과 '인간지능' 개념에 대한 철학적 분석 시도: 맥카시와 칸트의 지능개념을 중심으로, 철학탐구, 43: 161-190.
- 김혜경, "문언의 해석과 객관적 귀속의 관점-미성년자 위계등 간음죄에서 위계의 해석(대법원 2020. 8. 27. 선고 2015도9436 전원합의체 판결)을 중심으로-, 형사법연구 제33권 제1호, 2021.
- 노진아(2018), 인간과 기계의 공진화(共進化): 인공지능 로보틱스 아트 "제페토의 꿈"을 중심으로, 한국영상학회논문집, 16(1): 83-97.
- 로봇기본법안(2017.07.19발의, 의안번호 2008068)
- 류성태(2017), 동양의 인성론 연구: 중국의 인성론 전개를 중심으로, 원불교사상과 종교문화, 63:

199-227.

- 류철균, 안진경, 〈가상세계의 디지털 스토리텔링 연구〉, 게임산업저널, 2007.1호
- 〈Metaverse Roadmap Overview〉, ASF, 2007, (http://www.metaverseroadmap.org) Friendly SOWDY(2021.12.02.), 아재의 메타버스 플랫폼 제페토 https://sowdy.tistory. com/ 137
- 메타버스(Metavers)의 교육적 활용 : 가능성과 한계, KERIS 이슈리포트_연구자료 RM 2021-6, 계보경(한국교육학술정보원), 한나라(한국교육학술정보원), 김은지(한국교육학술정보원), 박연정(호남대학교), 조소영(한국교육학술정보원), 2021년 6월
- 민황기(2019), 유학사상에 있어서의 도덕적 행복론과 인간존재, 동서철학연, 91: 59-82.
- 박세환(2021.10). 메타버스 플랫폼 특징과 장애요인 해결방안, CCTV NEWS. 테크인사이드
- 박소영(2019), 인공지능의 역사: 서사적 허구, 문화 상품, 그리고 과학적 사실로, 인간 환경 미래, 22: 87-114.
- 박지혜(2021), 다가오는 메타버스시대, 차세대 콘텐츠 산업의 방향과 시사점, KEIT 산업경제 산업 포커스
- 박찬걸, "청소년성보호법상 위계에 의한 아동·청소년 간음죄에 있어서 '위계'의 해석", 소년보호연구 제31권 제3호, 2018.
- 박충식(2019), 빅 히스토리와 인공지능: 정보적 관점에서, 인간 환경 미래, 22:31-59.
- 배상균, "인공지능(AI) 기술을 이용한 디지털 성범죄에 대한 검토 −딥페이크 (Deepfake) 포르노 규제를 중심으로 −", 외법논집 제43권 제3호, 2019.
- 서대원(2019), 맹자 인·물성론 일고(孟子人·物性論一考), 한국학연구, 54: 343-375.
- 서상민(2019), 고속 딥러닝 알고리즘의 효과적인 구현, 한국지식정보기술학회 논문지, 14(5): 553-561.
- 서성은(2008), 메타버스 개발동향 및 발전전망 연구, 한국컴퓨터게임학회논문지,
- 센슨의 공간(2021.11.29.). 메타버스 플랫폼은 뭐가 있나요? https://blog.naver.com/ space4624/222579021689,
- 소병수 김형진(2021), 소셜미디어상의 개인정보 활용과 보호: AI 채팅로봇 '이루다' 의 개인정보 침해 사건을 중심으로, 법학연구, 24(1): 179-207.
- 송승현, "SNS 신상도용에 대한 형법상 명예훼손죄의 성립여부", 법학논총(조선대) 제24집 2권, 2017.
- 신현규, 공기흐름까지 재현한 메타버스, 현실과제 해법될 것, 매일경제, 2021.06.02.
- 안재형, 미래 선점할 디지털 전쟁터 된 '메타버스', 매일경제, 2021.05.25. 오지현, 레디 플레이어 원이 현실로, 미국 초딩 70%가 한다는 이 게임, 서울경제, 2021.02.06.
- 우운택(2021), 가상증강현실에서 메타버스 응용까지. 한림원탁토론회 186회: 새로운 가상 융합 플랫폼의 미래가치. 재인용; Stephenson Niel. 1992. "Snow Crash". Bantam Books
- 유원기(2009), 동서양의 인물성동이론(人物性同異論), 동서철학연구, 52: 301-324.

- 윤기영(2019). 현실세계로 온 '통속의 뇌'와 디지털 범용기술. 미래학회 2019 춘계학술대회
- 이상현(2014), "SNS상 개인정보 무단 수집 보관 유포 및 타인사칭에 대한 형사법 연구". 형사정책연구 제 25권 3호.
- 이승환(2021). 로그인(Log in) 메타버스 : 인간 x 공간 x 시간의 혁명, 소프트웨어정책연구소, IS-115
- 이은경(2018), 인성물성동이논변의 인성교육적 함의, 도덕교육연구, 30(1): 45-72.
- 이은경(2020), 포스트휴먼 기호자본주의 시대의 '인간'의 의미에 대한 고찰, 인간 환경 미래, 25: 3-27.
- 이철주(2009), 고대 희랍철학에서의 노모스(Nomos)와 퓌시스(Physis)의 의미 탐구, 윤리교육연구, 18: 145-163.
- 이현정(2021), AI시대, 메타버스를 아우르는 새로운 공감개념 필요성에 대한 담론, 한국게임학회 논문지, 21(3): 79-90.
- 전광수(2018), 고전인문학과 인성교육의 관계성, 대동철학, 82: 105-127.
- 전준현(2021), 메타버스 구성 원리에 대한 연구: 로블록스를 중심으로, 영상문화, 38: 257-279.
- 정세근(2020), 인성론에서 성선의 의미, 동서철학연구, 98: 51-74.
- 정완/안아름(2018), "온라인 타인사칭(Online Impersonation)의 법적책임에 대한 연구", 홍익법학 제19 권 제2호.
- 정원섭(2020), 인공지능 알고리즘의 편향성과 공정성, 인간 환경 미래, 25: 55-73.
- 정진명, 이상용(2017), 인공지능 사회를 대비한 민사법적 과제 연구, 2017년도 법무부 연구용역 과제보고 서, 한국민사법학회.
- 정준희(2021). 메타버스(metaverse)의 현황과 향후과제 : 국회입법조사처(www.nars. go.kr)
- 정회원 남태우 (2020), 성리학을 통해 바라본 미래사회: 인물성동이론(人物性同異論)의 융합적 관점, 한국과 학예술융합학회, 38(3): 333-347.
- 조정호(2016), 인성교육진흥법의 문제점과 그 원인에 대한 연구, 인문과학연구, 34: 421-448.
- 조정호(2019), 4차 산업혁명시대 교육의 개선방향: 인성교육과 인공지능을 중심으로, 인격교육, 13(2): 75-89.
- 지능형 로봇 개발 및 보급 촉진법(2008.03.28제정, 법률 제9014호)
- 지준호(2010), 종심소욕 불유구(從心所欲 不踰矩)를 통해 본 공자의 인성론, 동양고전연구, 39: 209-242.
- 최은주(2019), 4차 산업혁명시대의 특징과 인성함양교육의 필요성, 인격교육, 13(3): 269-288.
- 최은하, "위계 또는 위력에 의한 미성년자간음죄(형법 제302조)에서 '위계'의 해석 - 성적 강요죄(독일형법 제177조)의 관점에서 -", 비교형사법연구 제17권 제3호, 2015.
- 최한빈(2017), 인성교육에 대한 인문학적인 고찰과 비판: 플라톤의 프로타고라스, 국가 그리고 아리스토텔 레스의 정치학을 중심으로, 인문사회21, 8(1): 233-252.

- KERIS 이슈리포트_연구자료 RM 2021-6
- 키움증권(2021.05), 메타버스 새로운 디지털 전쟁터, 키움증권 리서치센터, 산업분석
- 한승훈, 김은주(2007), 자바를 이용한 2.5D 메타버스 게임 엔진 설계 및 구현, 멀티미디어학회논문지 10(2): 260-268.
- 허종은(2008), 이익의 인물성론(人物性論) 연구, 동양철학연구, 56: 43-73. Munteanu, N. (2018), Metaverse: Splintered Universe Trilogy, Delta: Pixl Press.

2 외국 문헌

- Lu and Harrls, 2018.
- Jocelynne A. Scutt, "Fraudulent Impersonation and Consent in Rape", 9 U.Queensland L.J. 59 (1975-1976).
- Baghai, Mehrdad & Coley, Stephen & White, David. 1999. Alchemy of Growth. Orion: New YorkBaghai, Mehrdad & Coley, Stephen & White, David. 1999. Alchemy of Growth. Orion: New York
- Bettina M. Chin, "Regulating Your Second Life: Defamation in Virtual Worlds", 72 Brook. L. Rev. (2007).
- Curry, Andrew & Hodgson, Anthony. 2008. Seeing in Multiple Horizons: Connecting Futures to Strategy. Journal of Futures Studies, 13(1):1-20
- Eugene Volokh, "No First Amendment Violation in E-Mail Impersonation Case", The Volokh Conspiracy (Jan. 29, 2013).
- Harman, Gilbert. 1973. 『Thought』. Princeton Legacy Library
- John Leland, "Online Battle Over Sacred Scrolls, Real-World Consequences", N.Y. Times (Feb. 16, 2013).
- Patricia J. Falk, "Rape by Fraud and Rape by Coercion", 64 Brook. L. Rev. 39(1998).
- Ron Adner & Rahul Kapoor. 2016. Right Tech, Wrong Time. Harvard Business Review
- Russell Christopher/Kathryn Christopher, "Adult Impersonation: Rape by Fraud as a Defense to Statutory Rape", 101 Nw. U. L. Rev. 75
- Sharpe, Bill & Hodgson, Anthony & Page, Ian. 2006.Energy Security and Climate Change. International Futures Forum, Aberdour
- Stephenson Niel. 1992. 『Snow Crash』. Bantam Books

No	용 어	해 설
1	가심비	• 가심-비(價心比_ '가격 대비 심리적 만족의 비율'을 줄여 이르는 말 • 즉, 가격 대비 심리적 만족도를 일컫는 말이다. 흔히 가성비에 반하는 말로 쓰며[1], 가격이 아니라 심적 만족을 기준으로 삼는다는 점에서 차이를 보인다. • 이런 심리가 존재하기 때문에 지구상의 거의 모든 기업이 단순히 제품을 잘 만드는데만 주력하는게 아니라 고객의 충성도를 높이기 위해 기업이나 상품 자체의 이미지 메이킹을 중요시 하는 것이다.
	출처	https://namu.wiki/w/%EA%B0%80%EC%8B%AC%EB%B9%84
2	곡괭이 시리즈	• 팀 곡괭이(Team Pickaxe)[1]에서 제작한 어도비 플래시 기반 액션 RPG 시리즈. • 무기, 아이템, 돈을 모아 더 강한 적을 이기는 매우 간결한 구성으로 이루어져 있다. 약빤 스토리와 각종 패러디로 높은 인기를 구가했으며, 후속작으로 갈 수록 전작에 있었던 일들을 스토리 떡밥으로 활용해 완성도도 덩달아 높아져 국내 인디 게임계의 레전드로 평가받음 • 시리즈 자체의 전통으로 곡괭이를 pickaxe가 아닌 Gockgang-E라고 표기함
	출처	https://namu.wiki/w/%EA%B3%A1%EA%B4%AD%EC%9D%B4%20%EC%8B%9C%EB%A6%AC%EC%A6%88
3	구찌-제페토	• 현실에서 못 사는 '구찌'를 가상세계에서 경험하는 캐릭터
	출처	https://www.mk.co.kr/premium/special-report/view/2021/05/30141/
4	구찌-제페토 몰	• 현실에서 못 사는 '구찌'를 가상세계에서 경험하는 제페토 몰
	출처	https://www.gucci.com/kr/ko/st/stories/inspirations-and-codes/article/zepeto-x-gucci
5	배너 광고	• 배너광고는 인터넷에서 가장 일반적이고 또한 유용한 광고 수단의 하나임 • 배너는 현수막(Banner)처럼 생겨 배너란 명칭으로 불리며, 성공적으로 런칭될 rddn, 상상도 할 수 없었던 여러 계층의 방문자를 만날 수 있으며 풍부한 마케팅 데이터베이스를 신속하게 구축할 수 있음
	출처	https://m.blog.naver.com/PostView.naver?isHttpsRedirect=true&blogId=minis100&logNo=130094420018

No	용 어	해 설
6	암호화폐	• 암호화폐(暗號貨幣 / Cryptocurrency)는 '암호화'라는 뜻을 가진 'crypto-'와 통화란 뜻을 가진 'currency'의 합성어로, 분산 장부(Distributed Ledger)에서 공개키 암호화를 통해 안전하게 전송하고, 해시 함수를 이용해 쉽게 소유권을 증명해 낼 수 있는 가상자산, 디지털 자산임 • 일반적으로 암호화폐는 블록체인이나 DAG (Directed Acyclic Graph)을 기반으로 한 분산 원장(Distributed Ledger) 위에서 동작함
	출처	https://namu.wiki/w/%EC%95%94%ED%98%B8%ED%99%94%ED%8F%90
7	암호화폐 거래소	• 암호화폐 거래소(cryptocurrency exchange) 또는 디지털 화폐 거래소(digital currency exchange)는 사용자들이 비트코인 등 암호화폐 또는 디지털 화폐를 교환할 수 있는 거래소임 • 대한민국 정부에서는 가상통화 취급업소라는 용어를 사용한다. 운영 방식은 증권 거래소와 비슷함 • 주로 거래되는 품목은 비트코인, 이더리움, 모네로, 대시, 리플 등 암호화폐들임
	출처	https://ko.wikipedia.org/wiki/%EC%95%94%ED%98%B8%ED%99%94%ED%8F%90%EA%B1%B0%EB%9E%98%EC%86%8C
8	인게임	• 인게임이란 '게임 내의(상황)' 즉 '게임 플레이 도중의(상황)'라는 뜻임
	출처	https://femiwiki.com/w/%EC%9D%B8%EA%B2%8C%EC%9E%84
9	인게임 마케팅	• 게임 내에서 행해지는 마케팅활동을 의미함 • 예를 들면, 게임 내 이벤트를 들 수 있는데, 게임시 마다 유저들의 데이터를 분석하여 사용자가 특정 레벨 이상 도달하거나, 특정 시간 이상 게임을 즐기면 충성고객화될 확률이 높아지는데, 당연히 게임에 대한 충성도가 높을수록 과금할 확률도 높아지고, 전략 공유, 커뮤니티 등 추가적인 바이럴 효과도 발생시킬 수 있기 때문에 게임에서 주로 활용하는 마케팅임
	출처	https://kin.naver.com/qna/detail.nhn?d1id=4&dirId=40401&docId=326183327&qb=6rKM7J6EIOuniOy8gO2MhQ==&enc=utf8&section=kin.qna&rank=4&search_sort=0&spq=0
10	인베스팅닷컴	• 인베스팅닷컴(Investing.com)은 4개 언어로 된 33개 에디션과 안드로이드 및 아이오에스(iOS) 용 모바일 앱으로 구성된 글로벌 금융 포털 및 인터넷 브랜드로, 글로벌 금융 시장에 대한 뉴스, 분석, 스트리밍 시세 및 차트, 기술 데이터 및 금융 도구를 제공함 • 대표는 유프라테스(Dror Efrat) 임
	출처	http://wiki.hash.kr/index.php/%EC%9D%B8%EB%B2%A0%EC%8A%A4%ED%8C%85%EB%8B%B7%EC%BB%B4

No	용 어	해 설
11	AR fit (가상 핏)	핏은 다음을 의미함 • 구글 핏: 구글이 개발한 안드로이드 내의 소프트웨어 • Wii 핏: 닌텐도가 개발한 Wii용 게임 소프트웨어 • 삼성 기어 핏: 삼성전자에서 제조/판매하는 스마트 밴드형 스마트 워치
	출처	https://ko.wikipedia.org/wiki/%ED%95%8F
12	avatar (아바타)	• 아바타(avatar)는 컴퓨터 사용자 스스로를 묘사한 것으로 컴퓨터 게임에서는 2/3차원 모형 형태로 인터넷 포럼과 기타 커뮤니티에서는 2차원 아이콘 (그림)으로, 머드 게임과 같은 초기 시스템에서는 문자열 구조로 쓰인다. 다시 말해, 사용자가 스스로의 모습을 부여한 물체라고 할 수 있음 • 한편, 아바타의 어원은 힌두교에서 지상 세계로 강림한 신의 육체적 형태를 뜻하는 산스크리트어 낱말 "아바타라(अवतार)이며, '아바타'라는 말은 1992년 닐 스티븐슨 (Neal Stephenson)이 쓴 과학 소설《스노우 크래시》에서 메타버스 (Metaverse)란 가상 세계의 형체를 뜻하는 말로 처음 쓰였음
	출처	https://ko.wikipedia.org/wiki/%EC%95%84%EB%B0%94%ED%83%80
13	ATS	• 대체거래소란 주식을 체결할 때 이용하는 코스피 혹은 코스닥시장과 같은 기존 한국거래소가 아닌 다양한 형태의 증권 거래시스템을 말함 • 대체거래소 설립은 한국거래소를 비롯한 다양한 대체거래소 간의 경쟁으로 주식거래 비용 절감, 다양한 상품 개발 효과가 기대됨 • 미국의 경우 수십개가 설립되는 등 미국과 유럽 등지에서는 보편화되는 추세다. 일본에서는 두 개의 대체거래소가 운영되고 있다. • 우리나라는 2013년 자본시장법을 개정하고 대체거래소 설립 근거를 마련했다. 그러나 8년이 지난 지금까지 국내에서는 한곳도 설립되지 않았음
	출처	http://www.taxtimes.co.kr/mobile/article.html?no=252041
14	ARPDAU	• ARPDAU는 '일일 액티브 유저당 평균 수익'을 의미하며, 성공적인 수익화 전략을 측정하고 앱을 운영하는 데 중요한 요소임 • 이 지표는 일일 액티브 유저 1명을 통해 창출되는 앱 수익을 나타내는 중요한 일일 측정 지표로, 유료 과금 유저당 평균 수익 또는 ARPU와는 다른 개념임 • ARPDAU는 매일 앱을 활발하게 사용하는 모든 유저의 평균을 반영하며, IAP(인앱 구매), 광고와 구독을 포함한 모든 수익화 방법에서 창출된 수익을 계산함
	출처	https://kr.applovin.com/blog/7866/
15	아르푸 (ARPU)	• 아르푸(ARPU)sms Average Revenue Per User의 약자로 유저당 평균 매출로 정의할 수 있음
	출처	https://cartney79.tistory.com/276

No	용어	해설
16	BGM (백그라운드 뮤직)	• BGM는 다른 주체가 되는 것의 배경으로 흐르는 음악으로 배경 음악(영어: background music 백그라운드 뮤직)을 뜻함 • 영상이나 이미지와 함께 사용되거나, 매장음악, 게임음악 등 사용범위는 다양하고, 배경 음악이 그 자리의 주역이 되지 않지만 그 자리를 연출하는 데 중요한 요소임 • 인터넷에서 BGM을 그대로 읽어 브금이라고도 흔히 씀 • 다만, 멜론과 같이 방금 그곡을 지원하는 경우 또는 네이버 블로그 등과 같은 일부 커뮤니티 등지에도 포스트에 배경음악을 걸어둔 정보가 있으며, 유튜브 무료 BGM(저작권 없는 음악 사이트)인(https://m.blog.naver.com/no1_devicemart/221757105747)가 있음
	출처	https://ko.wikipedia.org/wiki/%EB%B0%B0%EA%B2%BD_%EC%9D%8C%EC%95%85
17	celebrity (셀러브리티)	• 유명인사
	출처	https://www.yna.co.kr/view/AKR20190222095500005 http://www.stardailynews.co.kr/news/articleView.html?idxno=301654
18	Collabo (콜라보)	• 콜라보는 Collaboration는 단어를 줄여서 말하는 것임 • 두명 또는 그 이상의 사람들이 공동의 목표를 달성하기 위해 함께 일하는 상황을 말함
	출처	https://treeof.tistory.com/184
19	CryptoKitties (크립토키티)	• 크립토키티(CryptoKitties)는 블록체인 기반의 고양이 육성 게임이다. 이더리움 ERC-721 토큰 방식의 디앱(DApp)이다. 2017년 11월에 처음 출시되어 큰 인기를 끌었다. • 액시엄젠(Axiom Zen) 회사가 개발했다. • 크립토키티의 개발회사인 액시엄젠에서 분사한 스타트업인 대퍼랩스(Dapper Labs)는 2018년 말 총 1,500만 달러(약 170억원)의 투자를 받았다. • 2018년 11월 1일 삼성전자 산하 벤처투자 조직인 삼성넥스트(Samsung Next), 구글의 모회사인 알파벳의 벤처투자 조직인 GV, 록펠러 가문의 투자 회사인 벤록(Venrock), 한중일 합작 크립토펀드인 지비아이씨(GBIC) 등으로부터 투자를 받았다.
	출처	http://wiki.hash.kr/index.php/%ED%81%AC%EB%A6%BD%ED%86%A0%ED%82%A4%ED%8B%B0
20	Cyworld (싸이월드)	• 싸이월드는 마이크로 블로그 서비스를 제공하는 한국의 기업이다. • 2000년대에 국내 소셜 네트워크 서비스의 절대적인 강자로 군림했으나, 2010년대 들어서 iPhone이 촉발시킨 스마트폰 시대에 적응하지 못하고 페이스북 등에 자리를 내주며 몰락했음

No	용어	해설
		• 2013년까지 어느정도 돌아갔지만 2020년 기준으로 원활한 접속이 불가능하며, 운영을 완전히 방치하는 상태가 계속되어 이변이 없는 한 2020년 연내 서비스를 종료할 것으로 여겨졌으나, 2021년 2월에 돌연 서비스 재개를 선언했음 • 오픈은 5월 예정이라 하였으나 기존 싸이월드 고객 정보·사진·영상 저장 서버가 정상적인 내구 수명을 넘겨 백업하는 과정에서 보안 문제까지 겹치며 복원 시간이 지연되어 7월로 연기하였음 • 8월 2일 오후 4시경부터 베타 서비스를 오픈해 아이디 찾기를 할 수 있게 되었음 • '미니홈피'와 '클럽' 등의 형태로 서비스가 제공되었다. 싸이월드 이전에 메신저 기반의 '세이클럽(sayclub)'이라는 메신저 기반 서비스에서도 '홈피'가 있었기 때문에 '세계 최초'라는 타이틀은 세이클럽에 해당한다고 할 수 있음
	출처	https://namu.wiki/w/%EC%8B%B8%EC%9D%B4%EC%9B%94%EB%93%9C
21	DeFi (디파이)	• 디파이(DeFi)란 탈 중앙화 금융(Decentralized Finan -ce)의 약자로서, 탈중앙화된 분산금융 또는 분산재정을 의미함 • 주로 암호화폐를 담보로 걸고 일정 금액을 대출 받거나, 혹은 다른 담보를 제공하고 암호화폐를 대출 받는 방식으로 작동함 • 디파이 서비스 사례로는 체인링크, 에이브, 메이커다오, 신세틱스, 제로엑스, 컴파운드, 밴드프로토콜, 테라, 넬리오, 블록파이, 제네시스캐피탈, 크레드, 트리니토, 디쿤, 세미토큰, 앵커뉴럴월드 등이 있음 • 디파이의 반대말은 씨파이(C-Fi)임
	출처	http://wiki.hash.kr/index.php/%EB%94%94%ED%8C%8C%EC%9D%B4
22	Homo Ludens (호모 루덴스)	• 호모 루덴스(Homo Ludens)는 유희의 인간을 뜻하는 용어이다. • 인간의 본질을 유희라는 점에서 파악하는 인간관이다. 문화사를 연구한 요한 하위징아에 의해 창출된 개념으로 유희라는 말은 단순히 논다는 말이 아니라, 정신적인 창조 활동을 가리킨다. • 풍부한 상상의 세계에서 다양한 창조 활동을 전개하는 학문, 예술 등 인간의 전체적인 발전에 기여한다고 보는 모든 것을 의미한다. • 쉽게 말해 소설-드라마-영화-유튜브 등등을 만드는 것들이 이 분류에 포함된다.
	출처	https://ko.wikipedia.org/wiki/%ED%98%B8%EB%AA%A8_%EB%A3%A8%EB%8D%B4%EC%8A%A4
23	Emote System (이모트 시스템)	• 이모트 시스템(emote System)은 게임 내에서 감정 표현을 할 수 있는 기능을 말함
	출처	https://support.pubg.com/hc/ko/articles/360003654153-%EC%9D%B4%EB%AA%A8%ED%8A%B8-%EC%8B%9C%EC%8A%A4%ED%85%9C%EC%9D%84-%EC%95%8C%EB%A0%A4%EC%A3%BC%EC%84%B8%EC%9A%94

No	용 어	해 설
24	Goods (굿즈)	• '굿즈(Goods)'란 상품, 제품, 상품이란 뜻을 가진 영어 'goods'에서 유래한 말로, 스타와 관련되어 있고 스타의 이미지 등이 그려진 각종 물건을 뜻함 • 국내에서도 굿즈는 단순 상품이 아닌 특정 스타 및 애니메이션과 관련된 상품을 지칭하는 말로 사용되고 있음 • 굿즈는 스타와 관련한 상품 산업이 발달한 일본에서 들어온 용어이다. 해당 엔터테인먼트 회사에서 아이돌 가수의 이미지를 활용하여 만드는 컵, 사진 모음집, 엽서, 야광봉 등이 대표적인 굿즈의 형태를 말함 • 굿즈는 자신이 누군가의 팬임을 드러내는 상징적 수단이 된다. 때문에 아이돌 굿즈는 상징적 의미가 담긴 상품을 말함 • 상품으로서의 가치와 더불어 아이돌 스타 및 스타의 팬덤을 상징하는 가치를 동시에 지닌다. 때문에 팬덤 내에서 굿즈는 일반 상품과 다르게 거래되는 특성을 가지고 있음 • 아이돌 굿즈(idol goods)는 아이돌 가수와 관련되어 엔터테인먼트 회사나 팬들이 만드는 각종 물건을 말함
	출처	https://ko.wikipedia.org/wiki/%EC%95%84%EC%9D%B4%EB%8F%8C_%EA%B5%BF%EC%A6%88
25	Influencer (인플루언서)	• 인플루언서는 타인에게 영향력을 끼치는 사람(Influence + er)이라는 뜻의 신조어이다. 주로 SNS상에서 영향력이 큰 사람들을 일컫는다. 이러한 신조어가 등장하게 된 이유는 인터넷이 발전하면서 소셜 미디어의 영향력이 크게 확대되었기 때문이다. • 현재는 소셜 미디어를 통해 일반인들이 생산한 콘텐츠가, 브랜드 측에서 게시하는 TV 광고와 유사하거나, 혹은 그 이상의 영향력을 가지게 되었다. • 인플루언서들이 SNS를 통해 공유하는 특정 제품 또는 특정 브랜드에 대한 의견이나 평가는 컨텐츠를 소비하는 이용자들의 인식과 구매 결정에 커다란 영향을 끼친다. • 이들은 연예인처럼 외모나 퍼포먼스로 인기를 얻지도 않음에도 불구하고, 자신들이 자체적으로 생산해내는 컨텐츠를 통해 큰 파급력을 가진다는 특징이 있다. • 인플루언서를 활용한 마케팅을 인플루언서 마케팅이라고 일컫는다. • 인플루언서 모니터링 및 관리는 대형유통 시장에서 인플루언서의 매출 점유율이 높아지면서 인플루언서를 활용한 마케팅의 산업화가 빠르게 이루어지고 있다.
	출처	https://ko.wikipedia.org/wiki/%EB%8C%80%EC%B2%B4_%EB%B6%88%EA%80%80%EB%8A%A5_%ED%86%A0%ED%81%B0
26	Life Logging (라이프로깅)	• 라이프로그란 삶을 기록을 뜻하는 말로, 개인의 일상을 스마트 기기를 활용하여 페이스북, 인스타그램, 링크드인, 카카오톡 등 온라인상에서 일기장처럼 기록 혹은 정리하거나 공유하는 전반적인 행동을 말함
	출처	http://wiki.hash.kr/index.php/%EB%9D%BC%EC%9D%B4%ED%94%84%EB%A1%9C%EA%B9%85

No	용 어	해 설
27	Marshmell (마시멜로)	• 마시멜로는 EDM 프로듀서이자 DJ로, 신예 아티스트임에도 불구하고, Jack Ü나 Zedd 등 거물급 아티스트들의 곡을 리믹스하며 인지도를 쌓아갔다. • 특히, Monstercat을 통해 발표한 싱글 Alone을 통해 인기가 폭발적으로 증가하게 되었다. • Skrillex나 Diplo등 여러 아티스트들의 찬사를 받는 아티스트이기도 하다. • 현재 상업성이 가장 큰 EDM 아티스트라 평가 받는다.
	출처	https://namu.wiki/w/Marshmello
28	Meta (메타)	• 메타(Meta Platforms, Inc.)는 2004년 Facebook Inc.라는 이름으로 설립된 미국의 IT 기업으로, 본사는 캘리포니아 멘로 파크에 있다. • 창업자는 현재 CEO인 마크 저커버그를 포함한 다수의 동업자들이다. • 전 세계 최대 규모의 소셜 미디어 플랫폼인 페이스북을 운영하고 있다. • 2012년에 인스타그램을 인수한 후, 2014년엔 왓츠앱, 오큘러스를 인수하였다.
	출처	https://namu.wiki/w/%EB%A9%94%ED%83%80(%EA%B8%B0%EC%97%85)
29	Mesh (매쉬)	• 혼합 현실에서 자연스러운 협업 환경을 제공하는 S/W 도구
	출처	https://docs.microsoft.com/ko-kr/mesh/overview
30	NFT (대체 불가능 토큰)	• 대체 불가능한 토큰(NFT, Non-Fungible Token)은 블록체인에 저장된 데이터 단위로, 고유하면서 상호 교환할 수 없는 토큰을 뜻함 • NFT는 사진, 비디오, 오디오 및 기타 유형의 디지털 파일을 나타내는데 사용할 수 있다. 대체 불가능하므로 사본은 인정되지 않음 • 이러한 디지털 항목의 사본은 누구나 얻을 수 있지만 NFT는 블록체인에서 추적되어 소유자에게 저작권과 소유권 증명을 해야함
	출처	https://ko.wikipedia.org/wiki/%EB%8C%80%EC%B2%B4_%EB%B6%88%EA%B0%80%EB%8A%A5_%ED%86%A0%ED%81%B0
31	Organic Marketing (오가닉 마케팅)	• 오가닉 마케팅이란 유료 광고를 집행하지 않고 트래픽을 생성하는 마케팅을 의미함 • 즉 인터넷과 SNS를 통해 고객과 제품, 생산자가 유기적인 관계가 곧 마케팅이 된다는 내용으로 제품의 네트워크를 만드는 과정을 말함 • 대표적인 오가닉 마케팅 방법으로는 블로그 게시물, 페이스북 게시물, 인스타그램 게시물, 인터넷 카페 게시물 등이 있음
	출처	https://brunch.co.kr/@xang88/28

No	용어	해설
32	Oculus Rift (오큘러스 리프트)	• 오큘러스 리프트(영어: Oculus Rift) 또는 리프트(Rift)는 오큘러스 VR 사에서 개발한 가상현실 머리장착디스플레이다. • 이 기기는 넓은 시야에 오른쪽과 왼쪽 모두 1080×1200의 해상도를 갖는다. • 리프트에는 3차원 오디오 효과를 낼 수 있는 통합된 헤드폰이 있다. 리프트는 회전과 위치를 추적하여 머리를 돌리면 해당 방향의 모습이 화면에 나타난다. • 위치 추적은 USB 고정 적외선(IR) 센서에서 수행하는데, 이 센서는 보통 사용자의 책상에 놓여 앉아 있거나, 서 있거나, 방 주위를 걸으면서 리프트를 사용할 수 있게 한다
	출처	https://ko.wikipedia.org/wiki/%EC%98%A4%ED%81%98%EB%9F%AC%EC%8A%A4_%EB%A6%AC%ED%94%84%ED%8A%B8
33	Portnite (포트나이트)	• 포트나이트는 친구들과 힘을 합쳐 꿈꾸던 포트나이트 세계를 건설하거나, 전투에서 마지막 생존자가 될 때까지 싸우는 무료 멀티플레이어 게임을 말함
	출처	https://www.playstation.com/ko-kr/games/fortnite/
34	PWC (프라이스워터하우스쿠퍼스컨설팅)	• PricewaterhouseCoopers (PwC)는 영국 런던에 본사를 두고 있는 2020년도 매출액 기준 세계 2위의 회계·경영컨설팅 업체임 • KPMG, Deloitte, EY 등과 함께 세계 4대(Big 4) 회계법인에 속함 • 전 세계 158개국에 멤버펌(Member firm)이 있으며 27만 6천여 명의 공인회계사, 경영컨설턴트 등으로 구성된 전문가들이 산업적 특성에 따라 특화된 회계감사, 세무자문, 경영자문 등의 서비스를 제공하고 있다. 2018 회계연도에는 'Fortune Global 500대 기업' 중 86%가 PwC의 고객이 되어 서비스를 제공받았음 • 대한민국에서는 삼일회계법인과 파트너쉽을 맺어 운영 중이며, 한국에서는 삼일PwC, Samil PwC, Samil Pricewaterhouse Coopers 등으로 표기함
	출처	https://namu.wiki/w/PricewaterhouseCoopers
35	platform (플랫폼)	• 일반적으로 플랫폼이라고 하면 제일 먼저 "기차역"을 상상함 - 즉, "사람들이 기차를 쉽게 타고 내릴 수 있도록 만든 편평한 장소." flat(편평한)* + form(모습)을 여러사람이 편리하게 이용할 수 있도록 만든 것임 • 하지만, 하드웨어나 소프트웨어 분야에선 조금 다르게 말하고 있음 - "기반 OS"나 "기술환경". - "편평하다"는 특징만 차용하는 것이죠. - 이 위에 많은 블록을 차곡차곡 쌓아 올리고 편리하게 사용한다는 것임.
	출처	https://subokim.wordpress.com/2013/01/31/platform-story/
36	Robox (로벅스)	• 2004년 데이비드 바수츠키와 에릭 카셀(Erik Cassel이 설립한 Roblox Corporation에서 만든 게임 플랫폼을 말함
	출처	https://namu.wiki/w/Roblox

No	용 어	해 설
37	Roblox (로블록스)	• 로블록스(Roblox)는 사용자가 게임을 프로그래밍하고, 다른 사용자가 만든 게임을 즐길 수 있는 온라인 게임 플랫폼 및 게임 제작 시스템임 • 데이비드 바수츠키가 2004년에 설립하고 2006년에 출시한 이 플랫폼은 루아 프로그래밍 언어로 코딩된 여러 장르의 사용자 제작 게임을 호스팅함
	출처	https://ko.wikipedia.org/wiki/%EB%A1%9C%EB%B8%94%EB%A1%9D%EC%8A%A4
38	SALIN (주식회사 살린)	• Multi-User용 XR(VR.AR.MR) 서비스에 필요한 멀티 유저 XR 엔진/클라우드를 개발하는 회사
	출처	https://www.nextunicorn.kr/company/13c545258cd190b5
39	STO (증권형 토큰 제공)	• STO란 "Security Token Offering"의 약자로서, 증권형토큰제공을 말한다. STO는 해당 암호화폐를 발행한 회사의 자산에 대한 소유권을 가진 증권형 토큰(Security Token)을 발행하는 것을 말한다.
	출처	http://wiki.hash.kr/index.php/STO
40	ThermoFisher (서머피셔)	• 바이러스 연구 및 전염병 연구에서 잠재적인 백신 개발에 이르기까지 SARS-CoV-2(COVID-19 질병을 유발하는 코로나바이러스)에 대해 이해하고 향후 치료법을 신속하게 파악하며 가능한 백신 표적을 개발하기 위해 필요한 공급품 및 장비 지원을 하는 회사
	출처	https://www.thermofisher.com/kr/ko/home/clinical/public-health/coronavirus-sars-cov-2-research-solutions.html?ICID=L0-HP-HR-LSCSD-WB313071-Cell-basedimmunotherapysolutions-20210927-KR
41	SF (장르)	• 사이언스 픽션(Science Fiction), 약칭 SF는 과학적 사실이나 가설을 바탕으로 외삽한 세계를 배경으로 펼쳐지는 이야기를 담은 문학 장르인 과학소설(科學小說) 또는 SF 소설을 가리키며, 나아가서는 그런 요소를 가진 영화 등의 다른 매체들의 장르를 포괄하는 단어를 말함
	출처	https://ko.wikipedia.org/wiki/SF_(%EC%9E%A5%EB%A5%B4)
42	STO (증권형 토큰 제공)	• STO란 "Security Token Offering"의 약자로서, 증권형토큰제공을 말한다. STO는 해당 암호화폐를 발행한 회사의 자산에 대한 소유권을 가진 증권형 토큰(Security Token)을 발행하는 것을 말함
	출처	http://wiki.hash.kr/index.php/STO
43	TRON (트론)	• 월트 디즈니 픽처스가 제작한 SF 영화이다. 자신이 만든 게임을 도용당한 주인공 케빈 플린이 그 증거를 찾으려고 자신이 다니던 회사의 컴퓨터에 침투하려던 도중, 컴퓨터 속 가상현실 세상에 빨려들어가 그곳을 지배하고 있는 마스터 컨트롤과 그 수하들을 상대로 트론이라는 전사와 동료가 되어 싸운다는 내용임

No	용 어	해 설
		• 하지만 영화는 정작 내용보다는 최초로 배우를 컴퓨터 그래픽 배경에 합성한 영화로 유명하다. 디자인과 화면 구성 등에 시드 미드가 참가했음 • 극중에 약 15분간 CG로만 된 '라이트 사이클' 경주 장면이 등장하기도 한다. 이는 당시로서는 혁명적인 시도였으나 흥행이 본전치기에 그치며 기대에 못 미친, 시대를 앞서간 작품으로 평가받음 • 비록 내용면에 있어서는 그리 좋은 평가를 받지 못하지만 CG 활용의 새로운 지평을 연 기념비적인 작품으로 인정받는다. 지금 보면 윈도우 98의 화면보호기 그래픽과 비슷한 수준이지만 1982년도 당시에는 첨단을 달리는 그래픽이었음
	출처	https://namu.wiki/w/%ED%8A%B8%EB%A1%A0?__cf_chl_managed_tk__=aKkv9EDx S5Wob6b0XVM0OKNtWGrrqZMBruh3QPO4sOk-1641545885-0-gaNycGzNCH0
44	VR pitting Service (가상 피팅서비스)	• 증강 현실이나 스리디(3D) 영상 따위의 최첨단 정보 기술을 활용하여 가상 공간에서 옷을 입어 볼 수 있도록 하는 서비스. • 규범 표기는 미확정이다.
	출처	https://dic.daum.net/search.do?q=%EA%B0%80%EC%83%81+%ED%94%BC%ED%8C% 85+%EC%84%9C%EB%B9%84%EC%8A%A4&dic=kor&search_first=Y
45	WEMIX wallet (위믹스 월렛)	• 위메이드트리사가 개발한 블록체인 플랫폼 위믹스와 이를 기반으로 한 지갑 서비스를 말함
	출처	https://www.coindeskkorea.com/news/articleView.html?idxno=75259
46	ZEPETO 제페토	• ZEPETO(제페토)는 네이버의 자회사 SNOW에서 출시한 3D 아바타 제작 애플리케이션이다. • 사진을 찍거나 휴대폰 내 저장된 사진을 불러오면 자동으로 가상의 캐릭터인 제페토가 생성되며, 외형을 마음대로 커스터마이징 할 수 있으며 제페토를 생성할 때 부여되는 코드로 팔로우도 가능하다. • 현재 2억명 이상이 사용하고 있는 애플리케이션이다. • 2020년 5월 11일 제페토를 물적 분할시켜 별도법인인 네이버Z로 분사했다
	출처	https://ko.wikipedia.org/wiki/ZEPETO

저자
조성갑

성균관대학교 경제학사, 연세대학교 경제학 석사, 중앙대학교 국제경제학 박사학위를 취득하였으며 컴퓨터와의 인연은 IBM에 입사하면서 시작되었다. IBM 왓슨, 미네소타 연구소 등 국내외에 걸친 심화교육과 실전 프로젝트를 통하여 Assembler Flow Chart 에서부터 IT에 관련 된 산지식을 습득하였다.

한국 IBM 본부장, (주)현대정보기술 부사장, (재)인천정보산업진흥원장, 한국정보통신수출진흥원장, 한국전자통신연구원 초빙 연구원. (사)한국IT전문가협회 회장, (사)한국정보처리학회 회장 (사)한국인터넷윤리진흥협회 회장 (사)한국정보기술학술단체총연합회 회장을 하면서 우리나라 초 · 중 · 고등학교에 소프트웨어 정규 교과목화를 할 수 있도록 하였다. 숭실대학교, 고려대학교 정보보호대학원 및 단국대학교 IT컨버전스학과, 인공지능학과 주임교수, 세한대학교 부총장 현재는 (재)한국종합경제연구원 원장으로 재직하고 있다.

주요저서

『인프라정보경영론』, 『세계최고 CIO되기』, 『ICT 기술발전과 미래 인터넷 화폐에 대한 정책 연구』, 『Computer algorithm』, 『인공지능 기술과 미래 』등 10여 권이 있으며 IBC(International Biography Center)선정 2500인의 세계 지식인에 선정 되고 후즈 후 3% 이내에 포함 되었다, 수상으로는 대통령상, 산업훈장, 국민훈장 목련장을 수훈하였다.

공동저자
김계철

중앙대학교 회계학과, 전남대학교 대학원에서 전자상거래학 박사학위를 취득하였다.

제조(OPC), 유통(삼보 컴퓨터), IT(동부C&I)분야에서 30여 년간 풍부한 실무 경험을 쌓았으며 주요 자격증으로는 정보처리부문 기술지도사, IMS 심사원, IT-EAP, 온실가스 진단사, CSR 전문가, 융합지도사, 대한민국 산업현장교수 등 자격증을 취득하고 기업 및 정부와 공공기관을 대상으로 BPR, ERP, 정보화전략계획(ISP), 정보기술아키텍처(EA), 균형성과 관리(BSC) 등 경영 및 경영기술 분야의 컨설턴트로 활동하고 있다. 2009년 9월부터 2014년 12월까지 남서울대학교, 전남대학교 일반 대학원, 2017년 3월부터 2020년 12월까지 단국대학교 정보융합 기술•창업 대학원에서 인공지능 및 관련 과목을 강의한 바 있다.

감수
최경주

현, 계명대학교 경제통상학부 교수

한국외대 아랍어과, 한국외대 MIS 석사와 중앙대학교에 서 무역학(경영학 박사)를 취득 하였으며, 한국무역정보통신(KTNET)에 입사 하면서 IT와 인연이 시작 되었다.

관세청 통관자동화 시스템 구축과 (주) 신세계 I&C, 농심NDS 등 에서 IT에 관련된 실무 경험을 익히게 되었다.

(주) 영원무역, 한국무역정보통신(KTNET), 한국유통정보센타, (사) 한국 블록체인스타트업 협회 고문, 국가과학기술심의회 지방과학기술진흥협의회 위원, 한국통상정보학회 부회장, 한국무역통상학회 감사, 아시아리서치포럼 회장, ASIA & AFRICA 재단 스마트컨버전스 위원장, 대구 테크노파크 인사위원, 4차 산업혁명위원회 위원(대구시), 인적자원개발위원회 위원, 동반성장위원회 전문위원, 조달청 ICT평가위원, 한국교육개발원 자문위원 등을 역임 하였다.

주요저서

"4차 산업혁명과 전자상거래혁신", "무역 공급망 관리", "전자무역 이해와 활용 실무", "수출입시물레이션", "글로벌 e-Commerce", "국제식품 인증실무" 등 다수

수상으로는 지식경제부장관 표창과 국회 과학기술방송통신위원장 상을 수상한 바 있다.

상상을 현실로 메타버스 세상

1판 1쇄 인쇄 2022년 05월 10일
1판 1쇄 발행 2022년 05월 16일
저   자 조성갑·김계철
발 행 인 이범만
발 행 처 **21세기사** (제406-2004-00015호)
경기도 파주시 산남로 72-16 (10882)
Tel. 031-942-7861   Fax. 031-942-7864
E-mail : 21cbook@naver.com
Home-page : www.21cbook.co.kr
ISBN 979-11-6833-024-5

정가 30,000원